明中都城攷

王剑英 著

葉聖陶

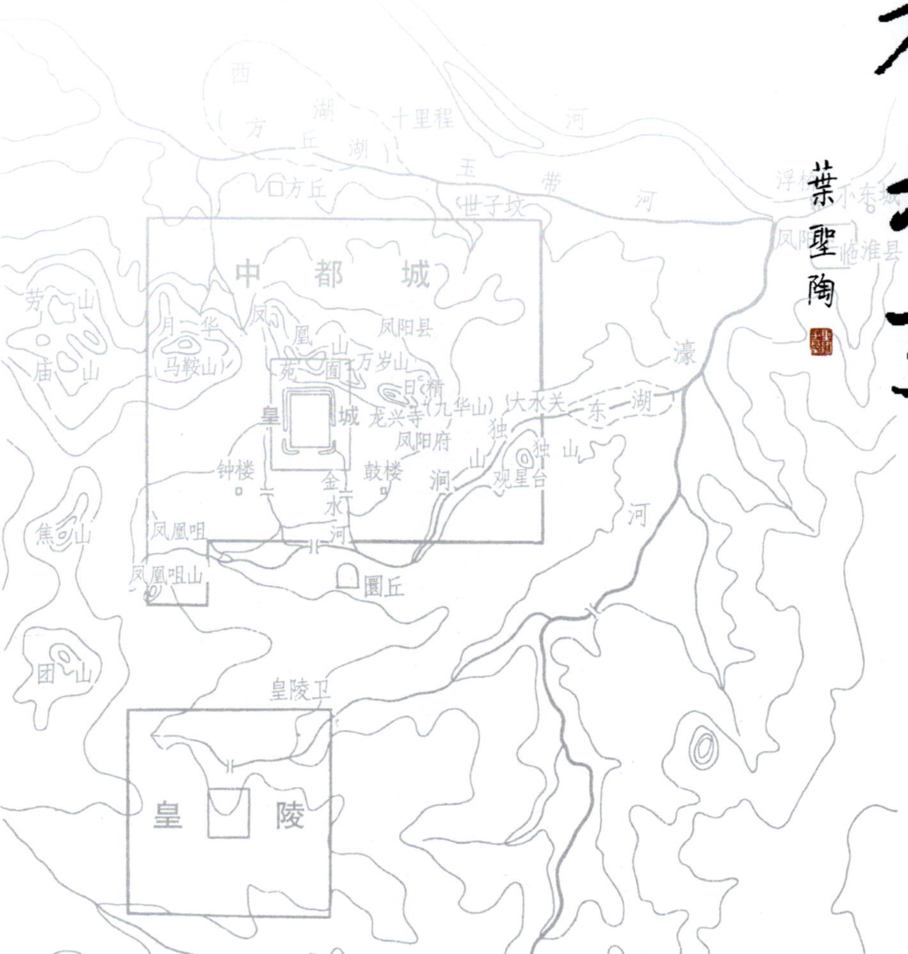

全国百佳图书出版单位
时代出版传媒股份有限公司
黄山书社

图书在版编目(CIP)数据

明中都城考 / 王剑英著. —合肥 : 黄山书社，
2021.6
ISBN 978 -7 -5461 -5511 -1

Ⅰ.①明… Ⅱ.①王… Ⅲ.①中都 - 古城遗址(考古)
- 研究 - 凤阳县 - 明代 Ⅳ.①K878.04

中国版本图书馆 CIP 数据核字(2021)第 115486 号

明中都城考
MINGZHONGDU CHENGKAO
王剑英 著

出品人 贾兴权
责任编辑 石 松 章莹莹
责任印制 李晓明 李 磊
出版发行 黄山书社(http://www.hspress.cn)
地址邮编 安徽省合肥市蜀山区翡翠路 1118 号出版传媒广场 7 层 230071
印 刷 合肥华苑印刷包装有限公司
版 次 2021 年 9 月第 1 版
印 次 2022 年 7 月第 2 次印刷
开 本 710mm × 1010mm 1/16
字 数 500 千字
印 张 26.75
书 号 978 -7 -5461 -5511 -1
定 价 148.00 元

服务热线 0551 - 63533706
销售热线 0551 - 63533761
官方直营书店(https://hsss.tmall.com)

王剑英先生 (1995 年)

王剑英 1921 年生于江苏太仓，先后就读并毕业于南京中央大学政经系和燕京大学历史研究院。1951 年后就职人民教育出版社四十余年，至编审、课程教材研究所研究员。毕生钻研史地，重考据，著作甚丰，是国内享有盛誉的历史地理学家和明清史专家。

在中国历史博物馆筹建阶段 (1958—1959) 和筹备复馆期间 (1971—1972)，受国务院特聘担任历史地图组组长，由其主持编制的大量中国古代史 / 历史地图沿用至今。1981 年受聘担任《中国大百科全书》历史地图审图组副主编。1992 年受中国社会科学院委托审阅《中国国家历史大地图集》。

在“文革”中下放到安徽凤阳五七干校劳动期间，寻访、勘察了明中都遗址，撰写了学术著作《明中都城考》。晚年，圈点古籍，审阅图稿，钻研不息，笔耕不辍。1996 年因心脏病辞世。

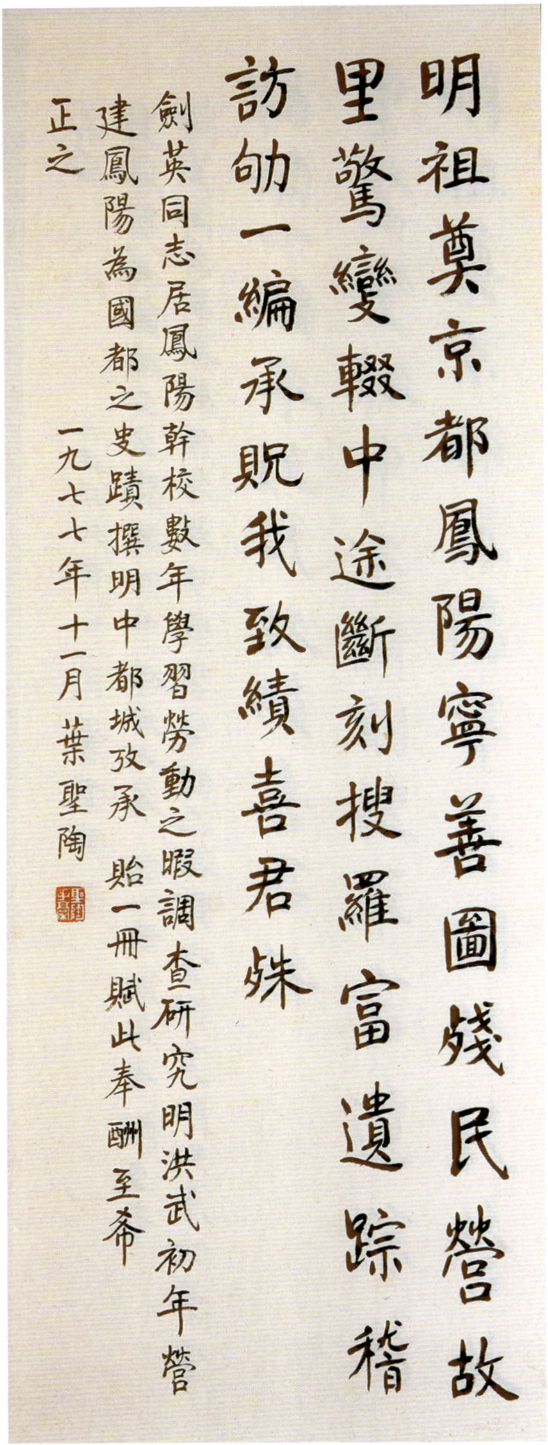

叶圣陶为《明中都城考》题词

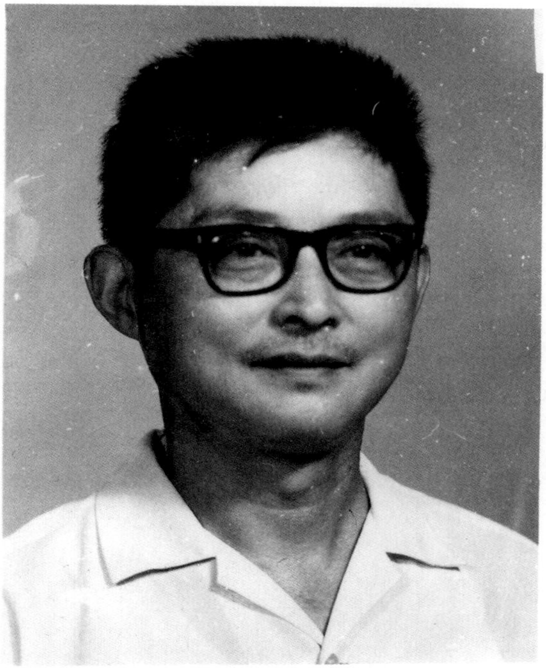

考察明中都时的王剑英

1975年10月底，王剑英（右一）与徐苹芳（右二）、刘乐山（左一）在明皇陵合影

王剑英（右二）与单士元（左一）、郑孝燮（左二）、罗哲文（右一）等在一起

1975年10月底，国家文物局委派杨伯达（后排右二）、单士元（前排左二）、李怀瑶（前排左一）、王剑英（前排右二）、徐苹芳（后排左二）考察明中都。安徽省文物工作队、安徽省博物馆、安徽省滁县地区文化局、凤阳县文化馆等有关负责同志陪同考察

中都午门及中轴线航拍图（镜向西北，20世纪80年代）

中都午门（2004年）

中都皇城西华门遗址（2004 年）

中都皇城西华门北侧城墙（2012 年）

中都皇城西南角楼台基（2004 年）

中都皇城奉天门遗址（2004 年）

鼓楼台基（1984 年）

太社稷遗址上的蟠龙石础（蟠龙已被破坏，2004 年）

国子学遗址上的水井（2004 年）

圜丘局部遗址航拍图（镜向北，2016 年）

中都皇城奉天殿金台蟠龙石础（1984 年）

中都皇城奉天殿金台蟠龙石础局部（1984 年）

中都午门束腰石刻：方胜与万字

中都午门束腰石刻：凤追麒麟

中都午门束腰石刻：麒麟追凤

中都午门束腰石刻：莲荷

中都午门束腰石刻：双狮戏球

双面雕刻龙凤的石栏板

中都宫殿雕花石栏及望柱群（2004 年）

大型螭首

螭首

圭角：菊

圭角：莲荷

子边：凤

子边：象山

角柱：龙（一）

角柱：龙（二）

釉里红瓦当

雕花瓷砖

龙纹滴水

仙人骑凤

龙纹瓦当

琉璃构件

砖雕

皇陵神道、陵丘遗址航拍图（镜向东南，20 世纪 80 年代）

皇陵神道石刻（镜向北，1984 年）

皇陵碑（1984 年）

皇陵望柱（1984 年）

皇陵无字碑（1984 年）

皇陵石马与控马人（1984 年）

皇陵麒麟（1984 年）

皇陵武将（1984 年）

龙兴寺大铜镬（1984 年）

龙兴寺铜鼓（2004 年）

龙兴寺铜钟（2004 年）

龙兴寺明初大石鼓（2004 年）

民国年间修复的龙兴寺山门（1984 年）

龙兴寺明初石础（2004 年）

王剑英塑像（2019 年立）

明中都城航拍图（镜向北，2019 年）

编选说明

1969—1975 年，王剑英在凤阳“五七”干校期间，撰写了《明中都城考》（历史篇），于 1975 年 7 月由凤阳县文化馆印制“初稿本”（打字机打印本）；又于 1976 年 2 月在教育部誊印社印制“二稿本”（蜡纸、钢板、手抄）。

1976 年，王剑英在北京撰写了近 20000 字的《明中都城考》（文物篇）初稿，因资料不全，仅写部分内容便搁置下来。1981 年 3 月，王先生再次对明中都遗址进行了考察，增补了大量内容，将《明中都城考》（文物篇）改名为《明中都遗址考察报告》，于 1982 年 5 月由安徽省来安县誊印社印制。

1992 年，《明中都城考》（历史篇）由中华书局出版，改名《明中都》。而《明中都遗址考察报告》未能出版。

2005 年，我们将 1992 年版《明中都》、1982 年油印本《明中都遗址考察报告》以及王剑英先生的学术论文、书信、相关资料等，以及亲友、学生们的纪念文章，编纂成《明中都研究》一书，由中国青年出版社出版。

由于《明中都研究》一书的编选体例比较庞杂，不宜再版，需要重新编选后再出版，遂在陈毓秀老师及黄山书社石松、章莹莹两位老师的指导下，并与王红老师反复研究，制定如下编选方案。

一、本书在 2005 年版《明中都研究》基础上重新编选，内容仅限于明中都。

二、将王先生有关明中都的全部文字，分为两大类：1. 明中都专著；2. 明中都资料钩沉，单独出版。

三、本书为专著类，取名为《明中都城考》，分为“历史篇”“考察篇”两篇。现分述如下：

（一）历史篇

初稿撰写于 1974 年，至 1975 年竣稿，初名《明中都城考》（上篇 · 历史篇）。1981 年 3 月，王先生再次到凤阳对明中都遗址进行了考察，并于当年 10 月对“二稿本”进行了修改。1992 年，中华书局将其改名为《明中都》正式出版。

本次出版，以中华书局版《明中都》为底本，并增加了图片。

（二）考察篇

初稿撰写于 1976 年，初名《明中都城考》（下篇 · 文物篇）。1981 年 3 月，王先生再次对明中都遗址进行了考察，于当年5月底撰写了第二稿，并改名为《明中都遗址考察报告》。本次出版，以1982年油印本《明中都遗址考察报告》为准，增加了大量图片、拓片等。在恢复原名《明中都城考》(下篇·文物篇)的同时，将"文物篇"改称为"考察篇"。

四、关于《明中都城考》图片收录，特作如下说明。

王剑英先生的原稿中，图片较少，本书增收了一批地图、书影、照片、拓片。现分述如下：

(一)古代地图

共收古代地图10幅，主要来自明清时期的凤阳方志。

(二)书影

共收书影26份。主要来自如下书目：《明太祖实录》《高皇帝御制文集》《大明会典》《明史》《洪武京城图志》《中都志》和乾隆《凤阳县志》等。

(三)照片

照片若干张。来源：一是凤阳县档案局收藏的1950—1960年的照片；二是王剑英先生于1973—1981年考察明中都期间遗留的照片；三是1984年以后刘乐山拍摄的照片；四是陈毓秀老师提供的照片；五是夏玉润先生于2002—2004年拍摄的照片。照片的拍摄者主要为：王剑英、刘建桥、刘乐山、程玉钧、刘国安、刘思祥、张荫曾、葛皋、夏玉润等。因许多照片的作者无法辨别，除辨认出极少量王剑英拍摄的照片外，一般不标注作者姓名，仅在文字说明中标注拍摄年代。

需要说明的是，《考察篇》最初版本是1982年5月由安徽省来安县誊印社印制的，没有条件插入照片，这无疑是一大遗憾。2005年出版《明中都研究》时，我们在《明中都遗址考察报告》中插入了许多照片，既有王先生当年考察前后的照片，又有2004年补拍的照片。这次重新出版，对上述照片进行了精选。

(四)拓片

共收拓片83张。其中原拓片2张、拓片描摹81张。

(五)其他图片

共收62张，除1张是刘思祥绘制的外，其余61张全部是王剑英先生考察明中都遗址时绘制的地图、建筑图、遗址踏勘图及测绘图等。

五、对核对中发现的问题进行改正。

出版前，对本书所引录的史料，对照古籍原文一一进行核对。发现有如下问题：

1. 引用文献书名的错误；

2. 引用文献页码的错误;

3. 引录文献名称的不统一、纪年数字的不统一等;

4. 原始文献资料本身的错误。

对于以上问题,在校核中,均直接予以改正。

另外,对正文中的错字、漏字、漏句及错排、漏排,以及标题正文不分、字体字号不考究、部分目录不规范、数字错误等问题,亦进行了更正。

六、其他相关说明。

(一)本书作者的署名

2005 年版《明中都研究》的作者署名是:王剑英著,陈怀仁、林福江、陈毓秀、夏玉润、王红编。这次重新出版,仅保留王剑英著,参加编选、修订、整理的工作者一律不署名。

(二)对书中"解放前""解放后"用词解释

"解放前""解放后",是王剑英撰写《明中都城考》时期的习惯用词,其意是"1949 年 10 月 1 日前""1949 年 10 月 1 日后"。根据现在的出版要求,"解放前""解放后"不再使用,鉴于本书是王先生的遗作,仍保留上述用词。

(三)纪年的括注

年号后面采用括注纪年的方法,是现下出版的基本要求,如洪武八年(1375 年)。但本书大部分纪年没有括注,故对首次出现的纪年加以括注,以后出现的同一年份的纪年不再括注。

(四)对计量数据的规范

对原书中的单位名称、数据等,均按照最新出版规定和要求进行规范处理。

(五)改用脚注的方式

自 1975 年打字机本《明中都城考》,到 1992 年中华书局版《明中都》,一直采用脚注方式。而 2005 年版《明中都研究》却改用尾注,阅读和查阅起来不太方便。这次重新出版一律改为脚注。

(六)保留王剑英先生当年的注释方式

王先生的专著是在 20 世纪 70 年代撰写的,学术文章大多是在 20 世纪 80 年代撰写的,而当时古籍整理工作还处于起步阶段。王剑英所能看到的文献、史料,大多是民国以前的刊本,很多没有页码,刊印的具体年代也不清楚,有的甚至连出版、刊印单位都没有。鉴于当时的情况,出版部门亦没有对学术作品的注释作出统一的格式要求。因此,《明中都城考》的注释方法,与当今的学术作品有所不同。如 2005 年版《明中都研究》第 61 页引用了如下文字:

朱元璋在《龙兴寺碑》里说："洪武初，欲以（凤凰）山前为京师，定鼎是方，令天下名材至斯。后罢建宫室，名材为积木。"

这段文字的"注"：

《凤阳新书》卷8/24b；康熙《凤阳府志》卷38/15b；乾隆《凤阳县志》卷14/6b－9a艺文下；光绪《凤阳府志》卷15/18b－19b古迹考；徐乃昌《安徽通志金石古物考稿》卷6/3b。

王剑英先生列出这5部文献的用意有二：一是这段文字出自上述5部文献；二是告知读者，这5部文献对这段文字的记载略有出入。类似这种注释方式在本书中还有很多。

如果我们按照当今的注释规范来编写脚注，会出现如下问题：一是改变了王剑英先生原作的风格与当年著书时的时代背景；二是改变了王先生"一言多注"的注释方法，难以操作；三是当今出版的古籍点校本质量高下不一，常看到一些明显的错误。因此，对本书而言，保持王先生的注录方式，是一种最好的选择。

夏玉润

2020年9月于上海双佳翠庭

卷前寄语

明中都,要从历史的长河中,从遗址的宏观中,去理解、掌握、保护和利用。它是中国的,也许是世界独一无二的空前绝后的完整的都城遗址,是祖国文化的瑰宝,切莫等闲视之……

——王剑英与罗哲文对话

一、安徽凤阳明中都是明代早期营建的都城,规模宏大,部署完整,内容丰富,雕刻精美,它在明代都城的选择形势、设计思想、规划布局、宫阙制度、建筑工艺、石雕艺术等方面,居于承前启后的重要地位,是我国建筑史上的瑰宝。明中都建成以后,虽未正式启用,现已仅存遗址,但地层清楚,基础尚全,上无覆盖,是全国惟一一个完整的都城遗址,应从宏观上予以完整的整体保护,并非仅只皇城一处。皇陵亦是规模宏大的明初建筑群遗址,亦非仅存石刻,因此,从保护范围到正式名称,宜改为"明中都"和"明皇陵"两大项,以免由于开始注意不够,以至明中都皇城及皇陵石刻以外的完整遗址逐渐遭到破坏,追悔莫及。

二、明中都皇城重点保护区应自午门向南伸展,包括太庙、太社稷、中书省、大都督府、御史台、端门、承天门诸遗址并南及左右千步廊、大明门、洪武门、南左甲第门、前右甲第门,东至中都城隍庙、中都国子监、鼓楼,西至开国功臣庙、历代帝王庙、钟楼诸点。

皇陵重点保护区应扩大至原砖城,并北沿神路至正红门暨神厨、斋宫、混堂及大水关、皇堂桥、於皇寺、朱元璋故里等诸点。

——摘自王剑英《对〈凤阳明中都皇城及皇陵石刻保护规划〉的意见》(1983 年10 月6 日)

目 录

考察篇

序　一

徐广友

王剑英先生是我国著名的历史地理学家和明史专家，是明中都遗址的发现者、研究者和保护者。1969年，距大明中都营建已整整600年，49岁的王剑英先生被下放到凤阳"五七"干校劳动，发现了大明中都遗址。他凭借一己之力，在逆境中探寻、考据、勘绘数载，于1975年写就《明中都城考》，由此揭开了明中都的神秘面纱，填补了中国都城史、古建筑史研究的空白，成为研究明中都的经典权威著作。正是这部《明中都城考》，让明中都成为全国第二批重点文物保护单位，使淹没600年之久、鲜有人知的小小"县城村"，变成如今被誉为"明初三都"之首的"大明中都城"。这一发现，凝聚了王剑英先生的学识和智慧、执着与坚守。

2014年7月我来到凤阳任职，偶然间看到了《明中都研究》①这本书，从此便一"翻"不可收拾，一口气读完了整本书，彻底迷上了中都城。工作再忙，我都会抽空到明中都城里走一走、转一转；出差再远，我都把《明中都研究》这本书带在身边，每当工作中遇到难题，翻看一下《明中都研究》，追随着王剑英先生的脚步我就会茅塞顿开，重拾战胜一切困难的信心和勇气。我们纵有千苦万苦，都不及剑英先生当年承受的苦。中都城留下了凤阳600年来的明文化记忆烙印，中都城的保护建设是凤阳未来社会经济发展的不竭动力，一定要把这座城保护好、建设好。

中都城是凤阳城市的母城，明文化是凤阳城市文化之根。2016年4月，习近平总书记视察凤阳县小岗村，在视察途中，关切地问：凤阳那座"古城"还在不在？总书记之问，激发了我们保护中都城的无限动力。近年来，凤阳县委、县政府坚持以规划引领城市建设高度，以文化铸就城市建设灵魂，响亮提出"一座中都城，凤阳城市魂"，大力推进大明中都保护展示和大明文化挖掘利用，编制了

①《明中都城考》及王剑英先生撰写的其他文章编纂成《明中都研究》一书，由中国青年出版社于2005年出版。

《明中都皇故城考古遗址公园详细规划》,对《凤阳县城市总体规划(2010—2030年)》进行调整,使城市建设与文物保护协调发展,进一步凸显中都城在凤阳城市建设中的核心地位,刻“明”于城,以“北绿凤凰山、南理如意河、东改棚户区、西美新城区、中修中都城、打造云霁街”的建设思路,建设“凤衔如意、山水相融”的山水园林城市,创建国家历史文化名城,一个独具中都古韵魅力的美丽凤阳正在以崭新的姿态展现在世人面前。

为加强明中都保护展示,2016 年以来,凤阳县委、县政府使出洪荒之力,投入拆迁、安置补偿经费 13.8 亿元,征迁中都城禁垣内居民和企业 1308 户,拆除 4 个工厂,搬迁 10 个养殖场,拆除房屋面积 14 万平方米,调整 382.3 公顷土地规划为文物保护用地。通过艰苦卓绝的努力,终于打开中都城遗址保护的大格局。2017 年 12 月,明中都成功获得国家文物局正式授牌,成为安徽省首个国家考古遗址公园,大明中都古韵得以彰显。我们坚持“保护为主、抢救第一、合理利用、加强管理”方针,有条不紊地展开了明中都皇故城国家考古遗址公园的建设,成功发布明中都“中”字形城市 LOGO,凤阳从此拥有了底蕴深厚、独具特色的城市名片;安徽省考古研究所与故宫博物院组成明中都联合考古队,这成为全省首个与故宫博物院的合作组织,使中都城考古工作有序推进。承天门考古圆满收官,“七曜桥”重见天日,明中都遗址入围“2018 年度全国十大考古新发现”终评项目名单。深入开展“游中都、读明史”“我为凤阳文物打 CALL”“中国少年画凤阳”“大家写凤阳”等活动,探秘中都城,认知新凤阳,打造独具凤阳特色的文化 IP,唱响“凤阳是个好地方”最强音。

斗转星移,弹指一瞬。自王剑英先生发现大明中都已逾五十载,如今明中都所发生的翻天覆地的变化离不开当年先生的倾心努力。2019 年 8 月,第二十届明史国际学术研讨会暨朱元璋与明中都国际学术研讨会在凤阳隆重召开,国内外众多著名的明史学家齐聚凤阳,借此会议之机,我县在明中都遗址公园游客中心举办了“王剑英先生雕像落成典礼仪式”。从此,王剑英先生永远和他心心牵念的明中都在一起了。

如今,我们再次刊印出版《明中都城考》,这无疑是推动明中都建设发展的一件喜事,也是对王剑英先生最好的纪念!未来多年,也许有人会说:“曾经有位下放到凤阳的著名历史学家,写就《明中都城考》一本书,救了中都城,这个人的名字叫王剑英!”

2020 年 12 月 31 日

(作者系中共凤阳县委书记)

序　二

单士元

一

明太祖朱元璋在元朝末年参加农民革命，驰骋军事。到元至正十六年(1356年)，他率领的队伍攻占了元朝的集庆路(即现在南京)，获得了经济上、政治上、军事上的根据地，改集庆路为应天府，自称吴国公。1364年，升格称吴王。这时已具备建国称帝的条件，遂在元御史台旧址建中书省。1366年，议建宫殿。1368年，即皇帝位，国号明，年号洪武，是年即为洪武元年。

虽然在应天府称帝，议建宫殿，但朱元璋对建都的地方南京并不惬于怀。既已称帝，则不能无京师。应天府称京，是权宜之计，实际上并未从事大举兴建都城宫殿之役。就在洪武元年四月，朱元璋曾率大军北去汴梁视察，想就北宋汴梁都城之旧。就在这段时间，大将军徐达在洪武元年八月攻克了元大都城，在这种新形势下，对于建都地点问题，又作了新的考虑。有人讲关中险固，金城天府之国；有人讲洛阳居天下之中；有人讲汴梁宋之旧京，漕运方便；还有人说北平(朱元璋攻克元大都后改大都为北平府)宫室完备，可省民力。朱元璋的意见是：长安、洛阳、汴梁是周、秦、汉、魏、唐、宋以来建都之地，若建都于彼，正当建国之初，民生未息，则重劳民力；北平，元的旧都，亦须更作。以上是朱元璋对众人建议的回答。至于因元之旧，在当时历史条件下，元人势力仍在北方存在，似尚不适时，因而未采纳群臣的意见。从后来朱元璋的行动观之，所言节省民力等词，皆为饰词，主要是以南京为都，决心未定。原来朱元璋出身于类似雇佣的劳动僧人，因生活所迫而就食僧院，在得天下之后，衣锦还乡之念甚浓，虽然业以应天为南京，汴梁为北京，而又在祖籍临濠(今凤阳)兴建宫殿，号称中都。

朱元璋在修建吴王宫殿时，天下尚未大定，所以力崇节俭。到修建临濠中都时，则真正表现了帝王都城宫殿的气派。洪武二年，以新王朝之威势，集中了人力物力，派李善长等督建临濠中都。临濠地势在组合建筑平面布局，较应天府的形势亦胜。到洪武八年，由于遇到种种不利情况，估计有政治原因，竟毅然改变初衷，放弃临濠，确定南京为都，于同年九月至十年十月大事扩建南京宫殿。后来将临濠已建成的部分宫殿拆毁，移建大龙兴寺，以纪念龙兴之地，表达衣锦还乡之意图。

在明柳瑛成化朝编、弘治初刊行的《中都志》（隆庆重刻本）卷三城郭门有：

> 中都新城国朝启运，建都筑城于旧城西。土墙，无濠，周五十里零四百四十三步，开十有二门：曰洪武、朝阳、玄武、涂山、父道、子顺、长春、长 8 秋、南左甲第、北左甲第、前右甲第、后右甲第。洪武七年，迁府治于此。
>
> 又：
>
> 皇城在新城内万岁山南，有四门：曰午门、玄武、东华、西华。洪武三年，建宫殿，立宗庙、大社于城内，并置中书省、大都督府、御史台于午门东西，今惟城垣存。
>
> 又国都：
>
> 国都中都，洪武三年，筑新城，营宫室，立为中都。
>
> 又宫殿：
>
> 洪武三年建，在皇城内，今遗址尚存。

数十年前曾见此书，但误认为经历了数百年，即有遗址，亦不过如唐代的麟德殿、大明宫等，残存一堆土丘而已。

王剑英同志研究明史多年，造诣极深，亦颇多著作。1969 年以后，在凤阳数年，发现中都紫禁城尚存，大部宫殿遗址亦历历在目，中都宫殿石刻栏板、琉璃瓦件遍地散落。剑英同志以一人之力，锐意考察，并躬履田亩，考察中都城区，无问寒暑，孜孜不倦；又征之文献，对证实存，写成《明中都》巨著。据《凤阳新书》载，朱元璋建中都时，御桥在午门之南，中书省、大都督府在午门左右，前有千步廊、阙门，左右为太庙、社稷坛，经剑英同志勘查，均一一可指。考其设计，则依法《周礼·考工记》，如左祖右社，前朝后市之制，可以说中都宫殿是将几千年来奴隶社会和封建社会帝王宫殿规模，作了概括的总结，制定出一套完备的封建帝王宫殿的蓝本。从此，我们可以说营建中都是为洪武十年改建南京都城宫殿和永乐年间修建北京都城宫殿绘制了蓝图，制作了样板模式。这是以李善长为首的设计师所创造的。这种布局，充分体现出高度集中的封建政权的象征。中都城的宫殿，虽现仅存遗址，踏寻其间，它的原来布局、布置，还都清晰可辨。剑英同志将明中都的规模和布局复原在图纸上，真实不误，比之依据文献推想，根据土丘，参以古代壁画复原出来的历史图卷要确实得多。剑英同志明中都的复原图,其科学性使人信服。

据《明太宗实录》载,永乐时新建北京是仿照南京布局,而弘敞过之,未称仿照临濠。盖在当日,南京早经朱元璋定为京师,临濠中都又大部分拆毁,其实南京宫殿在洪武八年扩建时,大体循临濠之制,只是地理环境不尽同于临濠。而在修建临濠中都时,是新王朝集中全国力量从事,所以工程建设,极为讲究。及停建中都工程,转而经营南京,则已感到人力物力不足。北京宫殿仿照南京,而弘敞过于南京是事实。证明南京现存午门大朝门的遗存,确实逊于北京宫殿。但若比之临濠,则有逊色。在凤阳现存中都紫禁城内,三大殿旧台之侧,还有蟠龙石柱础,为二米七见方,现在北京故宫太和殿石柱,见方为一米六,比中都小得多。南京奉先殿(太和)已无遗存,而大朝门遗址尚在,其规模低于北京当然就更逊于中都了。中都午门须弥座下石雕,除正门洞已将掩土清除,暴露在外,两侧门洞、两观墙,还有400米左右石雕,仍埋在土中。南京、北京这类构件均为素面白玉石,全无雕刻。中都的其他石刻图案,并不像北京宫殿仅以龙凤为题材,而是丰富多彩,除龙凤外,还有方胜、麒麟、双狮、梅花鹿、牡丹、荷花、西番莲以及其他各种花卉之类,而这些石雕手法,有浓重的宋元风格。中都宫殿琉璃瓦件的釉色,亦是多种:黄、蓝、绿、天青、粉红等。瓦当图案有双龙盘舞、彩凤飞翔,比北京宫殿显得丰富多彩,生动活泼。北京宫殿布局都和中都相同,如午门、紫禁城四角楼、三大殿、东西六宫、左祖右社、内外金水河,都比拟临濠。凤阳宫殿在万岁山之南,北京则在宫殿之后筑一土山以为紫禁城屏障,亦取名万岁山。凤阳宫殿左右有日精峰、月华峰,北京紫禁城左右虽无日精峰、月华峰,而在宫殿中则有日精门、月华门以象征之。所以中都宫殿应是北京紫禁城最早的蓝本,南京宫殿是一座不完整的中都宫殿的摹本。

剑英同志《明中都》一书,是在中都被遗弃数百年,也是被人忘却的数百年之后,根据遗址遗物,并征考文献,科学地复原出中都原貌。这一工作,不仅复原中都历史面貌,还进一步启发我们认识到中都宫殿规模是总结了几千年来从奴隶社会、封建社会历代王朝都城宫殿的设计杰作。过去研究秦、汉、唐、宋都城宫殿,大都从田野考古发掘遗址而推断复原,剑英同志《明中都》的科学性远胜前者。不经剑英同志发现后及时考证复原,再过数年,可能由于基建需要,中都紫禁城内外残存遗址遗物都趋于湮没。剑英同志独具慧眼,发挥其湛深的史地学术知识,成此巨著,使人钦佩无量。

二

从北京故宫是以明代中都为蓝本,于是学者就牵连到元代大都宫殿是什么时间毁掉的问题。现在北京明代留下的宫殿是不是元代大都的宫殿所在地,此点似与明代中都无关,但明代修建北京宫殿是仿照中都,借此把去年所写的元大都拆毁时间和故宫中轴线问题略作阐述,亦非尽属于赘词。考明代在洪武元年八月攻克元大都城,随即废大都之称,改名北平府。朱元璋封其第四子朱棣为燕王,驻北平府。朱元璋曾规定诸子王府建造制度,独燕王允许利用元代宫殿。当日是用元代西内宫殿,即兴圣宫、隆福宫等,地点是今天北京北海御河桥以西,西安门东大街一带。朱棣称帝后,曾改建这一带宫殿,改奉天宫殿等殿名。在元代,这一地区的宫殿也是皇子所居。朱棣居此,朱元璋并写在他生前的训言中,后来名此书为《祖训》,北京图书馆藏有明代初年的刻本。其中有营缮一条,对王府的建造说:"凡诸王宫室并依已定格式起盖,不许犯分。燕因元之旧有。若王子王孙繁盛,小院宫室任从起盖。"燕王府的利用者即《祖训》记录所称燕因元之旧有的旧内宫殿,但从明代以来即传说洪武元年攻克大都即将元宫殿拆毁,这样则所拆毁的当然是太液池以东的大内了。因为旧内(元大都宫城)已是燕府所在地。但元代大内宫殿是否在洪武元年攻破大都时即行拆毁,在历史上也是个悬案。查人们根据记录拆毁元宫殿之说,较早的文献,是萧洵所写的《故宫遗录》。审此书的内容似是一篇游元故宫的游记,书中并无拆毁的话。这本书既无著者年代和书名,也没有自序和题跋,只是旁人给作了两篇序。一个是洪武二十九年吴节的序,序中说萧洵任工部郎中,随大臣至北平毁元旧都,也没明确说毁元代的宫殿。第二篇序作者赵琦美,是在明代万历四十四年,和洪武元年相隔 248 年。而赵琦美序中则明确地说:"毁元氏宫殿,庐陵萧洵实从事焉。"赵琦美的话只能是根据传说而写,或误解元年毁元旧都的范围。根据《明太祖实录》,洪武元年攻克大都后,曾命大将军徐达、指挥华云龙经理元大都,当时徐达、华云龙是这样经理的,新筑城墙,南北取径直一千八百几十丈,把元旧城北面往南缩近约五里。现在北京德胜门外土城遗址,清代乾隆帝曾在其上立"蓟门烟树"石碑,为燕京八景之一,这段土城即元代大都北城墙西段的旧基。全国解放后,在明代西直门箭楼墩台下拆出元代和义门残存门洞,中国科学院考古所徐苹芳同志在明代东直门角楼城墙下发掘出元代东城墙的排水石桥,此外,还有元代的衙署、民居的遗址,都能证明洪武元年徐达、华云龙经理元大都的情况。到明代永乐皇帝营建新北京时,又把北京南城向南拓出 3700 余丈。这个局面一直保留到 1949 年全国解放前。过去提出毁元故宫的话不是萧洵,始作俑者是明万历年间赵琦美的序,由此更怀疑《故宫遗录》这个书名也不是萧洵自己所定,而是他人所题者。洪武元年并未拆毁元大内宫殿,只是经理元大都的城市规模。而在洪武二年朱元璋召集群臣议论建都地点时,还有人拟议在北平(北京),并说北平元代宫室完备。若是在洪武元年已经拆毁了,则何完备之有。从这里可以看出元大都宫殿的拆毁,至少是在洪武二年确定兴建中都之后。至于太液池以西燕王府建筑,除部分建筑扩大更名之外,大体为元朝旧状。

根据有关资料,在洪武二年以后,元大都宫殿逐渐荒芜。如洪武五年有曾在北平做过官的宋讷,在他的《西隐文稿》中,有过元故宫诗:“郁葱佳气散无踪,宫外行人认九重。”这种回忆旧况,可见在当时元大内并未成为废墟。再有一个叫刘崧的人,在北平做过按察使的官,时间是洪武三年至十三年之间。刘崧对元宫有“宫楼粉暗女垣欹,禁苑尘飞辇路移”的诗句。这个景象是说宫殿上彩画已经黑暗了,宫城上女墙也有的歪斜了,这都说明大内在洪武元年未拆毁。

朱元璋修建中都时,人力物力耗量极大,过去旧北京大学一位山东历史教授说:明代修建南京宫殿时,曾由北京运建筑材料,是拆元代宫殿的。如果真的话,时间应在洪武十一年之前。通过前面所引明初人所写元故宫的诗句和朱元璋停建中都在洪武八年,扩建南京都城宫殿事,是否可以修订时间限度最早为洪武十三年按察使刘崧所见之后。

三

谈北京明故宫最早的建筑蓝本为明代中都既竟,还拟再联系一个问题,即北京明宫的中轴线问题。按元朝宫殿原分三区,以太液池、广寒殿为中心,其西即兴圣、隆福等宫,为朱元璋灭元后封朱棣为燕王驻北平燕王府,即元代西内宫殿,这本无可置疑。但多年来出现一个争执问题,即明代建造现在故宫地点是在元代旧宫之东里许,还是在元大内老地方?这个问题,起源于几种文献资料,为《明太宗实录》、明末孙承泽《春明梦余录》,还有几种传抄的书籍,均有永乐时所建宫殿在元旧宫之东里许之说,其源同出于实录。按元代西内为燕王府,朱棣由燕王登基称帝后虽在南京,但改北平府为北京,为了随时往来南北两京之便,乃将原燕王府加以扩充,旧宫室冠以奉天殿等额名,这就是永乐未迁都北京时的旧宫。文献上所记载的旧宫不是元代太液池以东的原大内,是指旧燕王府升为宫的地区。若永乐新建北京宫殿时,去元大内旧宫里许,则现在的明故宫应当在旧北京东四牌楼地带。而现在明故宫地点恰好是永乐称帝后改造燕府称宫之东里许,这样解释似还不能说服人,作为定论,再寻一点较有科学的根据,以补证此说。在全国解放后,维修故宫,曾发现元代宫殿的大石套柱础、元宫浴室下层基础石板、宫阶雕石。至于元朝宫殿上各色琉璃瓦件更是日有发现。所举资料，若还有不同看法，再举更较科学的资料。1964 年，中国科学院考古所徐苹芳同志曾在北京城区中轴线地区钻探了若干处，证实了明代的中轴线就是元代的中轴线。这样就进而证实了明永乐修宫殿时，是在元故宫的旧址上兴建起来的。过去有人说元代大都中轴线应在北京旧鼓楼大街，越过什刹海。若是这样，则明代现留下中轴线之西了。从而现在的故宫的位置又值得重新探讨，我对此事曾向徐苹芳同志求教，承苹芳同志复示，作了详尽的教益，兹节录如下：

“我在 1964 年开始钻探时，首先按传统说法从旧鼓楼大街向南越过什刹海，在今地安门内以西油漆作、米粮库至恭俭胡同一带，在景山西门内至陟山门大街一带，按东西向排探以寻找南北向的中轴大街，由北向南探了六道探卡，但均不见元代路土。当时，我并未带着主观成分去钻探，然而这六道探卡均不见元代路土，绝非偶然，只能说这条中轴大街是不存在的。然后我又在今地安门大街南一线进行钻探，在景山北墙外探出东西宽约 28 米南北大街二段，并在景山公园内寿皇殿（今少年宫）前，探得一大型建筑物的夯土基址，又在其稍南景山北麓下探得南北大街的路土。因此，我们可以肯定，这条南北大街就是元大都的中轴大街，它与今地安门大街是重叠的，寿皇殿前大型建筑基址则是元大都宫城的北门（厚载门）的基址。……至于传统说法不过是根据《春明梦余录》诸书所述而推断的，其错误是把燕王府误认为元大内。”

有苹芳同志的考古发掘资料，辅以我们在维修故宫工程中所发现多种建筑材料和建筑遗址，可以肯定明代永乐初年兴建的皇宫，就是在元代大内旧基上建造起来的，这是千真万确的。

借论剑英同志中都之机，将北京宫殿历史问题赘言如上。

1981 年 8 月 29 日

（作者系故宫博物院副院长，中国建筑学会会长）

序　三

罗哲文

我和王剑英先生虽然曾经有过文字上的交往，他说在“文化大革命”以前编写教科书的时候，曾经参考引用过我有关长城和古建筑文物的书和文章，但是真正成为“以文会友”来往密切的是在“文化大革命”以后的20世纪70年代后期。具体地说，就是凤阳明中都把我们联系起来了。1972年我从湖北咸宁文化部干校调回北京，恢复了原来的文物保护工作，办公地点就在沙滩五四大街原北京大学红楼。我的专业是古建筑包括古城遗址、历史文化名城等等，经常收集这方面的材料。正在缺乏明早期都城资料的时候，喜出望外，王剑英先生把他在教育部安徽凤阳干校劳动时期在劳动之余调查研究的成果《明中都城考》送给了我，并共同回忆了干校“峥嵘岁月”的生活。他还讲述了他如何与受“四人帮”蒙蔽监视他们的人们周旋，艰苦地进行明中都古城调查研究和写作的情况。我接过他那本厚厚的蓝色封皮、打印文字和描绘的图纸书本的时候，十分钦佩和感动。我也同样在干校劳动，一无所为，真有些自愧不如。剑英同志的工作单位人民教育出版社就在景山东街，与我办公室的红楼相隔咫尺，此后我们经常来往。除了谈论一些文章写作和生活琐事之外，主要的话题还是在明中都上。一谈起明中都他就好像着了迷一样，从历史文献到现存情况，如何需要抢救保护等等。那种对明中都深厚的感情，也深深地感动了我，使我也和他一样对明中都产生了深厚的感情。因为我很理解他的这种感情不仅来源于对明中都在我国历史文化、城市发展史上的重要价值，更在于他在那“峥嵘岁月”的生活和克服种种困难进行考察研究的奋斗经历。听说当时一些不明真相的人还给他戴上过“神经病”的“桂冠”，也不是事出无因的。

自此以后，我受剑英同志的感染，也迷上了凤阳明中都包括朱元璋父母之皇陵，多次前往考察，极力推荐列入全国重点文物保护单位。我在国家文物局任职的时候，还极力支持了明中都和皇陵、皇觉寺等遗址的保护维修工作。社会各界专家学者，国家、省、市、县各级领导和文化文物、城建主管部门对凤阳中都以及其他文物保护、研究的重视，都是与王剑英先生对明中都的研究、宣传、倡导、奋力分不开的。

我还记得,1983年9月25日,中国建筑学会建筑历史与理论学术委员会在凤阳召开1983年年会暨明中都遗址保护规划讨论会的时候,与会专家学者、教授们,除高度评价明中都的布局、建筑工程技术、艺术在我国都城发展史和建筑史上的重要地位与作用之外,还着重讨论了明中都遗址的保护规划。单士元、王剑英等专家学者和我都在会上发了言,一致认为凤阳明中都遗址(包括皇 陵遗址)已具备了建立博物馆的条件,要尽快成立。我还在会上提出了四条建议:

一、尽快成立中都遗址博物馆(包括皇陵遗址)。通过这一组织,首先对明中都遗址、皇陵遗址进行科学保护。只有先保护起来,使遗址不再被继续破坏,才能为今后的工作提供保证。否则遗址一经破坏,就不可再挽回了。

二、中都遗址博物馆成立之后,首要的任务,就是要立即对遗址上现有的文物、古建筑残存构件、遗址遗迹等进行调查登记,建立科学记录档案资料。对其中的一些遗址要进行考古调查、测绘、摄影,做好一切基础的工作。这项工作十分重要,在此基础上可再进行进一步的深层次研究。

三、积极从中央、省、地、县各级有关部门争取支持,筹集资金,对遗址进行必要的保护维修。这项工作十分重要,因为现存的遗址中的文物、古建筑残存构件都在不断遭到自然和人为的破坏。这一工作,可根据财力和技术力量的情况,分期分批分阶段进行。通过维修整理,可以对外开放。要先维修整理,否则就不好开放。在开放的同时,要加强保护管理,防止游人对遗址的破坏。但是也不能否定旅游,因为通过旅游,通过向社会开放,才可以发挥遗址的作用,以达到振兴和弘扬中华民族悠久历史文化的目的。

四、建立中都遗址博物馆,急需一批专业和管理工作的干部。现在这方面人才缺乏,需要进行培训。这里包括领导管理人才,也包括专业技术人才。只有培养出一批对文物工作有事业心、有专业知识的人参加中都遗址博物馆的工作,才能把工作做好。

这次会议之后,我又多次去过凤阳,每次都要到中都遗址去走一走,看一看,不免想起王剑英先生曾经在这里默默耕耘、艰苦奋斗的身影。遗憾的是,听说明中都遗址博物馆仍处于筹建之中,保护工作也仍然艰巨。据1983年统计明中都皇城内的居民仅80户,而今已增加到200多户了。随着城区居民的日益增多,居民生活、生产与遗址保护工作之间的矛盾日趋剧烈。如何能设法解决这一国家重点文物保护单位——中国乃至世界罕有的古都遗址的保护问题,已经成了当务之急。最近一个令人振奋的消息传来,2002年10月8日国务院副总理钱其琛同志对明中都遗址的保护问题,作了批示,建议搞一个遗址公园,引起了各方面的重视。目前，中央、省、市、县有关部门正在积极地筹划之中。我相信遗址公园和遗址博物馆一定会建起来，从根本上解决明中都遗址的保护与利用问题。

王剑英先生已经离开我们多年了，我想他若有灵得知这一消息的话，一定也是非常兴奋的。我记得他生前曾经说过："明中都，要从历史的长河中，从遗址的宏观中，去理解、掌握、保护和利用。它是中国的，也许是世界独一无二的空前绝后的完整的都城遗址，是祖国文化的瑰宝，切莫等闲视之……"如今我们再读这一段文字时，不禁深为王剑英先生对祖国、对民族文化事业、对祖国文物保护的赤诚所感动。

由王剑英先生高尚的品德、治学的精神、渊博的知识，特别是在凤阳干校劳动时期，艰苦奋斗、辛勤工作，为明中都古城遗址考察研究所作出的贡献，深深感动了凤阳这方水土上与他共事的人们。在李克强同志的支持下，在凤阳那段难忘岁月中与他结下师生之情的陈怀仁、夏玉润等，热心将恩师挚友的作品收集整理，编集成书。编者知我是王剑英先生生前的知交好友，特别是在明中都的保护研究中结下深厚友情，特嘱我为序。的确如此，我不仅对剑英同志的友情难以推谢，更感于李克强同志，以及凤阳的陈怀仁、夏玉润等同志不忘曾经为凤阳做过一些贡献的人们的尊重与怀念之情，欣然从命，写了以上一点感想和认识，权以为序。不当之处，敬请批评指正。

2003年元月于北京

（作者系中国古建筑专家，国家文物局古建筑专家组组长，原中国文物研究所所长）

序　四

柯文辉

一

处于上升社会的人间往来,如王勃所咏:“海内存知己,天涯若比邻。”处于浩劫中的人际关系则反之:“四顾无知己,比邻若天涯。”①本来可以成为挚友的人,因害怕政治株连而对面不相逢。想起我与王剑英先生的关系,至今充满着内疚与悔恨!

剑英先生在凤阳举目无亲,听当地文化馆的朋友说,安徽农学院凤阳分院畜牧场的老柯,是从省城来的“右派”,很会养猪,便来找我。所问尽是喂猪的实际问题,如预防猪瘟、猪丹毒、猪肺疫所用的“三合一疫苗”到何处可以购得?母猪压死仔猪、偷吃胎衣、乳水不足如何预防?公猪被咬伤后,大面积溃烂如何治疗?说到公猪好斗、容易咬伤时,我还作了示范:先拴个活绳套,套住公猪的上颚,再拴在钢筋圈门上,最后用自来水钢管套住公猪獠牙,一一折断。让他试拔时,只见他手握钢管,臂腕发颤,轻声自语:“多疼呀!”结果掷管在地,黯然告辞,难过得眼圈儿都红了。剑英先生的善良与当年那些欣赏游街、批斗的嗜血者们相比大异其趣。

剑英先生还听说我也读过几本书,有点文史常识,便找我交谈,解除寂寞。他试探地向我提起了明史:“朱元璋杀人太多,胡惟庸、蓝玉案枉杀大量无辜……”

“蓝玉是什么人?我一无所知!”我把心灵的门关死,切断了对话,生怕由此产生“政治问题”,更怕自己身上的政治杆菌,殃及这位善良且多灾多难的学者。我语气残忍,不但没有歉意,反为我能爱护他而“自豪”,其实是不折不扣的自私、短视,是被扭曲的心灵所发出的冷酷。

---

①引自1957年初夏《光明日报》发言标题,发言者姓名已忘,歉愫之至。

二

什么是英雄？我常常在星空下的池塘边问自己。

历史上有几十种答案，都不能完全说服当下的我。

剑英先生送我一册《明中都城考》打字稿本，匆匆读完之后我得出一个不见经传的结论：

当大多数人活得艰难的时候，英雄不失人格地活着；

当大多数人无所作为的时候，他为父老姐妹做成几样有益于后代的实事。

而剑英先生便是这样的英雄。他做的事并不惊天动地，甚至称不上伟大杰出，但全国极少有人做成类此之举。他证明了在7亿人跳忠字舞、唱语录歌、看8出样板戏、吟37首诗的岁月，还有人保存了治学意志，默默无声地打破窒息人思维的大一统，兀立于千人一面之外，不肯丧失良知与自我。

当剑英先生听完我阅读此书的感受后，异常惊愕地摘下眼镜，反复打量着我，仿佛我是从月球上来的怪物似的，倒抽一口凉气，连连摆手说："我是被改造的臭老九，跟英雄沾不上边，从今往后，千万别再提起！"

后来他还来过凤阳，我已去上海，彼此失去再见机会。此番谈话竟成永诀。

我在凤阳流放18年，全家吃下凤阳农民种的粮食有数万斤。剑英先生做成的事我非但不曾动过手，也从未想过该去试一试。相比之下，怎么不羞惭、自责呢？

三

作为文字狱副产品的清代考据学，到了抗日战争时期，随着国学的上楼休惠而苟延残喘，从此再也没有出现过推翻千古定论的大师。偶有翻案文章多昙花一现，远离老百姓而关注者极少。以考据为专业的学者亦见寥落。为这一现状不安者未必都是遗老遗少，因为这些老少爷们生存的土壤已荡然无存，孤枝何处托？

剑英先生是我国考据学派最后的亮星之一。有关明中都的考订诞生于万马齐喑的年月，填补了这一时代的学术空白，让"明中都"这一概念在学人们的脑海中死而复生，使我们对凤阳古都的建筑、人的生活状况、人文气息、典章制度，有了立体而又鲜活的完整概念。既说清了明初一段史实，又为今天作为文化遗产保护规划提供了科学依据，并对将来产生深远影响。在这一选题上，他是开山者。他使用的史料在清代无人重视，可以理解；而在明代并不罕见，却无人问津。先生的目光、胆识、行为，冲破当年笼罩全国的“大批判”“影射史学”的牢笼，在今人看来仍为一壮举。剑英先生著作的价值并非仅限于学术内容，如何不让我们敬佩！

四

今天，原创史学远远不及“剪刀糨糊”、人云亦云的“皇皇大著”多产，鱼龙混杂，泥沙俱下。前几年检查中学历史课本，发现差错多达百条，让人吃惊。有的专史作者站在女真贵族立场，斥责汉人不该抵抗清兵南下，大言“扬州十日”“嘉定三屠”是自食其果，持不同意见即“破坏民族团结”。种种高论，使愚昧的我读来头昏眼花，自叹浅薄。而读剑英先生著作则一目了然，平实质朴，言必有据，让史料和知识说话，侧映出作者谦和谨慎、尊重读者的美德，一点不浮躁，沉着自信，凡中见奇，其学风、文风值得赞誉。

编者校勘文稿，认真负责，让作者辛勤劳动能为更多有心有缘者接受，并从中为中国文化打捞历史人物，功莫大焉！

好书不会为历史的灰尘所湮没。但古往今来被湮没的书，亦浩如烟海。著作家每每有幸有不幸。近岁出版的《凤阳县志》优点甚多，但书中大事记、人物传记缺省先生姓名，总是憾事，说明先生遗著有人为遗忘的可能。今日先生专著得以出版，明中都文化得以流传，故对编者、出版者深表敬忱！

我不通史学。编者盛情，要我写几句话介绍此书。顾炎武说：“人之患在好为人序。”故只敢写出比较“拿手”的自我检查，而真诚却无法掩盖学术含金量是零。加上哲文老人雄文在前，只好向读者专家鞠躬请罪！

2004 年 2 月

（作者系中国艺术研究院研究员，著名美术理论家、书画评论家、戏曲作家、传记文学家、诗人、散文家）

王剑英与明中都纪实(代前言)

夏玉润

历史往往巧合:600年前的1369年,朱元璋下诏,以临濠(凤阳)为中都;6年后即1375年,朱元璋下诏"罢中都役作"。而600年后的1969年,王剑英先生来凤阳"五七"干校,也是6年后的1975年,王剑英《明中都城考》(历史篇)完稿刊印。

明中都的兴废,均缘于朱元璋个人的情感与意志。这座废弃的都城,是中国古建筑史上的悲哀,更是朱元璋一生中最大羞耻之一。所以他的子孙们在编修《太祖高皇帝实录》时,把这段史实大多隐匿不录。不但600年后生长在这块土地上的凤阳人,不知"中都城"的称谓,就连当时正在凤阳县文化馆工作的笔者,竟也对凤阳"明中都"一无所知。不仅如此,"明中都"三字极少出现于1949年以来中国明史界、考古界、古建筑界的视野中,甚至连在故宫工作了70余年、研究都城史的泰斗级专家单士元先生,也对明中都"到底建成了没有,一直模模糊糊,很不清楚"。

或许时隔整整10个甲子,被朱元璋隐藏的"绝密",终于到了大白于天下的时刻:一位与凤阳毫无关联的人物——王剑英先生,被"文化大革命"戏剧般地安插于凤阳,让他拿起穿越时空隧道的钥匙,重新启开尘封的明中都大门。此时,与朱元璋兴废明中都的年代,恰巧相距整整600年。

一

1369年九月癸卯,时年42岁的朱元璋下诏,以临濠(凤阳)为中都。

1969年初夏,时年49岁的王剑英先生来到凤阳,在教育部"五七"干校劳动。

1969年,教育部决定在凤阳设立"五七"干校。这年初夏,王剑英先生作为干校的先遣学员,最先来到凤阳。教育部"五七"干校是按军事单位的模式来划分的,共分9个连队。王先生所在单位——"人民教育出版社"被编为7连,连部设于当时的黄泥铺公社三合输园艺场三队。一同在这里的还有：中国近现代教育家戴伯韬，后任人教社社长、总编辑叶立群，后任人教社党委书记张玺恩，副总编辑、学术委员会主任张志公，著名文史学者张中行，语文教育学家刘国正，中国教育学会数学教学研究会理事长、人教社编审张孝达，中学物理教材的奠基人、人教社副总编辑雷树人，全国小学语文教学研究会名誉理事长、人教社编审袁微子，著名史学家邱汉生，著名明史学者陈梧桐，著名宋史专家陈乐素，史学家、后任贵州师范大学校长吴雁南，人教社编审寿纪瑜、王宏志以及张渭城、张荚、柳松等。可谓人才济济。

夏日的一天，“五七”干校的队员们全部集中于凤阳“府城”（清朝凤阳府治所在地，故曰“府城”）内的“五七”干校总部听报告。王剑英听说离“府城”不远处还有一座“县城”（清朝凤阳县治所在地，故曰“县城”），便利用午饭后的空闲时间前去看一看。这座所谓的“县城”即中都皇城（宫城）。当他走进这座神秘的县城，立即被它雄伟的城墙震惊了。他不仅看到了午门内外须弥座上精美的白玉石浮雕，看到了巨大的蟠龙石础，还沿着砖砌平整的斜道，先后登上东华门、玄武门和午门，漫步于午门城内的“状元桥”（即内金水桥）。他遇到一位年过70的老人，老人告诉他：凤阳有“紫禁城”“内罗城”“外罗城”，是当年朱元璋在这里修建的都城，因刘伯温反对，没有建成，只建了一座空城。老人还对他说了“鹰夹箭”的民间故事。王先生认为这些都只是民间传说而已，如何能与北京故宫相比？

新设立的“五七”干校需要一批城砖建筑校舍，经凤阳县委批准后，干校派大卡车前往午门东墙运砖。王先生被派来当搬运工，他看到自东华门至午门，到处都在扒城砖，砖垛自城墙根一直码到护城河边。他还看到，人们在扒拆午门东圈顶时，洋镐下去，火星迸发，城砖虽被劈断，但粘接处仍不能分，十分坚实。

当时“五七”干校学员中的一部分人，是所谓有“历史问题”的“审查对象”，要“接受改造”。王先生即属此类。他不仅每日要写检讨、作交待、接受批判，还要干最累、最脏的活。分配给王先生的任务是喂猪、种菜。一次过节，领导叫他杀头猪。这位连鸡都没杀过的高级知识分子，只得拿起屠刀，忙了整整一天，终于杀了猪，拔了毛，解了体，送至伙房。后来，他谈及此事，笑着对我说：“少了张屠夫，一样不吃带毛猪！”

1972年元旦刚过，干校将没有“问题”的学员遣散至地方工作，主要的去向是边疆地区，仅留下小部分有“历史问题”的人，并将他们全部转移至凤阳县城内的“五七”干校总部。王先生离开劳作一年半的三合输园艺场，搬进了凤阳城。此时一个突然的机遇，再次把他与明中都联系在一起。

二

1372 年,朱元璋筑中都皇城,建百万仓、公侯第宅,立钦天监、观星台。

1373 年,甃中都皇城,立中都城隍庙、功臣庙、历代帝王庙,建会同馆。

1972 年,王剑英先生回北京,看故宫午门须弥座上的石雕远不及中都皇城。

1973 年,在复旦大学查看古籍,首次了解明中都已基本完工。回凤阳后,开始对中都遗址进行全面调查、勘测。

1945 年,王剑英先生毕业于南京中央大学政治经济学系后,便在家乡江苏太仓娄东中学当了 3 年历史地理教师。对地图有着特有天赋的王先生,每逢上课时,现场在黑板上画地图,给学生以极深的印象。王先生晚年时,这批学生常来京登门看望,笑谈几十年前画地图的情景。

1948 年,王剑英先生获得美国哈佛燕京学社奖学金而进入燕京大学历史研究生班,主攻明史。1951 年,他被分配至教育部,在人民教育出版社开始从事历史教科书及地图的编辑、编审工作。1959 年,中国历史博物馆开始筹建,经中国历史地理大师、复旦大学著名教授谭其骧先生的推荐,王先生被国务院聘请担任该馆历史地图组组长。

1972 年,中国历史博物馆即将重新开馆,王先生被调至博物馆,再次担任历史地图组组长,主持开馆前的地图修复工作。历史博物馆与北京故宫仅咫尺之遥,工作之余,他来到故宫午门,看到它的形制与凤阳“县城”南门基本相同,他疑惑了:凤阳这座“县城”的形制为何与北京故宫相似,为何一座“县城”的城墙、城河竟与北京故宫相同,它到底藏有多少秘密,为什么中国的专家学者们对这座“县城”一无所知。一连串的问题,浮现于脑际,埋藏于心中。

1973 年初,国家有关部门在复旦大学召开《中国历史地图集》审图会。他作为专家之一,参加了这次会议。会议期间,他在图书馆内查阅有关凤阳明中都的史料,看到了乾隆《凤阳县志》。

(我)粗略翻阅了一下,看到有关明初建中都的一些记载,才初步了解不是没有搞成,而是基本建成了;不仅有皇城,还有二道城和外围的中都城;不仅有宫殿,而且还有太庙、太社稷,有圜丘、方丘,有中书省、大都督府、御史台等中央官署,有国子学、会同馆、观星台,有中都城隍庙、功臣庙、帝王庙,有金水河、百万仓,有中都留守司、教场,还有皇陵、龙兴寺、许多开国功臣的宅第、坟墓,等等。

“天生我才必有用”。王剑英先生对明史及历史地理有着深厚的基本功,又是一位历史地图专家。此时他明白,在这块“劳动改造”的神奇土地上,将成为自己求之不得、拼搏人生的新战场,是许多学者一生都无法碰到的机遇。于是,会议以后,他设法让另一同志代替他担任中国历史博物馆地图组组长,毅然返回凤阳,决定对明中都进行考察。

王先生的住地干校总部,原是安徽省第四监狱,四周为高大的砖砌围墙,中间为关押犯人们宽敞的砖砌瓦房。这些建筑是1957年扒拆皇城内的几座桥梁上的城砖修建而成的,砖上显露了许多文字。此时的干校已没有劳动任务,整日开展政治学习。王先生利用空余时间,在干校总部的大院里寻找字砖,将砖上的字一一记录。从此,他开始了明中都考察的第一步。

接着,为了寻求字砖的秘密,他向凤阳县档案馆借阅并抄录了乾隆《凤阳县志》和光绪《凤阳府志》。上述志书虽为清人编纂,但基本勾勒出明中都的轮廓。

王剑英先生决定实地考察。但作为一名有“历史问题”的“五七”干校的学员,他的一切言行,都必须向组织如实汇报,不能隐瞒。于是,他向干校负责人张健同志(后任中央教育科学研究所所长)做了汇报。张健破例同意他每逢星期天(一个星期只有星期天可以休息,当时还没有“双休日”的规定)可以外出考察,还借给他一辆自行车、一部照相机。多年后,王先生感慨地对我说:“如果没有张健同志的支持,《明中都》这本书就写不成。”有了领导的支持,王剑英先生单枪匹马地开始了考察工作。

从这年(1973年)4月起,我每逢星期天,便身背水壶,带点馒头咸菜,清晨就骑车出门,到处寻找遗址,访问群众,测量绘图,至晚方归。

由于年代久远,建置变革,广大群众对明初中都的情况不甚了解。如为了寻找南左甲第门的位置,我多次从鼓楼南行,见人就问,一直到达亮岗(公社)西北的岗集,都未找到。看不到城门遗址,也看不到中都城埂遗址。当地群众只知道老北门(即北左甲第门)城根遗址、独山门城根遗址、门台子城门遗址、涂山门遗址,其他都不甚了解。他们都不知道有“南左甲第门”的名称,也不知道有“中都”和“中都城”的名称,只知道有一圈“外罗城”。一直到后来找到了钟楼遗址的前右甲第门遗址,和从那里到洪武门遗址之间的中都城南城埂遗址,看到了正好树立在它北侧的高压电线杆,才找到了南左甲第门的确切位置。道路两侧的两个瓦砾废丘天天摆在那里,不知来回走了多少次,都没有把它看成是遗址。此后,中都九门和30多公里长的中都城遗址先后都被找到了,即使部分地段已无痕迹,只要把已知的部分直线延长即可相连接。

方志载鼓楼到钟楼相距5里,当时这条路上尚无里程碑。没有工具,就用自行车蹬圈测量①,结果是6里,我怕记错了,分段反复测算,还是6里。后来才发现明里180丈为一里,华里150丈为一里,两者正相符合。

初步方位确定,我开始测绘明中都地图。最短的用钢尺,长的用头上缺了3米的皮卷尺②,再长则用自行车③,测绘了一幅明中都遗址复原的平面图。一年后,看到五千分之一的地形图,基本相符,实在高兴……

时间长了,社员跟我熟了,告诉我他家有龙瓦或凤滴水,愿意送给我。一看才下午四时,就架起自行车,跟他们一起劳动、抢场,待收工时再一起去取。为了了解有关中都的历史和遗迹,我东至临淮、钟离古城,南至皇陵、大庙、徐府,西至官沟、刘府和蚌埠的曹山,北至长淮卫、方丘和淮北的郭府。有时中途遇雨,农村道路泥泞,自行车推不动,还得扛着车走。经过半年左右的时间,走遍了凤阳的山山水水,社社队队,初步摸清了中都遗址的情况,有尚未找到的,也有文献上所未曾记载的。

我在王先生的遗物中,发现了几张王先生当年绘制的明中都遗址草图。

其一,在《凤阳府城示意图》上标明:"1973年5月27日车测,28(日)晨复测校正,每双脚蹬28吋(英寸)自行车一圈,(在地图上是)1毫米。合108圈为1华里,公路里程碑则201圈(126—127)为1公里,两数差距甚大。"

其二,在《凤阳皇陵示意图》上标明:"1973年6月3日草绘,同年9月7日绘制草图,1973年9月16日复测,校核无误。剑英。"

30年后,即2003年10月和2004年5—6月,笔者为中国青年出版社2005年版的《明中都研究》增补照片,沿着王剑英先生当年走过的路重新走了两遍。此时我的行头和道具与当年王先生的基本相似,即一部自行车、一双军用球鞋、一瓶矿泉水、一部照相机、一本工作笔记。时而在宽阔的大道上飞驰,时而在羊肠山路推车而行,时而将自行车停在田头,顺着狭窄的田埂慢慢挪动,还有几回遇到沟壑,只得脱鞋蹚水而过。拍摄北左甲第门时,恰遇暴雨,全身淋湿;拍摄皇陵土城东门时迷了路,在烈日下暴晒几小时,头颈、胳膊都脱了一层皮;拍摄用中都石雕修筑的李家大堤时,不慎跌入沟中,全身酸痛,昏迷半小时才醒过来;拍摄独山顶上的观星台时,因未留意开山农民发出即将爆破的信号而往山上爬去,幸亏被一采草药农民紧急喊住,这才在鬼门关前止步。这两次拍摄的

①据王先生说,在自行车前轮扎上细绳做记号,算出脚踏圆盘转一圈的长度,前轮能转几圈,最后算出两地之间共蹬圆盘圈数,即可算出共多少米。

②王先生的皮卷尺长度为30米,因头部缺少3米,故仅有27米。

③据王先生说,测量中都城周长时,同样是用一部自行车,但上坡和下坡、顺风和逆风,测量的数据都不一样,测量明中都周长时,来回不知多少遍。有的特殊地方,还要用步测。

行程,使我深深地体会和理解王先生当年的艰辛与劳苦。所不同的是,我比王先生幸运得多:王先生除白天辛劳考察,晚上回去还要写"检查",接受批判。

在那个特殊的年代,一位年过50的外地人,操着浓浓的吴音,到处寻找明中都的遗迹。这一奇人奇事,很快在当地群众中传开了。居住在中都皇城、皇陵一带的老百姓,都知道有一位从北京来的"老王",或者是高教部的"老王"、戴眼镜的"老王"。一提到他,老百姓都说,这个人能吃苦,没有架子,有本事,能讲许多凤阳的古迹。这些古迹,我们八辈子都不知道,他不是凤阳人,怎能知道这么多?!

然而,王先生在另一部分人的眼中,是另一种形象,说这个人神经有点问题,一天到晚就是在皇城、皇陵乱跑,把烂砖碎瓦当宝贝,不知道搞什么名堂!

据王剑英夫人陈毓秀老师回忆,王先生在明中都遗址上收集了不少明中都遗物,他曾挑选一批,打算运到北京,以实物的方式向国家文物局汇报。通过火车货运的方式,由蚌埠运往北京;不料铁路运输部门却错运至东北沈阳,等再从沈阳运至北京,这些遗物全部破损,十分遗憾。

王剑英与凤阳群众建立了友情:

> 老乡不但把耕地、挖塘、开沟时捡到的龙瓦、凤滴、吻饰送给我,还告诉我许多文献上没有记载的珍贵信息:如承天门东侧水沟里出现过成排的浮雕;千步廊位置掘出过南北成行的红石条;午门内外,东、西华门内侧等处地下都有大桥;奉天门前原都是白玉石大街;后宫位置下有大量的琉璃大瓦、琉璃碎件、大城砖的墙基;武英殿位置地里还有从未移位的石础;等等。

多年后,王先生在回忆这段往事时,深情地对我说:"感谢凤阳老乡的支持和帮助,这对我以后撰写《明中都城考》和《明中都遗址考察报告》非常重要。"

1973年国庆节期间,"五七"干校组织全体学员在安徽境内参观旅游。王先生利用这段旅游假期,去查寻史料,与半年来的实地考察取得的资料相互印证。而当时凤阳仅有清光绪年间的府志和县志各一部,必须到南京查阅。他的请求再次得到了领导的批准。

> 同年(1973)10月,我自费到南京查阅文献资料。主要阅读并抄录了南京地理研究所藏的《凤阳新书》,南京图书馆藏的《中都志》《临淮县志》,南京大学藏的《明实录》《大明会典》《大明一统志》等等。
>
> 住了一个半月,天气渐渐凉了,就把替换的衣服、雨衣全部加在身上;钱带得不多,先住小旅社,后住进南京大学;每顿饭只吃二两光面加点米饭,没有菜,直到钱全部用光。此时干校几次电报催我回去,我才返回凤阳。

1974年春天,我利用回北京探亲的机会,又到北京图书馆(今称国家图书馆)、中国科学院图书馆看万历《凤阳县志》、万历增补的《中都志》图、康熙《凤阳府志》、《高皇帝御制文集》等珍贵史料。图书馆闭馆日,我就到故宫去细细观察。

王剑英的夫人陈毓秀老师在回忆这段经历时,这样写道:

在南京查找文献最困难的时候,不得不把每顿饭压缩到二两光面、一碗白饭、没有菜。他终于病倒了。事后他告诉我,胸口感到憋闷,全身疲软无力,医生检查为心脏病,嘱咐休息,不要劳累,补充营养。他看完病,吃了药,根本没有休息,更谈不上营养,非但没有回北京休养,也没有时间给家里写信,继续泡在图书馆查抄资料。一度我们失去了联系,我甚至不知道他在哪里,在南京还是在上海(他曾到上海参加全国历史地理学术研讨会,并在复旦大学查抄资料),住在南大招待所还是投宿哪个小旅社,或者已经回到了凤阳干校,白天骑着自行车啃着干粮咸菜走访社员,晚上开夜车赶写他的考察报告。孩子逐渐长大,原来的屋子太小不够住了,人教社(人民教育出版社)给调了房,搬了一次家。搬家对于一个家庭来说是件大事,从看房、决定搬迁、修理新家门窗、粉刷墙壁、收拾什物、整理上万册书籍、借车、请人、搬家,以及筹备砖木沙土盖小厨房……他都从未过问,更不用说参与其事。临近春节,"五七"干校的干部们大多回到北京过年了,仍见不到剑英的踪影。搬家不见人,过年不见人,他似乎把我和孩子们完全忘记了。

除夕那天他还是回家了,回家后他审视着新家,说终于可以增加书架了,还可以在过道里布置一个(摄影)暗房。他又添置了两个大书架,十几个旧书箱,顿时家里新增加的房屋面积又被书占领了。他回来了也不在家休息……在故宫、景山、钟楼、鼓楼等地继续考察,把北京故宫和明中都做实际对比研究;要不就是又到北京图书馆、科学院图书馆、北大图书馆搜索抄写所需要的资料去了……

他不是忘了老母亲、忘了我和孩子,也不是忽视了自己的身家性命,他是把他自己忘记了!他完全沉浸在对明中都遗址的发现和研究之中,他完全处在一种忘我的境界中了。他遭受的种种不公不幸和加之于他的种种非议,与他作为历史学家所获得的历史发现带给他的震撼和喜悦相比,又算得了什么。他为考察研究所付出的那份奋力拼搏、辛劳困苦已经升华为一种乐趣,甚至成为一种享受,他的这种痴迷与执着、快乐与享受常人恐怕是难以理解的……

通过半年的实地考察和研读历史文献,王剑英先生对明中都有了新的看法:

我原以为北京故宫的建筑一定是全国最精致、最豪华的，是无与伦比的。可是竟然完全跟我主观的想法相反：明中都午门须弥座上是绵延不断的、十分精致生动活泼的浮雕，有飞龙、翔凤、麒麟、奔鹿、双狮耍绣球，各种花卉和图案，而南京、北京的午门仅两端上有点程式化了的图案装饰，其余全都是光秃秃的白石；明中都的石栏板两侧都是精致的浮雕，北京故宫石栏杆两侧则全是白的，没有浮雕；明中都宫殿的石础是270厘米见方的蟠龙石础，而太和殿的三五成群是160厘米见方的白础，面积只有明中都的三分之一大；明中都所有建筑的构件都比北京的精致，标准高。经过对比，认识到明中都是朱元璋统一全国后悉心经营的高标准建筑，又是后来改建南京、营建北京的蓝本。

在这段日子里，精通中国明史、中国历史地理、中国都城史的王剑英先生带着明中都这一问题，重新在史学的海洋中寻找一切与凤阳、与朱元璋、与元明清都城、与明中都有关的史料，哪怕一点蛛丝马迹也不放过。经过半年的努力，王先生收集了大量资料，为明中都的继续考察与写作奠定了基础。

三

1374年，明中都营建进入全面、紧张的施工阶段。

1375年四月丁巳，朱元璋下诏，罢中都役作。

1974年，王剑英先生在凤阳县文化馆的协助下，开始撰写《明中都城考》。

1975年春，书稿成。

1974年春，王剑英先生返回凤阳后，继续利用星期天和每天早晚空闲时间，背着水壶、相机，带着干粮、咸菜，骑着自行车，奔波在凤阳的大地上。

刘建桥对王剑英先生考察明中都的消息早有所闻。

刘建桥，是凤阳县文化馆唯一分管文物考古工作的文化干部。这年夏天的一个上午，他与王剑英在皇陵相遇了。当时王先生看《皇陵碑》文，发现府志、县志所载各异，于是爬到大木梯上，手拿《皇陵碑》文，与皇陵碑上的字一一对照。皇陵碑文是竖排的，他每看一行，便从木梯上爬上爬下一次。50多岁的人，工作在7米高的石碑上，连年轻人都害怕。只见他满身是汗，短裤背心全湿透。

刘建桥等他工作完毕，便向他询问。王先生回答："我是教育部'五七'干校搞明史的。"刘建桥说："如果您感兴趣，能否对明中都全面考察一下，写个东西出来。"王先生答应了。

一次偶然的相遇，三言两语，就彻底改变了王剑英先生考察写作的环境。

第二天早饭后，刘建桥前往教育部"五七"干校总部，只见王先生的住地——三间通为一室的大屋内,摆满了几十张高低双人床,王先生的床便摆在东南角。床前破旧的大木箱是他的办公桌,两块叠起的大城砖上面铺着一张报纸便是他的办公椅。此时他正沉迷于书籍中,对屋内打扑克、下象棋、谈话而发出的笑声和叫声毫无知觉。二人见面后,王先生提出要想尽快将《明中都城考》一书写成,能否通过组织调出,专门写作。

当天下午,文化馆负责人周其芳与刘建桥带着文化馆的介绍信,找到了干校的党委负责人。答复是:我们是接受贫下中农再教育的,不能参加文化馆的工作。

又从县委办公室开了一张介绍信,但答复依旧:我们不是考古部门,也不是历史研究单位,我们不参与地方活动。

刘建桥打听到,教育部"五七"干校的军代表讲话最算数,于是找到了凤阳县人武部政委鲍启豪,鲍政委又找到"五七"干校军代表董秋晓,军代表一口答应了。从此,王剑英被调至文化馆,专职考察、研究明中都。

凤阳县文化馆把借调明史专家王剑英先生考察研究明中都的消息,向安徽省文化局正式写了报告,要求下拨考察经费。由于明中都是1961年公布的"省级重点文物保护单位",于是安徽省文化局拨给凤阳县5000元,初步解决了考察工作中的燃眉之急。

就在王先生被凤阳县文化馆借调的两个月前,笔者调入凤阳县文化馆从事群众音乐工作。我第一次认识王先生,是在这年盛夏的一个夜晚,气温高达39度,气闷无风,我与文化馆的同事们被热浪驱往大院内,手持芭蕉扇纳凉谈心(当时电扇、空调尚未进入百姓家中),无法入睡。我看见文化馆展厅里的灯火通明,进去一看,眼前呈现如下画面:屋内一无电扇、二无蚊香、仅穿一件裤头的王先生,一条湿毛巾披在肩上,赤脚插在水盆里,正趴在乒乓球桌上撰写《明中都城考》书稿。王先生为了节约经费,在用过的一面纸上撰写文字,为了防止汗水湿透稿纸,他在右臂下垫了一块干毛巾。桌上、地上摆满了各种书籍、资料、地图,他不时地用左手拍打着身上正在吸血的蚊虫。这是我第一次见到王先生的情景,这一画面永远定格于我的脑际中,虽时隔数十年,恍如昨日。

从1974年下半年到1975年春天,从酷暑炎夏到严寒隆冬,王先生就住在展厅内,两条长靠椅并起来就是他的床铺,乒乓球桌就是他的办公桌。我偶尔到他的办公室内小坐,看到他除了看书外就是写作。他还不时地前往遗址现场考察核实,以完善书稿。关于这段经历,当年文化馆馆长蒋汝成回忆说:"我每次看到王剑英先生,他都是风尘仆仆的。他常常到我家谈工作,叫他吃饭,他从不客气,没吃饱还要,饭量大,一顿能吃两大碗面条,不多言语,吃好了也不说声谢谢就去工作了。我从未见过有这样忠于工作和事业的人。他把全部精力拼在工作上了,现在想起来还叫人感动不已!"

1975年春,王剑英先生的《明中都城考》(历史篇)完稿。

该书史料广征博引。在1992年中华书局出版的《明中都》一书中,所列重要参考书目就达73种之多。同一书目有其他版本者,王先生总是千方百计地查寻,并与原版本对照。如柳瑛《中都志》有弘治元年原刊本、隆庆三年刻本、万历四十一年增补本,他分别在南京图书馆、南京大学图书馆、国家图书馆看过。又如,朱元璋撰写的《皇陵碑》文,他看过如下版本:书籍有《高皇帝御制文集》本、郎瑛《七修类稿》本、沈节甫《纪录汇编》本、徐乃昌《安徽通志金石古物考稿》本,志书有天启《凤阳新书》本、康熙《凤阳府志》本、乾隆《凤阳县志》本、光绪《凤阳府志》本、光绪《凤阳县志》本,拓片有国家图书馆藏拓片、滁县地区文化局新拓片、凤阳县文化馆收购的旧拓片。有了这些,他仍不放心,冒着高温,爬上木梯,与皇陵碑实物一字一字地核对,即刘建桥所看见的那动人的一幕。

如今,当我校核《明中都城考》时,对王先生引用文献史料之广、全、细以及多层次,仍感慨不已。尽管近年来大批从未面世的古籍文献出版发行(包括被王先生称为"难以看到"的《凤阳新书》《帝乡纪略》和康熙《凤阳府志》的影印本已出现于普通的图书馆内),然而当今研究明中都的学者们所引用的史料,极少有新史料的发现,可见王先生对文献史料的把握,已达极高水平。

王先生强调地图在史书中的作用,即古人所说的"左图右史"。在《明中都》一书中,文字仅有21.8万字,而地图与插图竟达83幅之多。王剑英先生在凤阳期间,亲自绘制了《明中都总图》《明中都遗址示意图》《明中都皇陵遗址踏测图》等,共50余幅图。上述图片,精细而准确。可以这样说,在介绍中国历代都城遗址的著作中,明中都遗址的地图与插图最多,质量最高。对此,单士元先生说过:"剑英同志将明中都的规模和布局复原在图纸上,真实不误,比之依据文献推想,根据土丘,参以古代壁画复原出来的历史图卷要确实得多。剑英同志明中都的复原图,其科学性使人信服。"

笔者在整理王先生遗物时,发现了王先生当年为了节约经费,把地图画在用过一面的书写纸的背面上。一幅《明中都总图》,他分解为6张小图,然后合并、涂彩,最后晒图,共有数道工序。草图的四边,写上自行车轮转数乘以米数的计算列式。地图上的每一厘米长度,每一条等高线的弯曲,每一道山脉、每一条河流的走向,对于一个不是凤阳人的学者来说,不知付出了多少心血与汗水。像这样的地图,王先生用最原始的方法共绘制了五六幅。

1975年和1976年印制的《明中都城考》,与1992年中华书局出版的《明中都》最大的区别在于,前者是油印本,没有图片,而后者收录了72张图片(包括照片)。这些图片,是从王先生所拥有的数百张有关明中都图片中精选出来的。

上述图片分为两大类:一是史料图片,主要有明清时期凤阳府及所属州县方志中的地图、插图、书影,为此他还撰写了《古方志中有关明中都、凤阳、皇陵、祖陵的插图和书影》一文,介绍了这些图片的来源及史料价值。此外,还有《大明会典》《金陵古今图考》地图、插图、书影,以及《太祖洪武实录》《高皇帝御制文集》《大明一统志》书影等。笔者在王先生的遗物中,发现《太祖洪武实录》书影共29面,《高皇帝御制文集》书影共39面。上述均装订成册。二是王先生亲自拍摄的明中都遗址照片。当年王先生自费购买了一部上海产"海鸥牌"4B型120照相机,还自学了配制药水、冲放底片照片的技术。他在明中都遗址上的每一个角落、每一件遗物遗迹上,都留下了镜头。为了节省经费,他购买的胶卷质量较差,再加上暗房技术能力有限,所以此类照片质量不佳(后来凤阳县文化馆专职摄影干部程玉钧等人协助这项工作,才提高了照片质量)。当年王先生为了留下视频图像资料,仅从工资中扣除小部分生活费,其余全部用于摄影。这种无私忘我的敬业精神,为当今社会中一些动辄讲钱、唯利是图者们所无法理解。

王剑英先生曾对我说过:在学术上,他受"乾嘉学派"的影响,注重原始资料。王先生把自己做学问的方式称为"磨刀背"。他说:"没有现成的东西,不磨怎么办?"《明中都城考》是一部从刀背上磨出来的著作。明中都史料缺乏,遗址被破坏,主要靠王剑英的个人努力,自费在全国各大图书馆内大海捞针,并依靠一个缺头的皮尺和一部自行车,行程上千公里,在凤阳大地上将明中都建筑的全部遗址一一找出,并绘图标明位置。这是一个具有开创意义的大遗址文化考察工程,亦是全面、系统、多方位、多层次并利用当时一切可利用的手段来研究明中都的一个艰巨而又浩大的文化工程。而这一工程仅在两年多的时间内由个人单独完成。如果放在今天,估计要从科研部门抽调数十人,下拨数百万乃至上千万的科研经费,历时数年才能完成。可以说,《明中都城考》的完稿是中国古今学术史上的一大奇迹。

四

洪武八年四月丁巳,朱元璋虽诏令"罢中都役作",但中都工程仍未停工。如当年建钟鼓楼,后又改建皇陵,修建了十王四妃坟、龙兴寺,修筑外城砖墙、城门等。

从1952年开始,对中都皇城进行了扒拆,至"文化大革命"期间,中都皇城遭受重大破坏。

王剑英先生在凤阳撰写《明中都城考》前后,为保护明中都遗址,到处奔波、呼吁……

从 1973 到 1975 年，既是王剑英先生考察、研究明中都和撰写书稿的岁月，也是中都皇城遭受严重毁坏的多事之秋。他无法面对中都皇城一面面城墙、一个个城门、一座座金水桥，在他眼前逐渐消失的现实。王先生明白，那毁灭的是华夏的文化、人类的文明，那消失的是凤阳大地上巨大的财富和中国辉煌的都城文化遗址。中国知识分子那种对民族文化的深切情感和强烈的责任心，驱使着他在撰写书稿的同时，向领导、向群众大声呼吁，请他们停止任何破坏明中都遗址的行为。他四处奔波，拿起照相机、纸笔，记录遗址被破坏的瞬间情景。

中华人民共和国成立之初，中都皇城就开始遭受破坏。1950 年，在凤阳创建皖北高级农林学校（今安徽科技学院）时，就取皇城城砖建房。1952 年，主要扒拆了城内的房屋、墙基、殿台。1956 年又挖拆了城内金水河石岸、桥梁。1958 年，凤阳县以“大炼钢铁”为由，开始扒拆中都皇城东华门附近的城墙，从而使这座保存近 600 年之久的城墙开始毁损。

“文化大革命”期间，中都皇城遭到了疯狂的破坏。1967 年，城西、城北、门台等公社社员前往皇城扒拆城墙，人山人海。县委知道后，认为这样乱扒，不如组织人去扒，收入归县财政，于 1969 年 4 月成立了“拆城小组”，并提出“砸烂旧县城，建设新凤阳”“让朱元璋为社会主义服务”的口号，组织城西公社各生产队劳动力 2000 多人大兵团作战扒拆城砖。3 个月后，又改由城西公社“扒城墙专业队”来扒拆，并一直扒拆到 1972 年。在此几年中，装运城砖的各色车辆云集皇城周围，穿梭不绝，火车载，轮船装，单是卖给上海江南造船厂就有几百万块，卖了 20 万元。当时的城西公社各处新盖的公私建筑，几乎清一色用的是中都皇城的城砖。

1972 年，在安徽省文物工作会议上，公开点名凤阳县破坏文物的行为，凤阳被迫解散了“拆城小组”。大规模的扒拆活动虽已停止，但零敲碎打的扒拆城砖活动一天也未停止，如县直机关各单位、府城镇（凤阳县城关镇）分别与城西公社有关大队私自挂钩，多次购买城砖。1974 年，为了兴建县化肥厂，县委要求城西公社扒拆 30 万城砖。同年，城西公社为了盖办公楼，扒拆了内金水桥。1975 年，城西公社前进大队以安排下放知青盖房为由，南门生产队以开水沟为名，县城大队以给大队盖厨房为名……中都皇城所在地的城西公社，在经济利益的驱使下，大队、生产队一些干部公开带头扒拆，公社领导在背后支持，再加上县里领导的默许，中都皇城的扒拆行为从未间断。

王剑英先生就是在这一背景下从事明中都考察与研究工作的。他在《明中都遗址的发现及其研究》一文中写道：

从酷暑炎夏到严寒隆冬,我夜以继日地开始了研究和写作,并不时到现场去考察核实。那时,大规模的拆城工作已经停止,但搜挖和偷拆城砖的事时有发生,还有把白玉石浮雕拉去砌坑烤烟,变成石灰,说是"一举两得"。地面下的大桥一条又一条地被扒拆,西安门遗址下的木桩被吊起堆积如山。我忧心如焚,担心我材料还没写完,遗址倒先拆光扒尽了。我到处奔走呼吁……

王剑英先生在撰写书稿最紧张的日子里抽空到处奔走宣传,在县直机关各单位、各学校,城西公社各大队、生产队作演讲报告。凡是有单位请他介绍明中都的,不管路途远近,时间早晚,天气好坏,一律接受。只要听说城西公社水利工地开工,他必主动前往,宣传明中都。他相信群众是通情达理的,只要让他们了解保护明中都的重要意义,就会从根本上扭转破坏明中都的局面。

事过多年,原文化馆馆长蒋汝成对笔者说:"我最怕王剑英先生找我说,某某地方又在扒城砖了。我去吧,又无权处理,上面领导又不支持;要不去吧,又怕挫伤他的积极性,只好跟着他到那里去制止,我被他的精神感动了。"

笔者在整理王先生当年撰写《明中都城考》时的遗稿、遗物时,发现了当年宣传国家文物政策的两本小册子和两页宣讲提纲。两本小册子:国家文物事业管理局编印的《文物法令选编》和安徽省展览博物馆革命委员会编印的《文物保护工作手册》。两页宣讲提纲:一、广播马克思、列宁、毛主席语录;二、宣讲中共中央、国务院关于保护文物的文件;宣讲凤阳县革命委员会1974年7月5日关于加强保护县城的紧急通知;三、介绍第一批全国重点文物保护单位;四、全面介绍明中都的情况,介绍明中都是历史上最好的都城,具有重大历史、艺术、科学价值。

笔者曾多次参加王剑英老师保护明中都的演讲活动,其中有一场是在县委机关大食堂举行的。下面的听众,全是县直机关的干部,包括多位科局长以上的领导干部。这场演讲十分成功,在县直机关大院内引起了很大轰动。

王先生的大力呼吁,使凤阳人知道,被称为"已经破坏得不成样子,只剩下土堆、碎砖,里面啥也没有,没有毛用"的中都遗址,是朱元璋留给凤阳人民的宝贵历史文化遗产。"中都城"逐渐成为凤阳干部群众的议论中心,社会上形成了凤阳干部群众热爱家乡文化遗产并要求加以保护的强大舆论。这对县委领导(包括城西公社领导)逐渐改变对明中都的态度,起到了至关重要的作用。正是这种无形而巨大的宣传力,使明中都的破坏速度得以极大扼制与约束。

王剑英先生对明中都遗址那执着的爱、深厚的情,感动了凤阳的父老乡亲。每逢王先生演讲时,室内总是挤满了聚精会神的人群。为了支持和协助王先生的工作,凤阳县凡是有打字机的单位(如县公安局、农林局、人民银行)及打字员，都愿意替王先生打印书稿（1975 年《明中都城考》油印本，由 3 台打字机打印）；县建设局技术人员一次又一次为王先生测量遗址数据；县档案馆将有关历史资料、图书借给王先生阅读；凤阳师范教师帮助王先生绘制插图；一些县直机关干部得知遗址的新发现后，立即通知王先生，并陪同他一起赶往发现地；社员把在遗址上挖掘出的龙瓦、凤滴水主动地送给王先生。上述所有给予王先生的支持与协助，全部出于自愿与义务。

今天我们再回顾这段历史，可以得出这样的结论：如果当时没有王剑英的出现，中都皇城的城墙完全有可能在两年内全部扒光，护城河可能被填平，中都皇城完全有可能在“建设凤阳、发展凤阳”的口号下，变成一栋栋高楼大厦……

因此，我们可以毫不夸张地说：是王剑英先生为凤阳人民保留下了这座中都皇城，保护了凤阳优秀的历史，保护了凤阳人民世世代代传承下去的金饭碗。

五

1375 年九月辛酉，朱元璋在罢建明中都的五个月后，下诏改建南京大内宫殿。

1975 年 10 月 26 日，国家文物事业管理局委派杨伯达、单士元、李怀瑶、王剑英、徐苹芳 5 位专家到凤阳调查。

1975 年 7 月 29 日，《明中都城考》（历史篇）印成，共 150 份，书稿送至省、地、县有关部门及领导。

1975 年春，教育部凤阳“五七”干校解散，王剑英先生返回人民教育出版社。他到北京后，就把书稿送给国家文物事业管理局、故宫博物院、中国社科院考古研究所、北京大学等单位及有关专家学者。王先生的书稿立即引起文物考古、古建筑史、历史、历史地理等各界专家学者们的反响，引起了国家文物事业管理局的重视。同年 10 月 26 日，国家文物事业管理局委派杨伯达、单士元、李怀瑶、王剑英、徐苹芳 5 位专家到凤阳调查。安徽省文物工作队队长葛伯和、安徽省博物馆副馆长常秀峰、滁县地区文化局刘乐山等均来到凤阳，参加调查工作。调查期间，安徽省委宣传部副部长韩寅还特地来凤阳看望专家调查组。自 10 月 28 日至 11 月 1 日，经过专家组的 5 天调查，认为：

明中都皇城建于明洪武二年，在我国古代都城发展史和建筑、雕刻艺术史上都占有重要地位，它继承了宋元时代的传统，同时又开创了明清时代的新风格；明清的故宫，就是参考着中都皇城而修建的。因此，它具有重要的历史、艺术、科学价值。

皇陵建于洪武初年。陵前的石雕具有很高的艺术水平,与南京的明孝陵和北京的明十三陵具有同等重要的价值。皇陵碑也是研究朱元璋的重要历史资料。

针对明中都受到严重破坏,特别是中都皇城破坏情况十分严重、破坏活动持续不断的情况,调查组提出了《关于保护明中都皇城遗址和皇陵石刻》的六点建议,并于11月上旬,分别向凤阳县委、县革命委员会的主要领导,滁县地委、地区革命委员会的主要领导,安徽省委宣传部、省革命委员会文化局主要领导作了调查汇报。省、地、县各级领导对由于认识不清、措施不力,使明中都皇城遭到严重破坏,承担了责任,并对如何坚决制止继续破坏,加强宣传教育,设立文物保护管理机构,划定保护范围、竖立重点文物保护单位标志等等,提出了许多具体的意见。特别是安徽省委宣传部副部长韩寅同志对如何重视和加强中都文物保护工作,提出了应该采取的一系列具体措施的意见,坚决把皇城遗址保护下来。

然而,会议上的表态与实际情况往往并不一致,主要表现在凤阳县委对明中都保护的认识上。11月7日,专家调查组研究决定,将王剑英先生留在凤阳,继续宣传国家文物政策,并将破坏情况向有关上级部门汇报。王剑英先生立即返回凤阳,对明中都遗址的保护情况作了调查,在短短的几天中就发现:东华门外,码在那里的大城砖不见了;午门洞口丢失了两块石雕;皇陵石人被卡车撞倒一个。尤其令王先生不能容忍的是,县委领导在接受专家调查组的六点意见的同时,调查组还未离开安徽,就下令在三大殿的遗址上新修筑了一条道路,且深挖一米左右。11月10日,王先生与省文物局李新国立即给省委宣传部副部长韩寅同志发了电报,要求立即予以制止。第二天,韩寅来电批评了凤阳领导。然而更为遗憾的是,1976年省委主要负责人宋佩璋来凤阳视察,地、县分管文物的领导和有关同志陪同他到皇城去看一看,希望他能说两句把中都皇城遗址保护好的话,他却说:“北京、南京城墙不是都扒了吗?”又说:“把那些水沟都填了种粮食。”结果中都皇城的金水河被填了。

王剑英先生在留守凤阳的近半个月内,先后写下了《安徽凤阳明中都皇城及皇陵的调查报告》《关于对明中都皇城、皇陵保护工作的汇报》,并用复写纸抄录数份,向上级有关部门及领导及时反映明中都遗址继续被破坏的现象。今天我们再看这两份报告、汇报,字里行间透露出王先生对明中都执着的爱、深厚的情,以及尴尬的呼吁;尽管这一呼吁十分微弱,但是在那个年代起着一定的作用。王剑英先生为明中都遗址的保护,作出了最大的努力。

1975年11月17日,王剑英结束了凤阳考察工作返回北京,把上述两份材料向国家文物事业管理局进行了汇报。1975年12月18日,国家文物事业管理局及时下达了《关于明中都遗址保护的意见》正式文件。文件原则上同意5人专家调查组所提的六点建议,并指出:"首先要进行遗址保护范围的划定工作……在一般保护区内经过批准和清理发掘之后,可以兴工动土,在重点保护区内非有特殊情况不能改变原来的面貌。"这是国家首次针对明中都遗址的保护而专门向安徽省文化局下达的正式文件。

王剑英离开凤阳后,凤阳县文化部门迈上了保护明中都皇城的坎坷道路。1975年12月2日,凤阳县文化馆写下《关于要求县委对继续扒拆"明皇城"城墙、破坏国家文物的事件进行严肃处理的报告》。1977年9月18日,新成立的凤阳县文物管理所向凤阳县革命委员会写下《关于要求对扒拆明中都皇城城砖、破坏国家文物首要分子应依法惩处的报告》。然而,凤阳县破坏中都皇城的行动仍在继续。直到1980年滁县地区文物会议上,有关领导对凤阳明中都皇城遭到极大破坏的问题提出了严肃批评,得到了新上任的县委书记陈庭元的重视,关押、处分了几个扒拆城砖的城西公社基层干部,扒砖拆城的活动终于停止下来。

1976年2月,在国家文物局的资助下,王剑英先生对初稿进行了修改,在北京刻印了《明中都城考》(二稿)油印本200份。这里还有一段小插曲:当先生把书稿交给北京一家具有古籍刻印资历的刻印社时,被拒绝了。他们说:"这本书是为封建帝王服务的,我们不敢印,否则会犯错误。"后来凤阳县文化馆开具了证明,才得以刻印。

王剑英撰写的《明中都城考》(1992年改名为《明中都》,由中华书局出版)以及保护遗址的事迹,得到了单士元先生的赞扬:

我过去知道朱元璋想把凤阳建为中都,但到底建成了没有,一直模模糊糊,很不清楚;现在剑英同志把营建中都的详细过程,它的布局设计、规范体制都弄清楚了,有文献资料,有实地考察,有明代的地图,有今天的测量图,有文字叙述,又有遗址遗物的照片,因此《明中都城考》实实在在比萧洵《故宫遗录》叙述元代宫室的贡献还要大,使一座已经湮没无闻的明代中都重新复活了。过去我一直以为北京故宫是照南京故宫建的,现在才弄清楚原来连南京明故宫也是照凤阳明中都改建的。

……

剑英同志《明中都》一书,是在中都被遗弃数百年,也是被人忘却的数百年之后,根据遗址遗物,并征考文献,科学地复原出中都原貌。这一工作,不仅复原中都历史面貌,还进一步启发我们认识到中都宫殿规模是总结了几千年来从奴隶社会、封建社会历代王朝都城宫殿的设计杰作。过去研究秦、汉、唐、宋都城宫殿,大都从田野考古发掘而推断复原,剑英同志《明中都》的科学性远胜前者。不经剑英同志发现后及时考证复原,再过数年,可能由于基建需要,中都紫禁城内外残存遗址遗物都趋于湮没。剑英同志独具慧眼,发挥其湛深的史地学术知识,成此巨著,使人钦佩无量。

已故原国家文物局古建筑专家调查组组长、中国文物学会原名誉会长罗哲文先生说:

王剑英先生把他在教育部安徽凤阳干校劳动时期在劳动之余调查研究的成果《明中都城考》送给了我,并共同回忆了干校"峥嵘岁月"的生活。他还讲述了他如何与受"四人帮"蒙蔽监视他们的人们周旋,艰苦地进行明中都古城调查研究和写作的情况。我接过他那本厚厚的蓝色封皮、打印文字和描绘的图纸书本的时候,十分钦佩和感动。我也同样在干校劳动,一无所为,真有些自愧不如。

一谈起明中都他就好像着了迷一样,从历史文献到现存情况,如何需要抢救保护等等。那种对明中都深厚的感情,也深深地感动了我,使我也和他一样对明中都产生了深厚的感情。因为我很理解他的这种感情不仅来源于对明中都在我国历史文化、城市发展史上的重要价值,更在于他在那"峥嵘岁月"的生活和克服种种困难进行考察研究的奋斗经历。听说当时一些不明真相的人还给他戴上过"神经病"的"桂冠",也不是事出无因的。

著名戏剧作家、传记文学家、诗人、散文家、美术理论家柯文辉先生说:

当大多数人活得艰难的时候,英雄不失人格地活着;

当大多数人无所作为的时候,他为父老姐妹做成几样有益于后代的实事。

而剑英先生便是这样的英雄。他做的事并不惊天动地,甚至称不上伟大杰出,但全国极少有人做成类此之举。他证明了在7亿人跳忠字舞、唱语录歌、看8出样板戏、吟37首诗的岁月,还有人保存了治学意志,默默无声地打破窒息人思维的大一统,兀立于千人一面之外,不肯丧失良知与自我。

曾任出版总署副署长、人民教育出版社社长、教育部副部长、民进中央主席叶圣陶先生,于1977年11月为王剑英先生赋诗一首,诗曰:

明祖奠京都，凤阳宁善图。残民营故里，惊变辍中途。断刻搜罗富，遗踪稽访劬。一编承贶我，致绩喜君殊。

剑英同志居凤阳干校数年，学习劳动之暇，调查研究明洪武初年营建凤阳为国都之史迹，撰《明中都城考》，承贻一册，赋此奉酬，至希正之。

1982年3月10日，国务院公布“明中都皇故城及皇陵石刻”为全国第二批重点文物保护单位。王先生用血汗换回的文化成果，终于获得国家与社会的承认，受到了凤阳人民的尊敬。

六

1381年，朱元璋在凤阳设置中都留守司，开设演武场；燕王朱棣等皇子们在凤阳练兵习武。

1981年，在滁县地区行署文化局的协助下，王剑英带着女儿王红来凤阳进行为期一个月的遗址考察工作；同年5月，撰写《明中都遗址考察报告》。

王剑英先生于1974年开始撰写《明中都城考》时，计划分为“历史篇”“文物篇”。其中《明中都城考》（历史篇）于1975年7月、1976年2月两次油印。而“文物篇”直到1976年初王剑英先生返回北京后，“试写了一小部分”后便停了下来。因为“文物篇”主要撰写明中都的遗址和遗物，所以他希望再到凤阳，一边考察，一边撰写。

1976年，刚刚成立的凤阳文化局首任局长武谋亲往教育部借调王先生去凤阳继续撰写“文物篇”，滁县地区文化局也曾来信向王先生探询此事。由于国家正处于改革开放初期，百废俱兴，王先生编写全国通用教材的任务十分紧急，工作繁重，故而领导未能同意。1980年底，王先生的工作即将告一段落，立即去信给安徽省委宣传部副部长、省文物局局长韩寅同志，提出一套考察明中都遗址、遗物的方案，并建议省文物局与文物考古工作队参与其中。

然而，了却王先生撰写“文物篇”心愿者，却是刘思祥先生。刘思祥自1979年从事滁县地区文物行政管理工作，就与王先生早有联系，对王先生考察并撰写明中都表示由衷的敬意。经局领导同意，以在凤阳县举办一次全区文物工作培训班的名义，邀请王先生及其女儿王红来凤阳考察明中都遗址。

1981年3月10日，滁县地区行署文化局开始对明中都遗址进行普查。普查工作由刘思祥同志负责，并组织抽调了滁县、全椒、天长、来安、嘉山、定远、凤阳7县和在琅琊山从事文物、摄影、拓片的同志共15人。王剑英先生和正在北京师范学院历史系读三年级的小女儿王红从北京赶来，参加这项工作。考察工作分成两个组,王先生带一个组主要考察遗址,刘思祥带一个组调查字砖。工作中,王先生十分认真,要求严格。汇总遗址测量时,有一个数字不准确,但差距不大,有人说差不多就算了,王先生说:“差不多怎么行呢? 再去测量,直到准确为止。”

调查工作十分辛苦,每天都在晚上 11 点半后才能休息,而第二天一早,其他人还未醒来,他都已经晨练完坐在桌前安排这一天的调查工作了。

考察期间,调查组还去了江苏泗洪县(后改属盱眙县)参观考察了明祖陵遗址。

3 月 30 日,考察工作结束,历时整整 20 天。在离开凤阳的前夕,笔者请王先生、王红、刘思祥 3 人到家中做客。当我询问这次考察的成果时,王先生笑着用吴语连声说:“蛮好! 蛮好!”

工作结束后,王先生带着女儿王红前往南京,寻找南京城墙上的字砖,以便与明中都字砖加以比较。回到北京后,王先生立即撰写考察报告,于当年 5 月撰写出 12 万言的《明中都遗址考察报告》。1982 年 5 月,《明中都遗址考察报告》由滁县地区行署文化局、凤阳县明中都遗址博物馆刊印(油印本)。

从“历史篇”到“文物篇”,从《明中都城考》到《明中都遗址考察报告》,从 1973 年初到 1982 年 5 月,王剑英先生对明中都的考察与研究,大功告成。回顾王剑英先生考察、研究、撰写明中都的经历,做了如下工作:

(一)查阅了几千年的凤阳历史资料,研究凤阳的历史沿革,并撰写《凤阳概述》一文的提纲;

(二)根据凤阳地图,对凤阳的地形地貌(包括山脉、河流、道路、村庄、城市、街道、池塘)进行了考察,全面了解凤阳几千年以来的历史地理、自然地理概况;

(三)在南京、北京、上海等地研究、查阅、抄录、复制与明中都有关的一切文献古籍资料;

(四)深入村庄、街道,访问年龄较大的当地民众;

(五)用皮尺、钢卷尺等工具,或采用步测和数自行车圈数的方法,测量遗址的长度;

(六)根据测量的尺度,绘制《明中都总图》《凤阳明中都示意图》《明中都皇城遗址实测图》《凤阳皇陵示意图》《中都府城示意图》等;

(七)搜集明中都遗址上的遗物;

(八)观察扒拆明中都遗址上的建筑(如午门、钟楼、西华门、内金水桥等),绘制遗址建筑解剖图、结构图、示意图等;

(九)把遗址的现代尺度转化为明代尺度并加以比较;

(十)考察明南京城、明孝陵、明祖陵以及整个北京的明代建筑,然后与明中都进行比较；

（十一）全面了解中国古代都城史、中国古代陵寝史，把明中都（包括明皇陵）放在中国历代都城陵寝中进行比较。

王国维晚年总结治学经验，提出了著名的“二重证据法”，将“地下发现之新材料”与“纸上之材料”互相释证，以达到考证古史的目的。这种方法广泛运用于历史（包括中国古代都城史）的研究中。

随着时代的发展，近年来，有人提出“三重证据法”，有多种说法，即在二重证据法的基础上，或增加“现实调查”；或增加“调查资料或材料中的‘口述史料’研究历史学、民俗学”；或增加“文化人类学的资料与方法的运用”；或将“考古材料分为‘考古资料’和‘古文字资料’”等等。还有的学者提出“四重”“五重”“六重”证据法。

王剑英先生在20世纪70年代对明中都的考察研究中，其学术研究方法早已突破“二重证据法”。从上述11种不同角度来考察明中都，可以看出，王先生采用的是“多重证据法”——并未局限于具体的数量，而是将当时条件允许下的一切考察方法，全部用于明中都的学术研究中。在他的信件中，他提到了凤阳距离蚌埠空军机场很近，可以采用飞机航拍的方法来考察明中都。这种想法，在当时来说是十分先进的。

1949年以后，中国学科的分类出现了细化。这表现在对中国古代都城陵寝史的研究上，从事这一学术方向研究的学者，大约可分为三类：一是历史学者，二是考古学者，三是古建筑史学者。学科的分类，无疑有很多优点，但是同时也带来了副作用，即仅用一个学科的研究方法，无法深入中国古代都城陵寝史的全部内容。1949年前就读于中央大学、燕京大学的王剑英先生所具有的学力，跨越了单一学科的视野与研究方法。他用“多学科”的思维、“多重证据法”的研究方法，对明中都进行考察研究。这一研究方法、思路，放在现在也是最为先进的。

由于王先生在凤阳的时间太短，仅集中精力对明中都遗址进行考察。离开凤阳后，他开始对明中都文化进行研究，撰写了《〈大明皇陵之碑〉考释》《明泗州祖陵署户田粮清册——一份罕见的有关明代土地占有情况的文献资料》《凤阳方志考》等。尽管如此，他仍感到与明中都相关的许多问题没有解决，为此，他于1982年12月12日在给刘思祥的信中说：

哪些人到过凤阳，他们在凤阳做了哪些事，写了哪些东西，都要排个队，查一查；罚到凤阳的罪官有哪些人，各人的具体情况如何；十四万移民是怎么移来的，他们的组织、管理、生活情况怎样；高墙幽禁过哪些宗族，高墙内的生活情况;营建中都时,各地派差征料的具体情况等等。总之,人们对整修中都的情况,还是知之甚少,有的还情况不明。而这些情况的进一步弄清,对了解朱元璋,了解明初的政治经济,了解明中都的变迁都有很大的好处。

上述问题涉及明中都罢建后所形成的"明中都文化"——"帝乡文化",它虽不是明中都大遗址的研究对象,却与明中都息息相关,是研究明中都大遗址的延伸。王剑英站在整个中国都城史和中国历史、明代历史的高度,用极其宽阔的视角来审读明中都。这对目前学界研究中国都城陵寝史,无疑是一大借鉴。

王剑英对明中都研究的最大遗憾之一,就是没有一套全面展现明中都遗址的照片。1980 年以后,他多次给凤阳县文物管理所以及刘思祥同志写信,谈及明中都照片一事。他在给刘思祥的信中详细列下了明中都需要拍摄的遗址目录,共七大项。其中特别强调明中都石雕:"要全,要清晰,精致的要有局部细刻。这是明中都的精华,作建筑石雕艺术来处理。"由此可以看出王先生想从艺术史、文化史的角度来表现明中都。

王先生还把自己的学术研究扩大到元大都、明南京、明清北京城的研究中。他撰写了《明初营建中都及其对改建南京和营建北京的影响》《元大都总体规划的深远影响》《元大都文献资料论述》《萧洵〈故宫遗录〉考辨》《论从元大都到明北京的演变和发展——兼析有关记载的失实》《景山考》等。他在对元大都、明南京、明清北京的研究中,同时对明中都进行了更为深入的剖析。上述文章可以视为明中都研究之发展与升华。

中国古代都城陵寝史是开辟不久的研究领域。在这一领域中,先人留给我们的学术成果并不丰富。而王剑英的《明中都》《明中都遗址考察报告》不论是体例的创建,史料的搜集与使用,反复的实地勘察,对凤阳历史地理信息的掌握,用传统文化理论对明中都的解读,研究方法的科学与准确,还是众多地图、插图、照片的运用,以及采访记录数十名当地群众的民间口述信息,均比历史上任何一部此类著作大大向前超越了一步,并在诸多方面填补了古代史、都城陵寝史、建筑史、社会史、文化史等之空白,推动了我国古建筑史的研究。可以毫不夸张地说,王剑英先生的名字,将与明中都这座都城永远地联系在一起,记载于中国古代都城陵寝史中。

七

自 1375 年四月丁巳,朱元璋下诏"罢中都役作"后,虽再也没有返回家乡凤

阳，但凤阳人一直以他为豪，称自己与朱皇帝是老乡。

自1975年王剑英先生离开凤阳后，他称凤阳是他的第二故乡，与这块土地从未中断联系，他撰写的《对〈凤阳明中都皇城及皇陵石刻保护规划〉的意见》是一份保护明中都遗址纲领性、前瞻性、科学性的文章，然而主政者没有听从。近年来，王先生呼吁要保护的遗址，大多遭到破坏。直至近年才得以根本性的改变。

1975年，王剑英先生离开凤阳后，以各种方式与凤阳、合肥、滁州、蚌埠、盱眙等地联系，他曾给许多朋友写过信，信中必谈明中都。为了宣传明中都，他利用到复旦大学开会之机，分别写信给复旦大学中国历史地理研究所、滁县地区文化局领导等，希望在会议期间举办一次明中都遗址“临时展览”，向与会的国内外专家学者介绍刚刚发现的明中都。王先生的这一努力虽然未能实现，但可以看出他与明中都情深义重、休戚相关。

1983年9月25日，王剑英先生参加了中国建筑历史学术委员会在凤阳举行的“明中都遗址保护讨论会”，他在会上介绍了发现明中都遗址以及有关明中都的情况。会议期间，王先生与专家们共同考察了明中都，他隐约感觉到，朱元璋去世后在凤阳所形成的帝乡文化，很难对明中都遗址进行有效的保护。回到北京后，他拿起笔来，写下了《对〈凤阳明中都皇城及皇陵石刻保护规划〉的意见》（以下简称《意见》）一文。这份《意见》今天读来，仍是明中都遗址保护的纲领性、前瞻性、科学性的建议。这份《意见》共六条，其中前两条最为重要：

一、安徽凤阳明中都是明代早期营建的都城，规模宏大，部署完整，内含丰富，雕刻精美，它在明代都城的选择形势、设计思想、规划布局、宫阙制度、建筑工艺、石雕艺术等方面，居于承前启后的重要地位，是我国建筑史上的瑰宝。明中都建成以后，虽未正式启用，现已仅存遗址，但地层清楚，基础尚全，上无覆盖，是全国唯一的一个完整的都城遗址，应从宏观上予以完整的整体保护，并非仅只皇城一处。皇陵亦是规模宏大的明初建筑群遗址，亦非仅存石刻，因此，从保护范围到正式名称，宜改为“明中都”和“明皇陵”两大项，以免由于开始注意不够，以至明中都皇城及皇陵石刻以外的完整遗址逐渐遭到破坏，追悔莫及。

二、明中都皇城重点保护区应自午门向南伸展，包括太庙、太社稷、中书省、大都督府、御史台、端门、承天门诸遗址，并南及左右千步廊、大明门、洪武门、南左甲第门、前右甲第门，东至中都城隍庙、中都国子监、鼓楼，西至开国功臣庙、历代帝王庙、钟楼诸点。

皇陵重点保护区应扩大至原砖城，并北沿神路至正红门暨神厨、斋宫、混堂及大水关、皇堂桥、於皇寺、朱元璋故里等诸点。

王剑英先生在《意见》中所流露出的担心,不幸被命中。当地仅对国务院公布的“中都皇故城及皇陵石刻”进行保护,而对以外的建筑进行毁灭性的破坏:

1999 年,在太庙遗址上开发了居民住所“长安花园”;

2005 年,在中都城隍庙遗址上开发了居民住所“玺园”;

2006 年,在开国功臣庙遗址上开发了居民住所“名都帝景”“紫薇花园”;

2008 年,长春门遗址被铲平,建起了公路;

2012 年,明中都城中规制最高大的“洪武门”遗址被铲除一半,建起了公路;

2013 年,独山门遗址被铲平,建起了公路;

2013 年,朝阳门遗址旁建起了楼房;

2014 年,在全国重点文物保护单位涂山门遗址东部堆满了建筑垃圾;

另外,历代帝王庙遗址亦被卖给开发商;全国重点文物保护单位观星台遗址所在的独山、明中都的主山凤凰山在数十年开山取石中,已是千疮百孔,目不忍睹;全国重点文物保护单位方丘台基遗址被砖厂取土十多年,文物部门多次制止,但破坏依旧……

当我们面对明中都近年来继续遭受破坏的时候,再读一读王先生的这份《意见》,令人百感交集、无言以对……

所幸的是,自徐广友同志主政凤阳以来,凤阳县委、县政府把明中都大遗址的规划布局和当代文物保护思想结合在一起,使凤阳的文化遗产保护和城市的发展协调统一起来,调整了《2010—2030 年凤阳城市总体规划》,严格执行“保护为主,抢救第一,合理利用,加强管理”的文物保护方针,提出“一座中都城、凤阳城市魂”凤阳城市总体规划的新理念。其中最大的亮点是,投入 13.8 亿元,将中都禁垣内的 1300 户居民、20 个工厂、10 个养殖场、4 所学校全部迁出;至 2017 年 5 月,中都皇城完全实现了居民全部迁出、土地全部收回。这年距康熙六年(1667 年)居民迁入中都皇城,恰好整整 350 年。

2017 年 12 月,明中都皇故城国家考古遗址公园成功挂牌,成为安徽省目前唯一的国家考古遗址公园。更为重要的是,仅几年间,从根本上增强了凤阳人对明中都遗址的保护意识。

八

结束语:王剑英先生塑像将永驻于明中都遗址上。

从历史的角度来看,凤阳的历史、凤阳的文化、凤阳的知名度,主要靠历史人物朱元璋来支撑。就连当代闻名遐迩的“大包干”,1981 年 5 月 31 日邓小平在肯定这种生产责任制时,也把它和朱元璋有关的“凤阳花鼓”相联系。

朱元璋与凤阳的关联,除了这里是他的家乡外,凤阳大地上的明中都(包括皇陵等),便是朱元璋给家乡留下的文化符号。而时隔 600 年,这一文化符号的发现者与解读者便是王剑英。对凤阳来说,王剑英先生撰写的《明中都城考》《明中都遗址考察报告》有如下重大意义:在动乱岁月中有效地缓解了毁坏明中都遗址的速度;把明中都皇城、皇陵石刻送入“全国重点文物保护单位”的大门;把丰厚的凤阳文化遗产的史实,全面、系统地告诉凤阳人。王先生在凤阳土地上用心血凝成的文化成果,必将转化成巨大能量,为今后凤阳社会经济的发展提供永恒的动力。

2006 年 1 月,中国文物研究所(今称中国文化遗产研究院)组织全国 20 余名著名文物专家到凤阳全面考察明中都大遗址。负责人在讲话中呼吁:为这位曾为明中都大遗址的保护与研究以及凤阳历史文化事业作出重大贡献的王剑英先生竖立铜像!

13 年后,凤阳县委、县政府邀请了世界著名雕塑大师德拉哥·马林·薛林纳为王剑英先生塑像。2019 年 8 月 20 日,正值“第二十届明史国际学术研讨会暨朱元璋与明中都国际学术研讨会”在凤阳召开之际,在明中都考古遗址公园游客中心举行了王剑英雕塑落成典礼,揭牌仪式由凤阳县委书记徐广友主持,多位领导、专家、学者见证了这一时刻。

王剑英先生塑像将永驻于明中都大遗址上!

王剑英先生将永远是明中都大遗址的保护神!

2020 年 9 月于上海双佳翠庭

前言一

王剑英

从1969年到1975年，我在安徽凤阳待了将近六年。我利用这个机会，寻访考察了明初营建的中都遗址，搜罗阅读了有关的文献资料，于1975年初写成《明中都城考》上篇（历史篇）初稿。1976年初作了增订，印了二稿。1981年上半年，再次到凤阳对明中都遗址进行了考察。现在又作了一些增订，改名《明中都》，由中华书局正式出版。

本书只是对明中都的历史沿革、都城的设计规划和建筑雕刻艺术、明中都建筑的变迁等方面，辑录一些资料，作了必要的考证和论述，供有关方面和专家研究参考。对历史、建筑史、朱元璋、凤阳有兴趣的同志，均可阅读。书中不当之处和缺漏错误，希望批评指正。

在我考察和写作的过程中，得到了凤阳广大群众的协助，得到了国家文物事业管理局、安徽省文物局、滁县地区文化局、凤阳县各有关单位、教育部、人民教育出版社以及故宫博物院、考古研究所、北京大学地质地理系、复旦大学历史系历史地理研究室、中国科学院地理研究所历史地理研究室、北京图书馆、中国科学院图书馆、南京图书馆、南京大学图书馆、南京地理研究所图书馆等单位许多同志的关心和支持，特此表示感谢。

1981年10月3日

前言二

王剑英

安徽凤阳明中都的遗址，已经在大地上默默无闻地沉睡了将近600年。中都宫殿当时是那样的精雕细刻，巨大的蟠龙石础和雕了龙凤的石柱、石栏，连阶石也全都是雕了花饰的，它在我国古代建筑史上是最为华丽、无与伦比的宫殿建筑。但是，劳动人民的英勇斗争，迫使朱元璋停下了即将完工的穷侈极丽的中都营建工程，不久，又移宫室名材建龙兴寺。于是实录、会典、纪传、碑铭均不记载中都宫殿。景泰中修《寰宇通志》虽有“中都宫殿在（凤阳）府城万岁山南”的记载，但英宗复辟，《寰宇通志》亦废。由于文献阙载，中都宫殿就不再为人所知。1961年，安徽省发布第二批省级文物保护单位，仅有地面上尚存的明中都“皇城”，而对明中都宫殿遗址以及整个明中都遗址均未予以注意。

1973年，我返回凤阳教育部五七干校以后，开始寻访明中都遗址，阅读有关文献资料，于1975年写出《明中都城考》上篇历史篇，连同遗址图、石雕照片等分送国家文物局等单位，引起了文物领导机关的重视。当年10月，国家文物局派出由故宫博物院杨伯达、单士元、李怀瑶，中国社会科学院考古研究所徐苹芳，教育部王剑英组成的考察组，在省、地、县各级文物、考古领导同志伴同下，对明中都遗址进行了考察。不久，国家文物局和省、地文化局及凤阳县委先后发了不少有关保护明中都的文件；凤阳县也成立了文物管理所。中都皇城被重视起来了，扒拆城砖的现象被制止了。但是，对中都遗址的认识还很不够，大路仍修过了殿台遗址，武英殿大桥仍被扒拆，石础等仍有被挖被砸，金水河也因平整土地扩大种植面积而被填平了，结果雨水无处宣泄，形成内涝。

1981年3月，到凤阳参加滁县地区行署文化局组织的明中都遗址普查工作，对中都宫殿遗址反复进行了调查、访问、测量、摄影，有了进一步的认识：

一，皇城内东部、西部大片的殿台基址下都有180厘米左右厚的夯土层；北部、东北部地下有120～150厘米宽的大城砖砌墙根；东北部地下有大量的五彩琉璃正吻、龙凤瓦当、滴水的碎块，西北部地下有成排整齐码放的大黄瓦，满城土地上都是琉璃碎屑；地面、地下有不少原地未动的大石础，房前屋后，桥上路侧,沟边塘里到处都是雕花的白玉石栏、石阶、石板、石柱和石础;东华门北城墙内白玉石街尚在地下;午门内外,东华门、西华门之间有大桥十多条,差不多都已被扒拆,但都未扒尽,基础尚在地下……这些足以说明朱元璋在《中都告祭天地祝文》里说的"今功将完成"是确实的,中都的宫殿包括后宫是建筑起来了。

二,明初在临濠旧城(今临淮东头)西20里凤凰山阳筑新城,建宫阙,因此中都是在原土层上建筑起来的,土层不乱。清初凤阳县治迁入旧明皇城,改称县城以后,在皇城南部建了不少平房,解放后已拆迁,现仅存百十户。在明中都遗址上,从未建过高大建筑,因此遗址上面的土层也未乱。

三,十年"文革"中,破四旧,砸了不少石雕,但存留尚多;扒了皇城,挖了桥,但皇城西城墙和南城墙西部尚残存,桥基础尚在地下。其他如圜丘、方丘、鼓楼、钟楼、禁垣、中都城等一整套明中都遗址,地面上尚能约略辨认,表土覆盖极薄,居民稀少,因此,遗址的清理发掘比较容易,恢复遗址面貌,加以保护利用也不困难。

明中都虽然已成了遗址,但它仍然是祖国历史上曾经建筑过的最为豪华的宫阙遗址,在历史、文物、石雕艺术、宫殿和都城的设计规划上具有重要的地位。把这样一个规模巨大的明中都遗址群,加以清理、发掘,把它逐步改造成为一个可供旅游的遗址园林,是完全可能的。我初步设想:

一,提高对中都遗址历史文物价值的认识水平,把眼光从保护"皇城"不扒城砖,扩大到保护整个中都遗址,特别是皇城内宫殿的遗址(以及鼓楼、圜丘、承天门遗址、观星台、独山城根等等),加强宣传教育,做到家喻户晓,真正把中都遗址照原状保护下来,不耕不挖殿台遗址,不挖不扒地下的石础、墙根,不损坏雕花石板、石栏、石柱、石阶和石础。

二,从速妥善收集散失在各家各户各单位的石雕件;已砌为墙基的要登记,逐步收回;作为小桥、水桥、水坝等用的要替换下来。要妥为收藏保存,少数用作展览。

三,继续对中都遗址进行调查、测量绘画。

四,对遗址复原陈列进行近期和长远的规划。近期首先要树立重点文物保护标志,种植树木花草,把午门到殿台的部分先清理出遗址,布列石础、石雕,成为遗址游览场所。然后逐步扩大庭园化、绿化范围,种植果树花卉;恢复金水河故道,排除雨季内涝,并利用水面养殖,美化环境。

五,将来可把整个皇城规划为一个可供旅游的遗址公园,整修午门,恢复原状。把它和圜丘、皇陵、皇觉寺、龙兴寺以及韭山洞、禅窟寺等等联系起来,成为安徽省的一个游览区。

中都遗址普查考察工作得到了安徽省文物局的支持,地区所属各县的文物工作同志和凤阳文物管理所的同志都参加了这一工作。滁县地区行署文化局、凤阳县委进行了具体领导。地区文化局刘思祥同志为此付出了辛勤的劳动。

《明中都遗址考察报告》分 12 章。明中都城墙遗址一章考察前已写好,这次作了若干补充和修改。明中都城砖一章是王红写的。其余 10 章,有的是在考察时写的,有的是回北京后补写的。刘思祥同志还为考察报告清绘了部分插图。

1981 年 5 月 29 日

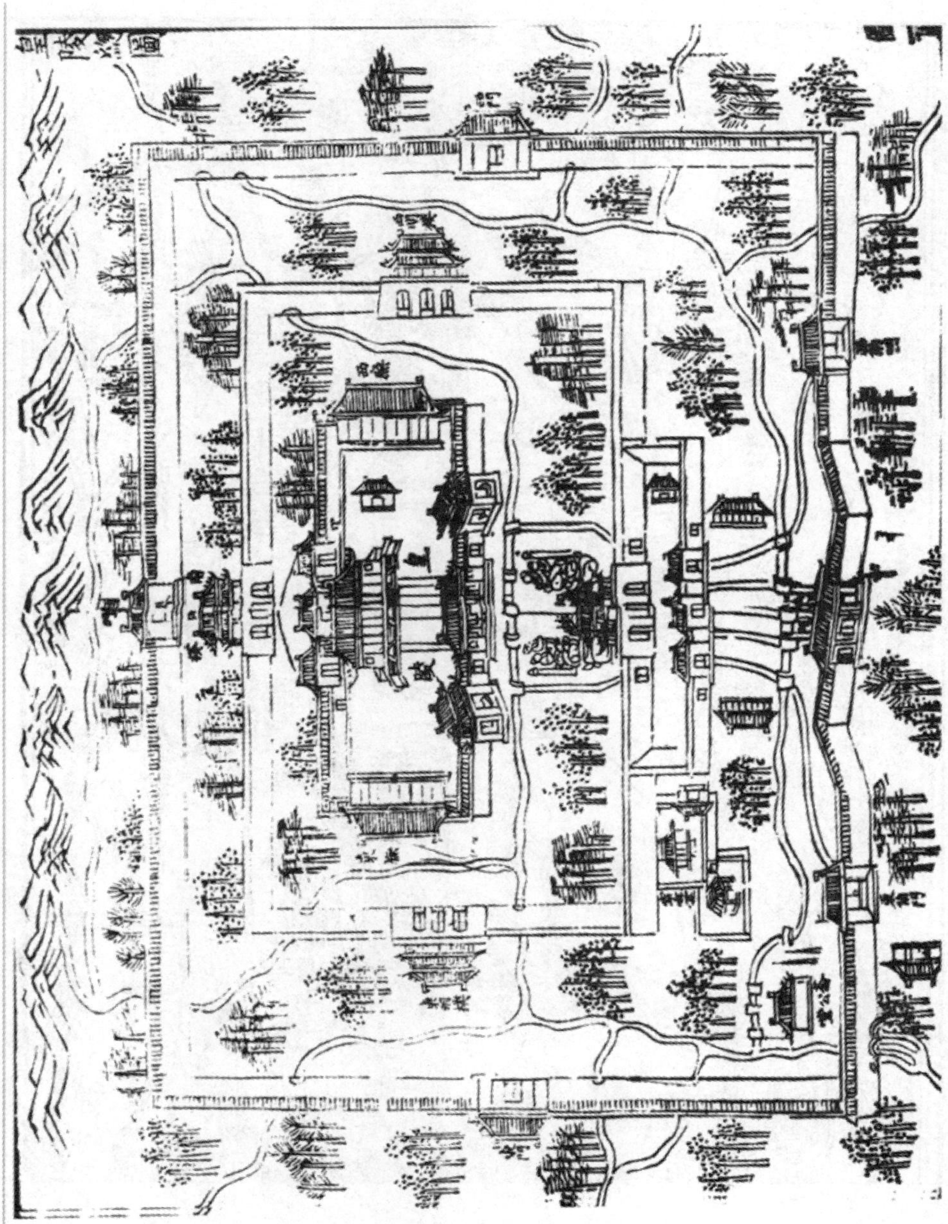

柳瑛《中都志》里万历四十一年万嗣达增补的《皇陵总图》（上南下北）

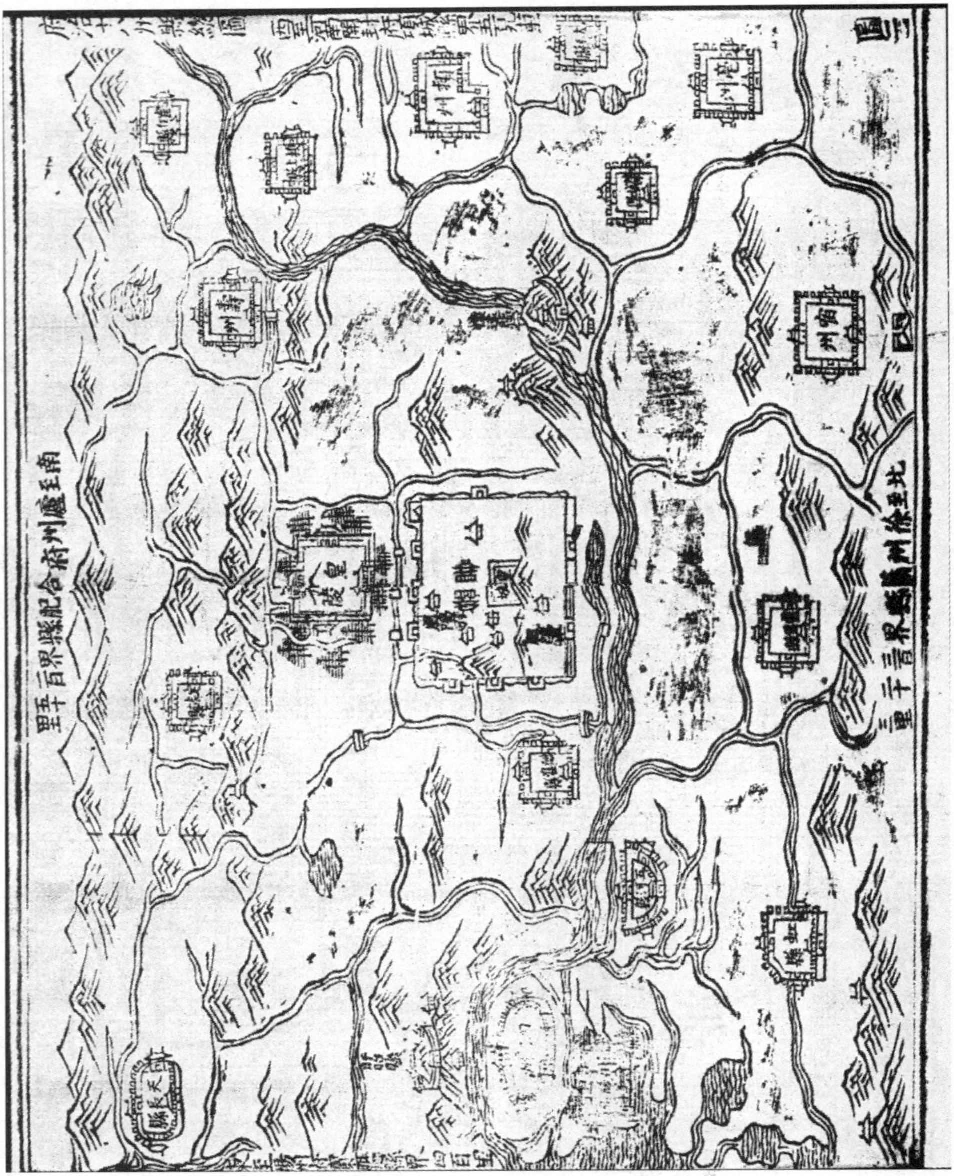

柳瑛《中都志》里万历四十一年万嗣达增补的《凤阳府总图》（上南下北）

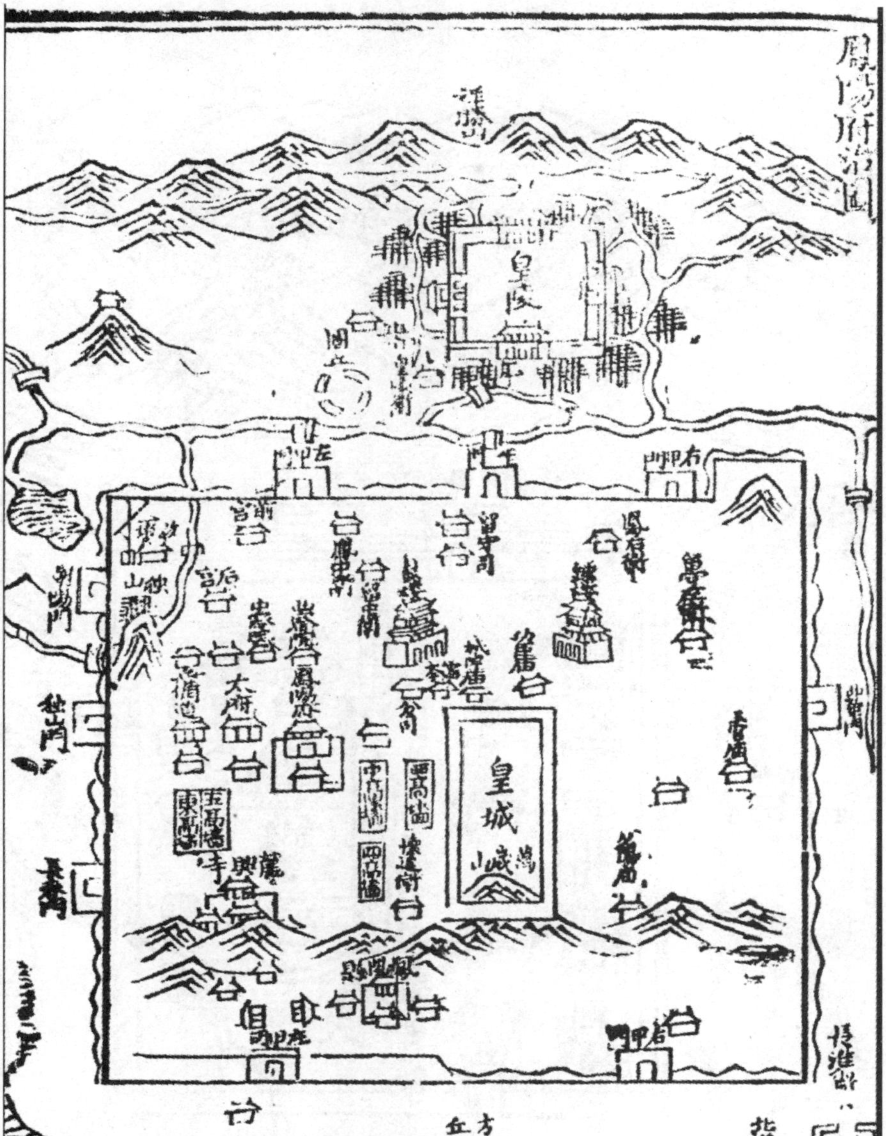

柳瑛《中都志》里万历四十一年万嗣达增补的《凤阳府治图》（上南下北）

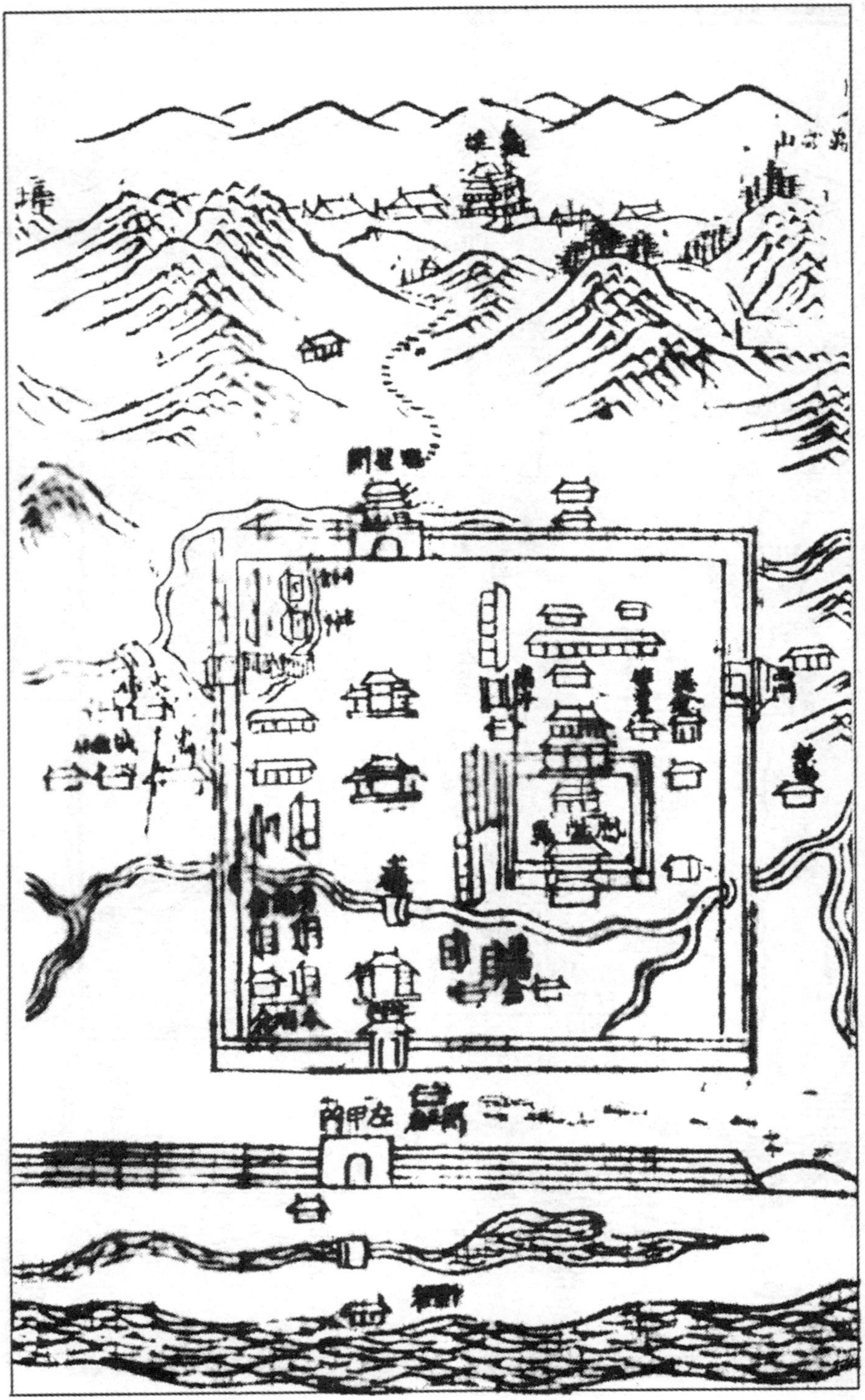

柳瑛《中都志》里万历四十一年万嗣达增补的《凤阳县治图》（上南下北）

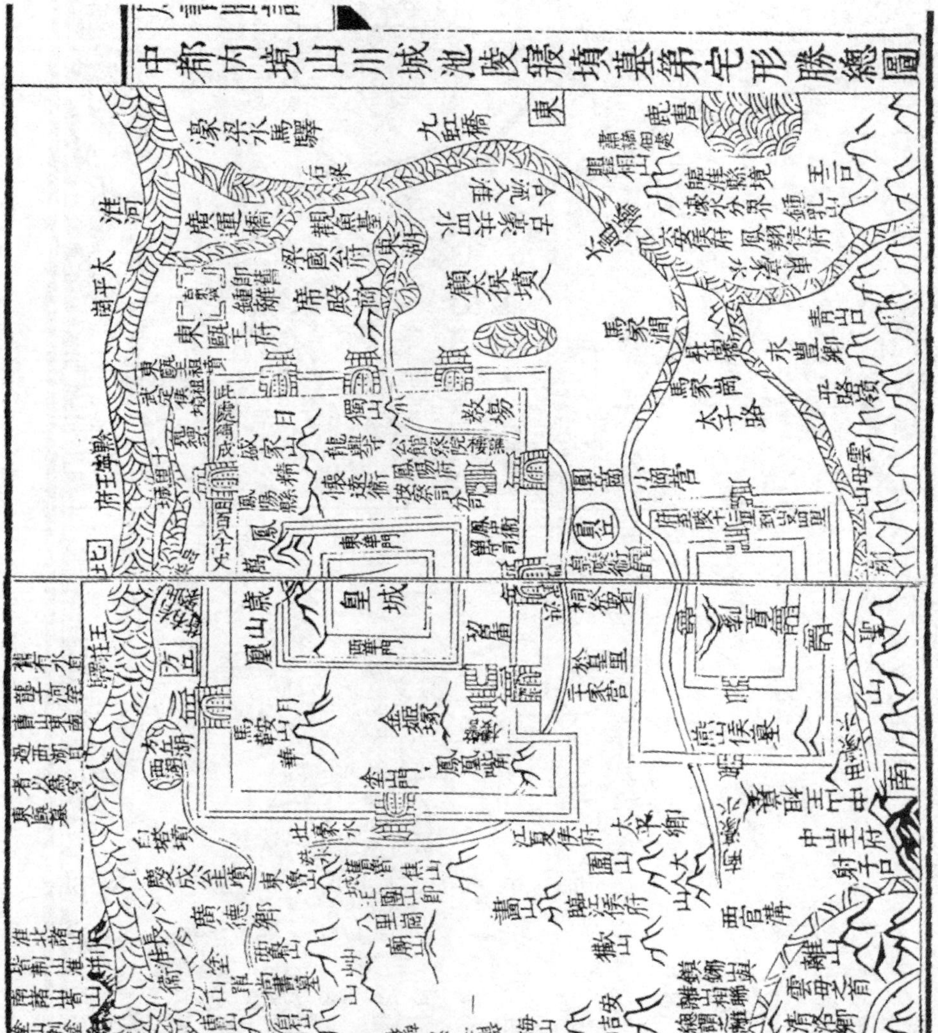

天启《凤阳新书》里的《中都形胜总图》

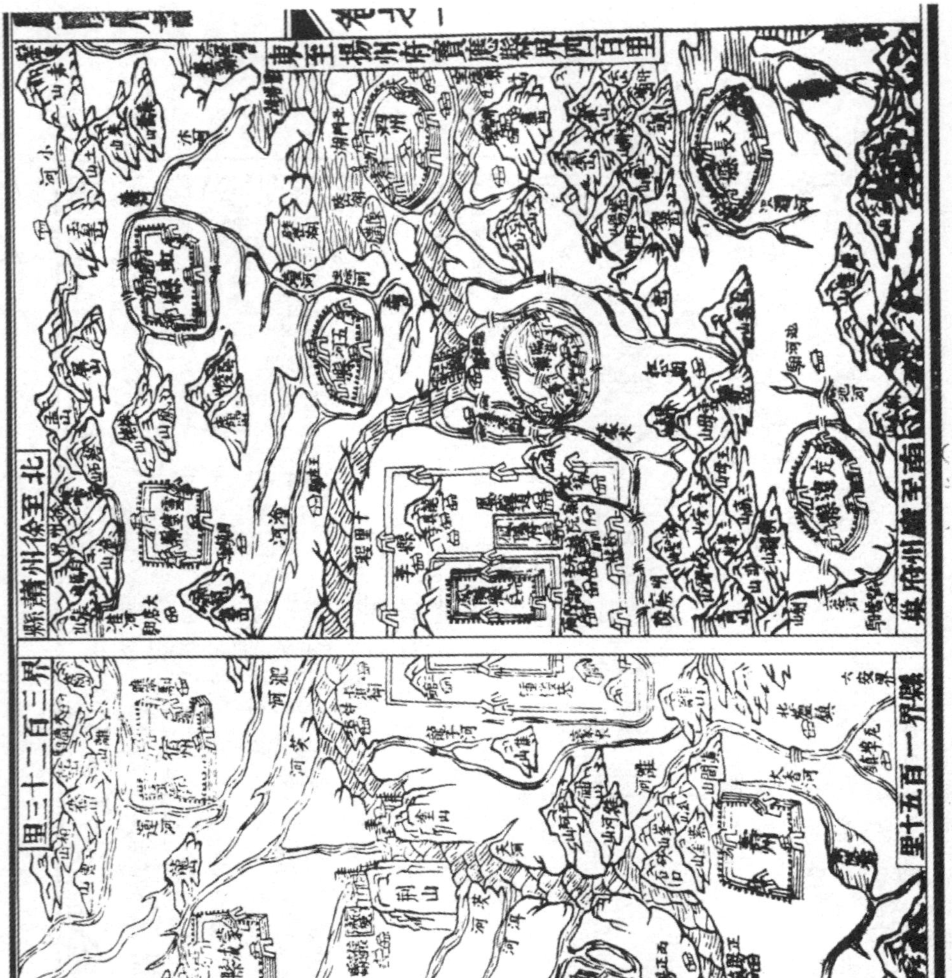

康熙《凤阳府志》收录的《凤阳府总图》

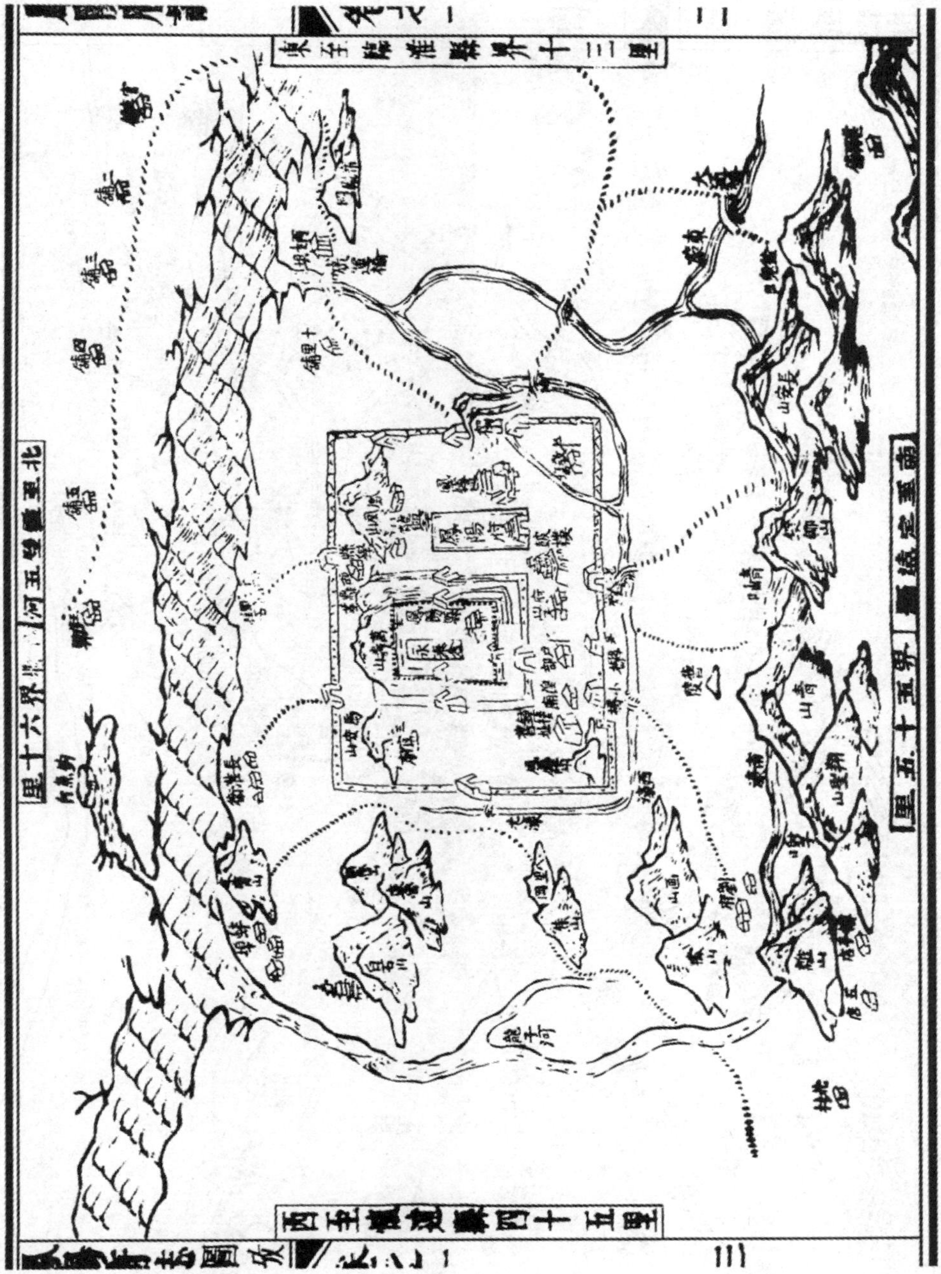

康熙《凤阳府志》收录的《凤阳县治图》

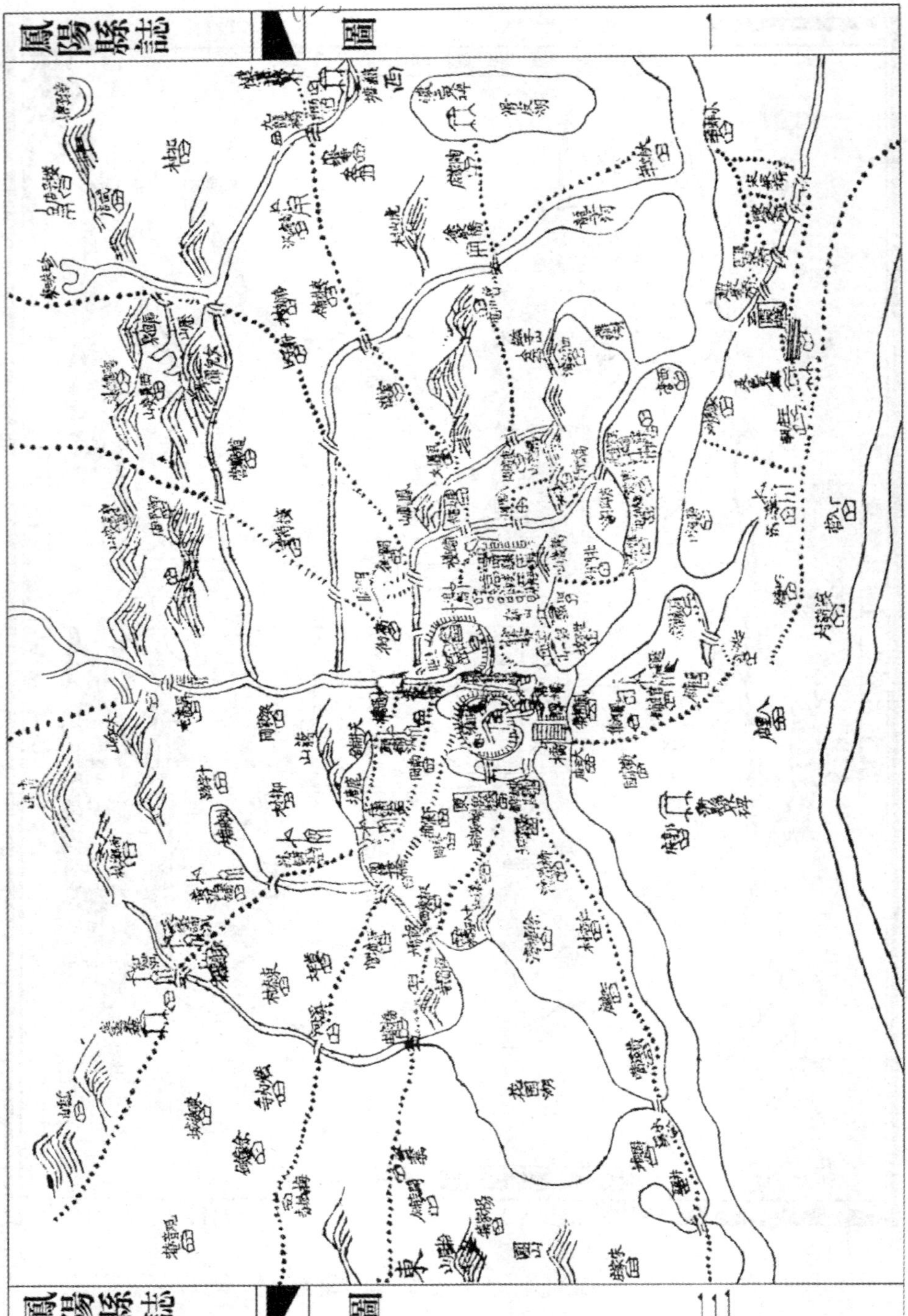

乾隆《凤阳县志》中的《凤阳县图》

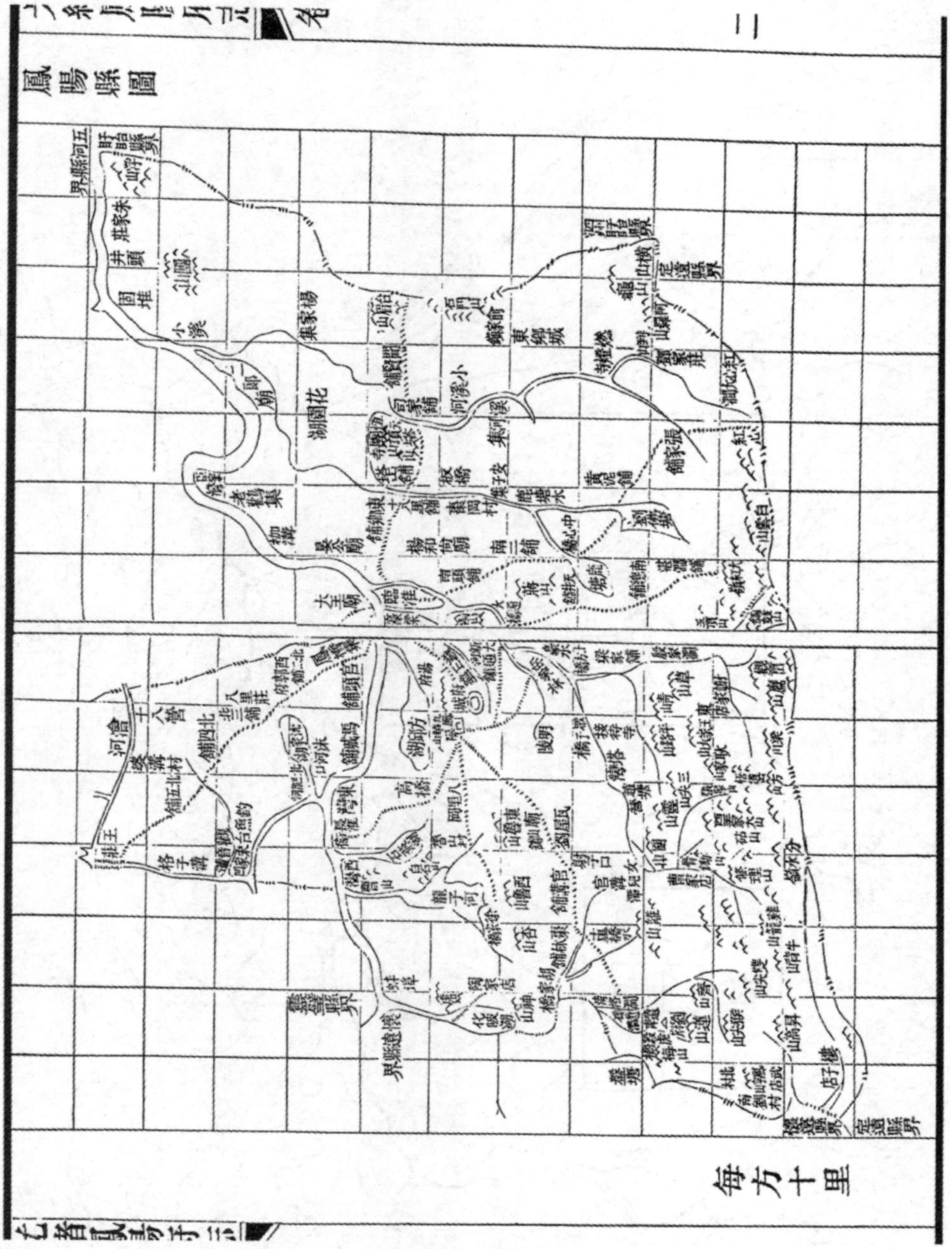

光绪《凤阳府志》中的《凤阳县图》

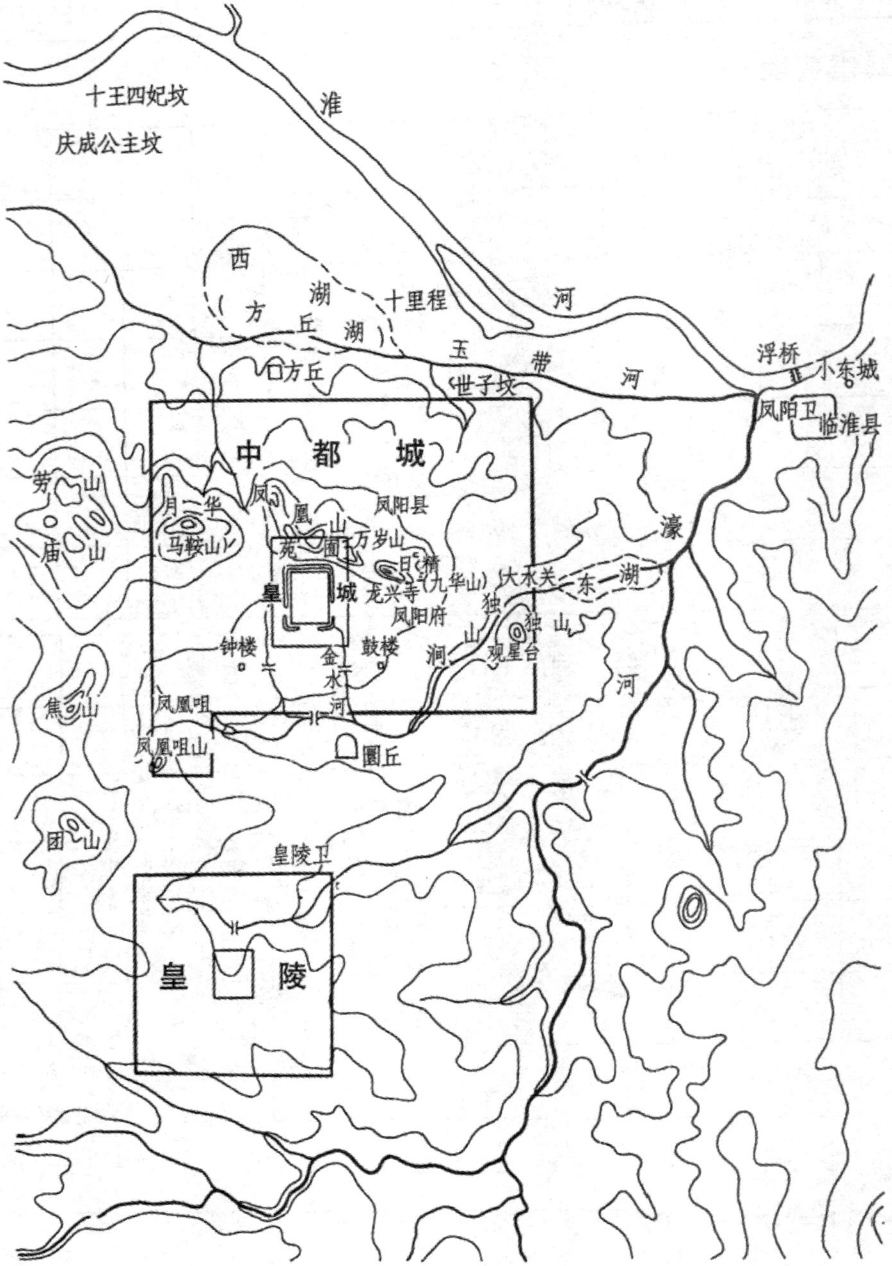
十王四妃坟
庆成公主坟
淮
河
西
湖
方
丘
湖
十里程
方丘
玉
带
河
世子坟
浮桥
小东城
凤阳卫
临淮县
中
都
城
芳
山
庙
山
月
华
马鞍山
凤
凰
山
凤阳县
万岁山
苑
囿
日
精
龙兴寺
（九华山）
大水关
东
湖
濠
皇
城
凤阳府
独
山
独
山
涧
观星台
钟楼
金
水
河
鼓楼
河
焦
山
凤凰咀
凤凰咀山
圜丘
团
山
皇陵卫
皇
陵

王剑英测绘《明中都总图》

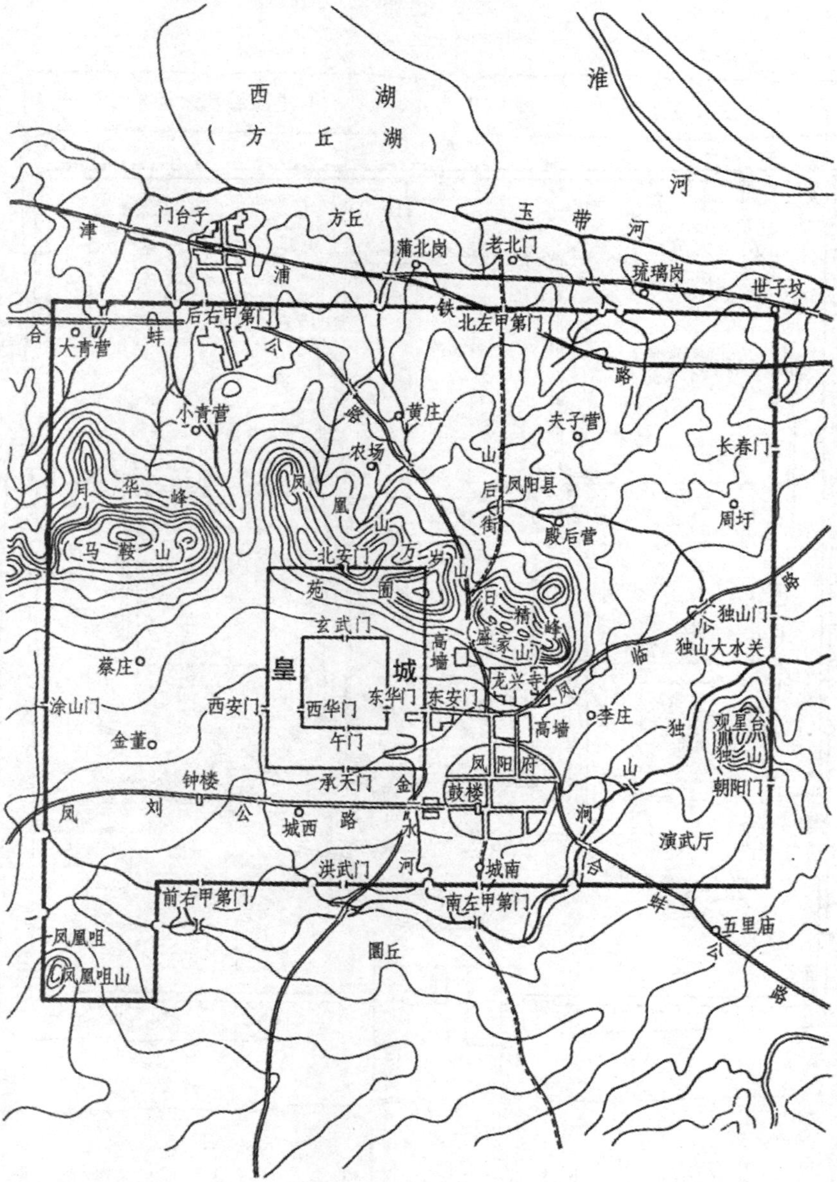

王剑英测绘《明中都遗址示意图》

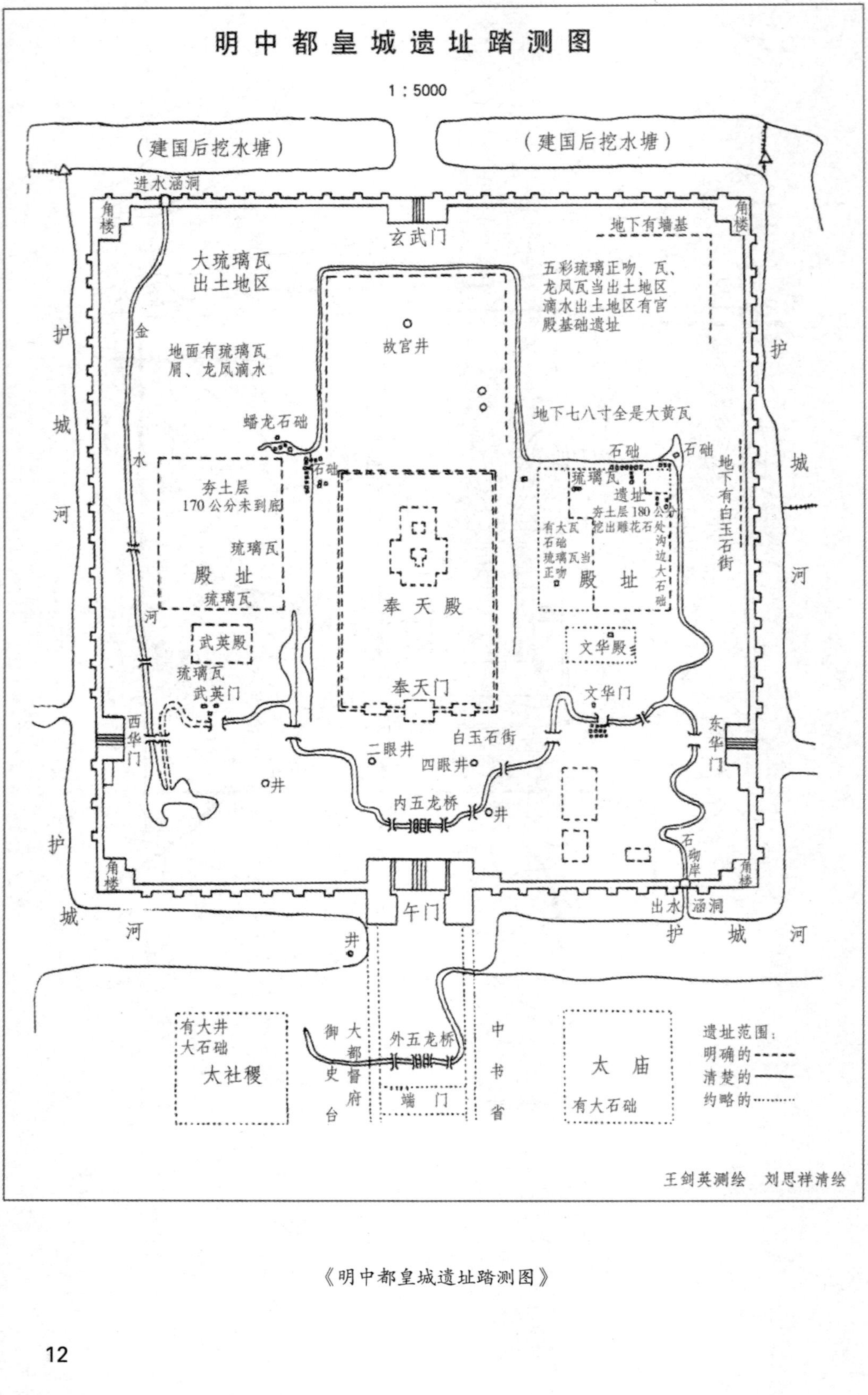
明中都皇城遗址踏测图
1：5000
（建国后挖水塘）
（建国后挖水塘）
进水涵洞
角楼
角楼
玄武门
地下有墙基
大琉璃瓦
出土地区
五彩琉璃正吻、瓦、
龙凤瓦当出土地区
滴水出土地区有官
殿基础遗址
故宫井
地面有琉璃瓦
屑、龙凤滴水
金水河
护城河
护城河
地下七八寸全是大黄瓦
蟠龙石础
石础
石础
石础
夯土层
170公分未到底
琉璃瓦
殿址
琉璃瓦
奉天殿
琉璃瓦
遗址
夯土层180公分
挖出雕花石
有大瓦
石础
琉璃瓦当
正吻
处沟边大石础
殿址
地下有白玉石街
武英殿
文华殿
琉璃瓦
武英门
奉天门
文华门
西华门
东华门
二眼井
白玉石街
四眼井
井
内五龙桥
井
石砌岸
角楼
角楼
午门
出水涵洞
护城河
护城河
井
有大井
大石础
太社稷
御史台
大都督府
外五龙桥
端门
中书省
太庙
有大石础
遗址范围：
明确的
清楚的
约略的
王剑英测绘　刘思祥清绘

《明中都皇城遗址踏测图》

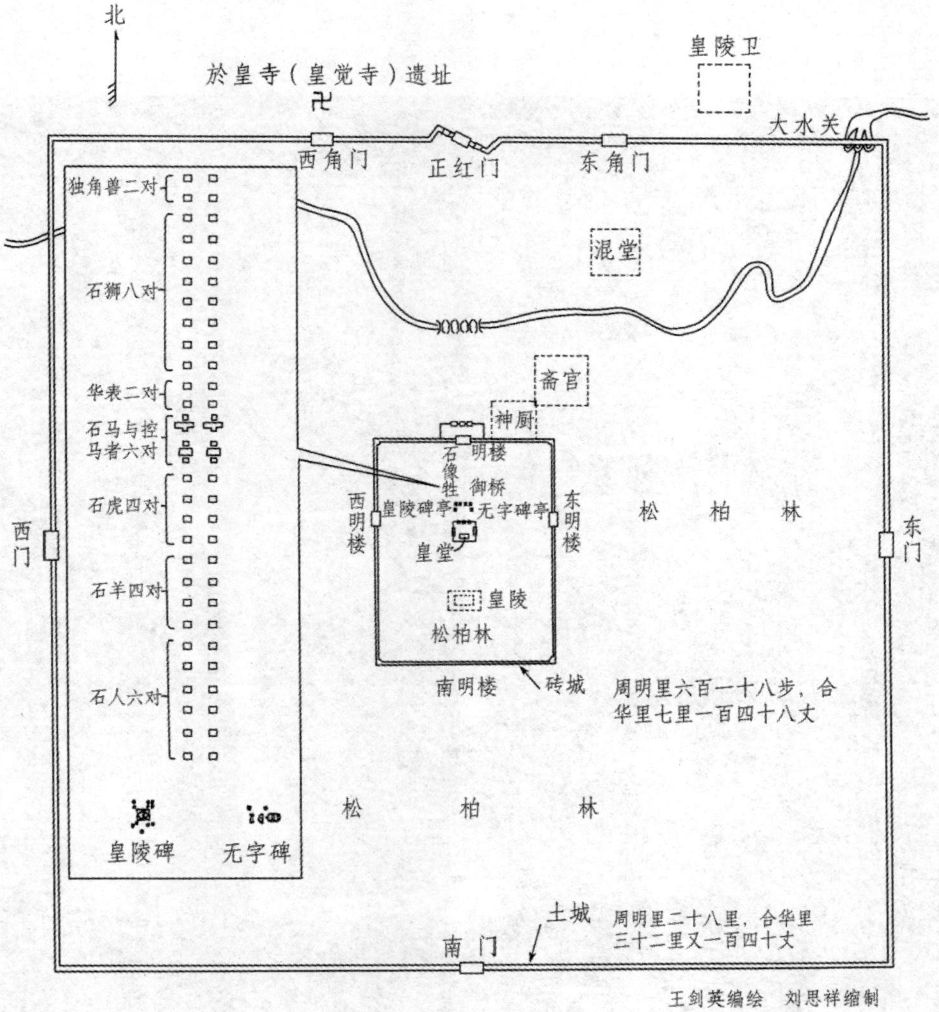

北
於皇寺（皇觉寺）遗址
皇陵卫
大水关
西角门
正红门
东角门
独角兽二对
石狮八对
华表二对
石马与控
马者六对
石虎四对
石羊四对
石人六对
皇陵碑
无字碑
混堂
斋官
神厨
明楼
石
像
牲
御桥
西
明
楼
皇陵碑亭
无字碑亭
东
明
楼
皇堂
皇陵
松柏林
南明楼
砖城
周明里六百一十八步，合
华里七里一百四十八丈
松　柏　林
松　柏　林
西
门
东
门
南　门
土城
周明里二十八里，合华里
三十二里又一百四十丈
王剑英编绘　刘思祥缩制

《凤阳明皇陵遗址示意图》

明中都皇城卫星影像图（1970 年）

历史篇

一、明初营建都城的概况

很多人都知道明朝有个北京，还有一个南京，但是，明朝除南北两京之外，还有一个中都。明中都不但已经建成，并且是比北京、南京要华丽得多的高标准都城建筑。可惜明中都在即将完工的时候停建，后来又陆续拆毁，现在仅存遗址，因此，就不太为人所知了。

随着历史的演变和发展，明初选择都城和营建都城也有一个相应的发展过程。

元末农民起义爆发的第六年，1356年（宋龙凤二年，元至正十六年）三月，红巾军大元帅朱元璋率军攻占集庆（今南京），改集庆路为应天府。七月，朱元璋进为吴国公，在原来元朝江南行御史台旧址建立江南行中书省①。1364年，朱元璋自称吴王。1366年（宋龙凤十二年，元至正二十六年）八月庚戌朔，拓应天城，“命刘基等卜地定作新宫于钟山之阳”②。十二月己未，“命有司营建庙社，立宫室”③。1367年（元至正二十七年）正月，建国号为吴，称吴元年。这年九月，新宫落成。第二年正月，朱元璋即皇帝位，国号大明，改洪武元年（1368年），迁入新宫，这就是吴王时代建筑的宫殿。

洪武元年三月，徐达带领的北伐军打下了山东、河南，明太祖朱元璋亲自赶到汴梁部署军事，改汴梁路为开封府，准备在那里营建都城④。八月，下诏：以应

---

①这里原来是五代时南唐的皇宫，宋为建康府；南渡后，于绍兴二年（1132年）改为行宫。嘉庆重修《大清一统志》卷74“故宫城”条云：“旧志。宋行宫在京城内大中街。元至元十五年（1278年），（元世祖忽必烈）拆故宫材木，输之大都，遗址仅存。二十三年（1286年），改为御史台治。至正十六年（1356年），明太祖入金陵，建军府于此。寻为（吴）王府，又建为皇宫。后又改筑皇城于东偏，称此为旧内”。

②《大明太祖高皇帝实录》（以下简称《明太祖实录》），“中央研究院历史语言研究所”校本印本，卷21/1a。

③《明太祖实录》卷21/9a。

④《明太祖实录》卷31/11b，洪武元年四月甲子，“是日，车驾发京师，幸汴梁。时言者皆谓君天下者宜居中土，汴梁宋故都，劝上定故都，故上往视之。且会大将军徐达等谋取元都。”

天为南京，开封为北京，朕于春秋往来巡狩①。朱元璋在《中都告祭天地祝文》和《黄河说》里叙述考虑在中原建都的过程说：

当大军初渡大江之时，臣每听儒言，皆曰：有天下者非都中原不能控制奸顽，既听斯言，怀之不忘。忽尔上帝后土授命于臣，自洪武初平定中原，臣急至汴梁。意在建都，以安天下。②

尝云：君天下非都中原不可。今中原既平，必躬亲至彼，仰观俯察择地以居之。遂于当年夏四月率禁兵数万往视之，逆河上，足月，抵汴梁。③

可是，就在下诏的第二天，徐达率领的北伐军顺利地攻占了大都（今北京），元顺帝逃奔塞北。政治形势发生了重大的变化，还要不要在开封建都了呢？于是“会议群臣”，并再次亲去开封察看。经过整整一年的反复考虑和斟酌，最后决定以临濠（今凤阳临淮）为中都，并于洪武二年（1369年）九月正式下诏：“命有司建置城池宫阙如京师之制。”《明太祖实录》并载了会议群臣的情况：

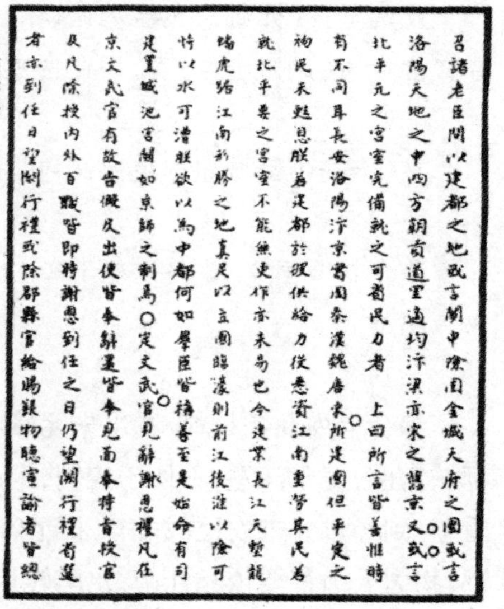
召諸老臣問以建都之地或言關中險固金城天府之國或言洛陽天地之中四方朝貢道里適均汴梁亦宋之舊京又或言北平元之宮室完備就之可省民力者　上曰所言皆善惟時有不同耳長安洛陽汴京實周秦漢魏唐宋所建國但平定之初民未蘇息朕若建都於彼供給力役悉資江南重勞其民若就北平要之宮室不能無更作亦未易也今建業長江天塹龍蟠虎踞江南形勝之地真足以立國臨濠則前江後淮以險可恃以水可漕朕欲以為中都何如羣臣皆稱善至是始命有司建置城池宮闕如京師之制焉○定文武官見辭謝恩禮凡在京文武官有故告假及出使皆奉辭還皆奉見面奉特旨授官及凡除授內外百職皆即時謝恩到任之日仍望闕行禮若選者亦到任日望闕行禮或除郡縣官給賜鈔物聽宣諭者皆總

明太祖實錄　卷四五

三

0881

《明太祖实录》载洪武二年九月癸卯“建中都诏”

洪武二年九月癸卯，“诏以临濠为中都。初，上召诸老臣问以建都之地。或言关中险固金城，天府之国；或言洛阳天地之中，四方朝贡，道里适均；汴梁亦宋之旧京〔漕运方便〕；又或言北平元之宫室完备，就之可省民力者。上曰：所言

①《明太祖实录》卷34/1a，同年八月己巳朔，诏曰：“朕观中原土壤，四方朝贡，道里适均，父老之言，乃合朕志。然立国之规模固重，而兴王之根本不轻，其以金陵（应天）为南京，大梁（开封）为北京，朕于春秋往来巡守。播告尔民，使知朕意。”又谈迁《国榷》卷3/368；《明史》卷2《太祖本纪》二。

②《高皇帝御制文集》（中国国家图书馆藏原刊本）卷17/1a《中都告祭天地祝文》；袁文新《凤阳新书》（南京地理研究所藏原刊本）卷4/53b。《明太祖实录》卷99/2a－b文字略有修改节略。

③《高皇帝御制文集》卷15/26a《黄河说》。

皆善，唯时有不同耳，长安、洛阳、汴京实周、秦、汉、魏、唐、宋之所建国，但平定之初，民未苏息，朕若建都于彼，供给力役悉资江南，重劳其民；若就北平①，要之宫室不能无更作，亦未易也；今建业（南京古名）长江天堑，龙蟠虎踞，江南形胜之地，真足以立国；临濠则前江后淮，以险可恃，以水可漕，朕欲以为中都，何如，群臣皆称善。至是，始命有司建置城池宫阙，如京师之制焉”②。

在《中都告祭天地祝文》里，朱元璋重新述说了没有在开封建都，而改在临濠建都的原因：

及其至彼（开封），民生凋敝，水陆转运艰辛，恐劳民之至甚。会议群臣，人皆曰古钟离（凤阳古名）可，因此两更郡名，今为凤阳，于此建都。③

在《奉安中都城隍神主祝文》里，朱元璋进一步阐述了营建中都的原因：

朕今新造国家，建邦设都于江左，然去中原颇远，控制良难，遂择淮水之南，以为中都。④

综合上列几条材料，看出朱元璋考虑到全国已经统一了，吴王时代建筑的都城宫阙，偏于江左，不便于控制，因此想迁到中原地区来。但是亲自到那里一看，见到经过元末农民战争以来近20年的连年兵火，民生凋敝，如若在那里建都，物力人力都要依靠江南，水陆转运也很艰难，于是选择了离中原稍近的位于淮河南岸的凤阳建立中都。《中都志》说，改名中立府，是“取中天下而立，定四海之民之义也”⑤。

营建明中都的工程，连续不断地进行了六年。到洪武八年（1375年）四月丁巳，朱元璋“亲至中都验功赏劳”⑥回来，当天就以“劳费”的理由，下令把“功

①洪武元年八月，“改大都路曰北平府”。

②《明太祖实录》卷45/2b－3a。“漕运方便”四字据《昭代典则》补。

③《高皇帝御制文集》卷17/1a《中都告祭天地祝文》；袁文新《凤阳新书》卷4/53b。“两更郡名”，指洪武六年九月改临濠府为中立府，七年八月又改中立府为凤阳府。

④《明太祖实录》卷80/1a。

⑤柳瑛《中都志》（南京大学图书馆藏本）卷1/16a。原文作“洪武三年改名”，误。

⑥《明太祖实录》卷99/3b《祭开平王常遇春之祠》文；《高皇帝御制文集》卷18/4b《中都祭开平王文》。

将完成”[①]的明中都营建工程停下来。《实录》记载说:“诏罢中都役作。初上欲如周、汉之制营建两京,至是以劳费罢之。”[②]

明中都罢建以后,过了几个月,洪武八年九月辛酉,“诏改建大内宫殿”[③]。经过整整两年,到洪武十年(1377 年)十月,“改作大内宫殿成……制度皆如旧,而稍加增益,规模益宏壮矣”[④]。同时改建的还有圜丘、社稷坛[⑤]。洪武十一年(1378 年),南京改称“京师”[⑥];同时,罢北京,仍称开封府[⑦]。洪武二十八年(1395 年)杜泽奉敕编绘的《洪武京城图志》和正德十一年(1516 年)陈沂编绘的《金陵古今图考》里的《国朝都城图考》所记叙和绘制的宫阙坛庙,就是经过这次改建以后的南京宫殿情况。

朱元璋晚年,曾想迁都关中。洪武二十四年(1391 年)八月,敕皇太子朱标巡抚陕西,图关洛形势,经略建都的事情。由于朱标从陕西归来一病不起,次年四月就死了,迁都关中的事也就不提作罢了[⑧]。

永乐元年(1403 年)正月,明成祖朱棣诏“以北平为北京”,“称行在”。二月,“改北平(府)曰顺天府”[⑨]。永乐四年(1406 年)闰七月壬戌,“诏以明年五

---

①《高皇帝御制文集》卷 18/4b《中都告祭天地祝文》。

②《明太祖实录》卷 99/4a。

③《明太祖实录》卷 101/1a。

④《明太祖实录》卷 115/4b－5a。

⑤《明太祖实录》卷 114/1a、1b。

⑥《明史》卷 40《地理志》一·南京·应天府。

⑦《明史》卷 42《地理志》三·河南·开封府。

⑧《明史》卷 115《兴宗孝康皇帝传》:“(洪武)二十四年八月,敕太子巡抚陕西。先是,帝以应天、开封为南、北京,临濠为中都。御史胡子祺上书曰:‘天下形胜地可都者四:河东地势高,控制西北,尧尝都之,然其地苦寒;汴梁襟带河淮,宋尝都之,然其地平旷,无险可凭;洛阳周公卜之,周、汉迁之,然嵩、邙非有殽函、终南之阻,涧、瀍、伊、洛非有泾、渭、灞、浐之雄;夫据百二河山之胜,可以耸诸侯之望(《实录》多“可以绵宗社之久”句),举天下莫关中若也。’帝称善。至是,谕太子曰:天下山川惟秦地号为险固,汝往以省观风俗,慰劳秦父老子弟。’于是择文武诸臣扈太子行……比还,献陕西地图,遂病。病中上言经略建都事。明年(1392年)四月丙子薨。”同书卷 147《胡广传》:其父子祺“上书请都关中,帝称善,遣太子巡视陕西。后以太子薨不果。”据《明太祖实录》卷 106/4a 及《国榷》卷 4/729,胡子祺的这个意见是在洪武三年七月乙巳讲的,由于当时已决定营建中都,所以朱元璋虽然称善而并没有采纳。《国史考异》卷 3/15b 作洪武九年六月,误。朱元璋在《祭光禄寺灶神文》里说:“朕经营天下数十年,事事按古有绪,惟宫城前昂后洼,形势不称,本欲迁都,今朕年老,精力已倦,又天下新定,不欲劳民,且废兴有数,只得听天,惟愿鉴朕此心,福其子孙。”(文见顾炎武《天下郡国利病书》卷 13 江南一)。

⑨《明史》卷 6《成祖本纪》二;《明史》卷 40《地理志》一·京师·顺天府。

月建北京宫殿，分遣大臣采木于四川、湖广、江西、浙江、山西”①，并命“督军民匠造砖瓦”，“征天下诸色匠”，选河南、山东、陕西、山西、直隶军士、民丁，“期明年五月俱赴北京听役”②。但是届期没有动工兴建，不久连采木也停了下来③。永乐十四年（1416 年）十一月，朱棣决意迁都北京，工部请择日兴工。朱棣说“营建事重”，于是“复诏群臣议营建北京”④。永乐十五年（1417 年）二月，命“泰宁侯陈珪董建北京，柳升、王通副之”，“六月兴工”⑤。十八年（1420 年）九月丁亥，“诏自明年改京师为南京，北京为京师”。十一月戊辰，“以迁都北京诏天下”。十二月癸亥，“北京郊庙宫殿成”⑥。这就是永乐时期营建的北京宫殿⑦。

新建的北京宫殿，才几个月，奉天、华盖、谨身三殿就同时焚毁了。过了整整 20 年，到明英宗朱祁镇正统五年（1440 年）三月才重建三殿，并修缮乾清、坤宁二宫。六年（1441 年）十一月甲午朔，三殿二宫成，才正式“定都北京，文武诸司不称行在”⑧。从此以后，明、清两代都以北京为京师。

马文升概括明初建都的过程说，明太祖朱元璋“即位之初，始欲建都于汴梁，随又建都于凤阳，终复迁都于金陵”。到明成祖朱棣时候，又“迁都北平”⑨。其中开封（汴梁）只从洪武元年到十一年称了 10 年“北京”，未曾在那里建都。凤阳（临濠）不仅定为中都，而且建筑了宫阙城池，后来由于定都南京，只在这里设置了中都留守司。南京是明初的京师，迁都北京以后，“改京师为南京，北京为京师”⑩。北京改称京师后，“设六部，去行在之称，并取南京各印信给京师中诸衙门”。但是南京原来的官署，一个也没有取消，只“别铸南京诸衙门印信，皆

①谈迁《国榷》卷 14、《明史·成祖本纪》、夏燮《明通鉴》卷 15；《明史》卷 82《食货志》六·采木。

②《明太宗实录》卷 57/1b。

③《国榷》卷 14：永乐五年正月壬午，“罢军民伐木”；《明史》卷 151《刘观传》：永乐五年冬，“命观驰传往（山西）散遣采木军民”。

④《明太宗实录》卷 182/1b－2b。

⑤《明太宗实录》卷 232/2b。

⑥《明史》卷 7《成祖本纪》二。《地理志》应天府作“永乐元年仍曰南京”，误。按本纪永乐十八年前，京师、北京并称，不称南京。

⑦1980 年秋，著者为参加北京史学术讨论会，写了《明初营建北京始于永乐十五年二月考——兼论有关营建北京年代的一些问题》的论文，载《北京史论文集》，对此作了论说和考辨。

⑧《明史》卷 10《英宗前纪》。《明史》卷 40《地理志》京师，1974 年中华书局校勘本作“洪熙初，仍称行在。正统六年十一月，罢称行在，定为京师”。

⑨马文升：《题为因灾变思患豫防以保固南都事疏》，见《明经世文编》卷 62/515 上。

⑩《大明一统志》卷 7/1a 中都：“洪武三年，建为中都，寻定鼎金陵，乃设留守司于此。”

加南京二字”给它，成为南、北两京的制度①。北京营建城池宫阙以后，500 年来一直是明、清两代的京师。因此大家都知道成祖朱棣营建北京，都知道明代有南、北两京，而明太祖朱元璋还营建了一个十分华丽的中都城，并且曾经有过“国初三都”②的称谓，却不太为人们所注意了。

①《明太宗实录》卷 229/2b，永乐十八年九月丁亥诏；《明通鉴》卷 17；《明史》卷 72《职官志》。

②黄瑜《双槐岁钞》（《岭南遗书》本）卷 2/1a－b《国初三都》：“洪武元年八月，诏以大梁为北京，金陵为南京。南京既立宗社，建宫室，定朝市。北京有司，次第举行。三年，改临濠府为中立府，定为中都。筑新城，在临濠府旧城西二十里。于新城内营皇城。皇城内有万岁山，南有四门，曰：午门、玄武、东华、西华，建宫殿，立宗庙、大社，并置中书省、大都督府、御史台于午门东西。新城门十有二：洪武、朝阳、玄武、涂山、父道、子顺、长春、长秋、南左甲第、北左甲第、前右甲第、后右甲第。于洪武门外立圆（圜）丘，于左甲第门外立方丘。与南、北二京为三都。

其后，北京罢不建。七年十（八）月，改中立府为凤阳，徙府治于新城，即旧会同馆为之。赐名凤阳府者，以在凤凰（山）之阳也。

迨永乐中，建北京于燕，竟成圣祖之志，而三都备矣。”

二、明中都是朱元璋统一全国后悉心经营的高标准建筑

吴王时代建筑南京宫殿，只花了九个月时间，规模不太大，“制皆朴素，不为雕饰”①。朱元璋统一全国以后，想要营建一个控制全国的新都城，因此对建筑提出了很高的标准，不仅要求雄伟宏壮，还要求尽量华丽。朱元璋在《龙兴寺碑》里说：“洪武初，欲以（凤凰）山前为京师，定鼎是方，令天下名材至斯。”②天下所有最好的物料都要往凤阳送，以供营缮。全国的“百工技艺”都集中到这里来，长年累月地把他们留在那里营建劳作，使“九万工技之人”，“人人上不得奉养父母，下不得欢妻抚子”③。总之要运用国家政权的力量，调集全国的物力人力，把中都城搞得好上加好。

諸暨縣。○陳友諒將建寧阮德柔遣使來納款。○是時群臣皆
上言，一代之興必有一代之制作，今新城既建，宮闕制度亦宜
早定。　上以國之所重莫先廟社，遂定議以明年為吳元年，命
有司營建廟社，立宮室。○甲子，　上親祀山川之神，祝冊曰：維
神開闢以來，鍾毓靈秀，盤礴江東。然而氣運凝會之處，人莫能
知。予自乙未渡江，丙申駐師金陵，撫安黎庶，於今十有二年，拓
土廣疆，神人翼贊。茲欲立郊社，建宮室於舊城之東，鍾山之陽。
國祚綿長，惟山川氣運是從。謹於是日肇厄工事，敢告。○己巳，
典營繕者以宮室圖來進，　上見其有雕琢奇麗者，即去之，謂
中書省臣曰：宮室但取其完固而已，何必過為雕斲。昔堯之時，
茅茨土階，采椽不斲，可謂極陋矣，然千古之上稱盛德者必以
堯為首。後世競為奢侈，極宮室苑囿之娛，窮輿馬珠玉之玩，欲
心一縱，卒不可遏，亂由是起。夫上能崇節儉，則下無奢靡。吾嘗
謂珠玉非寶，節儉是寶，有所締構，一以朴素，何必極雕巧以殫
天下之力也。

《明太祖实录》载丙午年（1366年）十二月己巳“定宫室制度”

所有的殿坛建筑，都“穷极侈丽”，画了鲜艳夺目的彩绘。《国榷》上记载说：洪武四年（1371年）正月庚寅，“作圆丘、方丘，日、月、社稷、山川坛及太庙于临濠，上以画绣，欲都之”④。

所有的石构件，也都要求“雕饰奇巧”。《明实录》记载说：洪武六年（1373年）六月辛巳，“中都皇城成。……御道踏级文用九

①《明太祖实录》卷20/10b。

②《凤阳新书》卷8/24b；康熙《凤阳府志》卷38/15b；乾隆《凤阳县志》卷14/6b－9a 艺文下；光绪《凤阳府志》卷15/18b－19b 古迹考；徐乃昌《安徽通志金石古物考稿》卷6/3b。

③朱元璋《御制大诰三编》“工匠顶替”条。

④《国榷》卷4/437，圜，俗写作圆。

龙、四凤、云朵;丹陛前御道文用龙、凤、海马、海水、云朵”①。

为了建筑的坚固,不仅用桐油、石灰、糯米作浆来砌砖,在关键的部位甚至用生铁来镕灌。如:“城河坝砖脚五尺,以生铁镕灌之。”②

由于对建筑的标准要求高,因此费的工多,工程进展就比较慢。洪武六年(1373 年)九月丙辰,赐临濠造作军士衣布的时候,朱元璋深有感慨地对中书省臣说:“土木之工,亦甚难集。”③到洪武八年四月丁巳“诏罢中都役作”的时候,营建明中都的工程已经进行了快六个年头了。

罢建中都的理由说是“劳费”“费剧”,所以不久在南京改建大内宫殿时改变了要求,说“朕今所作,但求安固,不事华丽,凡雕饰奇巧,一切不用,惟朴素坚壮,可传永久”,并且规定,自此以后,“吾后世子孙,守以为法”④。由于“制度不移”⑤,所以整个改建工程,只用了整整两年时间就完工了。到永乐时,明成祖朱棣营建北京,遵守了明太祖朱元璋规定下来的这一条“祖训”,所以整个工程也只进行了三年半⑥。

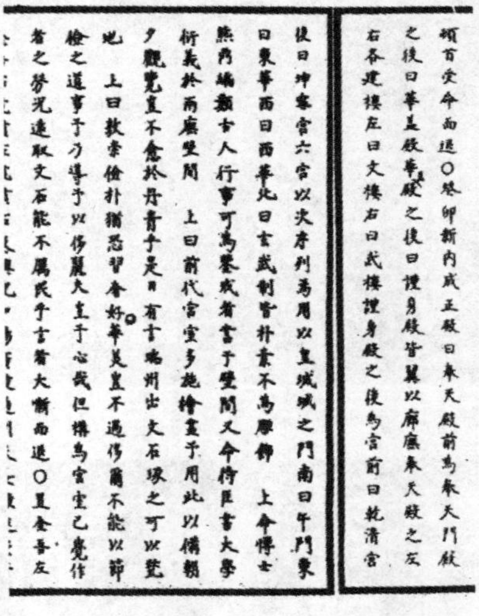
頓首受命而退○癸卯新內成正殿曰奉天殿前為奉天門殿之後曰華蓋殿華蓋殿之後曰謹身殿皆翼以廊廡奉天殿之左右各建樓左曰文樓右曰武樓謹身殿之後為宮前曰乾清宮後曰坤寧宮六宮以次序列為周以皇城城之門南曰午門東曰東華西曰西華北曰玄武制皆朴素不為雕飾 上命博士熊鼎編類古人行事可為鑒戒者書于壁間又命侍臣書大學衍義於兩廡壁間 上曰前代宮室多施繪畫予用此以備朝夕觀覽豈不愈於丹青乎是日有言瑞州出文石琢之可以甃地 上曰敦崇儉朴猶恐習奢好華美豈不過侈爾不能以節儉之道事予乃導予以侈麗夫豈予心哉但構為宮室已覺作者之勞況遠取文石能不厲民乎言者大慚而退○是舍吾左

《明太祖实录》载吴元年(1368 年)九月癸卯“新宫建成”

需等縣置倉儲糧以給北軍士○辛巳中都皇城高三丈九尺五寸女牆高五尺九寸五分共高四丈五尺四寸五分午門東華門西華門城樓臺基俱高五尺九分午門東南西南角樓臺基與城樓臺基同玄武門城樓臺基高五尺九寸五分其見東西角樓臺基亦與城樓臺基同御道踏級文用九龍四鳳雲朵丹陛御道文用龍鳳海馬海水雲朵城河壩磚腳五尺以生鐵鎔灌之○壬午盱眙縣民進瑞麥一莖二穗者凡十六本明日監

《明太祖实录》载洪武六年六月辛巳“中都皇城成”

①《明太祖实录》卷 83/2a。

②《明太祖实录》卷 83/2a。

③《明太祖实录》卷 85/4b。

④《明太祖实录》101/1a。

⑤《明太祖实录》116/1a。

⑥《明太宗实录》卷 232/2b,永乐十八年十二月癸亥,“初,营建北京……自永乐十五年六月兴工,至是成”。

吴王时代营建新宫用了一年，后来改建南京又用了两年，永乐时候营建北京用了三年，南京、北京三次大规模的营建工程，加在一起共用了六年的时间。而凤阳营建中都的工程，也用了六年，相当于南京、北京三次营建工程的总工作量。从营建中都的时间之长，也可以反映出对工程质量要求之高。

举几项明中都的遗物来进行观察和比较，更可以直接说明中都建筑标准之高。它的艺术水平在古代都城建筑中是无与伦比的。

（一）明中都午门石雕

明中都午门洞两侧地面上160厘米高的白石须弥座上连续不断地镶嵌着刻工精细、形象优美生动的白玉石浮雕。

明中都午门须弥座上连续不断、刻工精细、形象优美生动的白玉石浮雕，1981年

明中都午门石雕：龙，1974年

明中都午门石雕:凤,1974 年

明中都午门石雕:云朵,1974 年

明中都午门石雕:海水,1974 年

明中都午门两侧及东西翼楼四周石雕：狮耍绣球，1974 年

明中都午门两侧及东西翼楼四周石雕：双麒麟，1974 年

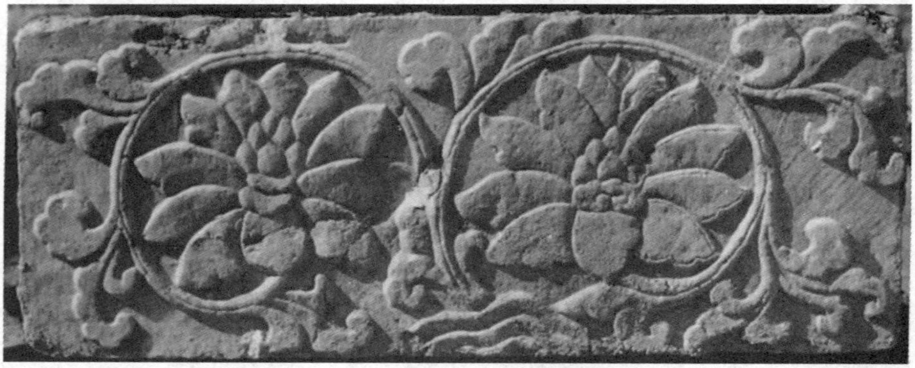

明中都午门两侧及东西翼楼四周石雕：西番莲，1974 年

明中都午门两侧及东西翼楼四周石雕：牡丹，1974 年

明中都午门两侧及东西翼楼四周石雕：花饰，1974 年

1975 年 11 月 10 日，对已经清理暴露在地面上的午门正洞东西两侧的石雕进行了测量和记录。石雕高 32 厘米，长度不等，浮雕深度 3～5 厘米。

东侧自北至南排列如次，括弧内为长度（厘米）：

团花（66）	方胜（105）	云水（58）	龙（120）
云（93）	方胜（71）	凤（74）	凤（65）
方胜（72）	龙（108）	云（80）	凤（90）
云（82）	龙（152）	云（61）	方胜（73）
凤（95）	方胜（70）	凤（80）	龙（139）
方胜（84）	凤（88）	方胜（65）	双凤（106）
方胜（71）	云（87）	龙（92）	云（98）
方胜（81）	凤（73）	凤（58）	方胜（128）
凤（78）	白条（4）	云（101）	龙（91）
云（80）	闸槽（17）	方胜（66）	花（67）

以上计长 32.89 米，以下缺。

西侧自北至南排列如次：

缺（66）	白石（50）	白石（71）	白石（65）
龙（126）	云（72）	缺（122）	方胜（63）
云（61）	龙（132）	云（94）	白石（86）
凤（37）	云（66）	龙（111）	云（99）
白石（53）	凤（119）	方胜（78）	云（98）
龙（160）	云（120）	方胜（64）	凤（90）
双凤（73）	方胜（76）	云（79）	龙（102）
云（69）	方胜（74）	凤（71）	凤（73）
方胜（92）	凤（98）	凤（91）	龙（108）
云（63）	闸槽（17）	方胜（49）	

以上计长 32.38 米,以下缺。

据当地群众讲,中间三个午门洞的两侧、午门及东西翼楼的四周,全部是连续不断的白玉石浮雕。午门照片上那一条白色的城墙根,就是连续不断地镶嵌着浮雕的白石须弥座,中都午门的白石浮雕绵延不断,总长达 485 米,从实物和照片看,浮雕已有:

龙凤:龙、凤、翔凤、双凤

云水:云朵、海水

动物:麒麟、双狮耍绣球、鹿

花卉:牡丹、芍药、荷花、西番莲

图案:方胜、“万”字

南京明故宫午门的青石须弥座上嵌有少量花饰,高 30 厘米,深度只有 1 厘米左右,其余全是光面石块。午门南面东西两侧吴王新宫原建筑没有翼楼,改建时增筑的翼楼现在也没有了。北京故宫的午门,中间三个午门洞,午门南侧、翼楼内侧和南侧都有石墙基,但石雕跟南京午门一模一样,只有门洞南北两端的左右两侧才各有一个花饰。图案形象和尺寸几乎完全一样,全部照南京午门的老样,没有学凤阳中都那样精雕细琢。所以对比起来,中都的午门石雕,可以说在古城建筑中是最为华丽、独一无二的了。

南京明故宫午门须弥座上仅有的少量花饰,2004 年

北京故宫午门须弥座上仅有的少量花饰,2004 年

(二)蟠龙石础

凤阳中都的蟠龙石础,270 厘米见方,高 110 厘米(尚未见底)。石础上盘一圈高 15 厘米、宽 32.5 厘米的蟠龙,形象生动,蟠龙外围直径 190 厘米,内圈直径 125 厘米,深 7 厘米,是立柱的坑。蟠龙外面的石础面上,雕刻了翔凤。大同也出土过蟠龙石础,但觉小巧玲珑,跟中都这样面积有 7.3 平方米的庞然大物相比,也就相形见绌了。北京故宫太和殿四个金銮柱石础,只有 160 厘米见方,面积 2.5 平方米,只有中都蟠龙石础的三分之一;柱心直径也是 125 厘米(但柱子直径只有 102 厘米,可能是后来已经很难找到那样粗大的木材了),是一块光光的石础,没有任何雕刻。相比之下,凤阳中都宫殿建筑的奢侈华丽,在古代宫殿建筑中,可能也是首屈一指的。

(三)明中都的砖雕、石雕、琉璃、建筑

凤阳中都城不仅午门有石雕,东华门、西华门、玄武门(北门)的三个门洞也都有砖雕,深度在 3 厘米左右。中都宫殿的石栏杆,两面都有浮雕,一侧是飞龙,一侧是翔凤。

明中都宫殿的琉璃瓦色彩很多,有黄、蓝、绿、粉红、天青、粉绿、浅黄等等,极为鲜艳。有蟠龙纹黄琉璃筒瓦,有飞龙纹、翔凤纹的黄琉璃滴水,有彩凤飞翔于蓝天的五彩琉璃滴水,有一侧龙翔、一侧凤舞的巨大正吻,有五彩琉璃的形象生动的各种脊兽。

不仅宫阙如此,皇陵和中都的其他建筑,标准也比较高。例如,中都鼓楼

"筑台,下开三券,上有楼九间,层檐三复,栋宇百尺,巍乎翼然,琼绝尘埃,制度宏大,规模壮丽"①。又如,中都国子学"其创置之初,具古天子辟雍之制……面势规模,既广且大","规制之盛实冠天下"②。甚至像中都城隍庙的石栏杆,也都刻了精美的石雕。

从上面略举的明中都的一些遗物和有关明中都的记载,也可以看出,当时中都城建筑的豪华富丽,说它是我国古代都城营建中最为华丽的建筑,大概也不致言过其实。

明中都西华门砖雕:花卉(一),1981年

明中都西华门砖雕:花卉(二),1981年

①《凤阳新书》卷3/9a。

②《中都志》卷7/56a丘濬《凤阳府重修儒学记》文,以及卷7/61a倪岳《凤阳府学乡贡题名碑记》文。

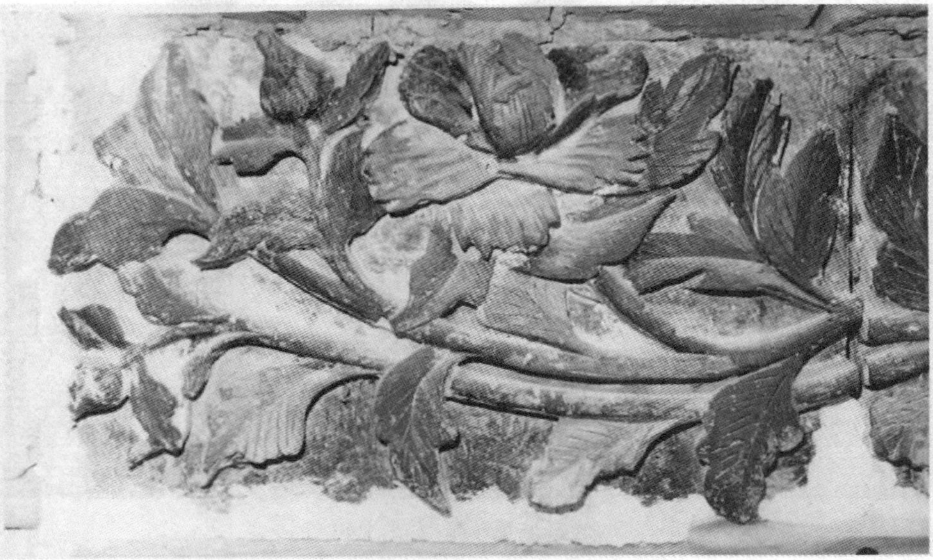

明中都西华门砖雕:花卉(三),1981 年

明中都西华门砖雕:花卉(四),1981 年

明中都西华门砖雕:方胜,1981 年

明中都宫殿琉璃正吻龙首构件(一),1980 年

明中都宫殿琉璃正吻龙首构件(二),1980 年

明中都宫殿琉璃正吻龙首构件(三),1980 年

明中都宫殿彩色琉璃瓦当(一),1974 年

明中都宫殿彩色琉璃瓦当(二),1980 年

三、明中都建筑是在封建统治下全国劳动人民的血汗结晶

(一)向全国各地征集建筑材料

朱元璋决定营建中都以后,首先要调集建筑材料。《明史·食货志》说:“采造之事……其事目繁琐,征索纷纭,最巨且难者曰采木,岁造最大者曰织造、曰烧造。”[①]日常如此,要营建全国统一以后的都城,采木、烧造等等,就更是如此了。

1. 采木

朱元璋在《龙兴寺碑》里说:“洪武初,欲以(凤凰)山前为京师,定鼎是方,令天下名材至斯。后罢建宫室,名材为积木。”[②]

他下令全国都要把“名材”采集并运送到凤阳来,甚至对当时虽已服属而尚未归入图籍的四川,朱元璋也“遣使求大木”[③]。第二年,四川夏国的君主明昇就“遣使以香楠木来献”[④]。直到多年以后,大规模的中都营建工程“功将完成”,并下令罢建中都宫室,还是“名材为积木”。可见当时从全国各地采伐并调运到凤阳来的木材数量之多,实为惊人。

据文献记载,当时运输营建中都的木料,有的因为十分巨大,所以陆运时要装在特制的32轮大车上,200人才能拉得动。由于大木太重,木轮一压就碎,于是再在轮上兜一个铁圈。带铁圈的大车轮滚过石头的时候,摩擦得火星直冒,走不了一里地,铁圈就散了,就得停下来换铁圈。因此一辆拉大木的车,除用200人拉曳外,还要有200人肩扛着铁圈跟着走,不时停下来换圈修车,所以一天才能走10里地。一根大木从产地运到凤阳,水陆转运共要花1万个工。这么多的大木从全国各地运到凤阳来,要用多少劳力,实在难以计算。

---

①《明史》卷82《食货志》六。

②《凤阳新书》卷8/24b;康熙《凤阳府志》卷38/15b;乾隆《凤阳县志》卷14/6b－9a艺文下;光绪《凤阳府志》卷15/18b－19b古迹考;徐乃昌《安徽通志金石古物考稿》卷6/3b。

③《明史》卷123《明玉珍传》:“洪武元年,太祖克元都,(明)昇奉书称贺。明年,太祖遣使求大木,昇遂并献方物。”

④《明太祖实录》卷54/4b,洪武三年七月甲辰;《国榷》卷4/422:“夏明昇进楠木。”明昇是洪武四年六月降明的。

2. 烧造城砖

明中都城砖，长40厘米，宽20厘米，厚11厘米，重48斤。从目前已经掌握的一些极不完整的资料来看，凤阳明中都的城砖大致可分为四类，即由地方负责烧造的砖、由军队烧造的砖、字号砖、无字砖。其中由地方负责烧造的砖，已发现的计有：

南京

淮安府　山阳　盐城　安东　沭阳　海州　赣榆

扬州府　江都　仪真　泰兴　高邮州　兴化　通州　海门　六合

镇江府　丹徒　丹阳　金坛

安庆府　怀宁　桐城　潜山　太湖　宿松　望江

宁国府　宣城

江西省

南昌府　南昌　新建　进贤　奉新　武宁　宁县

九江府　瑞昌

饶州府　乐平

广信府　铅山　永丰

建昌府　南城　南丰　广昌

抚州府　临川　崇仁　金谿

吉安府　庐陵　泰和　吉水　永丰　安福　万安　永新　永宁

临江府　清江　新淦　新喻

袁州府　宜春　萍乡

赣州府　赣县　信丰　会昌　安远　瑞金　龙南

湖广省

武昌府　江夏

汉阳府　汉阳　汉川

黄州府　麻城

岳州府　巴陵

长沙府　长沙　浏阳　湘乡

常德府　龙阳

衡州府　常宁

中都字砖：淮安府海州造①

中都字砖：赣州府赣县造

此外，还有些辨认不清或感到有疑问的地名砖。仅从这些已发现的地名砖来看，已有22府69州县，包括今江苏、安徽、江西、湖北、湖南五省。如若再进一步深入细致地调查，必然还会有更多的发现。南京发现的地名砖，已有5省27府121州县，凤阳估计也大致相仿。

从凤阳已发现的22府69州县的砖来看，其中有7府38州县的砖是在南京尚未发现过的。从史料记载来看，南京和凤阳两地的筑城，似乎是相互交叉进行的，甚至筑城的基本队伍看来也是统一安排调动的（详见后文）。所以两地筑城征砖的地区范围很有可能是一致的，当然也不排除存在着一定的地区分配的可能性。总之，营建明中都时征砖的地区范围，要比已查清的5省22府69州县要大得多，那是肯定无疑的。

3. 其他物料

《大明会典·南京工部·营缮清吏司》记载说："凡泗州祖陵、凤阳皇陵并白塔寿春等王坟、（凤阳中都）皇城等处损坏，守备凤阳太监等官奏行本部委官会

①砖上模印了府州提调官、司吏、作匠的姓名和烧砖年月。

计修理。做工夫匠，于凤阳所属州县并中都留守司属卫起拨。物料，遇有关支，无则买办。工程大者，分派湖广、江西、福建等布政司，应天、苏、松等府州办解；工程小者，量派本府卫、滁、和等州协济。装运船只，南京兵部拨取。夫匠口粮，凤阳仓关支。"①

这是明中都建成以后，关于修缮时所需夫匠、物料、装运、口粮等方面调拨安排的规定。在当初营建明中都时，物料、劳力调拨的地区范围只会比这个规定大，而绝不会比这个规定小，也是可以断言的。

立中都大社坛的时候，"命工部取五方之土"，以象征全国的土地，明确规定"天下郡县计一千三百余城"都要把土送到凤阳来。《实录》记载说：洪武四年五月丙寅，"诏立大社坛于中都，命工部取五方之土筑之：直隶应天等府并河南省进黄土；浙江、福建、广东、广西进赤土；江西、湖广、陕西进白土；山东进青土；北平进黑土；天下郡县计一千三百余城，每以土百斤为率，仍命取之于名山高爽之地"②。

其他如大至石料的开采运输，小至琉璃的烧造，以至铜、铁、石灰、油漆、颜料，无不来之非易。如洪武八年为了给钟楼铸一个大钟，就"炼青赤铜六万五千斤"③。明中都整个营建工程中所消耗的财物是难以确切计数的，它集中了全国人民，尤其是东南人民的财力物力，它是由全国人民的血汗堆砌起来的。

（二）在全国范围内调集劳力

再一个是调集劳力，把从全国各地调拨来的堆积如山的各种物料筑成雄伟华丽的宫阙城池。

1. 工匠

首先是征发工匠。《明史·食货志》说："匠户二等：曰住坐，曰输班。住坐之匠，月上工十日，不赴班者，输罚班银月六钱，故谓之输班。"④《大明会典》也说："工匠则有轮班、住坐之分。轮班者隶工部，住坐者隶内府内官监。"⑤但那是明政府后来规定的制度，明朝初年可并不是那样。

---

①万历《大明会典》卷208/3a－b工部二十八。

②《明太祖实录》卷65/3a－b。《明史》卷49/1268礼志三亦有记载。时四川为夏所有，至是年六月明昇降；云南为元梁王把匝剌瓦尔密镇守，至十五年始平，均未归入图籍。贵州系永乐十一年始置。不知山西何以不列。

③宋濂《凤阳府新铸大钟颂》，载《宋学士集》；《皇明文衡》卷19/187下；《明经世文编》卷1；《中都志》卷7/35a；康熙《凤阳府志》卷39/24a；光绪《凤阳府志》卷29/49b。

④《明史》卷78《食货志》二·赋役。

⑤万历《大明会典》卷188/1a工部八·工匠一。

朱元璋在《大诰三编》里说："工作人匠，将及九万，往者为创造之初，百工技艺，尽在京城。人人上不得奉养父母，下不得欢妻抚子，(从1356年克金陵以来至洪武十五年即1382年)如此者二十六七年……近年以来，愈见工减甚多，无处役使匠人。……秦逵职工部侍郎……奏，其辞曰：'创造已定，工技有劳甚久，虽有些须未完，所用人匠，甚不须多。臣将应用数目，立定限期，编成班次，使轮流而相代之。其九万之人，一班诸色匠人不满五千，以此轮之，四年有余方轮一交。'朕见其词善，可其奏。不月编成，除当该赴工者在京，余有八万五千，尽皆归家，各奉父母，保守妻子。"①

营建明中都时，这9万"百工技艺"也几乎是尽在凤阳的。洪武八年二月癸丑，"命赐在京工匠钱，凡八千三百余人"②。当时工部尚书在凤阳，凤阳还设有行工部。在京的工匠，还不到工匠总数的十分之一。到洪武十九年(1386年)，初议"令籍诸工匠，验其丁力，定以三年为班，更番赴京，输作三月，如期交代，名曰轮班匠"③。这个令议而"未及行"，而改为"量地远近为班次"，"著为令"④。此后，又在这一制度的基础上输银代役，而变成住坐、轮班的。

在营建的过程中，又不断地根据各种不同的需要，随时向民间征发。例如宋濂记载铸钟时，就到富春山里去征调了金工十多人："诏江阴侯吴良监铸大钟……。侯之受诏，遣使者至富春山中，征金工何成，谕以天子明令，即日率其属十六人以从。"⑤

他们来到凤阳，铸成了一个"高十六尺有五寸，厚六寸，径十尺有五寸，围三十四尺有奇"的大钟，"于是营构层台，副以簨簴，聚千夫之力，巨絙而登之"。⑥

2. 军士

据《实录》记载，有几个营建明中都时凤阳军士的数字：

洪武五年(1372年)七月癸卯，"上谓中书省臣曰：近濠梁、怀远二卫火，军士房屋赀财焚毁殆尽；皇陵卫有土木之役；长淮卫有漕运之劳，艰苦可知，今时将寒，可令吏部尚书吕本、户部郎中万镛往会行大都督府官，以绵袄七万给之"⑦。

---

①《御制大诰三编》(北京图书馆藏明初刊本)61b－63a《工匠顶替》第三十。

②《明太祖实录》卷97/5b。

③万历《大明会典》卷189/1a工部九·工匠二。

④《明史》卷138《秦逵传》。

⑤宋濂《凤阳府新铸大钟颂》。

⑥宋濂《凤阳府新铸大钟颂》。

⑦《明太祖实录》卷75/6b。

同年十二月甲戌,"赐濠梁等卫军士六万九千九百四十八人绵布战袄"①。

洪武六年(1373年)三月壬戌,"诏于临濠造金吾、左右羽林、左右虎贲、左骁骑、左右燕山护卫、神策、雄武、兴武、威武、广武、英武、武德、鹰扬、龙骧、钟山、兴化、定远、怀远二十一卫军士营房三万九千八百五十间"②。同年四月壬辰,"赏临濠军士五万二千三百余人米,人二石"③。

军队烧造的字砖,1981年④

城墙上成片的"水九号"和"土字三号"砖,1981年

同年九月丙辰,"赐临濠造作军士七千五百人衣米"⑤。

洪武七年(1374年)正月庚午,"上谕都督府臣曰:中立府⑥乃朕乡里,为江淮要地,宜益兵镇守。于是选浙江杭州、金华、衢州、绍兴四卫精兵凡七千五百人增守之"⑦。从这些数字来看,营建中都时,军士的最高数字是7万人。到洪武六年六月中都皇城筑成,并开始修建南京城的时候,军士数字遽然下降,以至又从浙江调7000多人来增守。

《中都志》说:"国初有金吾、左羽林、左虎贲、左骁骑、左龙骧、兴武、兴化、和阳、雄武、钟山、定远、振武等卫。既定鼎金陵,后皆革调。"⑧

这个数字比《实录》载的二十一卫少,但其中和阳、振武两卫又为《实录》所

①《明太祖实录》卷77/1a。

②《明太祖实录》卷80/5a。

③《明太祖实录》卷81/3b。

④这是一块凤阳卫烧的砖,砖上有卫、所及百户、总旗、小旗、军匠的姓名。

⑤《明太祖实录》卷85/4b。

⑥《明太祖实录》卷85/5a-b,洪武六年九月壬戌,"改临濠府为中立府";《明太祖实录》卷92/5a,洪武七年八月庚子,又改中立府为凤阳府。

⑦《明太祖实录》卷87/1b。

⑧《中都志》卷3/55a军卫;又《凤阳新书》卷3/13b寝卫。

未载。如按洪武七年八月丁酉规定的"大率以五千六百人为一卫"①来推算，二十一卫加上原在本地的皇陵、濠梁、怀远、长淮等卫，则营建中都时军士最多可能达到14万人。

从《实录》洪武四年(1371年)十一月壬申"朕命军士往临濠造宫殿，汝等又役之为私室"，六年三月壬戌"甓临濠皇城。诏于临濠造……二十一卫军士营房三万九千八百五十间"和同年六月辛未朔"诏留守卫都指挥使司修筑京师城"等几条材料来看②，军士的"造作"和"土木之役"主要是根据工程进展的需要，先是"造宫殿"，到筑城时又转为筑城甓城的主要劳动力。

凤阳中都城已经见到的由卫所军士烧造的砖有：

怀远卫　怀中　怀左　怀右　怀前　怀后

凤阳卫　左所　后所　中左所　中右所

长淮卫　后所

凤阳中卫　左所　右所　中右所

留守中卫　中右所　中后所

砖的一端都模印卫所和百户以及总旗、小旗、军匠的姓名③。

在字号砖里，有一种五行字号砖，计有金、木、水、火、土五种字，每种字从一号到十二号。这种五行字号砖，有的只有字号，有的还有总旗、小旗的姓名。另一种只有总旗、小旗的姓名，没有字号。这类五行字号砖和只有总旗、小旗姓名的砖，在整个城砖数量中，占了很大的比重。所以军士除了筑城外，烧砖也是一个很大的任务。这些驻本地军队卫所烧的砖，肯定是就地烧造的。中都城里外、独山等处到处发现窑址痕迹，在独山湖里，还曾发现过成窑的城砖。

印有总旗姓名的五行字号砖(一)："火字九号，总旗汪兴"，1981年

①《明太祖实录》卷92/4a。

②《明太祖实录》卷69/2b;80/5a;83/1a。

③《明太祖实录》卷92/4a："凡一卫统十千户，一千户统十百户，百户领总旗二，总旗领小旗五，小旗领军十。"《明史》卷90《兵志》二·卫所有类似记载。

此外，还发现过一些用毛笔书写的砖。手头在内五龙桥下收集到的两块，一块写有“应天卫后所百户梁下，总旗陈信、小旗□贵运到城砖壹千块整足。洪武六年九月七日”，一端书“砖瓦方同”；另一块写有“扬州卫右所百户刘青石、小旗王均用、胡名运到砖壹千块整”。

应天卫和扬州卫都不在二十一卫之内，可能是分摊给邻近各卫所烧造的砖。这些砖是各卫所在驻地烧好后运来的，还是派人来凤阳就地烧造运交的，还不太清楚，但不排除从各地运来的可能性。

印有总旗姓名的五行字号砖(二)：“土字三号，总旗刘成”，1981 年

军士是待遇最好的，有时还能受到赏赐的棉袄粮食，但他们的劳动也是十分繁重的，饮食失节，不得休息，以致“病无所养，死无所归”。《实录》记载洪武五年七月戊申“上谕都督府臣曰：近营中都，闻军士多以疫死，盖盛暑重劳，饮食失节，董其役者督之太急，使病无所养，死无所归，朕甚病之。尔其速遣官具医往视之，病甚者给舟车送还其家，仍沿途给医治疗。且敕董事者毋驱迫之”①。

从这里反映出来，平时“驱迫”军士的现象是很严重的。

3. 民夫

《大明会典·工部·夫役》：“凡起取夫役，洪武元年定役法，每田一顷出丁夫一人。二年，置直隶应天府等十八府州及江西九江、饶州、南康三府均工夫图册，每岁农隙，其夫赴京供役；每岁率用三十日，遣归。田多丁少者，以佃人充夫，其佃户(田主)出米一石，资其费用。非佃人而计亩出夫者，其资费每田一亩出米一升五合。”②

《大明会典·南京工部·营缮清吏司》说，修缮凤阳建筑，“做工夫匠于凤阳

①《明太祖实录》卷 75/1a。

②万历《大明会典》卷 206/1a。《明史》卷 78《食货志》二·赋役“佃户出米一石”作“田主出米一石”。明初当是称佃户为“佃人”，田主为“佃户”。《昭代典则》《明会要》与《明史》同。

所属州县并中都留守司属卫起拨”①。

《实录》:洪武四年二月癸酉,“上谓中书省臣曰:临濠为朕兴王之地,今置中都,宜以傍近州县通水路漕运者隶之。于是省臣议以寿、邳、徐、宿、颍、息、光、六安、信阳九州,五河、怀远、定远、中立(临淮)、蒙城、霍丘(邱)、英山、宿迁、睢宁、砀山、灵璧、颍上、泰(太)和、固始、光山、丰、沛、萧一十八县,悉隶中都”②。

加上洪武四年还属凤阳府的泗州并盱眙、天长、虹县,七年属凤阳府的滁州并全椒、来安,营建中都时先后隶属中都的共有11州23县,几乎包括了整个淮河流域。当时这11州23县共有多少田亩,没有材料可查。《大明会典》记载洪武二十六年(1393年)凤阳府田土417493顷90亩③,加上原属凤阳府的光州、徐州、邳州、六安州、滁州的田亩数字④,估计田亩总数在50万顷左右。按“每田一顷出丁夫一人”计算,当有丁夫50万人左右。但是,洪武初年,田地荒芜,田亩数字绝没有这样多,出的丁夫也不会有这么多。《实录》载:洪武八年三月壬戌,“诏计均工夫役……检覆直隶应天等一十七府、江西所属一十三府,为田五十四万五百二十三顷,出夫五十四万五百二十三人”⑤。凤阳府仅是这30府中的一府,若以平均数计,仅有15000顷,出夫15000人。凤阳为大府,即使以二三倍计,也不过三五万人。这个数字可能仅限于田不足百亩的小户,不包括田逾百亩的大户,因此,可能也不会这么少。所以营建中都时从凤阳府所属州县起拨来供役的民夫,最少也有三万,最多绝不会达到50万,当以10万左右较为接近实际。

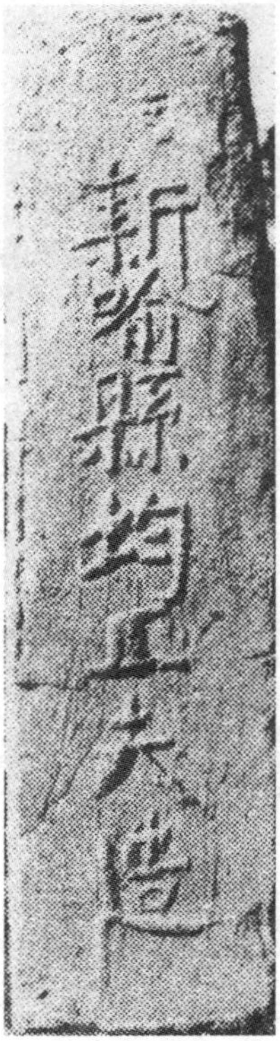

江西临江府新喻县均工夫烧造的砖

其他各地采木、采石、烧砖等以及把它运送到凤阳来的

①万历《大明会典》卷208/3a-b。

②《明太祖实录》卷61/5a。

③万历《大明会典》卷17户部四·田土。

④据《明史·地理志》记载,原属凤阳府的州县:光州并光山、固始、信阳、息县,洪武十三年还属汝宁府(信阳十年降为县)。徐州并萧、沛、丰、砀山,洪武十四年直隶京师。邳并宿迁、睢宁,洪武十五年改属淮安府。六安州并英山,洪武十五年改属庐州府。滁州并全椒、来安,洪武二十二年直隶京师。万历《大明会典》卷17载徐州田土28341顷54亩,滁州田土3150顷45亩,光州、邳州、六安州田亩数不详。

⑤《明太祖实录》卷98/1b。

役夫都还没有计算在内。

《实录》记载洪武五年十二月甲申，朱元璋去三门观看修浚京师城濠，"见有役夫裸行水中，若探物状。上令人问之，则督工吏掷其锄水中，求之未得。……上曰：'农夫供役月余，手足皴裂，亦甚劳矣，尚忍加害乎。'即捕吏杖之。顾谓丞相汪广洋曰：'今日衣重裘，体犹觉寒，况役夫贫困无衣，其苦何可胜道。'命罢其役。仍命临濠行工部：惟留窑冶及烧石灰匠，其余夫匠悉遣还家"①。

从这里可以看出役夫的劳苦和督工官吏对他们的凌侮欺压。役夫于是大量被转到烧窑、冶炼和烧石灰的劳动上去，有的改变了服役的时间。

4. 移民

朱元璋在营建明中都时，除调集工匠、军士和夫役外，还从江南一带大量移民到凤阳来屯田。移民屯田的好处很多：一是可以把淮河流域大量因战争荒芜的土地重新开垦出来，增加粮食产量；二是可以在一定程度上满足营建中都时大量工匠、军士等口粮的需要，减少从外地调运的粮食；三是为中都建成后长期供应粮食创造条件；四是为营建中都和今后提供劳役；五是在一定程度上和缓一下地狭人稠地区大量农民无地少地的矛盾；六是在政治上还把它作为消除张士诚、方国珍社会影响，巩固东南财富之地统治的有力手段。

有记录可查考的，计有：

吴元年九月辛巳，"克平江（苏州），执张士诚"；十月乙巳，"徙苏州富民实濠州"。

同年十一月辛巳，"克庆元（宁波）"，壬辰，方国珍"出降"；十二月丁巳，"徙方氏官属刘庸等二百余人居濠州"。②

这两次纯粹是政治性的迁徙，时间也在营建中都之前。

《实录》：洪武三年六月辛巳，"上谕中书省臣曰：苏、松、嘉、湖、杭五郡地狭民众，细民无田以耕，往往逐末利而食不给，临濠朕故乡也，田多未辟，土有遗利，宜令五郡民无田产者往临濠开种，就以所种田为己业，官给牛、种、舟、粮，以资遣之，仍三年不征其税。于是徙者凡四千余户。"③

洪武四年三月辛丑，"上以兵革之后，中原民多流亡，临濠地多闲弃，有力者

①《明太祖实录》卷77/2a－b。

②《明太祖实录》卷，25/2a；26/1a；27/1b，3b；28上/6a。又《国榷》卷2/350载徙方氏官属人数。

③《明太祖实录》卷53/11a。《凤阳新书》卷5/32a作"二年"，误。《国榷》卷4/421作徙"富人"当误。《明史》卷2《太祖本纪》及卷77《食货志》并载此事，但本纪未记户数，志未载年月。

遂得兼并焉。乃谕中书省臣曰：古者井田之法，计口而授，故民无不授田之家。今临濠之田，连疆接壤，耕者亦宜验其丁力，计亩给之……”。①

《凤阳新书》：“洪武七年……上谓太师李善长曰：临濠吾乡里，兵革之后，人烟稀少，田土荒芜。天下无田耕种村民尽多，于富庶处起取数十万，散于濠州乡村居住，给与耕牛、谷种，使之开垦成田，永为己业，数年之后，岂不富庶。遂徙江南民十四万实中都，以善长同列侯吴良、周德兴督之。”②

《明史·俞通源传》作“徙江南‘豪民’十四万田凤阳”。③ 这江南14万移民，是移民凤阳的主体。此外，还有一些从别处来的移民：

《明史·食货志》：“徙山西、真定民屯凤阳。”④

《实录》：洪武六年十月丙子，“上以山西弘州、蔚州、定安、武朔、天城、白登、东胜、澧州、云内等州县，北边沙漠，屡为胡虏寇掠，乃命指挥江文徙其民居于中立府，凡八千二百三十八户，计口三万九千三百四十九……”⑤

这几起移民，总数共有20万上下。他们除了种田纳粮之外，又是营建中都最为方便的夫役来源。

5. 罪犯

《大明会典》记载：“国初造作工役，以囚人罚充。役满，工部咨送刑部，都察院引赴御桥叩头发落，至今犹然。”⑥这个以因人罚充工役的制度，就是在营建中都的过程中逐步发展并形成起来的。

《实录》：洪武五年正月壬子，“诏：今后犯罪当谪两广充军者，俱发临濠屯田”。⑦

同年十月戊子，“诏：自今杂犯死罪可矜者，免死，发临濠输作”。⑧

洪武八年二月甲午，“敕刑官：自今凡杂犯死罪者，免死输作终身；徒、流罪，

---

①《明太祖实录》卷62/2b。《凤阳新书》作“三年春”，误。《明史》卷77《食货志》一·田制：“临濠之田，验其丁力，计亩给之，毋许兼并”，即此谕。

②《凤阳新书》卷5/33b。《明史》卷53《食货志》一·户口：“复徙江南民十四万于凤阳”，未纪年。

③《明史》卷133《俞通海传》附弟通源传。

④《明史》卷77《食货志》一·田制·屯田。

⑤《明太祖实录》卷85/5b。《国榷》卷5/493。

⑥万历《大明会典》卷188/1a工部八·工匠一。

⑦《明太祖实录》卷71/1b。《国榷》卷5/460作“癸丑”，误。又《实录》卷78/6b洪武六年正月辛酉“江西行省商民坐沮坏盐法，刑官拟以乱法罪当死。上曰……原其情，不过为贪利耳，初无他心。乃悉免死，输作临濠”。并载《国榷》卷5/480。

⑧《明太祖实录》卷76/3a；《国榷》卷5/474。

限年输作，官吏受赃及杂犯私罪当罢职役者，谪凤阳屯种；民犯流罪者，凤阳输作一年，然后屯种”①。先是把部分罪犯发到凤阳来屯田，然后又把部分“可矜”的罪犯发到凤阳来“力役赎罪”，最后，把谋反、大逆、谋叛等“十恶”不赦以外的所有判死刑、流刑、徒刑的罪犯，都“得以力役赎罪”。② 是否犯死、流、徒罪都送到凤阳输作，令里没有明确讲清楚。但是从发布这个令的时间来看，正是明中都城“土城已完，方集砖工”③的时候，而犯流罪和死罪的，早在洪武五年开始就发送凤阳了，如果不及徒罪，这个令就成了具文，并不能解决营建明中都城所急需的劳力问题；同时囚人罚充工役，都是交工部来执行的，当时工部尚书薛祥等亲自在凤阳督工，并且在凤阳设置了“行工部”的机构，而南京当时并无营建，因此，对这个敕令的理解，应该是不言而喻的，所有死、流、徒罪基本上都是发送凤阳输作的。

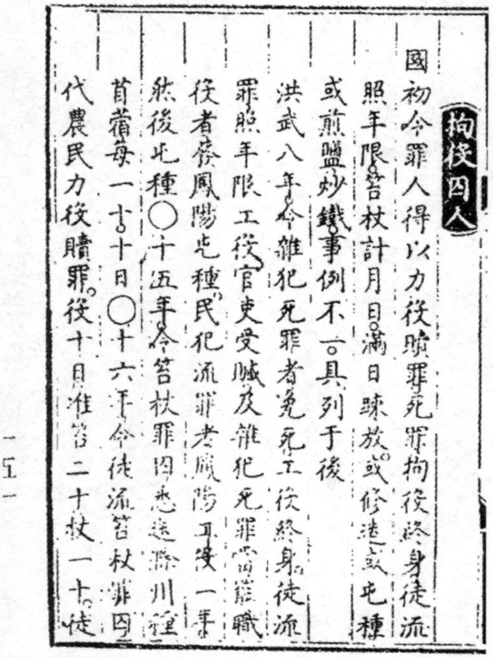
拘役囚人

國初令罪人得以力役贖罪。死罪拘役終身，徒流照年限，笞杖計月日，滿日疎放。或修造，或屯種，或煎鹽炒鐵，事例不一，具列于後

洪武八年令，雜犯死罪者免死工役終身，徒流罪照年限工役，官吏受贓及雜犯死罪當罷職役者，發鳳陽屯種，民犯流罪者鳳陽工役一年然後屯種 ○十五年令笞杖罪囚悉送滁州種苜蓿，每一十日 ○十六年令徒流笞杖罪囚代農民力役贖罪，役十日准笞二十，杖一十，徒

一五一

《大明会典》卷176刑部载洪武八年令：杂犯死罪、徒流罪、罪官发凤阳工役、屯种

发送到凤阳来输作的“囚人”共有多少人，不太清楚，但从《明史·韩宜可传》“官吏有罪者笞以上悉谪屯凤阳至万数”④这条材料来看，官吏谪凤阳的尚且多至“万数”，则老百姓被罚到凤阳来输作的，人数至少也得以10倍计。

那么犯了怎样的大罪，才要被发到凤阳来输作呢？看《大明会典》上明载着“工役终身”的“罪名”有42条：

①《明太祖实录》卷97/1b；《国榷》卷6/517。《大明会典》卷176/18b刑部十八“拘役囚人”条“输作”均书作“工役”。

②万历《大明会典》卷176/18b“拘役囚人”条：“国初令罪人得以力役赎罪：死罪，拘役终身；徒、流，照年限；笞、杖，计月日，满日疏放。……洪武八年令：杂犯死罪者，免死，工役终身；徒、流罪，照年限工役；官吏受赃及杂犯死罪当罢职役者，发凤阳屯种。”

③嘉靖三十六年《致仕指挥尹令等再疏》文，载《凤阳新书》卷7/28b。

④《明史》卷139《韩宜可传》。

逸夫	变乱成法
朝见留难	私铸铜钱
交结安置	居处僭用
空引偷军	闲民同恶
官吏下乡	受财故纵
乡民除恶	擅差职官
冒解罪人	庆节和买
关隘骗人	滥设吏卒
兴贩番货	长解卖囚
不立文案	盗内府财物
市民为吏卒	经该不解物
盗仓库钱粮	僧道不务祖风
臣民倚法为奸	师巫假降邪神
官吏受赃过满	军官犯死罪不请旨论臣上拟
妄立干办等名	造作买办不与价
内府交纳余剩金帛擅将出外	私将人口军器出外境及下海
秋粮违限一年之上	称诉冤枉借用印信封皮
容留恩军拔置写发	私越冒渡关津出外境
投匿名文书告人罪	殴制使本管长官折伤
递送逃军妻女出京城	冲突仪仗并诉事不实
奸家长妻女	死囚之子孙为祖父母等自杀①

最重的“输作终身”尚且如此,“限年输作”和“输作一年”的“罪名”,那就更无患乎没有名目了。

“工役囚人”的劳动是十分沉重的。《大明会典》规定,“每正工一日”:

挑土并砖瓦:附近三百担,每担重六十斤为准。半里二百担,一里一百担,二里五十担,三里三十五担,四里二十五担,五里二十担,六里一十七担,七里一十五担,八里一十二担,九里一十一担,十里一十担。

打墙:每墙高一尺,厚三尺,阔一尺 ,就本处取土为准……②

①万历《大明会典》卷173/6a－7b。

②万历《大明会典》卷188/2a。正德本《大明会典》卷154/8b作“八里一十三担”。

非但劳动重,按《会典》规定,徒刑以上罪犯,也就是所有发到凤阳来输作的死罪、流罪、徒罪的"囚人",都是要"带镣工作"的。《大明会典·狱具之图》说:"镣,连环,共重三斤,以铁为之。犯徒罪者带镣工作。"①

叶伯巨在《万言书》里说:"今之为士者……以屯田工役为必获之罪,以鞭笞捶楚为寻常之辱。……言动一跌于法,苟免诛戮,则必屯田工役之科,所谓取之尽锱铢,用之如泥沙。……今凤阳,皇陵所在,龙兴之地,而率以罪人居之,以怨嗟愁苦之声充斥园邑。"②

解缙《大庖西封事》也说:"国初至今……无几时无变之法,无一日无过之人。……出于吏部者,无贤否之分;入于刑部者,无枉直之判……天下皆谓陛下任意喜怒为生杀。"③

叶伯巨和解缙说的都是官员、士人,官员、士人尚且如此,一般老百姓那就更是不堪了。

营建明中都 ,究竟耗费了多少人力、财力,还没有见到记载。邹缉讲永乐时营建北京,"而民以百万之众,终岁在官供役"④。正统五年(1440 年),重建永乐十八年(1420 年)焚毁的奉天、华盖、谨身三殿,并修缮乾清、坤宁二宫,"发见役工匠、操练官军七万人兴工,其材木诸料俱旧所采办储积者,故事集而民不扰。"⑤营建明中都,有数可稽考的,工匠近九万人,军士七万到十多万人,移民近二十万人,罪犯几万人以上(其中罪官就有"万数"),中都所属 11 州 23 县的民夫 45 万,以上几项,已上百万人,加上南方几省各府州县烧造城砖的夫匠,外地卫所烧造城砖的军匠,各地采木、采石及运木、运石的役夫等等,终岁在官供役的,合计起来恐怕也不会少于后来营建北京时的"百万之众"。尤其是营建中都的时间长, 要求高,最后以"繁费"罢,并规定今后不要再这样搞了,要"后世子孙,守以为法",从永乐时营建北京时间较短、"制度不侈"来看,所耗费的劳力绝不会超过营建中都时所耗费的劳力。所以估计营建明中都时使用的劳力,每年不少于"百万之众"是并不夸张的。

---

①万历《大明会典》卷 178/11a－b。

②《明经世文编》卷 8《叶居升奏疏》。《国榷》卷 6/540、《明通鉴》卷 6、《明史》卷 139《叶伯巨传》引文均各有改易。

③《明经世文编》卷 11《解学士文集》。《国榷》卷 9/684、《明通鉴》卷 9、《明史》卷 147《解缙传》引文均各有改易。

④邹缉《奉天殿灾疏》,载《明经世文编》卷 21《邹庶子奏疏》。《明通鉴》卷 17、《明史》卷 164《邹缉传》有删节。

⑤《明英宗实录》卷 65/2b,正统五年三月戊申;《国榷》卷 24/1584;《明通鉴》卷 21。

《明史·食货志》记载：正德时，“乾清宫役尤大，以太素殿初制朴俭，改作雕峻，用银至二千万余两，役工匠三千余人，岁支工食米万三千余石”。嘉靖时，“营建最繁……斋宫、秘殿，并时而兴，工场二三十处，役匠数万人，军称之，岁费二三百万”①。嘉靖二十六年(1547年)，采办大木于川、湖、贵州，“湖广一省费至三百三十九万余两”。“万历中，三殿工兴，采楠、杉诸木于湖广、四川、贵州，费银九百三十余万两”。②

局部的营建，尚且所费如此巨大，连续六年大规模的营建中都，工程质量又要求特别高，所费更要增加十倍百倍。《明史·食货志》说：“明初工役之繁，自营建两京宗庙、宫殿、阙门、王邸，采木、陶甓，工匠造作以万万计。”③

在这以“万万计”的数字里，中都所费，估计占半数左右。所以说，明中都是明初封建统治下全国劳动人民的血汗结晶。中都的每块砖石，都凝聚着劳动人民无穷的辛酸血泪。

①《明史》卷78《食货志》一·赋役。
②《明史》卷82《食货志》六·采木。
③《明史》卷78《食货志》一·赋役。

四、营建明中都的过程

朱元璋决定在凤阳建都的原因和经过,在《明初营建都城的概况》里已经说了。到洪武二年(1369 年)九月癸卯"诏以临濠为中都。……始命有司建置城池宫阙如京师之制焉"①。

(一)变更建置

凤阳的建置沿革,明以前,《嘉庆重修大清一统志》有一个简括的叙述:《禹贡》扬州之域,"周为钟离国,战国属楚"。秦属九江郡。"汉置钟离县,属九江郡。后汉为钟离侯国,三国时废。晋太康二年复置,属淮南郡;安帝于县置钟离郡,又改县曰燕县。刘宋兼置徐州,萧齐因之。东魏为楚州治,北齐复曰钟离县。隋初为濠州治,后仍为钟离郡治。唐为濠州治,五代、宋、元因之"②。

到明朝初年,由于建中都,一再改名,建置也经历了多次更迭才定下来。现综合《实录》《寰宇通志》《大明一统志》《明史·地理志》《中都志》等的记载,叙述于后:

《中都志》:"国朝启运,为帝乡兴王之地。吴元年仍为濠州。是年,改临濠府。"③

《明史·地理志》:"太祖吴元年,升为临濠府。洪武二年九月,建中都,置留守司于此。"④

《明史·地理志》:"临淮,元曰钟离,为濠州治。洪武二年九月改曰中立,三

---

①《明太祖实录》卷 45/3a。

②《嘉庆重修大清一统志》卷 125 凤阳府建置沿革。按秦汉九江郡治及晋淮南郡治在今寿县,后汉九江郡治迁阴陵。阴陵在今凤阳西南 28 里大庙公社杨圩,参见郦道元《水经注》卷 30 淮水及杨守敬《水经注图》。《括地志》作:阴陵故城在濠州定远县西北 60 里,当是时属定远县境。

③《中都志》卷 1 建置沿革。

④《明史》卷 40《地理志》:南京·凤阳府。

年十一月改曰临淮。”①

《实录》:洪武四年二月癸酉,“上谓中书省臣曰:临濠为朕兴王之地,今置中都,宜以傍近州县通水路漕运者隶之。于是省臣议以寿、邳、徐、宿、颍、息、光、六安、信阳九州,五河、怀远、中立、定远、蒙城、霍丘(邱)、英山、宿迁、睢宁、砀山、灵璧、颍上、泰(太)和、固始、光山、丰、沛、萧一十八县,悉隶中都”②。

洪武四年三月乙酉朔,“以泗州隶临濠府”③。

洪武四年四月甲申,“临濠开行大都督府”④。

洪武六年九月壬戌,“改临濠府为中立府,临濠行大都督府为中立行大都督府”⑤。

洪武七年八月庚子,“改中立府为凤阳府。析临淮县之太平、清乐(洛)、广德、永丰四乡置凤阳县”⑥,“十一年,又割虹县南八都益之”⑦,为首邑附郭。

《实录》:洪武七年九月丁丑,“改中立(行)大都督府为凤阳行(大)都督府”⑧。

《实录》:洪武八年十月丙申,“迁凤阳府治于临濠新城”⑨。

关于凤阳府所属州县的变更情况,《中都志》概述如下:

“(洪武)七年,知府张遇林上言,以信阳道远,期会之难,请易他州,遂拨滁

①《实录》及《国榷》均阙载改钟离为中立,又改为临淮的年月。方志中仅《嘉庆一统志》作“洪武二年”,卷126/1b“临淮故城”条:“明洪武二年,改县曰中立,寻又改曰临淮,为府治。”而《中都志》卷1/3b作“洪武三年,改中立县;是年十二月,又改为临淮县”;《寰宇通志》卷9/1b凤阳府·临淮县:“国朝洪武三年改置中立县,寻改临淮县,仍治旧城”;《大明一统志》卷7/3a作“洪武三年,改置中立县,寻改临淮县,仍治旧城”;魏宗衡康熙《临淮县志》卷1建置沿革表序:“明吴元年,改临濠府。洪武三年,置中立县,属焉。是年十二月,改府为中立府,改县为临淮县,故临淮为附郭”;均称改置中立县系三年,未纪月,又改置临淮县,或不称月,或称十二月,均与《明史·地理志》不符。关于建置年月的出入,竟至若此。

②《明太祖实录》卷61/5a;《国榷》卷4/441。

③《明太祖实录》卷62/1a。《国榷》卷3/389作:洪武二年九月癸卯,“诏临濠为中都……遂割泗、寿隶中都”,误。《实录》卷45/2b,洪武二年九月癸卯,“以临濠之泗州、寿州直隶中书省”。《明史·地理志》:“寿州……吴元年曰寿州,属临濠府:洪武二年九月,直隶中书省;四年二月,还属”;“泗州,太祖吴元年属临濠府;洪武二年九月,直隶中书省;四年二月,还属府”。二月亦误。

④《明太祖实录》卷64/1a;《国榷》卷4/444。

⑤《明太祖实录》卷85/5a－b。

⑥《明太祖实录》卷92/5a;又《国榷》卷5/508;《中都志》卷1/3b建置沿革。

⑦《大明一统志》卷7/8a;《中都志》卷1/3b。

⑧《明太祖实录》卷93/3a。

⑨《明太祖实录》卷101/3a。《国榷》卷6/527同。

州并来安、全椒二县隶本府;以徐州并砀山、萧、沛、丰县为直隶;以邳州并睢宁、宿迁县隶淮安府;以六安州并英山县隶庐州府;以光州并光山、固始、信阳、息县隶河南汝宁府。迁府治于新城,改名曰凤阳。

十九年,又拨滁州并来安、全椒县为直隶本府,止领四州一十四县,曰:临淮、凤阳、定远、怀远、五河、虹县;泗州:盱眙、天长;宿州:灵璧;寿州:蒙城、霍丘(邱);颍州:颍上、太和,亳县。"①

弘治九年(1496年)十月,亳县"复升为州"②,凤阳府"领四州一十四县"就变成了"领州五县十三"③,终明之世,成为定制。沿至清代,相因未改。

关于"凤阳"名称的由来:

《大明一统志》:"洪武七年,始……置凤阳县,以在凤凰山之阳,故名。"④这是以县治方位得名。

《中都志》"郡名"条:"洪武七年,迁府治于凤凰山之阳,赐名'凤阳'。"⑤这是以府治方位得名。改府名为"凤阳"是在洪武七年八月。府治仍在临濠旧城,改名时可能已经打算迁府治于临濠新城,但正式迁府治于凤凰山之阳,已是洪武八年十月了,所以《中都志》的记载不太确切。不管是由于县治在凤凰山之阳,还是府治在凤凰山之阳,再或是中都的宫阙城池在凤凰山之阳,都是由于在"凤凰山之阳"而得名,这是确切无疑的。《寰宇通志》仅云"凤凰……以形似名",未说是"赐名",对凤阳府、凤阳县亦均未叙述命名的由来。⑥ 因此,《中都志》说"凤凰山"和"凤阳"的名称是由明太祖朱元璋亲自给起的,似乎尚可存疑。

至于《凤阳新书》称:"国朝启运,肇建中都,营皇城宫阙。……席凤凰山以

①《中都志》卷1/2b。据《明史》卷40、42《地理志》一、三记载,改属年份如下:洪武七年,滁州属凤阳府。十三年十一月,复置全椒、来安。二十三年二月,直隶京师。洪武八年,信阳州改属河南汝宁府,十五年降为县。洪武十三年,光州并光山、固始、息县,仍还属河南汝宁府。洪武十五年,六安州并英山,改属庐州府。同年,邳州并宿迁、睢宁,改属淮安府。因此,《中都志》记载不确切,且有误。又景泰中修《寰宇通志》,卷9/1b－2a凤阳府作"领州四县十四",排列次序不同,如下:凤阳县(附廓)、临淮县、怀远县、定远县、五河县、虹县;寿州:霍邱县、蒙城县;泗州:盱眙县、天长县;宿州:灵璧县;颍州:太和县(洪武初改"泰"为"太")、颍上县、亳县。亳县于弘治九年十月癸卯进为州。

②《明史》卷40《地理志》一·南京·凤阳府。

③《明史》卷40《地理志》一·南京·凤阳府。

④《大明一统志》卷7/3a中都·凤阳府·凤阳县条。又顾祖禹《读史方舆纪要》卷21《江南》三·凤阳府·凤阳县。

⑤《中都志》卷1/16a。

⑥《寰宇通志》卷9/3a。

为殿，势如凤凰，斯飞鸣而朝阳，故曰凤阳”，则又是进一层加以发挥了。

《凤阳新书》又说，“凤阳县治初在察院。洪武十三年改迁于北城兵马司”①。察院在凤阳山前鼓楼东都察院西激扬坊，北城兵马司在凤阳山后北左甲第门内。自此以后，终明之世，成为山前凤阳府、山后凤阳县的格局。

（二）派李善长等督工营建

1. 李善长

《明史·李善长传》：“（洪武）四年，以疾致仕，赐临濠地若干顷，置守冢户百五十，给佃户千五百家，仪仗士二十家。逾年病愈，命董建临濠宫殿。徙江南富民十四万田濠州，以善长经理之。留濠者数年。”②

李善长致仕前是“左丞相、太师、韩国公”，原是明政府的第一把手，开国功臣第一位，朱元璋最亲信重用的人。朱元璋让他来“董建临濠宫殿，留濠者数年”，可见朱元璋对营建中都城的重视。

李善长致仕是洪武四年正月丙戌③。《实录》载同年闰三月辛酉，“遣使赐韩国公李善长米物。时善长董建临濠宫殿，上念其久役于外，故遣使以米、酒、牲、茗往劳之”④。

从这条材料看，李善长是一回凤阳就“董建临濠宫殿”了，并非如本传所说“逾年病愈”，才“命董建临濠宫殿”的。

《实录》：洪武十年五月庚子，“命太师韩国公李善长、曹国公李文忠共议军国重事，凡中书省、都督府、御史台悉总之，议事允当，然后闻行之”⑤。

所以，李善长回朝以后，仍然得到重用，并命他继续“董工”“改建圜丘”等工程。李善长离开凤阳的时间，据本传事迹，很可能是在洪武九年。

2. 汤和

《明史·汤和传》：“明年（洪武五年），从大将军（徐达）北伐，遇敌于断头山，战败，亡一指挥，帝不问。寻与李善长营中都宫阙。镇北平。甓彰德城。……

既而（洪武十九年），倭寇上海，帝患之。顾谓和：‘卿虽老，强为朕一行。’……和乃度地浙西东，并海设卫所城五十有九，选丁壮三万五千人筑之，尽发州县钱

---

①《凤阳新书》卷3/11b。

②《明史》卷127《李善长传》。又黄金《皇明开国功臣录》卷1/50a李善长传：“乞致仕，许之……仍诏董建临濠宫殿。”

③《明太祖实录》卷60/1a；《国榷》卷4/43b；《明史》卷2《太祖本纪》；《明通鉴》卷40。

④《明太祖实录》卷63/2a；《国榷》卷4/443。

⑤《明太祖实录》112/3b。

及籍罪人,赀给役,役夫往往过望,而民不能无扰,浙人颇苦之。或谓和曰:'民讟矣,奈何?'和曰:'成远算者不恤近怨,任大事者不顾细谨,复有讟者,齿吾剑。'逾年而城成。……嘉靖间,东南苦倭患,和所筑沿海城戍,皆坚致,久且不圮,浙人赖以自保,多歌思之。"①

按,汤和失利于断头山,是洪武五年七月丙辰②;遣镇北平,是洪武六年七月丙午③,所以"与李普长营中都宫阙",就是在这一年的时间之内,时间不算太长。在这一年时间里,明中都主要的新建大工程就是甓皇城。遣汤和镇北平的时间,正是明中都皇城刚完成的时候,看来汤和在中都的筑城,颇受朱元璋的赏识和重视,所以十余年后,沿海需要筑城备倭的时候,朱元璋又想到了汤和,非要这位因年老请求回乡的开国元勋信国公来办这件事。

《国榷》:洪武十九年(1386 年)正月甲申,"至是(汤)和偕(方)鸣谦往视要地,筑城增戍,起登、莱,历江、浙,凡五十九城。简浙东丁壮三万五千戍之。和自巡城工,多入民家墙阶之石及诸碓硙,樏诸城下,民多赁舂者。浙人讴曰:'京国巨仓,公卒聊浪,墙除碓硙,公城堀礨。'鸣谦入言之。和曰:'吾闻成远算者不近量,任大事者不细谨。若以国之无备,及于戈铤,蔓草生灶下,虫豸生井臼,安所得碓硙乎?复有讟者,老夫将手刃之。'"④

有关汤和沿海筑城的记载,可以作为从旁了解明中都筑城情况的参考资料。

3. 薛祥等工部官员

薛祥是工部尚书。关于他的情况,后文另有介绍。朱元璋下诏营建中都以后,在凤阳设置了"行工部",见于《实录》洪武五年十二月甲申。关于"行工部"的情况还不清楚。有哪些工部尚书、工部侍郎来过凤阳主持营建工程,也不清楚。《明史·七卿年表》始自洪武十三年(1380 年)。洪武十三年"罢丞相,政归六部"以前的历任工部尚书,不载表中。据《国榷》记载的部分官员任免事项,从洪武元年(1368 年)八月丁丑"定六部官制"起,至罢建中都时止,历任工部尚书的有单安仁、孙克义、张允、安庆、朱守仁、黄肃、李敏、赵翥、严达,历任工部侍郎的有张文、张允、程昭、朱守仁、黄肃、唐宗鲁、王虎、刘昭先、李敏、也先帖木儿⑤。这些人大部分《明史》都未列传,少数几个如单安仁、张文、朱守仁、李敏、赵翥入

①《明史》卷 126《汤和传》。
②《明太祖实录》卷 75/1a - b;《国榷》卷 5/471。
③《明太祖实录》卷 83/3b;《国榷》卷 5/487。
④《国榷》卷 8/661。
⑤分载《国榷》卷 3 至卷 6。

列传的，也都未提到与营建中都的关系。薛祥任工部尚书，《国榷》未载，而见于《明史》本传，说“（洪武）八年，授工部尚书，时造凤阳宫殿……”①这已是营建凤阳城池宫殿即将完成之时了。在此以前，有哪些工部负责官员参与了董建凤阳宫殿和执行了凤阳“行工部”的职能，尚需再进一步予以探索。由于营建中都在当时是全国的大事，更是工部的头等大事；有很大可能是凡工部的主要负责官员都参与了这项工作，因此作为常例，无须一一记载。

4. 郑遇春、庄龄、周德兴、吴良、胡海、丘广、朱亮祖、俞通源、康铎等凤阳行大都督府武臣

《实录》：洪武四年四月甲申，“诏大都督府同知荥阳侯郑遇春、佥都督庄龄往临濠开行大都督府”。②

洪武七年六月丙申，“命江夏侯周德兴、江阴侯吴良署中立府行大都督府事”。③

洪武八年五月己巳，“召凤阳行都督府都督佥事胡海赴京，以都督佥事丘广代之”④。

洪武八年八月己亥，“敕太师韩国公李善长、永嘉侯朱亮祖、南安侯俞通源抚谕诸屯，劝督农事”⑤。

《凤阳新书》：“洪武七年……遂徙江南民十四万实中都，以（太师李）善长同列侯吴良、周德兴督之。洪武八年，发罪人工役屯种凤阳，命蕲春侯康铎督民垦田凤阳，命南安侯俞通源抚辑迁民，开水利垦田。”⑥

以上这些人在《明史》列传中，正面提到的只有：

《吴良传》：“（洪武）八年，督田凤阳。十二年，齐王封青州。王妃，良女也。遂命良往建王府。”⑦

《俞通源传》：“徙江南豪民十四万田凤阳。”⑧

《康铎传》：“督民垦田凤阳。”⑨

又朱元璋《谕太师韩国公李善长、江夏侯周德兴、江阴侯吴良等敕》：“前者

①《明史》卷138《薛祥传》。

②《明太祖实录》卷64/1a。

③《明太祖实录》卷90/2a。

④《明太祖实录》卷100/1b。

⑤《明太祖实录》卷100/5b。

⑥《凤阳新书》卷5/34a。

⑦《明史》卷130《吴良传》。

⑧《明史》卷133《俞通海传》附弟俞通源传。

⑨《明史》卷130《康茂才传》附子康铎传。

移江南民十有四万诣凤阳,使各农田而实地以壮京畿。恐斯民之众,下人不能驭,特留卿等督责其事而提调之。近闻南安侯俞通源惰事弗勤……卿等开国老臣,特示以利害,惟卿督责之是便。”①

以上材料,只讲这些在凤阳担任行大都督府职务的勋贵武臣,他们在凤阳的任务只是“抚辑移民”,“劝督农事”。《吴良传》提到他搞营建,但说的是洪武十二年(1379 年)建山东青州齐王府,也不是营建明中都。吴良的《神道碑铭》记载了他在营建方面的才能:“齐王受封青州,命公营建王府、宫殿、社稷。公经营区画,部署军卒,并手偕作,功成而民不知劳。”②也是只字未提参加营建中都的事迹。

其实,吴良是参与了营建明中都工程的,而且负责部分营建工程连续达四五年之久。洪武八年十月,宋濂从皇太子朱标游中都,亲眼看到铸大钟的盛况,吴良就请他写了个颂:“乃诏江阴侯吴良监铸大钟。……会濂扈从青宫幸凤阳,亲观盛美。侯遂请濂为之颂。”③

朱元璋写的《皇陵碑》,一开头就说:“洪武十一年夏四月,命江阴侯吴良督工新建皇堂。”④

《凤阳新书》则更是具体地叙述了他是督建皇陵各项工程的总负责人:“洪武十一年……夏四月,命江阴侯吴良督建殿宇、城垣,植冢木,立华表,树石人、石兽,勒石建亭。”⑤

朱元璋之所以要吴良去青州建齐王府,不单是因为齐王妃是他的女儿,主要是因为他参加营建明中都,有经验,让他去更合适一些。但是,吴良参加营建明中都,却不见于《实录》《明史》本传记载。可能营建明中都主要是由李善长负责,其他除汤和外,就不说了;还可能他们的主要任务是抚辑这 14 万移民,营建明中都就包含在“提调之”的含义里了。

吴良是因为有个《大钟颂》和《皇陵碑》的记载,我们才知道他参加了营建明中都。和吴良相仿的凤阳行大都督府的武勋,很难说他们就只是“抚辑移民”,“劝督农事”,有关营建明中都的事都未曾参与。署凤阳行大都督府的武勋,不但管军

---

①《高皇帝御制文集》卷 6/1a;《凤阳新书》卷 5/1a;康熙《凤阳府志》卷 36/4a。

②吴伯宗《大明开国辅运推诚宣力武臣荣禄大夫柱国同知大都督府事江阴侯追封江国公谥襄烈吴公神道碑铭》,载《中都志》卷 9/41b;《皇明文衡》卷 73/576 上。

③宋濂《凤阳府新铸大钟颂》。

④《皇陵碑》文载于《高皇帝御制文集》卷 14/1a;《凤阳新书》卷 8/1a;康熙《凤阳府志》卷 38/14a;乾隆《凤阳县志》卷 14/3b;光绪《凤阳府志》卷 15/21b。

⑤《凤阳新书》卷 4/56b。

卫,还管移民和"罪人工役屯种"。他们来凤阳主要是为了营建明中都,因此,管理这些营建明中都的劳力的武勋当然也就是督建明中都的官员了。

(三)明中都的营建过程

1. 准备阶段

早在1366年营建吴王时代的新宫,就先上了《宫室图》,请朱元璋审定后才开工的①。洪武元年(1368年)八月,北伐军刚占领元的都城大都(今北京),丁丑,"徐达命指挥华云龙修元都城"②;戊子,"大将军徐达……令指挥叶国珍计度北平南城……南城,故金时旧基也"③;癸巳,"大将军徐达遣指挥张焕计度故元皇城"④;洪武二年十一月丁卯,"奏进工部尚书张允所取《北平宫室图》,上览之"⑤。这些都为营建全国统一后的都城作了准备。

洪武二年,朱元璋下令营建中都之前,在凤阳已经开始修筑皇陵的工程。

《凤阳新书·刘继祖传》说:"(洪武)二年,命临濠府加修寝园,厚封广植,崇列华表,始称皇陵",并"筑周垣"⑥。

《实录》:洪武二年二月乙亥,"诏立皇陵碑"⑦。

所以当九月癸卯,下诏"以临濠为中都","始命有司建置城池宫阙"的时候,凤阳已有少量的工匠、民夫,可以随即动土开工了。

2. 选择营建都城宫阙的地址

决定以临濠为中都,那么把都城宫阙建筑在临濠的什么地方呢?

临濠是古代的钟离子国,嬴姓,徐子的别封,《史记·秦本纪》作"终黎氏"⑧,后为楚邑。公元前538年(周景王七年,鲁昭公四年),即距离现在2500多年前,楚"箴尹宜咎城钟离"⑨,在沿淮河南岸的高地上筑了一个形势颇为雄伟的钟离城。这个居于淮河中游的"城堑水深"的"钟离天险"⑩,就成了南北战争的争夺

---

①《明太祖实录》卷21/9a,丙午(至正二十六年)十二月己巳,"典缮者以宫室图来进"。

②《国榷》卷3/371。《明太祖实录》卷34/7a－b,"大将军徐达命指挥华云龙经理故元都,新筑城垣,北取径直,东西长一千八百九十丈"。

③《明太祖实录》卷34/11b,"周围凡五千三百二十八丈"。是月壬午,"诏改大都路为北平府"。

④《明太祖实录》卷34/12b,"周围一千二十六丈"。

⑤《明太祖实录》卷47/4b。

⑥《凤阳新书》卷2/45a。

⑦《明太祖实录》卷39/3a－b,"诏立皇陵碑"。先是命翰林侍讲学士危素撰文,至是文成,命左丞相宣国公李善长诣陵立碑。这个碑文载于郎瑛《七修类稿》卷7。

⑧《史记》卷5《秦本纪》太史公曰及集解。

⑨《春秋左传》鲁昭公四年。

⑩《资治通鉴》卷146/4567,梁天监五年北魏邢峦语。

要地。北魏末年,北魏在与梁长期对峙的过程中,也在淮河南岸梁钟离城西边五六里地濠水下游两岸,筑了一个城,当时被称为"魏城"或"虏城"①。后魏郦道元在《水经注》里说的钟离城②,就是这个魏城;隋"改曰豪(濠)州"③。到唐太宗的时候,他的儿子魏王李泰上《括地志》,就说"钟离国故城在濠州钟离县东五里"④。所以到北魏末年和隋唐时候,钟离城已经迁离了春秋时代筑的古钟离城,西移到濠州即临濠了。

濠州城地势平坦低下,古钟离城地势稍高,但也平衍无险可恃,于是选择了临濠西边20里凤凰山阳,"筑新城",建宫阙。《寰宇通志》说:"建皇城于府西南二十里凤凰山之阳为中都"⑤;"万岁山,在府城中,禁垣北经其上,山之东西有二峰对峙,东曰日精,西曰月华。凤凰山,在府治北,即府之主山也……以形似名。"⑥

《中都志》说:"中都新城,国朝启运,建都筑城于旧城西……皇城,在新城内万岁山南"⑦。"万岁山……形势壮丽,冈峦环向,国朝启运,筑皇城于是山,绵国祚于万世,故名。日精峰,在万岁山东,旧名盛家山;月华峰,在万岁山西,即马鞍山也。三山相联并,国初建都时改名。……凤凰山与万岁山相连,势如凤凰飞翔,故名。"⑧

这个地方,三山东西相联,向阳高亢,北临淮水,东南则为濠水,形势最为理想。应天是填燕雀湖,筑宫其上⑨,"宫城前昂中洼,形势不称"⑩,朱元璋是一直引以为憾,很不称心,"本欲迁都"的。因此在凤阳营建中都时,就"席凤凰山以为殿"⑪,完全纠正了应天筑新宫时殿址低洼的缺点。

---

①乾隆《凤阳县志》卷16/6b-7a《辨误》:"考《通鉴》:南齐建武二年(495年),魏'攻钟离',三月,'魏主如邵阳(洲),筑城于洲上,栅断淮水,夹筑二城'……以魏人所筑,故当时谓之'虏城'。"

②郦道元《水经注》卷30淮水:"豪水东北流,迳其县(钟离)西,又屈而南转东,迳其城南,又北历其城东,迳小城,而北流注于淮。"

③《隋书》卷31《地理志》下。

④《括地志》卷7濠州。

⑤《寰宇通志》卷9/1a凤阳府·建置沿革。

⑥《寰宇通志》卷9/3a。

⑦《中都志》卷3/1a城郭。

⑧《中都志》卷2/1b山川。

⑨陈沂《金陵古今图考·国朝都城图考》:"皇城居极东偏,正门曰洪武,与都城正阳门直对,在宋元城之外燕雀湖地。西安门以北宫墙即古都城之故址东出青溪桥处也。"甘熙《日下琐言》卷4:"金陵城东北,旧有燕雀湖,一名前湖,明太祖填为大内。"

⑩朱元璋《祭光禄寺灶神文》。文载于《天下郡国利病书》卷131江南一。

⑪《凤阳新书》卷3/6a。

明中都万岁山(又称城山,今亦称雷达山),2004 年

明中都日精峰——盛家山(左峰又称小九华,右峰因有朱元璋书“第一山”,故亦称第一山),2004 年

明中都月华峰——马鞍山,2004 年

明中都皇城主山——煤山(又称梅山、宝盒山,以上各山统称凤凰山),2004 年

3. 营建工程的程序

(1)洪武二年诏建宫殿

《实录》:洪武二年九月癸卯,“诏以临濠为中都。……至是,始命有司建置城池、宫阙如京师之制焉”①。

《寰宇通志》:“洪武三年……建皇城于府西南二十里凤凰山之阳,为中都”;“中都宫殿,在府城万岁山南,国朝洪武三年建。”②

《大明一统志》:“洪武三年,建为中都。……中都城,本全朝洪武初营建于旧城西二十里。……皇城,在中都城中万岁山南。”③

《中都志》:“洪武三年,建宫殿,立宗庙、大社于城内,并置中书省、大都督府、御史台于午门东西。”④“宫殿,洪武三年建,在皇城内”⑤。

《凤阳新书》:“兴福宫,在大内之正中,其余殿宇……”⑥“凤阳广安宫……在皇城内宫。”⑦

《实录》:洪武四年二月甲戌,“上如临濠”⑧。

同年闰三月辛酉,“遣使赐韩国公李善长米物。时善长董建临濠宫殿”⑨。

同年十一月壬申,“上顾谓(郭)英等曰:……朕命军士往临濠造宫殿,汝等又役之为私室,岂保身与家之道哉”⑩。

六年九月丙辰,“赐临濠造作军士……衣米,上谕中书省臣曰:……‘土木之工,亦甚难习’”⑪。

八年四月辛卯,“上幸中都,次滁州,遣官祭滁阳王(郭子兴)庙,文曰:……今者督工凤阳,道径环滁”⑫。

甲辰,“上驻中都,祭告天地于圜丘,文曰:……今为凤阳,于此建都……今

---

①《明太祖实录》卷 45/3a。

②《寰宇通志》卷 9/1a、7a 凤阳府·宫殿。

③《大明一统志》卷 7/1a-1b 中都。

④《中都志》卷 3/1a。

⑤《中都志》卷 3/28a。

⑥《凤阳新书》卷 3/8a。

⑦《凤阳新书》卷 3/18a。

⑧《明太祖实录》卷 61/5a;《国榷》4/441。

⑨《明太祖实录》卷 63/2a;《国榷》4/443。

⑩《明太祖实录》卷 69/2b。

⑪《明太祖实录》卷 85/4b。

⑫《明太祖实录》卷 99/1a-b。“今者督工凤阳”二句,据《高皇帝御制文集》卷 18/4b《祭滁阳王文》增补。

功将完成"①。

乙巳,"遣官致祭开平王常遇春之祠曰:……今年夏四月,朕亲至中都,验工赏劳"②。

从上面的材料来看,洪武二年九月"始命有司建置城池宫殿",而正式开工可能已是洪武三年,因为选择地址、作出规划、调集建筑材料、征调和组织劳力,都要一定的时间。具体进展情况由于材料不足,还不清楚。只能了解到洪武四年的时候,中都宫殿正在全力营造,到洪武六年还感到"土木之工,亦甚难习",因此速度不快。直到洪武八年的时候,才"功将完成",但还没有结束。

(2)洪武三年建中书省、大都督府、御史台

《中都志》:"洪武三年……并置中书省、大都督府、御史台于午门东西"③。

《凤阳新书》:"中书省,在午门左;大都督府,在午门右;御史台,在大都督府西,俱洪武三年建,仿古三独座云。"④

(3)洪武四年建圜丘、方丘,日、月、社稷、山川坛,太庙,太社坛

《实录》:洪武四年正月庚寅,"建圜丘、方丘,日、月、社稷、山川坛及太庙于临濠"⑤。

《寰宇通志》:"〔宗庙〕中都宗庙,在府城禁垣内,国朝洪武三年建。〔坛壝〕圆(圜)丘,在府城洪武门外东南;方丘,在府城玄武门外西北,俱国朝洪武三年建"⑥。

《中都志》:"圜丘,在洪武门外;方丘,在北左甲第门外;大社坛,在皇城内,并洪武三年建。"⑦"洪武三年,建宫殿,立宗庙、大社于城内。"⑧

《实录》:洪武四年五月丙寅,"诏立大社坛于中都,命工部取五方之土筑之"⑨。

看来,中都的这些坛庙是洪武四年正月才正式开工的。《中都志》与建宫殿并记,可能把准备阶段也计算在内。

---

①《明太祖实录》卷99/2a-b,文据《高皇帝御制文集》卷17/1a《中都告祭天地祝文》原文改正。

②《明太祖实录》卷99/3a。

③《中都志》卷3/1a。

④《凤阳新书》卷3/10a。

⑤《明太祖实录》卷60/2b;《国榷》卷4/437。

⑥《寰宇通志》卷9/7b凤阳府·宗庙;坛壝。

⑦《中都志》卷3/41a。

⑧《中都志》卷3/1a。

⑨《明太祖实录》卷65/3a。

(4)洪武五年建百万仓

《中都志》:"广储一仓、二仓、三仓、五仓俱在(凤阳)府治西北二里。洪武五年,立百万仓。十一年,改为广储仓。广储四仓,在(临淮)旧城涂山门(西门)内。"①

《实录》:洪武六年七月庚申,"户部奏计今年秋粮,京仓收贮四百八十三万,临濠仓九十二万"②。

《国榷》:"中书省言……乞宽天下逋赋,上从之。"③

洪武五年兴建的"百万仓",到六年就"积贮充牣"如此,看来仓是很快就建成的。

(5)立钦天监、观象台于独山

《实录》:洪武五年七月甲寅,"建中都观星台于独山。"④《国榷》:同日,"立观星台于中都独山"⑤。

《实录》:洪武七年七月壬辰,"造观星台于中立府,命钦天监令管豫往董其事。"⑥

《寰宇通志》:"观星台,在府城独山上,国朝洪武三年筑。"⑦三年不确。

《中都志》:"观星台,在独山顶上,洪武初建都时立。"⑧

《凤阳新书》:"观象台,在独山上,洪武初设钦天监、观象台于此。"⑨

看来观星台于洪武五年开工兴建,到七年大致已完工,再命钦天监令亲去中都董事,当是督造、安装、校正璇玑、玉衡等测天仪器。

(6)建公侯第宅

《实录》:洪武五年十一月癸亥,"诏建公侯第宅于中都,韩、魏、郑、曹、卫、宋,凡六公;中山、长兴、南雄、德庆、南安、营阳、蕲春、延安、江夏、济宁、淮安、临江、六安、吉安、荥阳、平凉、江阴、靖海、永嘉、颍川、豫章、东平、宜春、宜宁、河

①《中都志》卷3/45a。
②《明太祖实录》卷83/5a
③《国榷》卷5/488。
④《明太祖实录》75/1a。
⑤《国榷》卷5/471。
⑥《明太祖实录》卷91/5a。
⑦《寰宇通志》卷9/10b。
⑧《中都志》卷3/29a。
⑨《凤阳新书》卷3/9a。

南、汝南、巩昌，凡二十七侯”①。

五年十一月才“诏建公侯第宅于中都”，同年十二月，河南侯陆聚就奉命就第凤阳②，看来营建公侯第宅的工程是立即动工、进展很快的。

(7)洪武五年筑皇城(宫城)，六年甓皇城

《寰宇通志》：“洪武三年……建皇城于……凤凰山之阳为中都。”③

《中都志》：“洪武三年，筑新城，营宫室，立为中都。”④

《凤阳新书》：“宫阙皇城一座，在外土城之正中，洪武五年筑。砖石修垒，高二丈，周九里三十步。开四门，砖券：承天门，正南；东安门，正东；西安门，正西；北安门，正北。里城一座，周六里，高二丈五尺，上有女墙。开四门，有子城，无楼：午门，正南，左右阙门，午门东西；东华门，正东；西华门，正西；玄武门，正北。”⑤《肇域志(南畿)稿》同⑥。

《嘉庆重修一统志》：“皇城，明洪武五年筑。”⑦

《实录》：洪武六年三月癸卯朔，“制中都城隍神主成，遣兵部尚书乐韶凤奉香币往奉安之。……御制祝文曰：‘朕今新造国家，建邦设都于江左，然去中原颇远，控制良难，遂择淮水之南，以为中都。今城已完……遣官敬奉神主安于庙庭，使神有所依，民有所瞻，奉神其享之”⑧。壬戌，“甓临濠皇城”⑨。

---

①《明太祖实录》卷76/5b。按，这些公侯是：

韩国公	李善长	魏国公	徐　达	郑国公	常　茂	曹国公	李文忠
卫国公	邓　愈	宋国公	冯　胜	长兴侯	耿炳文	南雄侯	赵　庸
德庆侯	廖永忠	南安侯	俞通源	营阳侯	杨　璟	蕲春侯	康　铎
延安侯	唐胜宗	江夏侯	周德兴	济宁侯	顾　时	淮安侯	华云龙
临江侯	陈　德	六安侯	王　志	吉安侯	陆仲亨	荥阳侯	郑遇春
平凉侯	费　聚	江阴侯	吴　良	靖海侯	吴　祯	永嘉侯	朱亮祖
东平侯	韩　政	宜春侯	黄　彬	宣宁侯	曹良臣	河南侯	陆　聚

汝南侯　梅思祖　巩昌侯　郭子兴　中山侯　汤　和(十一年正月进封信国公)

颍川侯　傅友德(十七年四月进封颍国公)　豫章侯　胡　美(十三年四月改封临川侯)

广德侯　华　高(四年四月卒，无子爵除，故建宅第不及)

②《明太祖实录》卷77/6a-b洪武五年十二月，“是月，命河南侯陆聚以侯就第，奉朝请……赐第于凤阳”。《国榷》卷5/478：洪武五年十二月，“河南侯陆聚罢归凤阳，奉朝请”。

③《寰宇通志》卷9/1a。

④《中都志》卷3/18b。

⑤《凤阳新书》卷3/8a。

⑥顾炎武《肇域志(南畿)稿》卷4/13b-14a。

⑦嘉庆重修《大清一统志》卷125/5b凤阳府·城池。

⑧《明太祖实录》卷80/1a。

⑨《明太祖实录》卷80/5a。

同年六月辛巳,“中都皇城成。高三丈九尺五寸,女墙高五尺九寸五分,共高四丈五尺四寸五分。午门、东华门、西华门城楼台基俱高五尺九分,午门东南、西南角楼台基与城楼台基同;玄武门城楼台基高五尺九寸五分,其东北、西北角楼台基亦与城楼台基同。御道踏级文(纹)用九龙、四凤、云朵;丹陛前御道文(纹)用龙凤、海马、海水、云朵,城河坝砖脚五尺,以生铁镕灌之”①。

《寰宇通志·凤阳府》:“万岁山,在府城中,‘禁垣’北径其上”;“中都宗庙,在府城‘禁垣’内。”②

从上面这些材料里,可以看出:

一,中都皇城是从洪武三年开始修筑,而真正大规模地筑城是到洪武五年才上马。六年三月癸卯朔,“城已完”。

二,洪武六年三月壬戌,“甓中都皇城”,到同年六月辛巳,“中都皇城成”。

三,《凤阳新书》等万历以后著作,作“皇城,洪武五年筑”,或有误,或指甓砖,或指禁垣。

四,中都皇城包括皇城和禁垣。皇城即宫城、紫禁城、大内。皇城和禁垣均属“宫阙”范围。

这些材料都称中都宫城为“皇城”,十分明确,不容置疑,但是和今天通常习惯的叫法不同。而《凤阳新书》则称皇城为“里城”,称“禁垣”为皇城,始与今同。

考《实录》吴元年营建吴王新内,亦称“周以皇城,城之门南曰午门,东曰东华,西曰西华,北曰玄武”③。《洪武京城图志·皇城图》并称午门、东华、西华、玄武、承天、东安、西安、北安、洪武等门为宫阙门。其他《官署》等图,亦注记“皇城”于宫城位置;永乐“营建北京,凡……宫殿门阙规制,悉如南京”④。景泰时编纂的《寰宇通志》、天顺时编纂的《大明一统志》,京师、南京、中都只载“皇城”,别无“宫城”的名称。正德时编绘《金陵古今图考》《国朝都城图考》称:“皇城居极东偏,正门曰洪武(位于承天门之南),与都城正阳门直对。……西安门以北宫墙……”虽然称宫城的外墙为“皇城”,但是仍然“皇城”“宫城”混称,没有加以区别。到万历重修《大明会典》的时候,订定“宫殿门楼规制”,才开始区别“宫城”与“皇城”:“自午门至玄武门,俱宫城门”;承天、大明等“六门俱皇城

①《明太祖实录》卷83/2a。

②《寰宇通志》卷9/3a、7b。

③《明太祖实录》卷25/10b,吴元年九月癸卯。

④《明太宗实录》卷232/2b,永乐十八年十二月癸亥。

门"①。万历《大明会典》〔城垣〕"皇城"栏内,又称:"内'紫禁城",起午门,历东华、西华、玄武三门。"②。而这些在原正德《大明会典》里是不载的③。《明史·地理志》说:京师(北京)"宫城周六里一十六步,亦曰'紫禁城'","宫城之外为'皇城',周一十八里有奇。"④

因此,称宫城为"紫禁城",宫城外禁垣为"皇城",并不是明朝原来的制度。明初营建南京、中都、北京宫阙的时候,都是专称宫城为"皇城",但宫城的外墙即禁垣包括在"皇城"的范围之内⑤。这样一直沿用到明朝万历时候,才把它区别开来,并且颠倒了过来,把原来称作"皇城"的里城改叫"宫城"或"紫禁城",而专称原来皇城外的禁垣为"皇城"。清代沿袭了明朝后期的制度,这样的叫法一直沿用到现在。

在这些材料里,也存在着一些不甚明确或有抵牾的地方:

一,中都皇城外墙禁垣的范围是何时定的,是否在洪武五年"定中都城基址"时同时定下来的?不明确。《凤阳新书》说:皇城"周九里三十步",实际城址长度远不止此数。按,明里一里为360步,元里一里为240步。如明中都皇城为元里"周九里三十步",则折合明里为六里三十步,华里为七里九十步,与实际相符,并与元大都宫城长度相等⑥。

二,皇城和里城是同时筑的,还是有先后。不明确。

三,《实录》明确说洪武六年六月辛巳"中都皇城(宫城)成",但城墙遗址上还有不少洪武七年的砖(后文有专述)。这可能是预征的砖。

四,《实录》明确记载中都皇城(指宫城)高三丈九尺五寸,加上女墙,共高四丈五尺四寸五分。《凤阳新书》则作皇城"高二丈",里城高"二丈五尺",看来只是一个错误的估计数字,并非实测。

五,《实录》详细记载午门、东华门、西华门、玄武门及角楼台基的高度,而《凤阳新书》说:"有子城,无楼。"是子城没有楼,还是午门等四门只有台基未筑楼,说得不够明确,容易引起误会。

---

①万历《大明会典》卷181/3b－4a,工部·营造·内府。

②万历《大明会典》卷187/1b,工部七·营造三·城垣。

③正德《大明会典》卷147/1b,工部一·营造·内府造作。

④《明史》卷40《地理志》一·京师·顺天府。

⑤陶宗仪《南村辍耕录》卷21宫阙制度称为"宫城""周垣";《元史·世祖本纪》至元四年、八年、九年、十九年、二十八年均作"宫城";《明太祖实录》卷30,洪武元年八月癸巳,"大将徐达遣指挥张焕计度故元皇城",即宫城。可知元时亦称"宫城"或"皇城",不称"紫禁城",宫城外墙仅称"周垣",不称"皇城"。

⑥陶宗仪《南村辍耕录》卷21宫阙制度载元大都宫城"周围九里三十步"。

(8)洪武六年造军士营房

《实录》:洪武六年三月壬戌,"诏于临濠造金吾、左右羽林、左右虎贲、左骁骑、左右燕山护卫、神策、雄武、兴武、威武、广武、英武、武德、鹰扬、龙骧、钟山、兴化、定远、怀远二十一卫军士营房三万九千八百五十间"①。

(9)立中都城隍庙、功臣庙、历代帝王庙

乾隆《凤阳县志》:"(洪武)六年,中都城隍庙成。"②

《实录》:洪武六年十月丁酉,"立开平王庙于中立府皇城西"③。

《中都志》作"功臣庙……即开国元勋阁"。④《凤阳新书》作"开国元勋阁,在功臣庙前"⑤。

《寰宇通志》《大明一统志》均作:"中都城隍庙……洪武五年建";"功臣庙……洪武五年建,祀开国功臣常遇春等";"开国元勋阁……洪武八年为开国功臣徐达等建"⑥。《中都志》《凤阳新书》皆未载建中都城隍庙、功臣庙年月。有可能五年建、六年十月成,因此年月不同。

《实录》:洪武六年十一月癸丑,"命建历代帝王庙于中立府皇城西"⑦。

(10)建会同馆

《寰宇通志》:"凤阳府,在府城中,本会同馆旧基,洪武七年自旧城移建于此。"⑧

《中都志》:"凤阳府治,在仁爱坊,即旧会同馆也。洪武七年(八年)十月由旧城移治于此。"⑨

《凤阳新书》:"凤阳府治,在(凤阳)县东南凤凰山前仁爱坊,周围砖城,各衙门俱在内,国初会同馆也。"⑩

会同馆是接待藩王的宾馆⑪。

---

①《明太祖实录》卷80/5a。

②乾隆《凤阳县志》卷7/5b。

③《明太祖实录》卷85/8a。开平王是常遇春的恤爵。

④《中都志》卷4/21b。

⑤《凤阳新书》卷3/9a。

⑥《寰宇通志》卷9/13a、9a;《大明一统志》卷7/15b、12a。

⑦《明太祖实录》卷86/3a。《国榷》卷5/494。

⑧《寰宇通志》卷9/7b。

⑨《中都志》卷3/44b。《明太祖实录》卷101/3a作洪武八年十月丙申,"徙凤阳郡治于临濠新城";《国榷》6/527同。《中都志》作七年十月,误。

⑩《凤阳新书》卷3/11a。

⑪《明史》卷56《礼志》十·宾礼·藩王朝贡礼:"凡藩王至……接伴官送藩王入会同馆。"

(11)洪武八年建中都国子学

《寰宇通志》:"中都国子监,在府城内明伦坊,国朝洪武三年既定中都,遂建国子监于此。"①

《实录》:洪武八年三月癸未"置中都国子学。"②

《凤阳新书》:"洪武之八年,建中都国子监。"③

《中都志》:"其创置之初,具古天子辟雍之制……面势规模,既广且大。"④

(12)建鼓楼、钟楼

《寰宇通志》:"鼓楼,在府城内云霁街东;钟楼,在云霁街西,俱洪武八年建。"⑤

《中都志》:"鼓楼……洪武八年建,规模宏丽。钟楼……洪武八年建,上有巨钟,太史宋濂有《铸钟颂》。"⑥

宋濂《凤阳府新铸大钟颂》详尽地记叙了铸钟的过程:"遣使者至富春山中,征金工何成,谕以天子明命,成即日帅其属十六人以从,相地凤阳城东三里,抟泥成范,画其栾铣角衡之度,侈弇为良,篆带以方。候其燥刚,始穿冶一十又三,炼青赤铜六万五千斤,筮以洪武乙卯(八年)冬十一月己巳莅事。厥明,(江阴)侯(吴良)具法服,以牛一、羊一、豕一祝告先冶之神。礼既成,橐籥咸兴,鼓动风气,炎光赫曦,上贯霄汉。绛液既澄,气喷云泄,循窦而入,肃肃有声,阳施阴凝,劲质斯具。越二日,辛未,乃发。复取牲血涂其衅隙,以厌除不详。钟高十六尺有五寸 ,厚六寸,径十尺有五寸,围三十四尺有奇,混融其轮圆,炜烨其容辉,信技殚于人巧,妙夺于神功者也。于是营构层台 ,副以簨簴 ,聚千夫之力 ,巨絙而登之。"⑦

这是一篇保存下来的有关营建中都的最生动具体的实况报道。

(13)洪武五年定中都城址,七年筑土城,八年开始砌砖

《实录》:洪武五年正月甲戌,"定中都城基址,周围四十五里。街二:南曰顺城,北曰子民。坊十六:在南街者八,东曰德辅、善庆、崇德、中和,西曰顺成、新

①《寰宇通志》卷 9/8b。

②《明太祖实录》卷 98/3b。《国榷》卷 6/519 作"戊寅",误。

③《凤阳新书》卷 3/11b。

④《中都志》卷 7/56b。

⑤《寰宇通志》卷 9/9a。

⑥《中都志》卷 3/29a。

⑦宋濂《凤阳府新铸大钟颂》载于《宋学士集》《芝园前集》卷 4;《皇明文衡》卷 19/7a;《皇明经世文编》卷 1/3a;《中都志》卷 7/35a;康熙《凤阳府志》卷 39/24a;光绪《凤阳府志》卷 29/49b。除《宋学士集》外,"穿冶一十又三",各书转载均漏"冶"字。

成、里仁、太和。在北街者亦八，东曰钦崇、德厚、恭让、淮阳，西曰从善、慎远、修齐、允中”①。

《国榷》：洪武五年正月甲戌，“城中都，周四十五里”②。

景泰间（1450—1456年），内阁大学士高穀作《中都留守修城记》，说：“故有土垣，无壕，周围以里计者五十，步零四百三十有三。内设九门，门楼台基有无相半。”③

成化时（1465—1487年），柳瑛修《中都志》，说：“中都新城，国朝启运，建都筑城于旧城西，土墙，无濠，周五十里零四百四十三步，开十有二门，曰：洪武、朝阳、玄武、涂山、父道、子顺、长春、长秋、南左甲第、北左甲第、前右甲第、后右甲第，洪武七年，迁府治于此。”④

嘉靖元年（1522年）六月十四日，监御史高越奏：“昔我太祖高皇帝龙飞淮甸，首建中都于凤山之阳，名曰凤阳，百司庶府备焉。……凤阳原有土城，周围五十余里，砖门九座，砖城二里有余，草创于洪武之初。未几，徙都金陵……”⑤

嘉靖三十三年（1554年），中都留守司皇陵卫致仕指挥尹令等《为恳乞天恩，修筑府城，以卫陵寝，以保重地事奏疏》说：“洪武三年，复命太师李善长，四年，又命工部尚书薛祥⑥，建立皇城、宗庙、宫阙、天地郊坛、观星台、钟鼓楼及内司监、府、郡等衙门。而都城九门门楼，并四面土城、城河水关，俱各造完。……但土城外砌砖石，仅及北门二里一段，东门一里一段，因议定鼎金陵，前项城工遂寝。”⑦

《实录》载：洪武二十五年（1392年）三月庚寅，“罢筑凤阳城。先是，命筑凤阳城，军士就役者凡三万余人，至是，上以工力浩繁，命罢之，仍赏赉其军士”⑧。洪武三十年（1397年）六月戊戌，“赏凤阳等卫筑城门军士九千九百八十七人钞

---

①《明太祖实录》卷71/6a。

②《国榷》卷5/462。

③《凤阳新书》卷8/33a；康熙《凤阳府志》卷28/22b；乾隆《凤阳县志》卷14/9a艺文下。

④《中都志》卷3/1a城郭。七年，系八年之误。

⑤张云翔万历《凤阳县志》卷4/16b；《凤阳新书》卷7/13a－14a。

⑥“洪武四年又命工部尚书薛祥”不知是另有根据，还是误记。按，《国榷》：洪武二年十一月乙未，“工部侍郎张允为尚书”；四年九月壬戌，“工部尚书安庆为北平行省参政”；十二月丙戌，“命工部尚书朱守仁察吏山东”，未见有薛祥任命。《明史》卷138《薛祥传》：“洪武元年……授京畿都转运使，分司淮安……治淮八年……八年，授工部尚书。”则四年尚在都转运使任中。

⑦《凤阳新书》卷7/21b。

⑧《明太祖实录》卷217/2a－b。

各三锭"①。

嘉靖三十六年(1557年),尹令等《为恳乞因旧址修筑城垣再疏》说:"洪武元年造陵。又经画二年,与龙脉风水协吉,方于洪武三年建城。城去(皇)陵墙一十二里,至宝山又数里。土城已完,方集砖工,皇祖……复谋定鼎金陵,乃留亲臣一员居守,环列八卫……此在中都旧志、《开国功臣录》,并《御制文集》所载《告祭天地祝文》可考"②。

嘉靖四十四年(1565年),凤阳知府王应璧,"将前后修城奏议图考纂辑成书,刊布传播"③。

其跋:"壬戌(嘉靖四十一年)春,奉命来守是邦。见九门高峙,周围基址宛然,询之父老,咸谓此城筑于圣祖龙飞之三年,四面皆土墙,惟北左甲(第)门东西包砖约二里余。"④

万历中,守备凤阳的内官太监韩寿《为恳乞修理砖城奏疏》说:"稽查往牒……我太祖于洪武元年造祖陵,三年建立都城。土城已完,方鸠集砖土,旋以定鼎金陵,未遑终事。"⑤

万历末、天启初(1619—1621年),袁文新、柯仲炯纂《凤阳新书》,记载:

城池:国朝启运,肇建中都……其城制,西南余出一角为凤凰嘴,而惟是土垣,丈高三(当为高三丈),门十有二。定鼎金陵,乃去三门。中设坊九十有四,街二十有八,市三,口二,营四,关二,水关十有八,隍一。

……

土城:一座,周五十三里,土筑,惟东、北砖垒约四里余。东南朝阳门外浚隍一。故旧有十二门,后革长秋、父道、子顺三门。今见有九门,俱无子城。

洪武门:在正南居中,凤阳中卫守把。

北左甲第门:在北偏东,留守中卫守把。

朝阳门:在东南,怀远卫守把。

涂山门:在正西,凤阳右卫守把。

以上四门,俱洪武二十六年(1393年)修筑,上俱有楼,今废。

南左甲第门:在洪武门东,凤阳中卫守把。

---

①《明太祖实录》卷253/6b。

②《凤阳新书》卷7/28a。

③《凤阳新书》卷7/35a。

④《凤阳新书》卷7/41a。

⑤《凤阳新书》卷7/35b。

独山门:在朝阳门北,怀远卫守把。

长春门:在独山门北,留守中卫守把。

前右甲第门:在洪武门西,凤阳右卫守把。

后右甲第门:在北偏西,留守左卫守把。

以上五门,俱洪武三十年修筑,上俱无楼。

……

水关:都城四面水关共一十八座,通水出入。惟独山门之南大水关一座,下开五孔,上有启关闸槽,跨独山涧。洪武间开置,自淮由濠,通舟楫入城。……①

综合上面这些材料,可以作出如下判断:

一,中都城的城址是洪武五年正月定的,但在后来的施工过程中又有了发展和修订。城周从45里扩大到50里零443步;街从2条发展到28条,坊从16个发展到94个;原来连城门都没有定下来,后来定为12个,又改为9个;原来水关也没有提,后来定为18个。因此可以看出,洪武五年正月只是定了一个大概的轮廓,还不是一个很详尽完备的施工方案。至于《凤阳新书》为什么说"周五十三里",不太清楚,有可能是记错了。

二,中都城究竟筑于哪一年?有洪武三年、五年、七年三种说法。凤阳知府王应璧"询之父老",凤阳守备太监韩寿"稽查往牒","咸谓此城筑于(洪武)三年",一查,原来是出于尹令的奏疏。尹令前一疏笼统地说洪武三年命李善长、四年又命薛祥建皇城宫阙,这原是出于建中都诏,而命李善长、薛祥的年份都弄错了,因此他的说法并不确切。再疏则明确地说是"洪武三年建成",而成为后来人的"根据"。

《国榷》记洪武五年"城中都",就是《实录》"定中都城基址"的误记,"定城址"不就是"筑城",因此,五年"城中都"的说法也不可靠。《嘉庆重修一统志》说:"旧皇城,明洪武五年筑,又有外城,洪武七年土筑,周五十里有奇。"②这个说法比较可靠。洪武五年筑皇城,与《实录》记载相符。七年土筑外城,与前面列举的一些奏疏里讲的"土城已完,方集砖工","以定鼎金陵,未遑终事"完全符合;与洪武六年中都皇城建成后,又从山西移民4万人,从江南移民14万,从全国调集罪犯来凤阳"输作"的事实也完全符合。

《明史·地理志》说:"洪武二年九月建中都城于旧城西,三年十二月始成。

①《凤阳新书》卷3/6a-7b。

②嘉庆重修《大清一统志》卷125/5b凤阳府·城池。

周五十里四百四十三步,立门九……中为皇城,周九里三十步,正南曰午门,北曰玄武,东曰东华,西曰西华。"①

这段记载有很多错误:"三年十二月始成",不知是根据什么,洪武四年闰三月劳赐李善长,十一月训郭英,都只说到临濠建造宫殿,根本没有提到过筑城的事。《实录》记五年正月始定中都城基址,六年皇城建成。如此,又怎么能"三年十二月始成"呢?皇城另有四门,而宫城周围则仅及六里。

三,罢建中都时,中都外城"土城已完","土城外砌砖石仅及北门二里一段,东门一里一段"。据前引《实录》有关罢筑凤阳城的记载,砌砖有的可能迟至洪武二十五年,并非全筑于罢建中都之前。又据《凤阳新书》记载,中都外城的城池,四个主要的城门,"俱洪武二十六年修筑,上俱有楼",另有五个城门"俱洪武三十年修筑,上俱无楼",这与《实录》记载可以互相印证。还有玄武、长秋、子顺三门,因定都金陵而废革,未曾修筑;父道门易名。18个水关是什么时候修造的,不清楚。很可能与修筑城门的时间接近,并前后错开。由于中都城有里外三道城,从洪武二年九月下诏建中都城池宫阙起,到洪武三十年修筑外城最后五个城门止,时间拖得很长,情况也很复杂,所以《中都志》说:"国朝启运,建都筑城于旧城西"②;《大明一统志》说:"本朝洪武初营建于旧城西二十里"③,都没有明确说是哪一年始筑,哪一年筑成,而只是笼统地、这样提一下,这是较为谨慎的说法,而不致有错误。

四,从中都城的营建过程来看,是边设计边建设,不断地修订计划、方案的。

五,罢建中都以后,宫殿和中央官署的营建工程确实是完全停下来,不再继续进行下去了,但是中都外城的城门、水关等未了工程以后还会进行下去,钟楼、鼓楼还继续施工,别的新建工程项目还安排进行了一些。

(14)改建皇陵,修建十王四妃坟

甲:洪武八年十月,城凤阳皇陵

《实录》:洪武八年十月乙未,"筑凤阳皇陵城"④。

《国榷》:洪武八年十月乙未,"城凤阳皇陵"⑤。

《中都志》:"……内皇城一座,周七十五丈五尺。……砖城一座,周六里一

①《明史》卷40《地理志》。

②《中都志》卷3/1a。

③《大明一统志》卷7/1a。

④《明太祖实录》卷101/3a。

⑤《国榷》卷6/527。

百二十八步。……外土城一座,周二十八里。"①

皇陵城里外三层,有门楼、水关等等,也是一项大工程。

乙:洪武十一年改建皇陵

《皇陵碑》:"洪武十一年夏四月,命江阴侯吴良督工新建皇堂。"②

《实录》:洪武十一年四月,"是月,重建皇陵碑。上以前所建碑,恐儒臣有文饰,至是复亲制文,命江阴县(侯)吴良督工刻之"③。洪武十二年闰五月丁巳,"皇陵祭殿成,命称曰'皇堂'"④。

从以上材料来看,这次皇陵营建工程主要是新建祭殿"皇堂"和重建皇陵碑。而皇陵是一个规模巨大的建筑群,"其间享殿具备,殿左右庑、官厅、直房、神厨、宰牲厨、酒房等屋各数百间,金门、红门、棂星门数十间,御桥、红桥、水关数十座,碑亭二座,祠祭署铺舍各数百间,松柏数百株,石人、马数十对"⑤。从这样一个建筑群看来,洪武二年已粗具规模。罢建中都以后,又有所增筑,到洪武十一年,新建皇堂,增筑改建,最后竣工。

至于皇陵的石人、石兽是什么时候竖立的,《实录》《会典》都没有记载,《寰宇通志》只说:"皇陵……岁丙午(1366年)诏修。"⑥《中都志》也只说:"丙午年(1366年)春,命故臣汪文、刘英随大军回濠州,修饬金井园陵,招集亲邻赵文等二十家看守。……洪武二年,荐陵号皇陵。⑦"《凤阳新书》说:"洪武……二年,命临濠府加修寝园,厚封广植,崇列华表,始称皇陵。"⑧"洪武十一年……四月,命江阴侯吴良督建殿宇、城垣,植冢木,立华表,树石人、石兽,勒石建亭。"⑨似乎是到洪武十一年才树石人、石兽的。但是洪武二年立的皇陵碑碑文说:"兹欲撰文,词臣考摭弗周,则纪载弗称,敢以上请,于是上手录大概;若曰:'……兹欲启圹改葬,虑泄山川灵气,使体魂不安,益增悲悼,姑积土厚封,势若冈阜,树以名木,列以石人石兽,以备山陵之制而已。谨献陵曰皇陵,汝其据事直言无讳。'臣善长以上手所录付臣撰文……刻石以昭先烈。……"⑩

---

①《中都志》卷4/31－32a。

②朱元璋《大明皇陵之碑》。

③《明太祖实录》卷118/2b。

④《明太祖实录》卷125/1a。

⑤乾隆《凤阳县志》卷4/20b。

⑥《寰宇通志》卷9/7b。

⑦《中都志》卷4/30b陵寝。

⑧《凤阳新书》卷2/45a。

⑨《凤阳新书》卷4/56a。

⑩郎瑛《七修类稿》卷7国事类·皇陵碑。

因此,可以判断石人、石兽是早在洪武二年甚至丙午年就雕刻、竖立了的,只是到洪武八年筑皇陵城或洪武十一年改建皇陵的时候,由吴良经办,对石人、石兽、华表重新进行了安排。《凤阳新书》则把吴良经办的这些工程,统统记到了洪武十一年,这是不确切的。

丙:十王四妃坟

据《寰宇通志》:"十王四妃坟……洪武间建"①;《凤阳新书》:"乃我朝圣祖开基以前枝庶葬地。……后以各散葬者俱攒于此一处,建茔域,以便祀焉。"②十王四妃坟是由300户陵户"守直洒扫"的建筑群。朱元璋御制《皇伯考启攒祝文》说:"曩者天下大乱……因兵为人所发。……伯考已绝嗣矣,朕本犹子,故展微衷,特择地以改葬之,选于今日,起离旧茔……"③建筑年代大致与皇陵相仿或略后。

(15)洪武十六年修建龙兴寺

《凤阳新书》:"洪武初建,殿宇楼阁,规制宏丽。"④

朱元璋御制《龙兴寺碑》:"今也寺成,佛地已完……故敕记之。洪武十六年岁次癸亥九月吉日。"

(16)其他明初建筑

苑囿"在皇城内万岁山前"⑤。

演武厅、教场"洪武十四年……开设,广三里"⑥。

都察院

察院

公馆

中都留守司及所属八卫一所卫署

凤阳府及所属各项建筑

凤阳县及所属各项建筑

濠梁水马驿、王庄驿、红心驿

凤阳桥、独山桥、皇堂桥、大通桥、广运桥、濠梁浮桥等桥梁

公侯坟墓及祖坟

---

①《寰宇通志》卷9/14a。

②《凤阳新书》卷4/60a。

③《高皇帝御制文集》卷17/10a-b;《凤阳新书》卷4/61b。

④《凤阳新书》卷3/18b。

⑤《凤阳新书》卷3/9a。

⑥《凤阳新书》卷3/14b。

寺院宫观

牌坊等等

(17)高墙

《凤阳新书》:"国家宗子……间有丽法不检,轻者亲藩核治,重者锢凤阳高墙。"①

《尹令奏疏》:"天顺(1457—1464年)以后,又以各处违犯祖训宗室,发本处高墙为庶人,省令悔悟,计今各墙凡五十余宅,共三百余名口。"②

《尹令再疏》:"凤阳五处高墙,崇垣深渠,门楼敌台,不减郡县城郭。"③

---

①《凤阳新书》卷3/17b。

②《凤阳新书》卷7/21b。

③《凤阳新书》卷7/31b。

五、劳动人民的英勇斗争迫使朱元璋停下穷侈极丽的明中都营建工程

(一)《实录》云“以劳费”“罢中都役作”,仅仅是表面现象

从洪武二年九月下诏“建置城池宫阙”,工程进行了近六年,到洪武八年四月“功将完成”的时候,为什么又突然下诏“罢中都役作”,停止营建工程了呢?《实录》说:“初,上欲如周、汉之制,营建两京,至是以劳费罢之。”①《国榷》说:“至是费剧,寝之。”②

营建中都标准要求之高,时间迁延之长,“民以百万之众,终岁在官供役”③,“造作(之费)以万万计”④,这当然是既“劳”且“费”而“剧”。但是,这样“穷极侈丽”的营建工程为什么早不停、晚不停,非要到“今功将完成”的时候才停下来呢?既然已经是“功将完成”,那“劳”也劳过了,“费”也费掉了,把它停下来并不足以稍稍减轻劳费之剧。而把已经建成的中都宫阙废弃,岂不是更大的浪“费”吗?

四月丁巳,刚“诏罢中都役作”,九月辛酉,又“诏改建大内宫殿”,这岂不与因劳费而罢中都役作相矛盾吗?既然因劳费而罢中都役作,时隔五个月,又在南京开始了大规模的改建宫殿的工程,时间长达整整两年,不是更加重劳费了吗?非但如此,就是在中都,十月乙未,也开始了“筑凤阳皇陵城”的工程。中都城的一些未了工程,如钟楼、鼓楼的营建工程,仍在继续进行。十一年,又大规模改建皇陵;十六年,又建筑“规制宏丽”的龙兴寺。所以,“劳费”仅仅是一个罢建中都的理由、一个表面的现象。

(二)乾隆《凤阳县志》云“罢建中都,盖因(刘)基之奏”,不过是揣测附会

乾隆《凤阳县志》说:“《刘基传》:基有妻丧,请告归,时帝方营中都,基濒行

---

①《明太祖实录》卷99/4a。

②《国榷》卷6/522。

③邹缉《奉天殿灾疏》,载《皇明经世文编》卷21《邹庶子奏疏》。

④《明史》卷78《食货志》一·赋役。

奏曰:‘凤阳虽帝乡,非建都地也。’罢建中都,盖因基之奏云。”①这个说法不过是出于揣测附会,并不确切。

据《实录》,“刘基予告,还青田”②,那是洪武元年八月丁丑,即“诏应天曰南京,开封曰北京”以后的第八天,“徐达进克元都”以后的第七天,朱元璋第二次去开封察看之前的第五天。

朱元璋第一次去开封部署北伐军事,并“躬亲至彼,仰观俯察,择地以居”③,回南京就宣布开封为北京。可是,第二天,元都大都就被攻占下来了,次年三月,关中也被平定了,形势起了巨大的变化,要不要在开封建都了呢?究竟把全国统一后的都城建在哪里好呢?因此,《实录》讲的“初,上召诸老臣问以建都之地”,主要就是在这个时期的前后。朱元璋的意思是要把都城建在他的家乡凤阳,问:“朕欲以为中都,何如?”刘基不赞成,认为凤阳不是建都的地方。但是,朱元璋听不进去,“圣心思念帝乡,欲久居凤阳”④,一意孤行,说“群臣皆称善”,还是把都城建在凤阳。到洪武二年九月正式作出决定,“至是,始命有司建置城池宫阙如京师之制”。

营建中都的工程,大规模地展开了。到洪武四年正月,“作圆(圜)丘、方丘,日、月、社稷、山川坛及太庙于临濠,上以画绣,欲都之。刘基曰:中都曼衍,非天子居也”⑤。这年三月丁未⑥,刘基“乞归乡里,且行,言于上曰:‘凤阳虽帝乡,然非天子所都之地,虽已置中都,不宜居”⑦。这时,朱元璋刚从临濠亲临视察营建中都工地后得意洋洋地回来⑧,对刘基的逆耳之言,一星半点都没有听进去。刘基回了老家,营建中都的工程在李善长的指挥下更加速开展了。所以,刘基虽然一再提出反对意见,而对朱元璋的营建中都却根本没有起作用。事也真凑巧,朱元璋下诏罢中都役作的那一天——洪武八年四月丁巳,也正是刘基病死在老家青田的日子,但这两者原没有什么必然的联系,纯粹是一个巧合。

刘基是吴王时代“卜地作新宫”的人⑨,可能是由于填燕雀湖筑宫,造成了

---

①《凤阳县志》卷15/26b纪事。

②《明太祖实录》卷34/6b;《国榷》卷3/371。同年十一月,召回。

③《高皇帝御制文集》卷15/26a《黄河说》。

④《凤阳新书》卷7/31b《尹令等再疏》。

⑤《国榷》卷4/437。

⑥《明史》卷2《太祖本纪》。

⑦《明太祖实录》卷99/6a。

⑧《明太祖实录》卷61/6a,洪武四年二月“甲戌,上如临濠。壬午,上还京师”,前后九日。

⑨《明太祖实录》卷21/1a,丙午(至正二十六年)八月庚戌朔,“拓建康城……命刘基等卜地作新宫”。

"宫城前昂中洼"的严重缺点,使得朱元璋一辈子都认为是"形势不称"的遗憾事情,因此过去对刘基有关政治、军事上的建议都言听计从,而现在在建中都的问题上却一点意见也听不进去了。

凤阳当地流传说刘伯温曾对朱洪武说:方丘湖芦苇冲天,藏兵百万看不见,马鞍山支大炮,一炮打到你紫禁城,凤阳这地方不宜建都,要移一箭之地。于是朱元璋向南射了一箭,一箭射到殷家涧,箭尚未落地时,太白金星化老鹰,把箭衔到南京城,这样才定都南京的。要是方丘湖芦苇冲天的话,南京城外的玄武湖、莫愁湖也长芦苇,面积更大;马鞍山能支大炮,那钟山的天堡城和城南的聚宝山(雨花台)对南京城的威胁更大,因此,这是不足为据的。用天意来解释迁都的原因,更是迷信可笑。

凤阳的形势确是不如南京,但也不错。早在诏建中都的时候,朱元璋已经明确地说了:"今建业,长江天堑,龙蟠虎踞,江南形胜之地,真足以立国。临淮则前江后淮,以险可恃,以水可漕,朕欲以为中都。"①。决定建中都的时候,凤阳的形势是这样,到罢建中都的时候,凤阳的形势还是这样,凤阳的山河面貌尚未有任何的改变。朱元璋在罢建中都诏里也只字未提有关形势的问题。因此,罢建中都,也不是如乾隆《凤阳县志》所说的"盖因(刘)基之奏云",而是另有原因。

朱元璋"欲以凤阳为京师"的想法是很固执的,不但刘基一再劝他不宜在凤阳建都,洪武三年七月乙巳,营建中都工程开始不久,胡子祺应"征天下学识笃行之士"诏至京考选,拜为监察御史的时候,"首奏天下可都者四……举天下莫关中若也",朱元璋称善,但也没有照他的意见办②。胡子祺的上奏,就是针对朱元璋要把都城建在凤阳而提出不同意见的,是专讲形势的。可是朱元璋对这些不同意见一概听不进去。

嘉靖三十六年(1557年)《致仕指挥尹令等再疏》叙述营建中都的过程说:"土城已完,方集砖工,皇祖驾自南京,来视工役,遥观大势,见一面南山,三面平野,河、淮二水,直西径东,无险可资,比之南京长江天堑势迥不同,且天下甫定,中原尚未晏然,复因刘基奏曰:'凤阳虽帝乡,然非置都之地,与皇祖渊衷符合,于是复谋定鼎金陵,乃留亲臣一员居守,环列八卫,于洪武七年复移府治于都城之内。'此在中都旧志、《开国功臣录》并《御制文集》所载《告祭天地祝文》可

①《明太祖实录》卷45/3a。

②《国榷》卷4/423,《明史》卷115《兴宗孝康皇帝传》。

考”①。这本是臆测之词，并非实录，所言“可考”的几个材料里，并无这种说法。乾隆《凤阳县志》的揣测附会，可能就是袭了这疏。

（三）罢建中都的真正原因是爆发了得到广泛支持和同情的工匠的反抗斗争

那么罢建中都的真正原因是什么？《实录》记载：“诏罢中都役作。初上欲如周、汉之制，营建两京，至是以劳费罢之。”这么大的事，就寥寥记了这么25个字，连个诏文都没有记录下来，显然是想把真相掩盖起来。

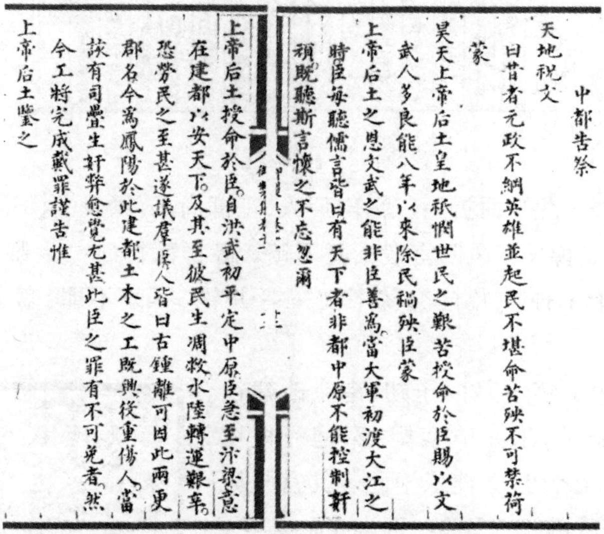
中都告祭
天地祝文
曰昔者元政不綱英雄並起民不堪命苦殃不可禁荷
蒙
昊天上帝后土皇地祇憫世民之艱苦授命於臣賜以文
武人多良能八年以來除民禍殃臣蒙
上帝后土之恩文武之能非臣善爲當大軍初渡大江之
時臣每聽儒言皆曰有天下者非都中原不能控制姦
頑既聽斯言懷之不忘忽爾
上帝后土授命於臣自洪武初平定中原臣急至汴梁意
在建都以安天下及其至彼民生凋敝水陸轉運艱辛
恐勞民之至甚遂議羣臣人皆曰古鍾離可因此兩更
郡名今爲鳳陽於此建都土木之工既興役重傷人當
該有司疊生奸弊愈覺尤甚此臣之罪有不可免者然
今工將完成戴罪謹告惟
上帝后土鑒之

《高皇帝御制文集》载洪武八年四月甲辰《中都告祭天地祝文》书影，讲建都凤阳的经过，承认役重伤人，并认了罪。

但是，事实不可能完全被磨灭掉，总会留下一些痕迹；真相也不可能完全被掩盖住，总会暴露一鳞半爪出来。

第一，洪武八年四月甲辰，朱元璋亲自撰写了《中都告祭天地祝文》。在祝文里，首先历述了建都凤阳的经过和原因，接着说：“因此两更郡名，今为凤阳，于此建都。土木之工既兴，役重伤人；当该有司，叠生奸弊，愈觉尤甚。此臣之罪有不可免者。然今功（工）将完成，戴罪谨告，惟上帝后土鉴之。”②

第二，《明史·薛祥传》：“（洪武）八年，授工部尚书。时造凤阳宫殿，帝坐殿中，若有人持兵斗殿脊者。太师李善长奏：诸工匠用厌镇法，帝将尽杀之。祥为分别交替不在工者，并铁、石匠皆不预，活者千数。”③

①《凤阳新书》卷7/28b。

②《高皇帝御制文集》卷17/1a；《凤阳新书》卷4/54a。《实录》所载，删“役重伤人，当该有司，叠生奸弊，愈觉尤甚，此臣之罪有不可免者”及“戴罪谨告”等语，已非原文。

③《明史》卷138《薛祥传》。

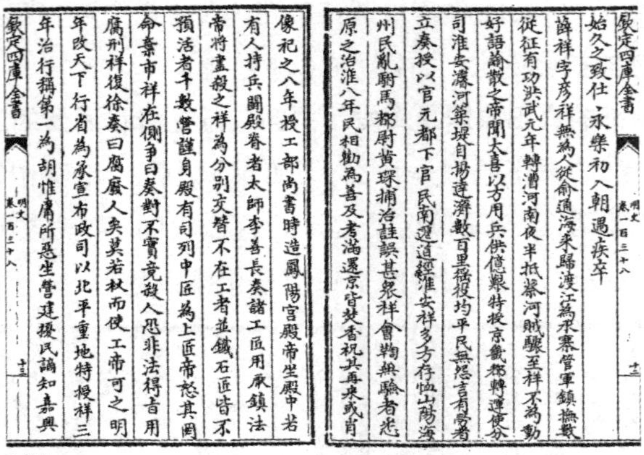
欽定四庫全書　　明史　卷一百三十八　　十三

始久之致仕。永樂初入朝遇疾卒
薛祥字彥祥無為人從俞通海來歸渡江為水寨管軍鎮撫數
從征有功洪武元年轉漕河南夜半抵峩河賊驟至祥不為動
好語諭散之帝聞大喜以方用兵供億艱特授京畿都漕運使分
司淮安濬河築堤自揚達濟數百里徭役均平民無怨言有勞者
立奏授以官元都下官民南遷道經淮安祥多方存恤山陽海
州民亂駙馬都尉黄琛捕治詿誤甚衆祥會鞫無驗者悉
原之治淮八年民相勸為善及考滿還京皆焚香祝其再來或肖

欽定四庫全書　　明史　卷一百三十八　　十三

像祀之八年授工部尚書時造鳳陽宮殿帝坐殿中若
有人持兵鬭殿脊者太師李善長奏諸工匠用厭鎮法
帝將盡殺之祥為分别交替不在工者並鐵石匠皆不
預活者千數營謹身殿有司列中匠為上匠帝怒其罔
命棄市祥在側爭曰奏對不實竟殺人恐非法得旨用
腐刑祥復徐奏曰腐厭人矣莫若杖而使工帝可之明
年改天下行省為承宣布政司以北平重地特授祥三
年治行稱第一為胡惟庸所惡坐營建擾民謫知嘉興

9-312

《明史·薛祥传》书影

《凤阳新书·薛祥面折》:“薛祥,庐人,工部尚书,洪武七(八)年,同李善长督建城池宫殿。善长奏凤阳宫殿人匠厌镇。薛祥面折曰:‘太师一言坏天下人若此,恐不利于子孙。’乃拣交替不在工者并铁、石匠不罪,盖蒙其奏活者千数人。”①

第三,洪武十年十月丙子朔,南京改建社稷坛成,行奉安礼,朱元璋亲撰《奉迎社稷祝文》:“曩者建国之初,立神坛于此。其宫殿城垣一切完备。后因工匠厌镇,百端于心弗宁。复命工兴造宫室,亦已完备。于社稷之思,想必有厌,故将神坛建于午门之右。工既完成,理合奉迎安祭,谨告神,其鉴知。尚飨。”②

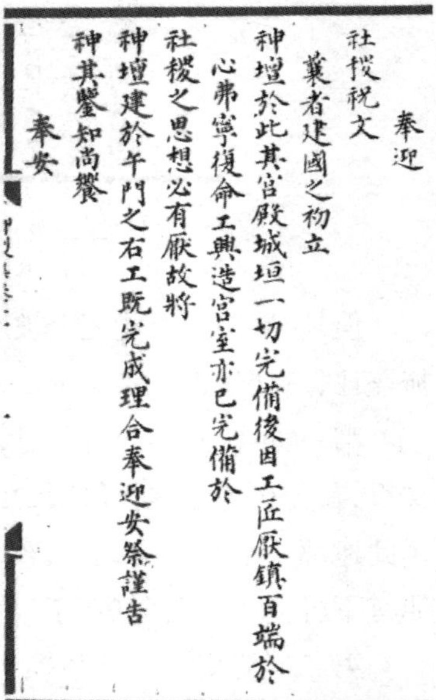
奉迎
社稷祝文
曩者建國之初立
神壇於此其宮殿城垣一切完備後因工匠厭鎮百端於
心弗寧復命工興造宮室亦已完備於
社稷之思想必有厭故將
神壇建於午門之右工既完成理合奉迎安祭謹告
神其鑒知尚饗
奉安

《高皇帝御制文集》载《奉迎社稷祝文》书影,专门讲了两年前凤阳工匠厌镇事件。

从这些材料里,透露出这样一些事实:

一,朱元璋来凤阳验工赏劳的时候,工匠向他进行了示威斗争。朱元璋血腥地屠杀工匠,进行镇压。

二,朱元璋在凤阳告祀天地的时候,自认有罪,并请上帝后土予以谅解。

三,两年半以后,朱元璋在南京奉安社稷神的时候,说由于凤阳镇压工匠的事件,“百端于心弗宁”。朱元璋就是在这样的情况下,才

①《凤阳新书》卷5/55a拾人遗。

②《高皇帝御制文集》卷17/6a。《明太祖实录》卷115/2b仅纪事,未载祝文。

“复命工兴造宫室”，也就是决定“罢中都役作”，并“诏改建大内宫殿”的。

这就是历史事实所回答的罢建中都的真实原因。

罢建中都这个决定来得非常突然，并非出于朱元璋的本意。朱元璋在祭常遇春的文里说，他来凤阳是为了“亲至中都，验功赏劳”①。他路过滁州的时候，在“公侯扈从”之下，心情舒畅地春游赏览，作文怀旧，说：“予因督功中都，道经滁阳，乘春之景，踏青西郊，细目河山，城雉如故。”②因此，朱元璋这次来凤阳的目的是很明确的，是“督功”“验功”，丝毫没有要罢建中都的思想准备。

非但如此，从下面的几个材料里，还可以清楚地看到，朱元璋是准备中都建成以后“迁都中都”“定鼎是方”的：

第一，《实录》：洪武二年九月癸卯，“诏以临濠为中都……命有司建置城池宫阙如京师之制”。按，自洪武元年“诏以应天为南京，开封为北京”以后，直到洪武十一年改南京为京师，罢北京，仍称开封府之前的一段时间里，只有南京（应天府）和北京（开封府）的称呼，并没有“京师”的称呼。而在定南京为京师之前九年，就提出建中都“如京师”是特别值得注意的。

第二，《实录》：洪武六年二月丁丑，“礼部奏制中都城隍神主，主用丹漆，字涂以金，旁饰以龙文，如京都城隍之制。尚书陶凯因奏：‘他日合祭，以何主居上？’上曰：‘从朕所都为上。若他日迁都中都，则先中都之主。’”③这里不但又提出“如京都”，而且具体提出了“迁都中都”的考虑。

第三，洪武十六年御撰《龙兴寺碑》，更明确地说：“洪武初，欲以（凤凰）山前为京师，定鼎是方。”

第四，马文升疏称：明太祖朱元璋“即位之初，始欲建都于汴梁，随又建都于凤阳，终复迁都于金陵”④。

综合上面几条史料，确凿无疑地证实朱元璋就是想把凤阳建为京师的。

至于《中都告祭天地祝文》里说的“役重伤人，当该有司，叠生奸弊”的情况，也并不始于今日，如军士以“董其役者又督之太急，使病无所养，死无所归”，“军士多以疫死”的严重情况⑤；如刘基奏“工匠死，胔骸暴露”的触目惊心的现象⑥等等，朱元璋都了解，有的还亲自处理过，但朱元璋自己从没有认过罪，

①《明太祖实录》卷99/3a祭开平王常遇春之祠文。祠在凤阳明中都皇城前西南方。

②《高皇帝御制文集》卷14/12a《感旧记》。

③《明太祖实录》卷79/2a。

④《明经世文编》卷62/515上。

⑤《明太祖实录》卷75/1a；《凤阳新书》卷5/33。

⑥《明史》卷128《刘基传》。

更没有因此想把营建中都的工程停下来。

作为一个封建专制的皇帝，血腥屠杀几百上千个工匠，也算不了什么，不足以要他在庄严的告祭天地祝文里公开认罪，不足以使他多年以后还要为此告神“百端于心弗宁”，也不足以使他把已经悉心经营了六年、“功将完成”的中都营建工程停下来。被朱元璋誉为“吾子房也”①的刘基，一再劝说朱元璋“凤阳虽帝乡，非建都地”，“虽已置中都，不宜居”，朱元璋却始终没有接受他的意见，一股劲地在他老家营建“穷极侈丽，习尚华美”的中都宫阙。为什么工匠一造反，而且已经被血腥镇压了，仍要下诏“罢中都役作”呢？

这是因为凤阳这次工匠对朱元璋的示威斗争，并不仅仅是这次进行示威并被镇压的几百上千个工匠的问题，也不仅仅是大殿工地上几千几万个工匠的问题，而是反映了整个营建中都的9万工匠的反抗斗争的决心，反映了“终岁在官供役”的百万劳动人民的情绪。因此，凤阳这次工匠斗争是有极为广泛的群众基础的，特别是得到刚从江南迁来的14万移民和正在源源不断从全国各地调来的死罪以下的数以万计的充作工役的囚犯的支持。

朱元璋在吴王时代拓应天城、卜地筑新宫的时候，因“檄各府验民田，征砖甃城”，激起了上海钱鹤皋领导的3万多人袭松江、杀知府的农民起义②。这个案子一直拖到洪武三年底还在处理③。而南京城和内城也因此一直拖到洪武六年才修筑④。江南的14万移民，按，朱元璋规定是不准离开凤阳、擅回原籍的，是强迫性的移民、政治性的移民。他们并不是都愿意离开“富庶”的江南，来到“兵革之后，人烟稀少，土地荒芜”的凤阳的。他们也带来了曾经在松江爆发的农民起义的火种。

---

①《明史》卷128《刘基传》。子房是汉高祖刘邦的谋臣张良的别名。

②《明太祖实录》卷23/1a－b，吴元年夏四月丙午朔，“上海民钱鹤皋作乱，据松江府。大将军徐达……檄各府验民田，征砖甃城。鹤皋不奉令，欲倡乱，因号于众曰：‘吾等力不能办，城不完即不免死，曷若求生路以取富贵。’众皆从之……聚众至三万余人，攻（松江）府治，开库庾，剽掠财物。……（知府荀）玉珍弃城走，‘盗’追杀之。……所率众皆操农器。”又《国榷》卷2/333、《续资治通鉴》卷219、《明通鉴》卷4。颜洪范、张之象（万历）《上海县志》卷5/4a《祝大夫碑》记载了钱鹤皋等“剪竿而槊，揭蜕而旆，斩关入松城，首杀长吏”的起义情况，还记载了上海知县祝挺组织地主武装进行斗争的过程。

③《明太祖实录》卷59/1a，洪武三年十二月戊午，“初，（钱）鹤皋作乱，伏诛，其余党株连不已，至是复逮至百五十四人，法皆当死。上曰：贼首既诛，比胁从者俱贷其死，谪戍兰州”。《国榷》卷4/433作丙辰朔，误。

④《明太祖实录》卷83/1a，洪武六年六月辛未朔，“诏留守卫都指挥使司修筑京师城，周……里五十有九；内城周……里十有四”。兹后，洪武十七年二月丁卯，“修筑京城仪凤门”，十九年十二月乙酉，又“新筑后湖城”，京师城即南京城始成。

叶伯巨在《万言书》里说："今之为士者……以屯田工役为必获之罪，以鞭笞捶楚为寻常之辱。……今凤阳皇陵所在，龙兴之地，而率以罪人居之，是以怨嗟愁苦之声充斥园邑。"①

所以，工匠的斗争不仅能得到从全国各地谪至凤阳"输作终身""限年输作"的数以万计的囚犯的支持，也得到了"谪屯凤阳至万数"的罪官及其家属的广泛同情。

凤阳至少有7万多军队，但军士本身也是这项繁重徭役的承担者和受害者，他们在官员的督责"驰迫"之下，身受苦楚，"病无所养，死无所归"，"多以疫死"。因此，工匠的斗争，也得到了广大军士的支持和同情。

所以，工匠的英勇斗争，代表了广大群众反抗封建压迫的坚强意志。他们挺身而出，不怕牺牲，敢于在朱元璋亲自来凤阳"督工""赏劳"的时候，登上朱元璋正在坐着的大殿屋脊，进行了壮丽的"若有持兵斗"的示威斗争。工匠是革命的先锋，他们站在反压迫斗争的最前列。

（四）朱元璋被迫"检制其心"，公开认罪，罢中都役作，宣布：今后营建"但求安固，不事华丽，凡雕饰奇巧，一切不用"；并规定"吾后世子孙，守以为法"

朱元璋原来是元末农民大起义中一支起义军的领袖。在元末农民战争沉重地打击了蒙古贵族和汉族大地主阶级的联合统治之后，朱元璋最后推翻了元朝的统治，成了明朝的开国皇帝。朱元璋在统一中国、建立明朝的过程中，以及建立明朝以后，都执行了一条比较切合当时情况的政治路线，对巩固国家统一，加强中央集权，恢复和发展农业生产，加强战备，巩固边防，起了积极的进步作用，在我国历史的发展过程中具有一定的地位。

作为一个地主阶级的政治家，是有他一定的局限性的。在营建中都的过程中，也反映了出来。

朱元璋在统一国家、建立明朝以前，对节省民力一直是比较注意的。1358年（宋龙凤四年，元至正十八年）十二月，朱元璋路过徽州，召问儒士。唐仲实跟他说："公英明神武，驱除祸乱，未尝妄杀。然以今日观之，民虽得所归，而未遂生息。"朱元璋说："此言是也。我积少而费多，取给于民，甚非得已。然皆军需所用，未尝以一毫奉己。民之苦劳，恒思所以休息之，曷尝忘也。"②事实也确实如此。有一回大热天，朱元璋视事东阁，衣服都被汗湿了，"左右更以衣进，皆数经浣濯者"，"衣皆敝"，参军宋思颜说："主公躬行节俭，真可示法子孙，惟愿终始如一。"③有一回，方国珍"以金宝饰鞍马献"，朱元璋说："今所需者人材，所用者粟帛，宝玩

①《明经世文编》卷8《叶居升奏疏》。

②《续资治通鉴》卷214，至正十八年十二月甲申。

③《明史》卷135《宋思颜传》；《国榷》卷1/293，至正二十一年七月甲子。

非所好也。”①陈友谅生活豪华奢侈，“尝造镂金床，甚工，宫中器物类是。既亡，江西行省以床进”。朱元璋观看以后说：“此与孟昶七宝溺器何异！以一床工巧若此，其他可知，陈氏父子穷奢极靡，焉得不亡！”命令立即把它毁了，要不得②。1366年（宋龙凤十二年，元至正二十六年）十二月己未，“定议以明年为吴元年，命有司营建庙社，立宫室。……己巳，典营缮者以宫室图来进。上见其有雕琢奇丽者，即去之，谓中书省臣曰：‘宫室但取其完固而已，何必过为雕斲。昔尧之时，茅茨土堦，采掾不斲，可谓极陋矣，然千古之上称盛德者必以尧为首。后世竞为奢侈，极宫室苑囿之娱，穷舆马珠玉之玩，欲（慾）心一纵，卒不可遏，乱由是起。夫上能崇节俭，则下无奢靡，吾尝谓珠玉非宝，节俭是宝，有所缔构，一以朴素，何必极雕巧以殚天下之力也。’”③元朝被推翻以后，明朝建立，建立统一国家都城的时候，考虑到中原一带经过连续十几年的战争，民生凋敝，水陆转运艰辛，恐劳民之至甚④。这样才会议群臣，最后决定在他的家乡临濠营建中都。

提出要在临濠建都的是朱元璋自己。有大臣提出关中、洛阳、汴梁、北平等地作为建都的地点，朱元璋都不赞同。他向大臣们提出：“朕欲以临濠为中都，何如？”“群臣皆称善”⑤，恐怕主要是李善长等一大批跟随他龙飞淮甸的从龙之臣，他们也都愿意衣锦还乡，并把都城营建在自己的家乡。其他如刘基、胡子昂等人，从政治地理的形势来考察，并不赞同朱元璋把都城建在他的家乡临濠即凤阳的方案。

从经济地理的形势来看，明朝初年凤阳民生凋敝、土地荒芜的情况，跟中原几乎没有多少差别，朱元璋也曾反复说过这样的话。

《实录》：洪武三年六月辛巳，“临濠，朕故乡也，田多未辟，土有遗利”⑥；洪武四年三月壬寅，“兵革之后，中原民多流亡，临濠地多闲弃”⑦；洪武七年，“临濠吾乡里，兵革之后，人烟稀少，田土荒芜”⑧。

因此，决定在凤阳营建中都，一切财力、物力、人力仍然主要依靠较为富庶的江南来负担供应。

---

①《明史》卷1《太祖本纪》；《国榷》卷1/292，至正二十一年三月戊寅；《续资治通鉴》卷216；《明通鉴》前编卷2。

②《明史》卷123《陈友谅传》；《国榷》卷2/311，至正二十四年三月庚午；《续资治通鉴》卷217；《明通鉴》前编卷3。孟昶，五代蜀主。

③《明太祖实录》卷21/9a－b；《续资治通鉴》卷219。

④《高皇帝御制文集》卷17/1a《中都告祭天地祝文》。

⑤《明太祖实录》卷45/3a。

⑥《明太祖实录》卷53/11a。

⑦《明太祖实录》卷62/2b。

⑧《凤阳新书》卷5/33b。

当时,从整个政治和经济的全局来看,元朝的统治虽然已经被推翻,但是统一战争还没有结束,退出塞外的北元蒙古贵族势力仍然严重地威胁着北方边地的安全。经过元末农民战争以来连续将近20年的战争,广大人民迫切需要的是休养生息。朱元璋虽然注意到了对农业生产的恢复和发展,但是他认为自己已经“贵为天子”,“富有四海,何求不遂,何欲不得”,于是不再“检制其心”,“骄盈不可复制”了①,“节俭是宝”的方针被“穷极侈丽,习尚华美”所代替。他要求宫阙“御道踏级文(纹)用九龙、四凤、云朵;丹陛前御道文(纹)用龙、凤、海马、海水、云朵”等华丽的浮雕石刻②,圜丘、方丘、日、月、社稷、山川坛及太庙都要“上以画绣”。到洪武六年九月,营建中都的工程已经进行了整整四年了,由于建筑标准要求太高,虽是驰迫督责,但工程进展还是不快。朱元璋无可奈何地说,“土木之功,亦甚难习”。《实录》记载:“上谕中书省臣曰:忧人者常体其心,爱人者每惜其力,朕常亲军旅,备知其疾苦。凡有兴造,未免资军民之力。土木之功,亦甚难习,朕每进一膳,即思天下军民之饥,服一衣,即思天下军民之寒,今临濠营造之士,宜各给米五石、衣一袭,庶不至饥寒也。”③

但是,对工程的标准并没有稍加降低,更没有想要就此下马停建,而是加紧设法从各方面调集劳力,以加速营建中都工程的进度。洪武七年,移江南民14万来凤阳;八年初,又“敕刑官,自今凡杂犯死罪者免死,输作终身;徒、流罪,限年输作;官吏受赃及杂犯私罪当罢职役者,谪凤阳屯种;民犯流罪者,凤阳输作一年,然后屯种”④。但是,想不到事与愿违,竟走向事物的反面,造成了完全相反的结果。

进行示威斗争的工匠,在董建中都的太师韩国公李善长的竭力怂恿下,遭到了残酷的镇压,壮烈牺牲。但是,工匠的反抗斗争和广大劳动群众的激愤情绪并没有被压制下去,反而更加高涨起来。

朱元璋一看形势不妙,赶快自己认罪,以平民忿,防止上海钱鹤皋起义在凤阳以更大的规模重演。朱元璋亲自撰写祝文,到中都圜丘祭告天地,说:“今为凤阳,于此建都。土木之工既兴,役重伤人,当该有司,叠生奸弊;愈觉尤甚。此臣之罪有不可免者。然今功将完成,戴罪谨告,惟上帝后土鉴之。”⑤

看来这个《中都告祭天地祝文》没有能把群众的激愤情绪平复下去,因此皇帝公开认罪以后,仍不能把已经“功将完成”的收尾工程继续进行下去,而是在

---

①《明太祖实录》卷116/1a。

②《明太祖实录》卷83/2a。

③《明太祖实录》卷85/4b,洪武六年九月丙辰。

④《明太祖实录》卷97/1b,洪武八年二月甲午。

⑤《高皇帝御制文集》卷17/1a。

朱元璋返回京师以后的当天，立即下诏“罢中都役作”。《实录》：洪武八年四月丁巳，“上还自中都……诏罢中都役作。初，上欲如周、汉之制，营建两京，至是以劳费罢之。”①

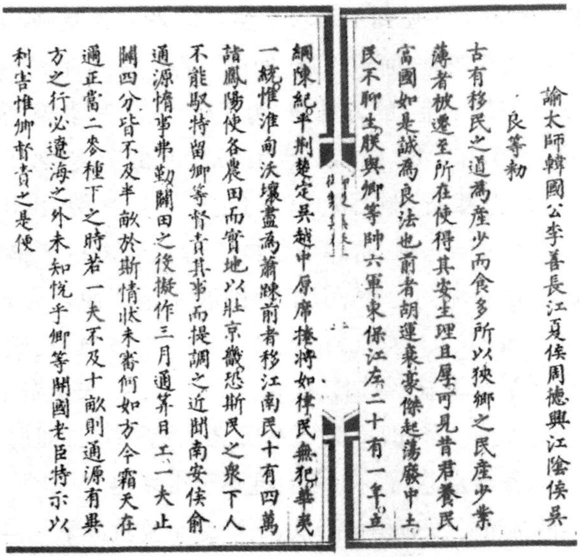
諭太師韓國公李善長江夏侯周德興江陰侯吳
良等勅
古有移民之道為産少而食多所以狹鄉之民産少業
薄者被遷至所在使得其安生理且屢可見昔君養民
富國如是誠為良法也爾者胡運衰豪傑起蕩覆中土
民不聊生朕與卿等帥六軍東保江左二十有一年立
綱陳紀平削楚定吳越中原席捲將如律民無犯華夷
一統惟淮甸沃壤盡為蕭踈前者移江南民十有四萬
詣鳳陽使各農田而實地以壯京畿恐斯民之衆下人
不能馭特留卿等督責其事而提調之近聞南安侯俞
通源情事弗勤闢田之後擬作三月通筭日工一夫止
闢四分皆不及半畝於斯情狀未審何如方今霜天在
通正當二麥種下之時若一夫不及十畝則通源有異
方之行必遠海之外未知恍乎卿等開國老臣特示以
利害惟卿督責之是使

《高皇帝御制文集》载《谕太师韩国公李善长、江夏侯周德兴、江阴侯吴良等》督责凤阳江南移民十四万农田，因“恐斯民之众，下人不能驭”，特留开国老臣，以平利害，督责其事。

《实录》：洪武八年八月己亥，“敕太师韩国公李善长、永嘉侯朱亮祖、南安侯俞通源，抚谕诸屯，劝督农事”②。又《敕谕太师韩国公李善长、江夏侯周德兴、江阴侯吴良等》，敕文说：“前者移江南民十有四万诣凤阳，使各农田而实地，以壮京畿。恐斯民之众，下人不能驭，特留卿等督责其事而提调之。”③不但人数众多，而且不太听话，“下人不能驭”，要特地留下这些“开国老臣”来“督责其事”。

这样，到这年九月，即“罢中都役作”后又过了五个月，才最后决定已经停下的“中都役作”不再复工继续搞下去了，最终放弃了“迁都中都”“定鼎是方”的原来计划，改变为改建京师的大内宫殿。朱元璋在诏书里批判了自己在凤阳营建中都过程中“穷极侈丽，习尚华美”的错误，宣布“今所作，但求安固，不事华丽，凡雕饰奇巧，一切不用，惟朴素坚壮，可传永久”，并且规定：“吾后世子孙，守以为法。”

《实录》：洪武八年九月辛酉，“诏改建大内宫殿。上谓廷臣曰：唐虞之时，宫室朴素，后世穷极侈丽，习尚华美，去古远矣。朕今所作，但求安固，不事华丽，

①《明太祖实录》卷99/3b－4a。

②《明太祖实录》卷100/5b。

③《高皇帝御制文集》卷6/1b；《凤阳新书》卷5/1a；康熙《凤阳府志》卷3b/4a。

凡雕饰奇巧，一切不用，惟朴素坚壮，可传永久。吾后世子孙，守以为法。至于台榭苑囿之作，劳民费财之事，游观之乐，朕决不为之。其饬所司，如朕之志。”①

朱元璋虽说得扭扭捏捏，还要为自己涂脂抹粉，但用意是很清楚的。

洪武十年十月丙午朔，京师改建社稷坛成，朱元璋又亲撰《奉迎社稷祝文》，说：“因工匠厌镇，百端于心弗宁。复命工兴造宫室，亦已完备。……工既完成，理合奉迎安祭，谨告神，其鉴之。”②

这个《奉迎社稷祝文》和两年半前的《中都告祭天地祝文》是相为呼应的，都是为营建都城宫阙告神的祝文，特别提了镇压工匠以后本人的心情。

洪武十年十月，“改作大内宫殿成……制度皆如旧，而稍加增益，规模益闳壮矣”③。

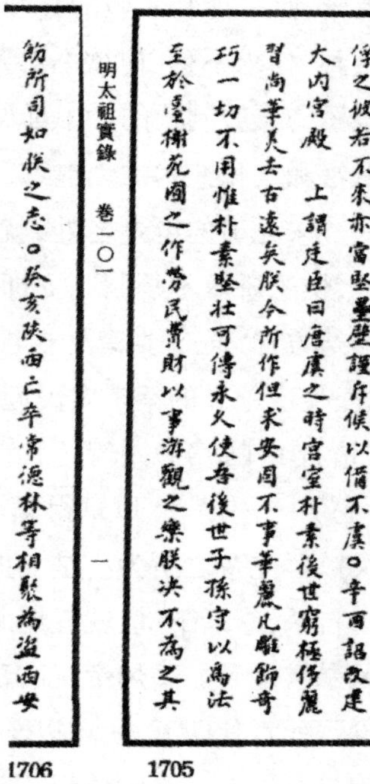
俘之彼若不來亦當堅壘壁謹斥候以備不虞○辛酉詔改建
大內宮殿　上謂廷臣曰唐虞之時宮室朴素後世窮極侈麗
習尚華美去古遠矣朕今所作但求安固不事華麗凡雕飾奇
巧一切不用惟朴素堅壯可傳永久使吾後世子孫守以為法
至於臺榭苑囿之作勞民費財以事游觀之樂朕決不為之其

1705

明太祖實錄　卷一〇一　一

飭所司如朕之志○癸亥陝西亡卒常德林等相聚為盜西安

1706

《明太祖实录》载：“洪武八年九月辛酉改建南京”大内宫殿诏，宣布“朕今所作，但求安固，不事华丽，凡雕饰奇巧，一切不用；惟朴素坚壮，可传永久。吾后世子孙，守以为法”

十一月乙亥朔，“上以大内宫殿新成，制度不侈，甚喜。因谓侍臣曰：……朕常念昔居淮右，频年饥馑，艰于衣食，鲜能如意；今富有四海，何求不遂，何欲不得，然检制其心，惟恐骄盈不复制，夙夜兢惕，弗遑底宁。故凡有兴作，必量度再三……未尝过度……非故为矫饰，实恐暴殄天物，剥伤民财，不敢不谨”④。

这里所谓的“非故为矫饰”，恰好是朱元璋文过饰非，矫揉造作。营建中都的过程，正是他“暴殄天物，剥伤民财”，哪里还有一点点“凡有兴作，必度量再三，未尝过度”的痕迹？只有工匠的斗争、人民的反抗，才使朱元璋“检制其心”，“夙夜兢惕，弗遑底宁”，把“穷极侈丽，习尚华美”的中都营建工程停了下来，在改建大内宫殿的时候，才“量度再三”，“不敢不谨” ，定下了“但求安固，不事华丽，凡雕饰奇巧，一切不用，惟朴素坚壮，可传永久”的方针，并把它列为祖训，要“后世子孙，守以为法”。这里又一次以历史事实雄辩地证明了“群众是真正的

---

①《明太祖实录》卷 101/1a。

②《明太祖实录》卷 115/2b 纪事，文载《高皇帝御制文集》卷 17/6a《奉迎社稷祝文》。

③《明太祖实录》卷 115/4b－5a。

④《明太祖实录》卷 116/1a。

英雄”这一颠扑不破的真理。朱元璋虽然贵为天子，富有四海，但并不是真正能做到“何求不遂，何欲不得”的，而是要受政治的、经济的种种条件，尤其是广大人民的愿望制约的。中都城的营建及其停建，不仅表明了广大劳动群众是物质财富和文化艺术的创造者，而且还是创造历史的真正的主人。

朱元璋的可贵之处，就在于经过工匠的斗争、人民的反抗以后能“检制其心，惟恐骄盈不复制”，立即公开认罪，马上停工，并批判自己错误的做法，改变建筑方针，通令要惜材抚匠，永以为法。这跟秦二世、隋炀帝就大不一样。陈胜、吴广领导的秦末农民起义爆发以后，右丞相冯去疾、左丞相李斯、将军冯劫“请且止阿房宫作者”，秦二世胡亥说：“凡所为贵有天下者，得肆意极欲（慾）……作宫室以章得意。……今朕即位，二年之间，‘群盗’并起，君不能禁，又欲罢先帝之所为。是上毋以报先帝，次不为朕尽忠力，何以在位！”冯去疾、冯劫自杀，李斯下狱，就五刑①。而秦朝的统治和秦二世也一起被农民战争的革命风暴推翻了。隋炀帝杨广营建东都洛阳，每月役丁200万人，“官吏督役严急，役丁死者什四五，所司以车载死丁，东至成皋，北至河阳，相望于道”；“筑西苑，周二百里……堂殿楼观，穷极华丽。宫树秋冬凋落，则剪彩为花叶缀于枝条，色渝则易以新者，常如阳春。沼内亦剪彩为荷芰菱芡，乘舆游幸，则去冰而布之”；“自长安至江都，置离宫四十余所”②，“穷奢极侈”，“征求无已”，“徭役无时”，最后终于被农民战争所推翻。朱元璋之所以马上缩回来，“检制其心，惟恐骄盈不复制”，防止“雕峻而亡”的覆辙，跟他在其他各方面都执行了一条面向现实的政治路线是分不开的。所以，作为一个封建皇帝来说，他还是做得不错的。

（五）工匠斗争取得的成果

工匠的斗争，取得了两方面的成果。首先是迫使朱元璋停下了“穷极侈丽”的中都营建工程；其次，也逐步改善了工匠本身的工作条件和生活待遇。

《实录》：洪武八年十月丁亥朔，“命中书省：凡工匠有死亡者，皆给以棺，送至其家，复其役三年”③。

洪武九年五月壬戌，“命工部给物故工匠槥椟。上谕之曰：‘今所作宫殿，但欲朴素坚固，不事华饰，不筑苑囿，不建台榭，如此经营，费已巨万。乘危负重，工匠甚劳，有不幸而死者，忧悬朕心。尔工部可各给槥椟，令国子生送致其家，赐钞以葬，蠲其家徭役三年。’复为文遣官即龙光山祭之，曰：‘昔君天下者，务在

①《史记》卷6《秦始皇本纪》；《资治通鉴》卷8/278。

②《资治通鉴》卷180/5619－5620。

③《明太祖实录》卷101/3a。

安民,然有不得已而劳民者,营造之类是也。比者营建宫殿,工匠有因疾而死者,有被伤而死者,有冒危险而死者,已敕官为棤椟,送之于家。今复设坛,遣官以牲醴赐祭,尔等有知,咸谕朕意。'仍赐见役工匠钞凡六万三百六十余锭"①。

洪武十年九月癸巳,南京宫殿改建即将成就的时候,朱元璋《谕群卿督工》,"更当善抚梓人",防范凤阳工匠斗争事件的再度发生。"尔群卿等督工已有日矣,工将成就之期,更当善抚梓人,早为完备。明旦实朕父母劬劳之时,前人皆称万岁节日,往年为有司因此而扰民,已下令止之。尔诸人来日勿以此而怠务,是谓不可。明日皆不许离工作所,犹当谨之毋怠。"②

朱元璋还亲自写了《王府工正敕(副同)》,令全国各地兴建王府的官员,要"惜材抚匠",要谨慎,不要"滥役":"工正之役,古人以之而掌管营缮,必得怜民之疾苦者, 庶不致旷费材料而滥役也。今王国各设工正所,官以尔某为某府工正(副),尔当惜材抚匠,以称斯任,往慎哉!"③

洪武十一年五月壬午,"命工部:凡在京工匠,赴工者,月给薪水盐蔬;休工者,停给,听其营生,勿拘。时在京工匠凡五千余人,皆便之"④。

洪武十二年五月庚午,在凤阳皇陵建筑完工前一个月,"召工部臣,谕之曰:'工匠久役京师,其中宁无缺衣食者,各计工给钞,悉遣还家。'"⑤。

洪武十九年四月丙辰朔,"分工匠轮班,三年赴京输作三月,递代"⑥。这样,20 多年来"尽在京城"的"九万工技之人","除该当赴工者在京,余有八万五千尽皆归家,各奉父母、保守妻子"⑦。

此后,工匠又争取到了可以纳银代役的办法,每月输班银六钱,不再赴班上工。工匠身份逐步解放,逐渐成为较为自由的手工业劳动者,为明朝中期以后商品经济的发展创造了条件。

---

①《明太祖实录》卷 106/1b-2a。

②《高皇帝御制文集》卷 7/11b。按,朱元璋生于元文宗天历元年(1328 年)九月十八日丁丑。这年"万岁节"前一日当为九月十七日癸巳。《实录》:洪武十年十月,"是月,改作大内宫殿成",与"工将成就之期"相合。此谕当为十年九月癸巳作。

③《高皇帝御制文集》卷 9/6a。

④《明太祖实录》卷 118/4b。时正在改建凤阳皇陵,因此在京工匠不足十分之一。

⑤《明太祖实录》卷 124/3a。

⑥《国榷》卷 8/662。

⑦《御制大诰三篇》"工匠顶替"条。

六、明中都的设计、布局和建筑

洪武八年,明太祖朱元璋"罢中都役作"之后,定鼎金陵,改南京为京师。这时中都的宫阙城池以及附属设施都已基本完工。十月丙申,就"迁凤阳府治于临濠新城"。

(一)明中都城址和城墙的设计与修改

明中都城有里外三道城。外面一道为中都城。中都城的中央是皇城。皇城万历后称紫禁城,是里面的一道城。皇城外的禁垣是中间的一道城。

明中都城坐落在临濠(临淮)旧城西,淮河南岸海拔20米以上的高亢地上。它的北面是沿淮平地和洼地,东面以及南面是濠河和它的支流,西面以及城内中部是一群绵延相连的海拔100米上下的小山。

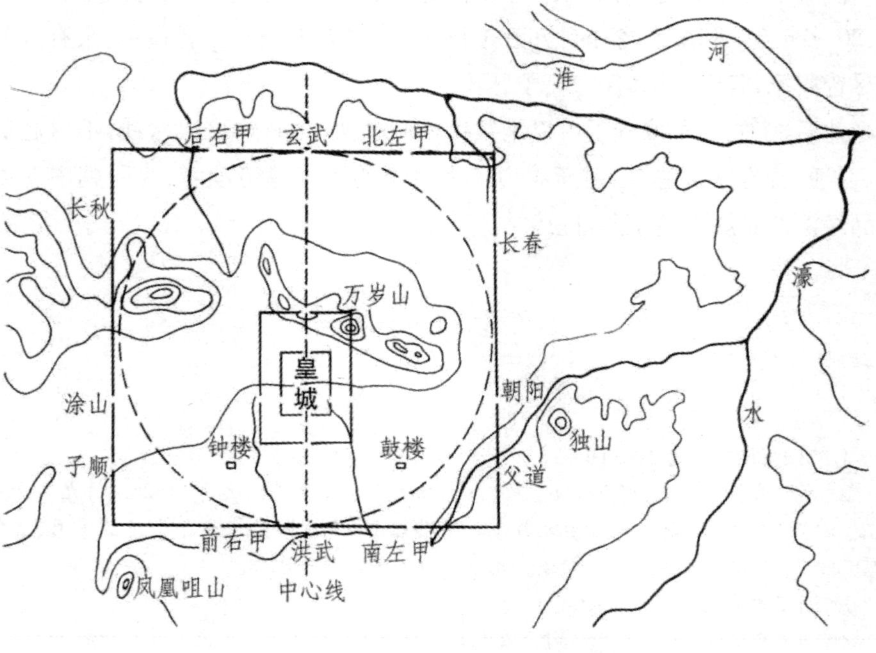

明中都城原设计复原图(王剑英测绘)

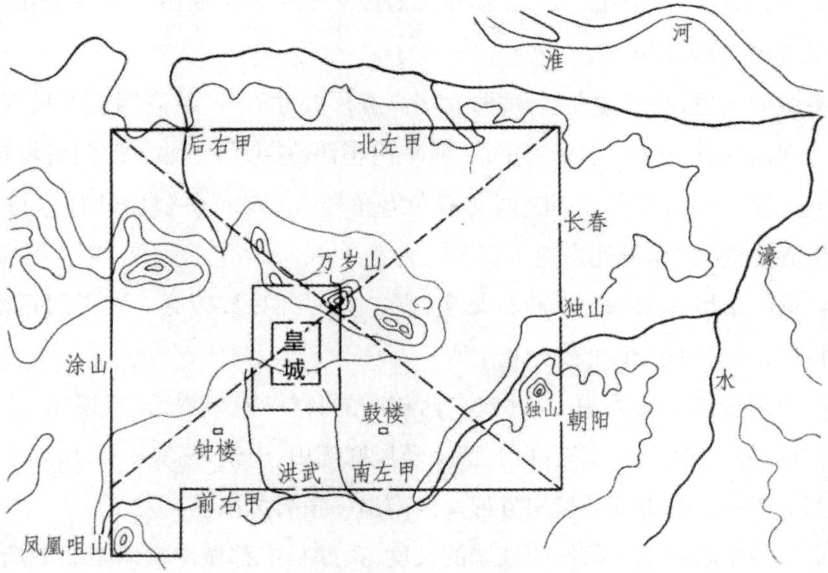

修改后的明中都城平面图(王剑英测绘)

明中都皇城(即紫禁城)筑在旧临淮城西偏南20里的凤凰山之阳正南海拔36米至43米较为平缓的坡地上,因此,《凤阳新书》说它是“席凤凰山以为殿”①。中都皇城向阳高亢,这是吸取了几年前南京填湖筑宫,造成“宫城前昂中洼”形势不称的经验教训,在营建中都、选择宫城地址中所取得的卓越成果。

中都皇城外的禁垣则又“枕山筑城”,把凤凰山主峰及与其相联的万岁山峰都包绕在内,城墙蜿蜒直上,气势雄伟。皇城禁垣的北门(北安门)筑在凤凰山巅之阴,所以明中都宫阙的主体虽然都在凤凰山之阳,但是从山后也能在遥远的地方看到中都雄伟的宫阙建筑。

凤凰山和万岁山以及日精峰、月华峰东西相联,长达10里。

《寰宇通志·凤阳府·山川》说:“万岁山,在府城中,禁垣北经其上,山之东西有二峰对峙,东曰日精,西曰月华。”“凤凰山,在府治北,即府之主山也……以形似名。”②

《中都志》说:“万岁山……形势壮丽,冈峦环向。国朝启运,筑皇城于是山,绵国祚于万世,故名。日精峰,在万岁山东,旧名盛家山③。月华峰,在万岁山

①《凤阳新书》卷3/6a。

②《寰宇通志》卷9/3a。

③乾隆《凤阳县志》卷2/1b:“日精峰本名盛家山……土人又称九华山。”

西,即马鞍山也。三山相联并,国初建都时改名。……凤凰山与万岁山相连,势如凤凰飞翔,故名。”①

皇城周六里,高三丈九尺五寸,女墙高五尺九寸五分,共高四丈五尺四寸五分。有四门,午门正南,东华门正东,西华门正西,玄武门正北。四门有城楼,午门为五凤楼,东南、西南、东北、西北四角有角楼②。陶允嘉《皇城旧内》诗:“紫气犹依五凤楼”,“角城兜虎遗千亩”③。

皇城外禁垣周13里半,砖石修垒,高二丈,开四门,砖券。承天门正南,东安门正东,西安门正西,北安门正北④。

明中都城以皇城为中心,并包东西相联的日精峰、万岁山、凤凰山、月华峰在内,因山势地形筑城,东至独山,西南至凤凰嘴山,土筑,高三丈⑤,周五十里又四百四十三步。明中都城呈扁方形。西南出一角名凤凰嘴。

皇城的中心线至中都城西城墙的长度,正好是中都城南城墙至北城墙距离的二分之一。南边三门和北边两门东西相隔的距离也是相等对称的。如果中都城东城墙亦与西城墙相对等,则中都城呈正方形,而周围的里数为45里,正与洪武五年正月“定中都城基址,周围四十五里”⑥的数字相合。因此,可以作出判断,最初设计的明中都城是呈正方形,皇城居中,东西对称的。但是,这样就把独山留在城外,居高临下,俯瞰全城,于防守极为不利。为了改正这个严重的缺点,经过权衡比较,最后在施工中还是放弃了以皇城为中心、东西对称的原来设计,而把中都城东城墙线向东推移展出了将近三里,把独山包括在城内。这样,不利变成了有利,独山就成了中都城的形势要害之地。

中都城从正方形变成扁方形,皇城就不再在全城的正中了,稍呈偏西;而万岁山则恰好在中都城两条对角线的交叉点上,它不但是全城的制高点,而且又成了全城的中心点。

---

①《中都志》卷2/1a-b。

②《明太祖实录》卷83/2a。《凤阳新书》卷3/8a作“高二丈五尺”,“有子城,无楼”,记载不确实。

③《凤阳新书》卷6/28b。

④按,《凤阳新书)卷3/8a及《明史·地理志》、康熙《凤阳府志》、《嘉庆重修一统志》等均作“周九里三十步”,误,与实际情况不符。《中都志》《大明一统志》不载明中都皇城禁垣长度。

⑤《凤阳新书》卷3/6a。

⑥《明太祖实录》卷71/6a。

中都城各段城墙的情况如下：

中都城西城墙筑在月华峰即马鞍山的西麓，南北向。开一门，有楼，在月华峰之阳，因“禹会诸侯于涂山”的涂山即在凤阳西70里，故名涂山门。涂山门外西北，有庙山与马鞍山相接，东西六七里①。“涂山门外西南里许，有小山二，南曰团山，北曰焦山，山顶皆有乱石”②。城内的凤凰嘴山顶上，也都是大如间屋的卵石，这是亿万年前火山喷发的遗迹。“又西南五里许，峰峦重叠，巍然出于众山者曰东鲁山，其西对峙者曰西鲁山，二山相去约五里。”这些绵延相联的诸山，成为中都城西边的天然屏障（参看卷首《明中都总图》）。

明中都城北城墙，东西向，筑在海拔20米线的边缘上。在这条线的北边，地势急剧下降四五米，为一内泻湖。“夏秋水发，灏瀚直薄山根”，东西长可达10里，南北宽4里，明时称为西湖，以与独山东的东湖相对称。后人因方丘在湖的北岸，就称它为方丘湖。方丘湖西受凤凰诸山北麓雨水，又纳由石燕湖经桥下溢入的秋水，沿与北墙平行的玉带河，东流过十里城（程）、三孔桥、世子坟、汤府至淮宁桥北合濠水尾闾入淮。所以，明中都西城墙是依山为险，而明中都北城墙则凭水为阻。方丘湖的北边不远是淮河。明中都城东北角离淮河岸最近处尚不及三里。

明中都城北城墙开两门，西边是后右甲第门（今为门台子），东边是北左甲第门（今称老北门）。北左甲第门在凤阳县治（今为山后街）正北，有楼，东西两侧已有二里多砌为砖城③。北左甲第门外淮河沿岸的十里城（程），明初开设以通舟楫，聚货易，“运船商船，直抵北门”。明中叶以后湮废，“运道闸河遂为旱壑”④。

明中都城东城墙在独山东侧，南北向。独山在日精峰即盛家山（又称九华山⑤）东南三里多，孤峰突起，海拔95米，古称孤山⑥。又扼明中都城的水口，形势最为险要。金水河合明中都城河水为独山涧，绕独山北麓东流七八里经东湖

---

①乾隆《凤阳县志》卷2/2a：“土城涂山门外西北与马鞍山相接者曰张家山，又西曰尖山，尖山西北曰劳山，劳山前曰庙山……其西南曰横山，东西六七里，山势至此一断。”《中都志》卷2/1b仅载“庙山在（凤阳）县西南十三里”，不记其余诸山名。

②乾隆《凤阳县志》卷2/2b。

③《凤阳新书》卷7/21b《尹令疏》。

④《凤阳新书》卷5/8a农政篇及卷7/52b、54a柯仲炯《中都五美贴》。

⑤乾隆《凤阳县志》卷2/1b。

⑥乾隆《凤阳县志》卷2/2a“独山”条：“《魏书·地形志》：‘钟离郡燕县有孤山，疑即此山也。’”《元和郡县图志》卷9：“（东晋）安帝时，因东郡燕县流入钟离者于此置燕县，至高齐，复为钟离县。”

(今俗称老塘湖)合濠水,再东北流八里入淮。明初"自淮由濠,通舟楫入城"。河岸"砖石修甃",有"大水关一座,下开五空,上有启关闸槽,跨独山涧"①。

中都城东城墙开三门。正东为独山门,有铺路东至临淮接驿路,为中都交通要道。独山门之北为长春门,在凤阳县治东,亦东至临淮。独山门之南为朝阳门,在凤阳府治正东,上有楼,南北两侧已砌砖城一里多②。城外浚濠一段。有铺路东南经大通桥越濠水至总铺合驿路。中都城东南隅离濠水最近处亦不过三里。

明中都城南城墙,东西向,筑于自西东流的大涧北岸的斜坡上,利用自然地形,以涧水为城濠。西南角突出两里多,把一个海拔66.5米的孤立于平原之上的小山凤凰嘴山包到了明中都城内,成为明中都城西南隅城守险要。

明中都城南城墙开三门。正南为洪武门,上有楼,正北对宫阙御道,向南经凤阳桥跨涧水,西南直达皇陵。洪武门的东边是南左甲第门(今称老人桥),正北对鼓楼,与北左甲第门南北呈一直线。洪武门的西边是前右甲第门,正北对钟楼,与后右甲第门南北呈一直线。

明中都城设计的时候,原来每边都是三门,共十二门。后来因"定鼎金陵",革除三门未建,立门九,北城墙建两门,西城墙仅建一门。

《大明一统志》仅载9门,曰:"立九门。"③《凤阳新书》说:"故旧有十二门,后革长秋、父道、子顺三门,今见有九门。"④两书所记九门方位相同。《中都志》:"开十有二门,曰:洪武、朝阳、玄武、涂山、父道、子顺、长春、长秋、南左甲第、北左甲第、前右甲第、后右甲第"⑤,未讲革三门、存九门,也未说明这12门的位置,但是排列次序是顺序的、整齐的、对称的。与《凤阳新书》所载12门对比,多了一个玄武门,少了一个独山门。从《中都志》排列的次序看,正东应为朝阳门,正北应为玄武门,西之北与长春门对称,应为长秋门,西之南与东之南两门亦应对称,以东、西、春、秋次序排列,应是东之南为父道门,西之南为子顺门。《凤阳新书》所载"革长秋、父道、子顺三门",它原来的排列次序也只能是这样,而必不能有别的排法。但是《大明一统志》和《凤阳新书》多了一个《中都志》十二门中所没有的独山门,位于正东,而把朝阳门列于东之南,少了一个与宫城北

①《凤阳新书》卷3/7b。

②《凤阳新书》卷7/21b《尹令疏》。

③《大明一统志》卷7/1a。

④《凤阳新书》卷3/6b。

⑤《中都志》卷3/1a。

门相重的玄武门。对比两种不同的记载,可以看出《中都志》记载的是原设计,《大明一统志》和《凤阳新书》记载的是革三门以后重新设计的实际状况,因此革除的应是玄武、长秋、子顺三门,并改原朝阳门为独山门,以与涂山门相对称,又改已无对称的父道门为朝阳门。又《寰宇通志》尚有"玄武门"的记载,说中都方丘在凤阳"玄武门外西北"①,因此,革除当在景泰以后,天顺之时。

柳瑛《中都志》的万历四十一年刻本里,万嗣达增补了一幅《凤阳府治图》,天启元年的袁文新《凤阳新书》里,也有一幅《中都内境山川城池陵寝坟墓第宅形胜总图》。从这两幅明朝时候留下来的凤阳地图里,可以看出当时明中都城的情况。本书附有这两幅地图,请参看。

(二)明中都宫阙的设计

1. 午门以南的精心设计和布局;集中太庙、太社稷于阙门左右,开创了一代制度

明中都宫阙,除宫城外,地面上已无现存的建筑,遗址尚待发掘清理。《明实录》《寰宇通志》《大明会典》《大明一统志》也都未记载明中都宫阙的情况。明代修纂的凤阳方志《中都志》记载极为简略:"洪武三年,建宫殿,立宗庙、大社于城内,并置中书省、大都督府、御史台于午门东西。"②

仅《凤阳新书》记载稍为详细:

"午门	正南。
左右阙门	午门东西。
东华门	正东。
西华门	正西。
玄武门	正北。
端门	午门之南。
〔承天门	端门之南〕
大明门	承天门南。
左右长安门	承天门之东西。
左右千步廊	大明门南东西。
御桥	五座,在午门南。

①《寰宇通志》卷 9/7b。

②《中都志》卷 3/1a。

金水河　　一道，在都城内，其水自禁垣东南流出，两岸甃以砖石，合洪武门涧水东入淮。

兴福宫　　在大内之正中。其余殿宇，惟基址尚存"①。

"太庙　　在皇城内；

太社　　在皇城内"②。

"大社坛　　在阙门之右；

大稷坛　　在大社坛之右"③。

"中书省　　在午门左；

大都督府　　在午门右；

御史台　　在大都督府西，俱洪武三年建"④。

这是现存有关明中都宫阙的最详细的记载了（参看《明中都以南设计、建筑平面图》）。

这些记载，反映了明初营建中都的某些特点，如：第一，置太庙、太社稷于阙门的东、西；第二，太社、太稷分坛；第三，置中书省、大都督府、御史台于午门东、西。

儒家都把《周礼·考工记》里"左祖右社"的规定作为都城设计的总规划，历代的都城建筑也确是这么搞的，但都还没有像营建明中都的设计布局这样突出，把它们集中放到午门前的两侧。朱元璋在营建吴王新宫的时候，把太庙建在"皇城之东北"，把社稷建在"宫城之西南"⑤。这虽然符合"左祖右社"的总原则，但还没有像营建明中都时把太庙移到午门前阙门之左，把社稷移到午门前阙门之右，这样集中，这样突出。洪武八年，改作南京太庙，十年改建社稷坛，都依照了中都的设计规划。朱元璋还亲自撰写祝文，说"始建之时"，"愚昧无知"，"未尝省察"，以致"地势少偏"，现在要改正过来，并且把这样的设计布局规定为包括王国在内的国家制度。

《实录》：洪武八年七月辛酉，"以改作太庙，躬祀后土、太岁等神，祝曰：'祖

①《凤阳新书》卷3/8a。

②《凤阳新书》卷4/53b。

③《凤阳新书》卷3/8b。

④《凤阳新书》卷3/10a。

⑤《明太祖实录》卷24/7b－9a，吴元年八月癸丑，"圜丘、方丘及社稷坛成。……社稷坛在宫城之西南，皆北向，社东稷西"。

宗神室，旧建皇城东北，愚昧无知。始建之时，未尝省察，是致地势少偏。兹度地阙左，以今日集材兴工，特告神知。'"①

洪武九年正月壬午，"定王国祭祀之制。凡王国，宫城外左立宗庙、右立社稷"②。

洪武十年八月癸丑，"命改建社稷坛。先是，上既改建太庙于雉阙之左，而以社稷国初所建，未尽合礼。又以太社、太稷分祭、配祀，皆因前代之制，欲更建之为一代之典，遂命中书（省）下礼部详议其制。……上览奏称善，遂命改作社稷坛于午门之右"③。

从上面这几个材料看，把原建在皇城东北的太庙移到阙门之左，把原建在宫城西南的社稷移到阙门之右，不仅以把它集中到宫阙两侧这样的突出地位来纠正初建时因循前代，致地势少偏的缺点，并"建为一代之典"，同时也充分地反映了朱元璋做了皇帝以后，为了巩固和加强自己的统治，突出儒家天命神授的思想有了非常明显强化。

营建明中都的时候，把太庙、社稷移到阙门左右，开创了一代的制度，但太社、太稷分坛仍继承了元朝的制度④。从这里也可以看出，营建中都在明初都城建筑设计中具有承上启下的地位。

此外，御桥在午门南，左右千步廊在大明门南东、西，也跟后代不同。

"御桥五座，在午门南"，与遗址情况是相符的，但如确切指出位置，应说在端门北，这和南京、北京御桥在承天门南不一样。《大明会典》营造内府中特意单独记载了一条："（洪武）二十五年，改建大内金水桥。又建端门、承天门楼各五间及长安东西二门。"⑤这次改建金水桥，不清楚如何改建，是不是把金水桥从端门后面移到了承天门前面？这个材料反映端门和承天门在此以前大概是没有楼的，但东、西长安门在《凤阳新书》里倒是已有记载了。

《凤阳新书》记载左右千步廊的位置，也跟南京、北京的不一样。《洪武京城图志》没有记千步廊的位置，《大明会典》则记为："大明门、承天门正南，中为驰

---

①《明太祖实录》卷100/4a。

②《明太祖实录》卷103/4a。

③《明太祖实录》卷114/1b－3b。

④《元史》卷76《祭祀志》五，太社、太稷"为二坛……社东稷西，相去约五丈"。

⑤万历《大明会典》卷181/1a。

道，东西长廊名千步廊，折而左右”①。千步廊究竟是在大明门南还是在大明门北，也说得不明确。吴长元《宸垣识略》：“大清门……明曰大明……门之内为千步廊，东西向，各百有十间，又折而北，各三十四间”，②则明确记载千步廊在大明门之内，即在大明门之北。顾炎武《肇域志（南畿）稿》有关明中都城建筑的记载是全部照录《凤阳新书》原文的，但是记明中都左右千步廊位置的时候，却把“大明门南东西”改成“在大明门之东西”。由于明中都千步廊遗迹已灭，还难于断定《凤阳新书》究竟是记述了明初旧制，还是记错了，有待于进一步探索。以明制 360 步为一里记，从大明门南至洪武门约两里，加上南北两端的曲折部分，接近于千步。

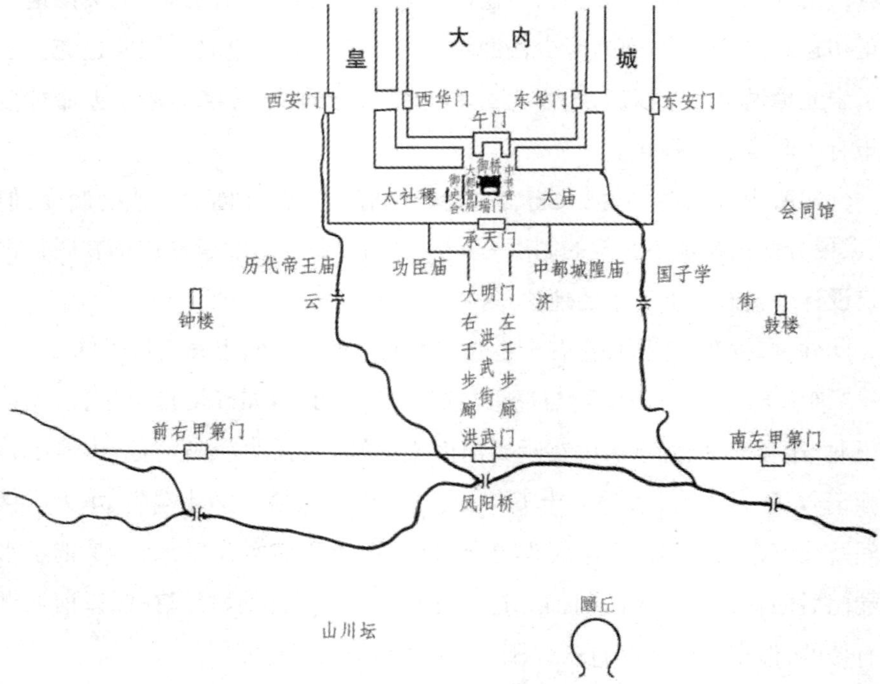

明中都午门以南设计、建筑平面图（王剑英绘制）

从《凤阳新书》和其他有关记载可以看到，明中都午门以南的设计和布局如下：自凤阳桥跨涧水，进洪武门，就进入了明中都城。洪武门是明中都城的正门，

①万历《大明会典》卷 181/3b。

②（清）吴长元《宸垣识略》卷 3/35。又赵洛、史树青《天安门》一书中叙述北京千步廊建筑：“明初即筑起千步廊，从大明门向北，沿着墙根一丈多远的地方，东西两排各建有通脊联檐，黄瓦红柱，带有廊沿的房屋各 110 间，再折向东西，各 34 间，到长安左右门稍南为止。”

南向,三券,有楼。进洪武门,正中为洪武街,东西为左右千步廊,过云霁街至大明门,共长两里多。大明门是从皇城禁垣筑墙向南伸延出来的前门。红墙在承天门前围成凸字形的开阔广场。广场正中为御道,广场东西两侧为左右长安门。承天门为皇城禁垣的正门,五券。进承天门往北为端门,经御桥(亦称外金水桥、外五龙桥)至午门前广场。广场东边为中书省,西边为大都督府,大都督府西边为御史台。往北,午门稍南,东边为阙左门,阙门之东为太庙,位于宫城东南方;西边为阙右门,阙门之西为太社稷,位于宫城西南方。午门是皇城即宫城的正门,中间三券,左右翼以两观,门观各有楼,午门东西为左右掖门。从大明门起至午门,又将近一里半。在这南北总长达三里,以御道为中心的轴线上,布列了一道道的门阙、御桥,左右两翼建筑了东西对称的千步长廊,中书省、大都督府等中央最高级的文武官署和太庙、太社稷,充分体现了宫阙建筑的森严和雄伟气魄,这是完全符合封建统治者显示帝王尊严以加强其权力的政治需要的。

2. 宫殿的设计和布局

关于凤阳明中都宫殿和宫城内设计布局的记载,那就更少了,只有《凤阳新书》"兴福宫,在大内之正中,其余殿宇,惟基址尚存",这么寥寥几个字。但是从考察遗址和考核文献中,还是能够了解到中都宫殿建筑的大致布局情况的。

《大明会典》工部·营缮清吏司记载了内府营造的规制和过程。

《会典》说:"吴元年,作新内。正殿曰奉天殿,前为奉天门,殿之后曰华盖殿,华盖殿之后曰谨身殿,皆翼以廊庑。奉天殿之左右各建楼,左曰文楼,右曰武楼。谨身殿之后为宫,前曰乾清宫,后曰坤宁宫,六宫以次序列。周以皇城。城之门:南曰午门,东曰东华,西曰西华,北曰玄武。"①

《实录》记载洪武二年九月癸卯建中都诏说:"始命有司建置城池、宫阙如京师之制焉。"由于当时尚无"京师",说要"如京师之制",意思就是要把中都建成为京师,所以绝不会完全抄袭南京吴王时代的宫殿制度。《实录》:洪武二年十二月丁卯,"奏进工部尚书张允所取《北平宫室图》,上览之"②。因此,在营建明中都的时候,必然又吸收了元大都宫室的长处。

《会典》又说:"洪武十年,改作大内宫殿。阙门曰午门,翼以两观,中三门,东西为左右掖门。午门内曰奉天门,门之左右为东西角门。门内正殿曰奉天殿,御以受朝贺。殿之左右有门,左曰中左门,右曰中右门,两庑之间,左曰文

①万历《大明会典》卷181/4b。正德《大明会典》卷147《内府造作》则不载宫殿门楼规制及营建历史。

②《明太祖实录》卷47/4b。

楼,右曰武楼。奉天殿之后曰华盖殿,华盖殿之后曰谨身殿。殿后则后宫正门。奉天门外两庑之间有门,左曰左顺门,右曰右顺门。左顺门之外为东华门,内有殿曰文华殿,为东宫视事之所。右顺门外为西华门,内有殿曰武英殿,为上斋戒时所居。"①

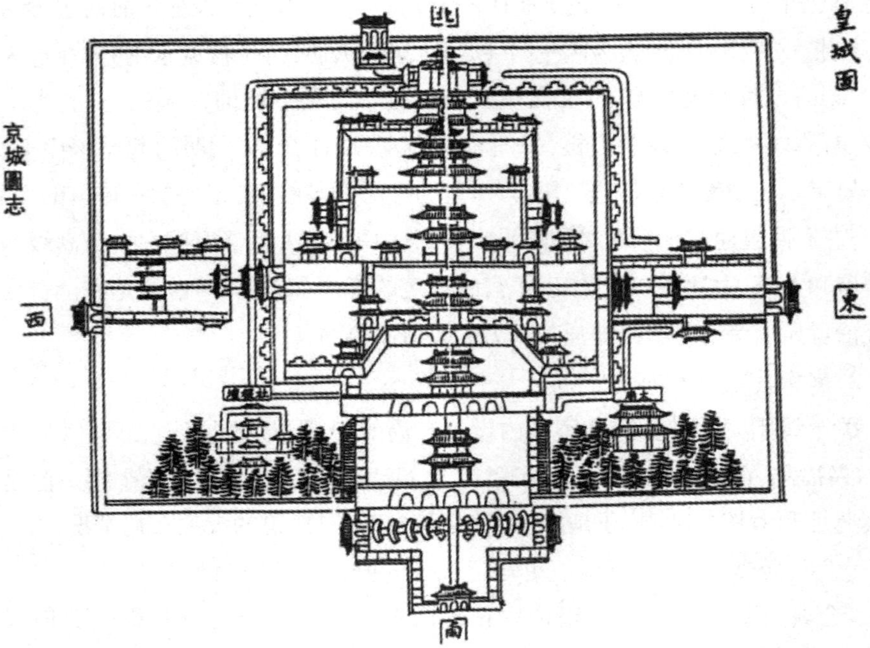

《洪武京城图志》里的《皇城图》②

这就是洪武八年四月丁巳"诏罢中都役作"以后,于同年九月辛酉"诏改建大内宫殿",到十年十月"改作大内宫殿成"的南京宫殿。《会典》的这一段文字,就是《实录》的原文,仅增减了几个字。而《实录》原文,在这一段最后,还有"制度皆如旧,而稍加增益,规模益宏壮矣"③的一句话。《明史·舆服志》宫室之制也依据《实录》加了"制度如旧,规模益宏"的话④。

说"制度皆如旧",是从总的方面来讲。细细比较这两段文字,"稍加增益"的地方则有:

①万历《大明会典》卷181/4b。正德《大明会典》卷147《内府造作》则不载宫殿门楼规制及营建历史。

②这是洪武八年九月至十年十月照凤阳明中都制度改建的(南京)大内宫殿和社稷坛等建筑。

③《明太祖实录》卷115/5a。

④《明史》卷68《舆服志》四·宫室之制。

一,午门"翼以两观",中三门外,东西增筑左、右掖门。

二,奉天门之左右,增筑东、西角门。

三,奉天殿之左右,增筑中左门、中右门。

四,后宫正门。

五,奉天门外两庑之间增筑左顺门、右顺门。

六,东华门内增建文华殿,西华门内增建武英殿。

《会典》接着又说:"(永乐)十八年,营建北京,宫殿门阙悉如洪武初旧制"①,也就是说,完完全全照洪武十年改建成的南京宫殿建造,没有任何改变。再用《会典》详细记载的北京"宫殿门楼规制"②和《洪武京城图志》里《皇城图》所载的宫阙殿门名③来比较,"增益"的还有:

七,谨身殿左右有后左门、后右门。

八,奉天门前有金水桥。

九,乾清、坤宁两宫之间有交泰殿。

十,奉先殿。

十一,柔仪殿。

十二,春和殿。

十三,文渊阁。

十四,东角门楼、西角门楼。

十五,春和门。

午门之外,皇城之内,尚有:

十六,庙街门(太庙右门)、社街门(太社稷南左门)。

十七,庙左门、社右门。

十八,[东上门]、东上北门、东上南门、[东中门];[西上门]、西上北门、西上南门、[西中门];[北上门]、北上东门、北上西门、[北中门];亲蚕之门④。

以上的比较材料里,有的是明显的"增益",如午门"翼以两观",有南京明故宫午门遗址可证,现两观虽已拆除不存,而墙上痕迹清晰犹存。有的可能是记吴元年作新宫的宫殿门楼语焉不详,略举其大要,如后宫正门,不一定就是改建大内时才"稍加增益"的。但据《实录》记载,奉先殿于洪武三年建,七年改

---

①万历《大明会典》卷181/6b。

②万历《大明会典》卷181/1b-4b。

③《洪武京城图志》9a-11b。

④有"[　]"符号括注的是不见于《洪武京城图志》而载于《会典》的门。

建,九年重建①,显然是《洪武京城图志》缺载。因此,要弄清楚前后制度的增益,尚待进一步研究,但是有一点是肯定的,那就是制度虽然皆如旧,而已稍加增益,规模更加宏壮了。

现在问题的核心是,“如京师之制”的凤阳中都宫殿究竟跟吴元年筑的新宫一样或接近,还是跟后来南京改作的大内宫殿一样或接近?回答是肯定的,那就是营建明中都时不但制度比吴元年筑的新宫稍加增益,规模更加宏壮,而且雕峻奇巧,奢侈华丽,则远远过之。罢建中都以后,为什么立即又改建南京大内宫殿呢?就是因为相比之下,原先筑的新宫,既不如中都宫阙华丽,也不如中都宫阙宏壮。这样才在南京再次大兴土木,把建成只有八年的南京新宫拆了,重新加以改建。改建时虽然凤阳中都宫殿的“雕饰奇巧,一切不用”,改建成后,“制度不侈”,但是“朴素坚壮”,比改建前的新宫“规模益宏壮矣”。中都翼以两观的午门遗址尚在,文华殿、武英殿等位置,凤阳亦有建筑遗址,均可证明。

南京、凤阳中都、北京宫殿建筑的继承性方面,在宫城内的金水河上,更为明显突出地表现出来。本来宫城内的金水河是可以因地制宜地根据原来的水源、水道、地形加以疏浚就可以了,可是北京宫城里的金水河,竟然和凤阳中都宫城内现存的水道如此惊人地相似,任何人都能一眼看出北京宫城里的金水河完全是照明中都的图样开挖的。再把中都宫城内现存的水道和南京宫城的水道相比,又是惊人地相似。而细细观察,明中都的金水河也是人工开挖的,并非天然的涧溪。那么,中都宫城的金水河就是照南京宫城的金水河图样开挖的了。再进一步探讨南京宫城的金水河道是怎么来的呢?细细比较,原来就是被填掉的燕雀湖的西南边缘线。燕雀湖被填了,在上面建筑新宫,但是原来从东北方向来的水还要继续往这里流,因此只能在这个位置上留出水道,加以疏浚,才能把水排掉。所以南京的金水河道完全是依照自然地形修的,即沿原来地势最低下的燕雀湖的西南边缘修的,不能有别的更为理想的选择,它是顺着水流趋势必然的、别无选择的排水线路。而中都则完全照南京的样子,把它照搬过来,营建北京时,又“悉如洪武初旧制”,把它照搬了过去,一条可以随人意开挖的金水河尚且如此“悉如旧制”,宫殿门阙就更是如此了。因此,从南京、中都、北京金水河的完全相似这一点上,可以给我们很大的启发,那就是凤阳明中都的宫殿门阙,虽然地表上除宫城外几乎没有原建筑物存在了,但是如认真地进行发掘清理,就有可能复原一个与现存北京故宫完全相似的建筑平面图来。历

①《明太祖实录》卷59/3a,洪武三年十二月甲子,“命建奉先殿”;卷94/3b,七年十一月乙丑,“改建奉先殿”;卷99/1a,八年夏四月庚寅朔,“改建奉先殿成”;卷106/6a,九年六月己亥,“重建奉先殿成。初,上以奉先殿弗称,命更造之,至是始成”。这已是第二次改建。

史文献上未曾详细记载的明中都宫阙情况，有希望用科学的考古发掘来说明朱元璋说的“今功将完成”的明中都宫阙，究竟已完成到什么程度。

（三）明中都建筑的设计布局及其规模制度

明中都的设计，不仅皇城（即宫城）、禁垣（即皇城）、中都城的城墙、城门东西对称，南北对称，而且文华殿和武英殿、太庙和太社稷、中书省和大都督府东西对称，其他还有一些重要的建筑或是东西对称，或是南北对称。如鼓楼和钟楼、中都城隍庙和功臣庙、朝日坛和夕月坛都是东西对称的，圜丘和方丘、皇陵和十王四妃坟、凤阳府和凤阳县都是南北对称的。此外，依山建苑囿、龙兴寺、观象台，如拱星环列。临水建百万仓，以便于漕运。国子监、会同馆、官署、卫所等则布列城内。现将这些主要的建筑和设施，考证介绍于后。

1. 太庙、太社稷的设计布局和制度

太庙在阙门之左，太社稷在阙门之右，都在皇城禁垣之内，宫城之外，东西对称。这样设计布局的经过和意义，在前面《午门以南的设计和布局》一节中已作了说明，这里把明中都太庙和太社稷的制度分叙于后。

（1）太庙

《明史·礼志》宗庙之制：“明初作四亲庙于宫城东南，各为一庙：皇高祖居中，皇曾祖东第一，皇祖西第一，皇考东第二，皆南向……（洪武）八年，改建太庙……为同堂异室之制。”①考《明史》历代帝王陵庙载：“（洪武）六年……建历代帝王庙于钦天山之阳，仿太庙同堂异室之制”②，则洪武六年八月乙酉建历代帝王庙之前，太庙已为同堂异室之制，并不始于洪武八年七月辛酉的改建太庙。但南京在改建太庙之前，确是四亲“各为一庙”，“外为都宫”。而中都太庙是洪武四年建的。因此，唯一合理的解释就是中都建太庙时已改为同堂异室之制，这样，洪武六年南京建历代帝王庙时，才能“仿太庙同堂异室之制”；到洪武八年罢建中都以后，就改建南京太庙，如中都之制也改成了同堂异室，所以明代宗庙的同堂异室之制，并不始于洪武八年的改建南京太庙，而是洪武四年立宗庙、大社于中都的时候就改了庙制祀典了。《实录》记改作（京师）太庙时说：“其庙制按唐、宋为正殿同堂异室”③，这其实就是建明中都太庙时候的考虑。

《实录》：洪武四年正月庚寅，“建……太庙于临濠。礼部奏：临濠宗庙，宜如唐、宋同堂异室之制。作前殿及寝殿，俱一十五间，殿之前俱为侧阶，东西旁各

---

①《明史》卷51《礼志》五。按，《实录》：明初太庙在“皇城东北”，到洪武八年，才“度地阙右”，“改作太庙”，把它移到宫城外东南午门之右。

②《明史》卷50《礼志》四。

③《明太祖实录》卷100/4a，洪武八年七月辛酉。

二间为夹室，如晋儒王肃所议，中三间通为一室，奉德祖皇帝（高祖朱伯六）神主，以备祫祭，东一间为一室，奉懿祖皇帝（曾祖朱四九）神主，西一间为一室，奉熙祖皇帝（祖朱初一）神主。从之”①。

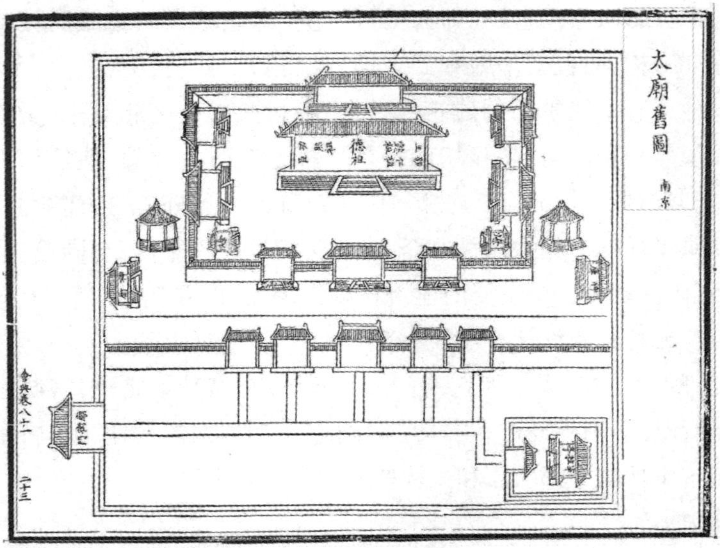

正德《大明会典》里的南京《太庙旧图》②。

《明史·礼志》宗庙之制载，洪武八年改建太庙同堂异室制度为：“前正殿，后寝殿，殿翼皆有两庑。寝殿九间，间一室，奉藏神主，为同堂异室之制。”③其余当仍如明初制度，“三门，门设二十四戟。外为都宫。正门之南斋次，其西馔次，俱五间，北向。门之东神厨五间，西向。其南，宰牲池一，南向”。《实录》记载明中都太庙“作前殿及寝殿俱一十五间。殿之前俱为侧阶，东西旁各二间为夹室”④，看来还是有所不同⑤。正德《大明会典》里的南京《太庙旧图》可以参考⑥。

（2）太社稷

《明史·礼志》社稷：“社稷之祀，自京师以及王国、府、州、县皆有之。其坛在宫城西南者曰太社稷。明初建太社在东，太稷在西，坛皆北向。……又北建

①《明太祖实录》卷60/2b－3a。

②这是洪武八年如中都制改建的太庙。

③《明史》卷51《礼志》五，又《实录》卷100/4a。

④《明太祖实录》卷60/2b－3a。

⑤《寰宇通志》卷9/7b：“中都宗庙在府城禁垣内”；《中都志》卷3/1a：“立宗庙、太社于城内”；《凤阳新书》卷4/53b：“太庙在皇城内，太社在皇城内”，《大明一统志》卷7/1a中都：“太庙，在皇城内”，都未言及中都太庙的制度，甚至连确切的位置都没有明确讲。

⑥正德《大明会典》卷81/23a－b礼部四十、祭祀二，时享太庙·庙制。

拜殿五间，以备风雨。（洪武）十年……改作于午门之右，社稷共为一坛。”①同书坛壝之制条又说：“太社稷坛在宫城西南，东西峙。明初建，广五丈，高五尺，四出陛、皆五级，坛土五色，随其方，黄土覆之。坛相去五丈，坛南皆树松，二坛同一壝，方广三十丈，高五尺，甃砖四门，饰色随其方。周垣四门，南棂星门三，北戟门五，东西戟门三，戟门各列戟二十四。洪武十年，改坛午门右，社稷共一坛……”②《凤阳新书》记载中都坛壝“大社坛，在阙门之右，大稷坛，在大社坛之右”③，这是符合明初“太社在东，太稷在西”的制度的。所以，中都大社稷的建立，和《明史·礼志》里记的明初“二坛同一壝”的制度是一样的，而跟洪武十年以后改为“社稷共一坛”不同。

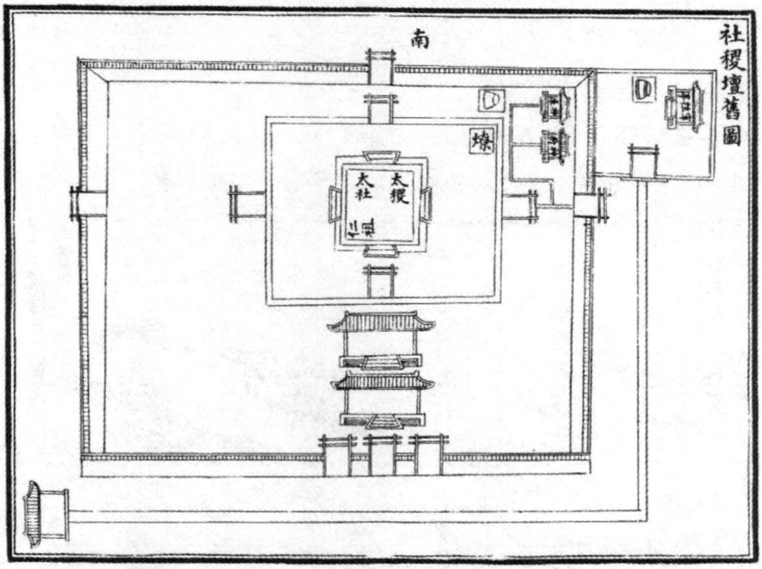

正德《大明会典》里的南京《社稷坛旧图》④

2. 中书省、大都督府和御史台集中于午门东、西

《中都志》：“置中书省、大都督府、御史台于午门东西”⑤；《凤阳新书》：“中书省，在午门左；大都督府，在午门右；御史台，在大都督府西，俱洪武三年建，仿

①《明史》卷49《礼志》三·社稷。

②《明史》卷47《礼志》一·坛壝之制。《明史》社稷坛制度是根据《明太祖实录》吴元年八月癸丑和洪武十年八月癸丑的记载写的，文字稍有改易。《实录》四门饰色作：“东饰以青，西饰以白，南饰以赤，北饰以黑。”

③《凤阳新书》卷3/8b。

④中都大社坛在左，大稷坛在右，二坛同一壝，南京改建为社稷共一坛。

⑤《中都志》卷3/1a。

古三独座云。”①

3. 鼓楼、钟楼在明中都建筑设计中的重要位置

《中都志》:“鼓楼,在云霁街东,洪武八年建,规模宏丽。钟楼,在云霁街西,洪武八年建,上有巨钟,太史宋濂有《铸钟颂》。”②

《凤阳新书》较为详细地记载了它的建筑结构和陈设等:

中都谯楼,即鼓楼,在云霁街之东。洪武五年肇建中都,八年建是楼。筑台,下开三券。上有楼九间,层檐三覆,栋宇百尺,巍乎翼然,敻绝尘壒,制度宏大,规模壮丽。登焉则江、淮重湖萦纠渺漭,一目而中都诸山空蒙杳霭,隐见出没于云空烟水之外。上置铜壶滴漏,铜点更鼓,以警朝夕。凤阳中等卫所拨设军余一百六十四名,以官顾之,为守楼,并习吹鼓。凡遇公私,以便应用。如相(有)损坏,例于军卫修葺。

钟楼,在云霁街西,与鼓楼对峙,相距五里。洪武八年建。下有台,开三券。上有楼,重檐三覆,中悬铜钟,以警朝夕。凡遇修饬,例于有司。③

乾隆《凤阳县志》中的“凤阳八景”之一《谯楼归市》图

鼓楼位于皇城禁垣外东南方向一里半,钟楼位于皇城禁垣外西南方向一里半,这两座高大的建筑物,东西向对峙于中都皇城前的左右两侧,相距五里,把东起独山,经日精峰、万岁山、凤凰山、月华峰,西迄庙山、鲁山,在这群山环峙中

①《凤阳新书》卷3/10a。

②《中都志》卷3/29a。

③《凤阳新书》卷3/8b-9a。

“席山建殿”“枕山筑城”的明中都宫阙衬托得更为雄伟壮丽。

从康熙《凤阳府志》的附图上看，钟楼的台基是很高很高的。从乾隆《凤阳县志》的附图上看，明中都的鼓楼比南京、北京的鼓楼也高得多，雄伟得多。因为明中都的鼓楼和钟楼若不如此的遥遥对峙，不如此的高耸雄伟，就不但不能将雄伟壮丽的明中都宫阙衬托出来，而且会使在群山环抱中的明中都宫阙显得不够开阔，局促一方。因此，鼓楼和钟楼在明中都的建筑设计中，居于十分重要、举足轻重的地位。从《中都志》的《凤阳府治图》和《凤阳新书》的《中都形胜总图》里，也可以明显地看出鼓楼、钟楼在整个中都城建筑设计中的极为重要的位置。

明中都大钟

宋濂《凤阳府新铸大钟颂》：“钟高十六尺有五寸，厚六寸，径十尺有五寸，围三十四尺有奇。……于是营构层台，副从簨簴（悬钟架），聚千夫之力，（曳）巨絙而登之。一杵之撞，隐隐阗阗，雷旋霆奔，震撼太虚，遐迩闻者，靡不耸愕。”①据这则材料，凤阳中都钟楼的大钟比永乐年间铸的北京钟楼大假钟要大得多②。

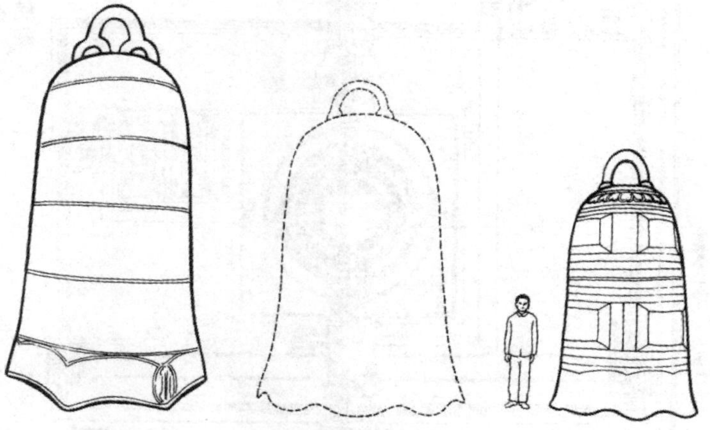

明中都钟楼大钟与北京钟楼大钟、大钟寺大钟比较图

①文载宋濂《宋学士集》《芝园前集》卷4。

②据北京文物工作队编《北京名胜古迹》p54《大钟寺》载：“大钟总重量达42吨，合84000多市斤，高二丈一尺，最大直径为一丈一尺”，则大钟寺华严钟又比中都钟楼大钟稍大。

	中都钟楼大钟	北京钟楼大钟	比例
高度	16.5 尺(555 厘米)	430 厘米	1.2∶1
厚度	0.6 尺(20 厘米)	11 厘米	2∶1
直径	10.5 尺(350 厘米)	230 厘米	1.5∶1
外圆	34 尺(1133 厘米)	750 厘米	1.5∶1
重量	65000 斤	19000 斤左右	3.4∶1
体积			4∶1

4. 圜丘和方丘、朝日坛和夕月坛、山川坛的布局和制度

(1)圜丘和方丘

圜丘,在洪武门外东南两里,方丘在后右甲第门(今门台子)外东北两里,南北对称。《凤阳新书》:"圜丘,在洪武门之东,为祀天之所,其置而圆,以象天也";"方丘,在后右甲第门外东,为祀地之所,其置方,以象地也。"①

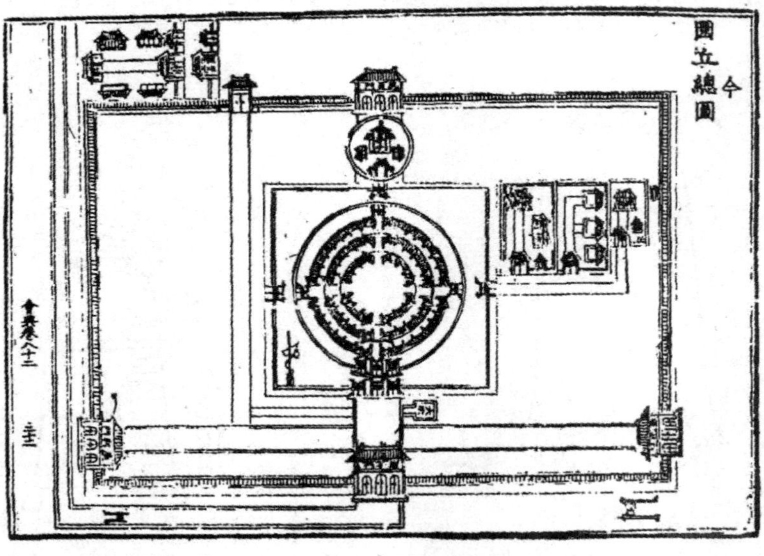

万历《大明会典》里的北京《圜丘总图》②

明中都圜丘选择在自然地形隆起成丘的高地上,方丘选择在自然地形伸入方丘湖南岸三面环以低洼地形似泽中之丘的部位上,这些都是符合古仪的。《周礼》说:"冬日至,于地上之圜丘奏之";"夏日至,于泽中之圜丘奏之。"《疏》:土之高者曰丘,圜者,象天圜也,因高以事天,故于地上;方丘,象地方也,因下以

①《凤阳新书》卷 3/8b。又《寰宇通志》卷 9/7b、《中都志》卷 3/41a、《大明一统志》卷 7/1a,《肇域志(南畿)稿》卷 4/14a－b。

②这是嘉靖九年天地分祀后在北京建筑的圜丘,制度与中都凤阳基本相同。

事地，故于泽中。不可于水中设祭，故取泽中之丘①。圜丘，亦称圆丘，圜、圆相通，俗称天坛。方丘亦称方泽，俗称地坛。

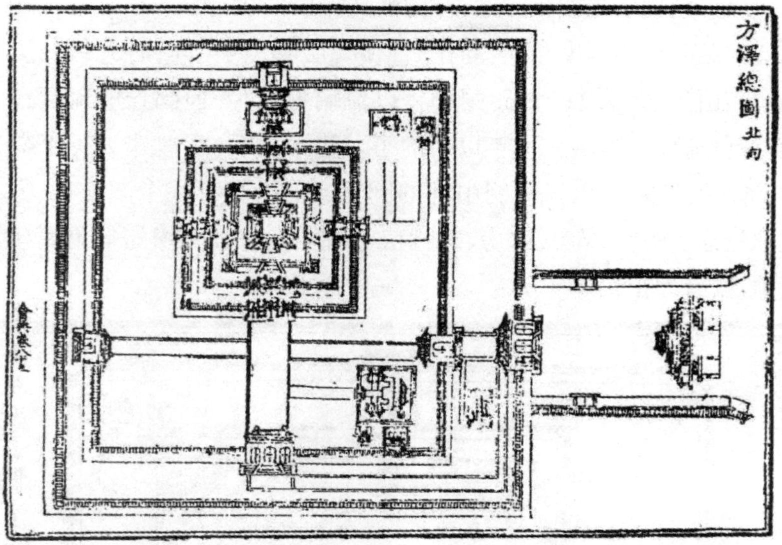

万历《大明会典》里的北京《方泽总图》②

圜丘的制度，明代屡次更改。方丘的制度，亦曾更改。吴元年八月癸丑，“圜丘、方丘及社稷坛成”③。洪武四年正月庚寅，“建圜丘、方丘、日、月、社稷、山川坛及太庙于临濠”④。同年二月，朱元璋亲自去了一次中都。回来后，于三月丙戌“诏改筑（南京）圜丘、方丘坛”⑤。从这次更改圜丘、方丘尺寸制度的过程来看，是明中都更改在前，南京则如中都制度进行改建。《实录》和《明史·礼志》记载了洪武四年改筑南京圜丘、方丘的尺寸制度。

《实录》：洪武四年三月丙戌，“诏改筑圜丘、方丘坛”。

圜丘　坛二成（层）。上成面径（直径）四丈五尺，高五尺二寸。下成周围坛面皆广一丈六尺五寸，高四尺九寸。上下二成，通径七丈八尺，高一丈一寸。坛址至内壝墙，南、北、东、西各九丈八尺五寸。内壝墙至外壝墙，南十三丈九尺四寸，北十一丈，东、西各十一丈七尺。内壝墙高五尺，外壝墙高三尺六寸。

方丘　坛亦二成（层）。上成面径三丈九尺四寸，高三尺九寸。下成周围每

---

①《周礼注疏》（《十三经注疏》本）卷22/789－790春官宗伯·大司乐。

②这是嘉靖九年天地分祀后在北京建筑的方泽，制度与中都方丘基本相同。

③《明太祖实录》卷24/7b。

④《明太祖实录》卷60/2b。

⑤《明太祖实录》卷62/1a。

面广一丈五尺五寸，高三尺八寸。上下二成通径七丈四寸，高七尺七寸。下成坛址至内壝墙，南、北、东、西各八丈九尺五寸。内壝墙至外壝墙，南、北、东、西各八丈二尺。内壝墙高四尺三寸，外壝墙高三尺三寸”。①

其余都跟明初的制度相同：圜丘坛二成（层），“四出陛，各九级”；方丘坛二成（层），四出陛，皆八级；“甃砖阑楯皆以琉璃为之”。但圜丘的琉璃还不是青色的，换青色琉璃瓦是洪武十年以后的事。建大祀殿（后改建为祈年殿）、皇穹宇也都是以后的事，所以凤阳明中都的圜丘、方丘，只有一个圜丘坛、方丘坛以及天下神祇坛、神库、厨房、库房、宰牲房、天池、斋舍、坊、燎坛等附属建筑和栽植的松柏，没有大祀殿。

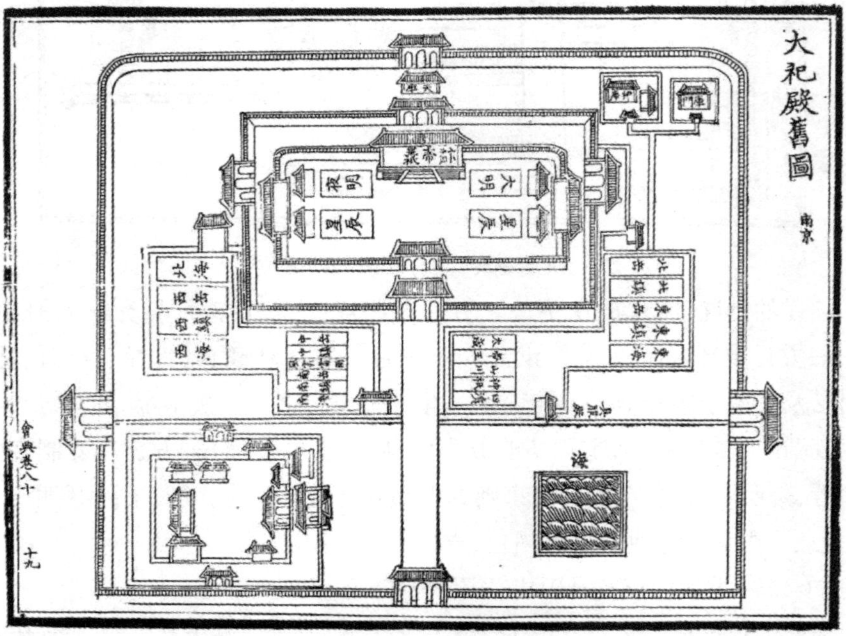

正德《大明会典》里的南京《大祀殿旧图》②

（2）朝日坛和夕月坛、山川坛

《实录》：洪武四年正月庚寅，“建圜丘、方丘、日、月、社稷、山川坛及太庙于临濠”③。但是《寰宇通志》《大明一统志》《中都志》《凤阳新书》都没有明中都朝日坛、夕月坛、山川坛的记载。这就给人们提出了一个问题，这些建筑到底是

①《明太祖实录》卷62/1a－b。《明史》卷47《礼志》一·坛壝之制，文字稍有改易。圜丘上成（层）高五尺二寸作“二尺五寸”，方丘上成（层）广三丈九尺四寸作“二丈九尺四寸”，均误。中华标点本已改正。

②南京圜丘原照中都制度改筑。洪武十年，又改为天地合祀，建屋覆盖，名大祀殿。

③《明太祖实录》卷60/2b。

不是如《实录》所载都在中都建起来了呢?

再有,在《实录》的这个材料里,紧接着就记叙了中都太庙的制度,对圜丘、方丘和日、月、社稷、山川坛的制度却只字未提,什么也都没有讲,这又是为什么呢?

经过对明初营建坛庙的材料进行对比和分析,发现明中都社稷坛虽然变更了位置,坛壝制度却还是跟吴元年八月癸丑规定的相同,没有变更,而太庙不仅变更了位置,连制度也变更了,从南京的"四祖各为庙",改成了中都的"同堂异室",因此必须加以说明。朝日坛、夕月坛的制度,在洪武三年正月甲午奏定朝日夕月礼的时候就已规定了。建明中都朝日坛、夕月坛的时候没有另述制度,说明还是照南京的样子建,没有变更。山川坛的制度,早在洪武二年正月戊申规定由"屋而不坛"改为"合为一坛",建明中都山川坛的时候没有另述制度,看来也是照南京山川坛的制度,没有变更。圜丘、方丘的制度,在洪武四年三月丙戌"诏改筑(南京)圜丘、方丘"的时候详细说了。这时,中都圜丘、方丘正在施工,改筑圜丘、方丘的方案,很可能就是在营建明中都圜丘、方丘的过程中提出来的。之所以《实录》的这个材料里只字不提中都圜丘、方丘、日、月、社稷、山川坛的制度,是因为这些建筑的制度,都和原来南京的建筑一样,没有必要重述;而太庙由于变更了南京原来的庙制,就必须把变更制度的情况加以叙述说明。因此,明中都朝日坛、夕月坛、山川坛虽然不见于别的记载,应当是同圜丘、方丘、社稷坛一样都是建筑起来了的。可以作为旁证的是南京也有同样的情况。《实录》载洪武三年正月甲午,礼部奏定朝日夕月礼,规定了坛制,但是朝日坛、夕月坛究竟筑了没有,什么时候筑的,都没有明确讲,而《大明一统志》、《洪武京城图志》坛庙、《金陵古今图考·国朝都城图考》也都没有南京朝日坛、夕月坛的记载,可是《实录》有洪武三年二月丙子"上朝日于东郊",同年八月己卯"夕月于西郊"的记载,可见朝日坛、夕月坛都是建成了的,而且是规定坛制以后立即就建的。因此,明中都的朝日坛、夕月坛、山川坛也应当是在洪武四年正月庚寅"建圜丘、方丘、日、月、社稷、山川坛及太庙于临濠"之后立即动工兴建的。

明中都朝日坛、夕月坛、山川坛的方位和制度,应当是跟当时南京已有的朝日坛、夕月坛、山州坛相同。

朝日坛和夕月坛 《实录》:洪武三年正月甲午,"礼部奏定朝日夕月礼。按《周礼·大宗伯》……其坛制:朝日坛宜筑于城东门外,高八尺;夕月坛宜筑于城西门外,高六尺。俱方,广四丈。两壝,壝各二十五步。燎坛方八尺,高一丈,开上,南出户,方三尺……"①

---

①《明太祖实录》卷48/3a-4a。又《明史》卷47《礼志》一·坛壝之制。

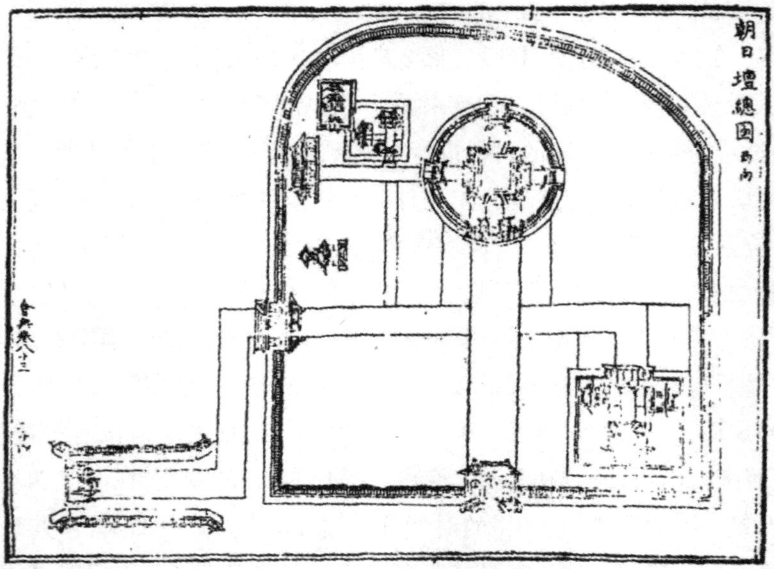

万历《大明会典》里的北京《朝日坛总图》①

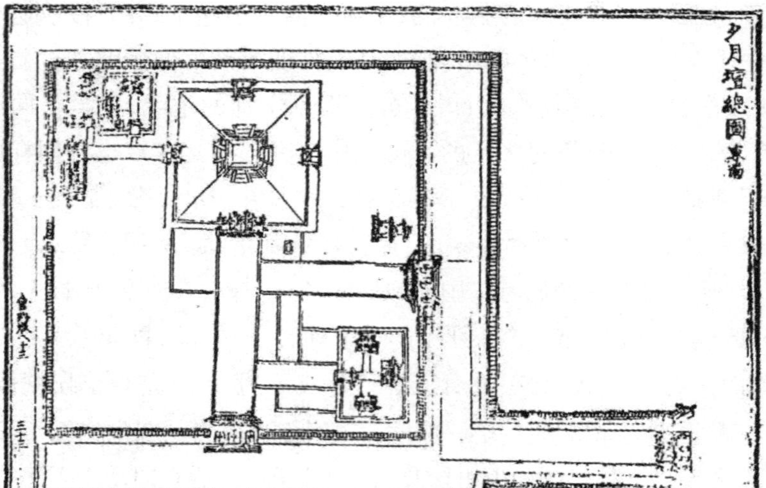

万历《大明会典》里的《夕月坛总图》

山川坛　《明史·礼志》岳镇海渎山川之祀："洪武二年，太祖以岳渎诸神合祭城南，未有专祀，又享祀之所，屋而不坛，非尊神之道……今宜以岳镇海渎及天下山川城隍诸地祇合为一坛，与天神埒，春秋专祀。"②《实录》：洪武九年正月

①嘉靖九年北京复建的朝日坛，制度与明中都朝日坛基本相同。

②《明史》卷49《礼志》三。

庚午,“初,山川坛建于(南京)正阳门外,合太岁、风、云、雷、雨、岳镇、海渎、山川、城隍、旗纛诸神共祭之”①。

明中都山川坛的位置亦当与南京相仿。据《金陵古今图考·国朝都城图》,南京大祀坛(即圜丘,后改建)、山川坛在都城南门外,东西相对。

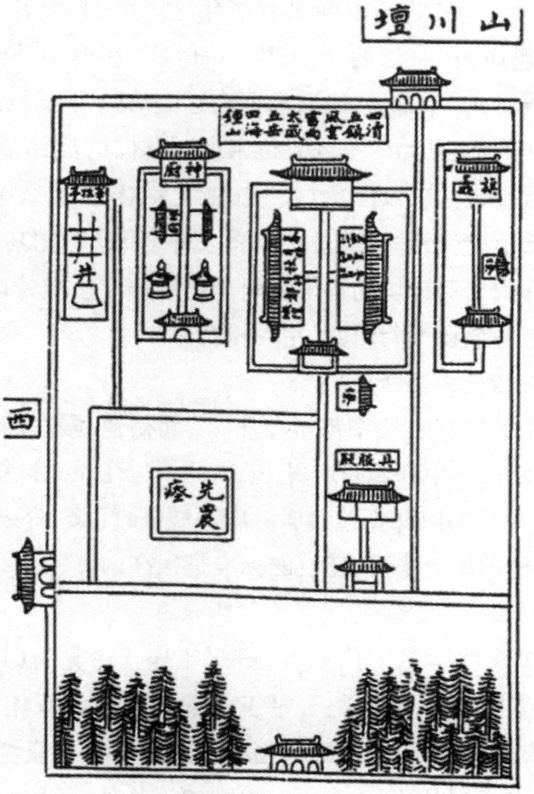

《洪武京城图志》里的南京《山川坛》图②

①《明太祖实录》卷103/3a－b。上下文为“建太岁、风、云、雷、雨、岳、镇、海、渎、钟山、京畿山川、月将、京都城隍诸神坛壝殿成”;“至是,始定拟……凡十三坛”。以下记坛壝制度如下:“建正殿、拜殿各八楹,东西庑二十四楹;坛西为神厨六楹,神库十一楹,井亭二,宰牲池亭一;西南建先农坛;东南建具服殿六楹;殿南为籍田;坛东南建旗纛庙六楹;南为门四楹,后为神仓六楹;缭以周垣七百一十二丈,东、西、北神门各四楹,皆甃以甓。东又别为周垣,甃为门一,垣内地七十庙,水田十亩,岁种黍、稷、稻、粱、米、牟及菁、芹、葱、韭,以供祀事。”明中都山川坛制度当与此不同。《明史》卷47《礼志》一·坛壝之制:“山川坛,洪武九年建……”,以下记坛庙制度,漏载洪武九年以前“屋而不坛”及“合为一坛”的沿革制度,仅在《明史》卷49《礼志》三,岳镇海渎山川之祀里提了一下。

②明中都山川坛的制度,与南京洪武九年稍加改建之前的相同。

5. 中都城隍庙、开国功臣庙、历代帝王庙的布局和制度

《寰宇通志》:“中都城隍庙,在府城中留守司后感应坊,国朝洪武五年建,祀中都城隍之神”;“功臣庙,在中都城隍庙西英灵坊,国朝洪武五年建,祀开国功臣常遇春等。”①《大明一统志》:“中都城隍庙,在留守司后,本朝洪武五年建”;“功臣庙,在中都城隍庙西,本朝洪武五年建,祀开国功臣常遇春等。”②《中都志》:“中都城隍庙,在府治西感应坊。功臣庙,在府治西英灵坊,即开国元勋阁。”③《凤阳新书》:“中都城隍庙,邑西南感应坊”;“开国功臣庙,邑西南。”④几本书从留守司、府治、县治的不同方位来说明它们的位置,其实是一致的。以中都城的布局设计来讲,应该以皇城和中轴线来叙述,那么中都城隍庙就是在大明门东、皇城禁垣南、云霁街北感应坊的正中偏南;开国功臣庙在大明门西、皇城禁垣南、云霁街北英灵坊的正中偏南。它们都在皇城禁垣南,云霁街北面,一个在大明门东,一个在大明门西,左右相对称。

(1) 中都城隍庙

乾隆《凤阳县志》说:明中都城隍庙“洪武初建,殿庑门楼极宏敞,中多明人修庙碑”⑤。柳增荣《中都城隍威灵王纪略》说“诏曰:‘封杨某为中都城隍威灵王’,敕工部于中都南门外择地建庙。庙中殿陛、门阙、阶级,仅次天子一等”⑥。从现存石雕栏杆的精美来看,建筑的标准是很高的。

(2) 开国功臣庙

《实录》:洪武六年十月丁酉,“立开平王庙于中立府(凤阳)皇城西”⑦。八年四月,朱元璋至中都,遣官祭开平王常遇春之祠:“今年夏四月,朕亲至中都验功赏劳,公侯扈从者咸在,而班行之中,独不尔见,使朕恻然,因祠在斯。”⑧因为当时中都塑像祭祠的,只有开平王常遇春,其他元勋功臣咸在,所以称之为“开平王庙”“开平王常遇春之祠”。《寰宇通志》《大明一统志》又说:“开国元勋阁,在府治西南,国朝洪武八年为开国功臣徐达等建”⑨,《凤阳新书》说:“开

---

①《寰宇通志》卷9/12b祠庙。

②《大明一统志》卷7/16a。

③《中都志》卷4/21b。

④《凤阳新书》卷4/64b、72a

⑤乾隆《凤阳县志》卷7/4b。

⑥《凤阳县续志》卷7/22b。

⑦《明太祖实录》卷85/8a。

⑧《明太祖实录》卷99/3a。又《高皇帝御制文集》卷18/4b。

⑨《寰宇通志》卷9/9a楼阁;《大明一统志》卷7/12a。

国元勋阁,在功臣庙前,列国朝开国功臣名爵于上”①,这大概是功臣庙的“死者塑像,生者虚其位”的具体做法②。所以“功臣庙”“开国功臣庙”“开国元勋阁”,实际指的都是同一个地方,只是功臣庙先建,祭祀去世的功臣,后又增建开国元勋阁在其前,列开国功臣名爵。至于《明史·礼志》说“论次功臣二十有一人”③,那是后来的定制,并非是建庙时定的名单④。

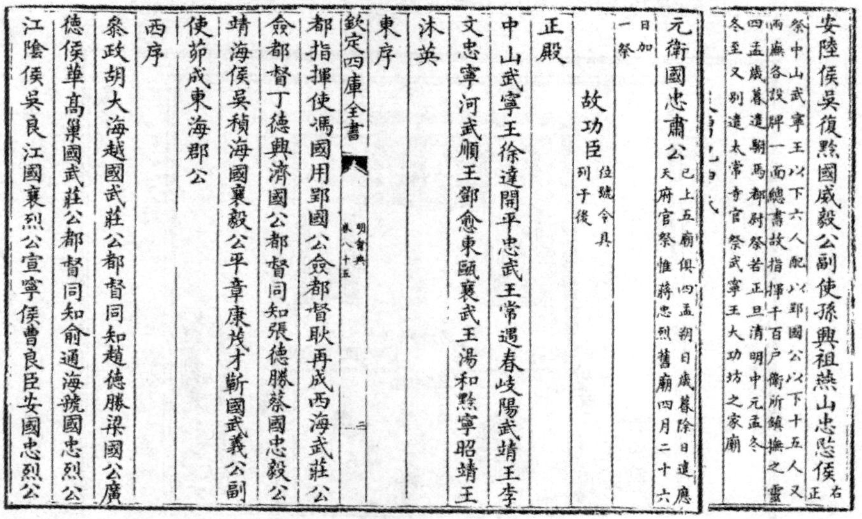
安陸侯吳復黔國威毅公副使孫興祖燕山忠愍侯 右正
祭中山武寧王以下六人配以鄆國公以下十五人又
兩廡各設牌一面總書故指揮千百戶衛所鎮撫之靈
四孟歲暮遣駙馬都尉祭若正旦清明中元孟冬
冬至又别遣太常寺官祭武寧王大功坊之家廟

元衛國忠肅公 已上五廟俱四孟朔日歲暮除日遣應天府官祭惟蔣忠烈舊廟四月二十六日加一祭
故功臣 位號令具列于後
正殿
中山武寧王徐達開平忠武王常遇春岐陽武靖王李
文忠寧河武順王鄧愈東甌襄武王湯和黔寧昭靖王
沐英
東序
欽定四庫全書 明會典卷八十五
都指揮使馮國用郢國公僉都督耿再成西海武莊公
僉都督丁德興濟國公都督同知張德勝蔡國忠毅公
靖海侯吳禎海國襄毅公平章康茂才蘄國武義公副
使節戍東海郡公
西序
參政胡大海越國武莊公都督同知趙德勝梁國公廣
德侯華高巢國武莊公都督同知俞通海虢國忠烈公
江陰侯吳良江國襄烈公宣寧侯曹良臣安國忠烈公

正德《大明会典》“礼部·祭祀”载的功臣名爵

(3)历代帝王庙

《实录》载洪武六年十一月癸丑,“命建历代帝王庙于中立府皇城西”⑤。而“建历代帝王庙于京师”是这年八月乙酉⑥。《明史·礼志》:“六年,帝以五帝、三王及汉、唐、宋创业之君,俱宜于京师立庙致祭。遂建历代帝王庙于钦天山之阳。”⑦

《实录》记洪武六年八月乙酉南京帝王庙的制度:“礼部奏定其制,宜略如宗庙同堂异室,为正殿五间。以为五室。中一室以居三皇,东一室以居五帝,西一室以居夏禹、商汤、周文王,又东一室以居周武王、汉光武、唐太宗,又西一室以

①《凤阳新书》卷3/9a。

②《明史》卷50《礼志》四·功臣庙。

③《明史》卷50《礼志》四·功臣庙。

④见王世贞《弇山堂别集》卷21/11a《史乘考误》二,钱谦益《功臣庙考》,潘柽章《国史考异》卷2、3,夏燮《明通鉴》卷2考异。

⑤《明太祖实录》卷86/3a。

⑥《明太祖实录》卷84/5a-b。

⑦《明史》卷50《礼志》四·历代帝王陵庙。

居汉高祖、唐高祖、宋太祖。从之。”①

洪武七年正月戊子，复有所改订：“礼部尚书牛谅进历代帝王像，凡十七。……仍命塑为坐像，皆高五尺九寸五分，正殿五间：中一间，伏羲、神农、黄帝；东一间，少昊、颛顼、高辛、唐尧、虞舜；西一间，夏禹、商汤、周武王；又东一间，汉高祖、光武、隋文帝；又西一间，唐太宗、宋太祖、元世祖。”②

中都帝王庙的制度，当是相同。《中都志》《凤阳新书》不载。

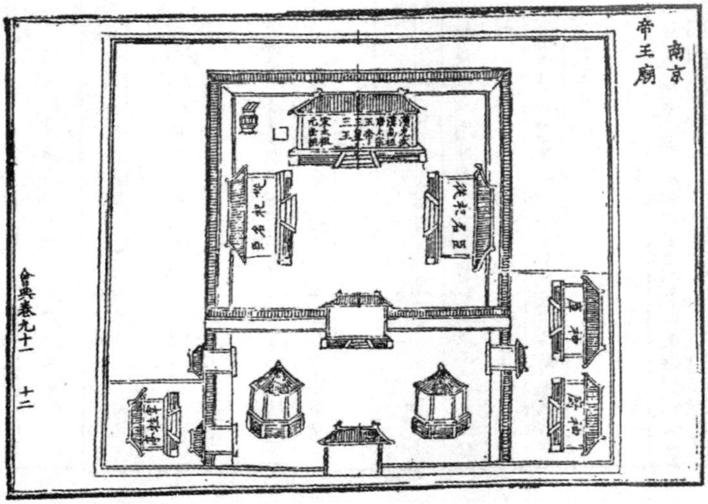

正德《大明会典》里的《南京帝王庙》图③

6. 国子学、会同馆、百万仓的规模

(1) 中都国子学

明中都国子学在鼓楼西云霁街④明伦坊⑤。洪武八年三月癸未，“置中都国子学”⑥。十五年三月丙辰，“改国子学为国子监”⑦。二十六年十月己丑，“革中都国子监，以其师生并入国子监”⑧。二十七年改为凤阳府学⑨。

①《明太祖实录》卷 84/5b。

②《明太祖实录》卷 87/4a－b。

③明中都帝王庙与南京帝王庙同筑于洪武六年，制度相同。

④《凤阳新书》卷 3/11b。

⑤《寰宇通志》卷 9/8b：“中都国子监，在府城内明伦坊。国朝洪武三年既定中都，遂建国子监于此。寻改为凤阳府学。”《中都志》卷 3/52a：“凤阳府学……洪武甲戌（二十七年）以中都国子监为之，在新城明伦坊。”

⑥《明太祖实录》卷 98/3b。

⑦《明太祖实录》卷 143/3b。

⑧《明太祖实录》卷 230/2a。

⑨《中都志》卷 3/52a。又《凤阳新书》卷 3/12a 作洪武十七年，误。

丘濬《凤阳府重修儒学记》说:“当其创置之初,具古天子辟雍之制;今虽降为诸侯泮宫,然其面势规模,既广且大。”①倪岳《凤阳府学乡贡题名碑记》说:“规制之盛,实冠天下。”②《凤阳新书》记凤阳府学“有彝伦堂、绳衍厅、博士厅、典簿厅、典籍厅、掌馔厅、率性堂、修道堂、诚心堂、正义堂、崇志堂、广业堂”等等,“殿宇高峻,实加宏焉。中为大成殿、两庑肖圣贤像于内。棂星(门)、戟门、泮池、厨库、缭垣,植以松柏。列大成、兴贤、育秀牌坊于戟门外,跨云霁衔。”③

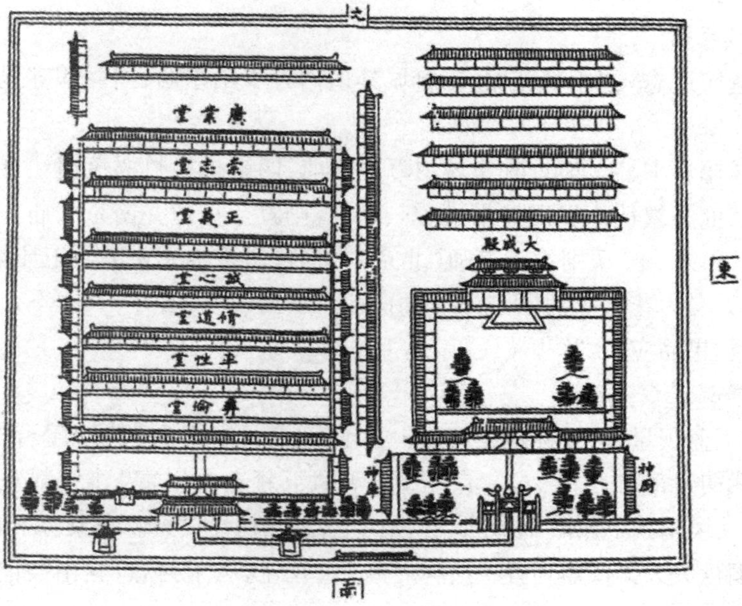

《洪武京城图志》里的国学图④

(2)会同馆

会同馆,在山前仁爱坊⑤,为“接待番夷使客”的宾馆⑥。洪武八年四月罢建中都以后,于同年十月丙申,自临淮旧城“迁凤阳府治于临濠新城”⑦,把会同馆改成了凤阳府治。

---

①《中都志》卷7/56b;康熙《凤阳府志》卷38/25b。

②《中都志》卷7/61a,卷38/32a;乾隆《凤阳县志》卷14/15b。

③《凤阳新书》卷3/12a。

④凤阳明中都国子学制度相同。

⑤《中都志》卷3/44b:“凤阳府治,在仁爱坊,即旧会同馆也”;《凤阳新书》卷3/11a:“凤阳府治,在(凤阳)县东南凤凰山前仁爱坊……国初会同馆也。”

⑥《大明会典》卷109/1a。

⑦《明太祖实录》卷101/3a,《中都志》作“洪武七年十月由旧城移治于此”,七年系八年之误。

(3)百万仓

《中都志》:“洪武五年立百万仓。十一年改为广储仓。”“广储一仓、二仓、三仓、五仓,俱在(凤阳)府治西北二里”;“广储四仓,在(临淮)旧城涂山门(西门)内”①。百万仓是规模很大的粮仓。《实录》载洪武六年秋七月庚申,“户部奏计今年秋粮”,临濠粮仓收贮92万石②。当时正在大规模营建中都,军士、工匠云集,尚“积贮充牣如此”③。百万仓临独山涧水道,以便濠、淮运输。

7.苑囿、观星台、大龙兴寺的布局规模

(1)苑囿

《寰宇通志》:“中都苑囿,在府城禁垣内万岁山东西,内臣职守,岁进胡桃、枣、栗等果。”④

《凤阳新书》:“苑囿,在皇城内万岁山前,四围松桧竹树茂盛。春则花开如绣,果品庶类繁伙。岁以鲜果桃、李、梅、杏则荐于皇陵并南京太庙、孝陵,以干果核桃、白果、枣、栗则贡于京师(北京)。仍拨皇陵卫军余五百五十名、食粮军人二十五名为花园户,俱于苑囿褥山做工,栽培果木,看守;又拨军余五十名于两京进贡果品应用。”⑤

(2)观星台

钦天监观星台,又称观象台,在独山顶上。《中都志》:“观星台,在独山顶上,洪武初建都时立。”⑥《实录》记载,洪武五年七月甲寅“建中都观星台于独山”⑦。《凤阳新书》作“观象台,在独山上,洪武初设钦天监观象台于此”,璇玑、玉衡、铜盘等天文仪器列置于松林之巅⑧。乾隆《凤阳县志》独山条记载:“明初于山巅筑观星台,台三成(层)。”⑨

(3)大龙兴寺及《龙兴寺碑》

大龙兴寺,简称龙兴寺。《寰宇通志》《大明一统志》作“大龙兴寺,在盛家山南”⑩,这是叙述寺的具体位置,盛家山是日精峰的原名;《中都志》作“大龙兴

①《中都志》卷3/45a。

②《明太祖实录》卷83/5a。

③《国榷》卷5/488。

④《寰宇通志》卷9/7b。

⑤《凤阳新书》卷3/9b。

⑥《中都志》卷3/29a。

⑦《明太祖实录》卷75/1a。《国榷》卷5/471作“立观星台于中都独山”。

⑧《凤阳新书》卷3/9a

⑨乾隆《凤阳县志》卷2/2a。

⑩《寰宇通志》卷9/12a;《大明一统志》卷7/14b。

寺,在府治北”①,这是以府治为中心叙述寺的位置;《凤阳新书》作“敕建大龙兴寺,县东南二里许”②,这是以县治为中心叙述寺的位置;乾隆《凤阳县志》作“龙兴寺,在凤皇山前”③,这是由于把万岁山、日精峰、月华峰统称为凤皇(凰)山的原故④,其实说的位置都是一致的,只是角度不同而已。

乾隆《凤阳县志》中的“凤阳八景”之三《龙兴晚钟》图,图为康熙重修后的龙兴寺全貌

《实录》:洪武十六年九月甲子,“建凤阳大龙兴寺成,寺即旧於皇寺也。自宋有之,为金所废。元时复创寺。……元末复废,至是重建。经始于四月朔,是日落成。去於皇旧址十五里。于是赐名大龙兴寺,上自为文记之。佛殿、法堂、僧舍之属凡三百八十一间,计工二万五千,赏工匠士卒钞二十五万三百有奇”⑤。

大龙兴寺是明太祖朱元璋于罢建明中都以后,命撤迁中都宫室建成的,因此规模极为宏壮。《御制龙兴寺碑》说:“洪武初,欲以山前为京师,定鼎是方,令天下名材至斯。后罢建宫室,名材为积木,因而建焉。”《中都志》说:“洪武间撤中都宫室名材建,规模宏壮”⑥。《凤阳新书》龙兴寺条:“洪武初建,殿宇楼阁,规制宏丽。”⑦有些描述龙兴寺建筑的诗句,如:“梵刹西连万岁山”⑧,“梵王宫

①《中都志》卷4/13b。

②《凤阳新书》卷3/18b。

③乾隆《凤阳县志》卷4/14a,凤凰山的凰作皇,误。

④乾隆《凤阳县志》卷2/1d“凤皇(凰)山”条:“凤皇山,在府、县两城之北,凤阳之所以名也,明时锡(赐)以嘉名,中峰曰万岁山,东曰日精,西曰月华。”康熙六年,县治自山后移至旧宫城内,乾隆二十年,又折皇城建府城,遂有府、县两城之名。

⑤《明太祖实录》卷156/5b。

⑥《中都志》卷4/13b。

⑦《凤阳新书》卷3/18b。

⑧柳瑛《龙兴宝刹》,载于《中都志》卷8/62b。

殿屹浮寰”①,“洪钟迎晓日,绀殿出重霄”②,都反映了寺院建筑的规模宏壮。

龙兴寺建后不满60年,到正统五年就被焚毁了。此后屡经火毁重建,当初的规模制度,已不可考,但从遗存的殿础及其布列位置来看,规模的巨大,也是实为少见。

《寰宇通志》:“大龙兴寺……有御制碑及御书‘第一山’三大字,刻有碑,有亭覆其上。设官署,视在京僧录司。”③

《凤阳新书》说:“寺有高皇帝御制《龙兴寺碑》,碑阴有御制《敕僧文》;有御书第一山碑。”④

《龙兴寺碑》

《龙兴寺碑》不但叙述了寺的历史和修建经过,还叙述了朱元璋本人的经历和他对“求佛积福”的看法,有较高的历史价值。碑文如下:

寺昔於皇,去此新建十有五里,奠方坤位,乃於皇旧寺也⑤。

寺始创之由,为因累经兵废,其焚修者不一,况前无刊石之可稽,故失始创之由。但知昔宋时先为金所废,后亦为元所废。诸僧因兵而云水,不知何之者,其数无纪。惟一僧名宣者,亦被伤,入钟离旧城东岳庙焚修。后金亡宋终,元定天下,其宣者出城,于瓦砾中建茅宇而度弟子,以成其寺,应供是方。宣在宋末

①沈镠《龙兴宝刹》,载于《中都志》卷8/60a。

②马楷诗,载于《凤阳新书》卷6/9b。

③《寰宇通志》卷9/12a。

④《凤阳新书》卷3/18b。

⑤《凤阳新书》卷首《中都内境山川、城池、陵寝、坟墓、第宅形胜总图》注记龙兴寺于盛家山(日精)前,注记於皇里、二十家营于皇陵北墙外中都城的西南。1973年12月9日,经实地考察,今皇陵外城北墙外约半里有“二十营子”,属二十营公社(在十里井)二十营大队(在小李庄)。在二十营子村南离皇陵北墙不远,“老於皇庙”遗址仍在,土地尚未平整。在四围高低不平的耕地中,有一块平整的长方形土地,比附近耕地略高,南北长八九十米,东西宽七八十米。在这块长方形平地的正中偏北,有一块南北呈长方形的高台地,当是主要殿宇的遗址。高台地东南方,有一口大井,深约六丈,井口直径95厘米,上加一整块直径120厘米、内径65厘米、高80厘米的整块石井栏圈,掏井时人下井底持长扁担绕一圈四边碰不到井边。从废址和大井也可见於皇寺的规模。今仍有庙东队、庙西队。於皇旧寺遗址离龙兴寺差不多15里,按直径距离来测,还不到。《肇域志(南畿)稿》卷4/16a作“皇觉寺,在(凤阳)县东南二十里”,“东南”应是“西南”之误,20里是指与凤阳县治的距离。乾隆《凤阳县志》作“皇觉寺在县城东南二十里”,又错了,因县治迁至旧宫城内后,距离已缩短到西南十一二里了。光绪《凤阳府志》作“在县城东南三十里”,则更是谬误了。嘉庆重修《大清一统志》卷126/17a作“皇觉寺,在府东南二里。太祖微时尝为寺僧,洪武初敕建,改名龙兴寺”,则误以龙兴寺即皇觉寺(即於皇寺)为一处,又误记府东北为府东南。

元初,作开山住持。师徒相继,传至住持僧德祝。于元至正十二年,群雄并起,寺为乱兵焚。瓦砾荆棘三十二年,朕常思之。

昔幼时,师高彬者,托身于寺四年。初栖之时,其年蝗旱,寺罢僧饭,师长弗济。彼时朕年十有七岁,方为行童五十日,于教茫然。因师弗济,且父、母、长兄不逾二旬尽皆崩逝,家道零落,归无所恃,出无所怙,虽如是,亦飘然西游庐、六、光、固、汝、颍,三年后归。归方四年,天下乱从雄倡义旅,南入滁阳,次入和阳。已而东渡大江,角立诸雄。又十四年,息群雄,即帝位,统寰宇。又十六年,天下太康,召询旧僧,在俗愿复为僧者,许之。惟昔住持德祝座下弟子善杞,去须发,应召而至京师。朕与之议,旧寺之基,去皇陵甚近,焚修不便,于是择地是方。寺成,大臣入奏,更寺名龙兴,以善杞为开山住持。

是时,诸僧经兵日久,失传授,怠记闻,况平昔供应之仪,相传伪谬,特召仪真地藏寺阇黎(师父)文彬者讲其所以。文彬深通显、密之教,特敕翰林与是僧将平日繁紊之辞尽行删去,定真析伪,以成科仪。越两月而成编。时僧甚少,江东诸幼僧闻文彬奉敕官龙兴寺,愿为座下弟子者四十有奇。于洪武十六年秋八月,善杞授显密法师,文彬授善世法师,会集诸方愿从焚修者,大阐瑜伽显密之教。

是寺之建,非为求佛积福而建,止因幼年托身于寺四年。寺因兵废,其应供是方者无有,失孝子顺孙慎终追远之道。因此立刹之意,留心岁久,数欲为之,恐伤民资。若将民资建寺求佛,福从何来?盖民资劳于筋骨,力为之而养父母、蓄妻子,岂帝王不劳筋骨以施而求于佛仙者乎!若以是而云,无乃佛仙不可求乎?不然,佛之善,仙之化,世无上者,安有不可求之者乎?所以民供朝廷者,为求安也;朝廷所以积仓廪者,为报功赏善,以安天下也。故不敢不谨出纳,以应上帝,岂宜恣意而靡费焉。因非帝王已劳而成资,资乃民力也,故不敢轻用,由是不遂建刹之意。洪武初,欲以山前为京师,定鼎是方,令天下名材至斯。后罢建宫室,名材为积木,因而建焉。

今也寺成,佛地已完。自建之后,凡焚修者,愿祝福于被役军民,令其已往、见存者获无量福于身家。是辞,每遇晨昏节令,讽经回向,必依是谕而祝,永世无穷,而增妥焉。故敕记之。

洪武十六年,岁次癸亥,九月吉日。①

---

①《龙兴寺碑》载于《凤阳新书》卷 8/24b;康熙《凤阳府志》卷 38/15b;乾隆《凤阳县志》14/6b－9a;光绪《凤阳府志》卷 15/18b;徐乃昌《安徽通志金石古物考稿》卷 6/3b－5a。徐稿:"御制龙兴寺碑,在凤阳县本寺。拓本高一丈,广五尺二寸,二十行,行四十八字,字径二寸,正书。"碑文末有"中书舍人□(胡)廷铉谨书"。光绪府志错字漏字较多,十六年误为十九年。

御书亭

御书亭及朱元璋写的“第一山”碑，也在龙兴寺内。《中都志》：“御书亭，在龙兴寺山门内，有御书‘第一山’石刻一通。周启有诗。”①《凤阳新书》：“御书亭，在龙兴寺内，洪武十六年建，内有圣主御书‘第一山’三大字，勒石树立，制极高邃，为中都之壮观也。”②《肇域志（南畿）稿》作“制甚宏丽”③。

吴伯宗陪蜀王谒过中都，是洪武时见到新建龙兴寺的人。他的《伏睹中都龙兴寺御书第一山三大字勒碑有作》诗：

九重宸翰丽天阍，三字穹碑压厚坤。
山色不知今古异，地灵惟载帝王尊。
蛟龙绝巘盘宇构，狮象诸天拱寺门。
千载钟王夸健笔，敢同羲画与时论。④

苑囿在万岁山前的山坡上，“竹树茂盛”，“花开如绣”。龙兴寺在盛家山前的山坡上，“梵王宫殿屹浮寰”⑤，“绀殿出重霄”⑥。观星台在独山顶上，“浑天之仪表其限”⑦。这几处突出的景色，环列于中都宫阙的外围，在美化中都城的环境上，起着显著的作用。

8. 皇陵、十王四妃坟及其建筑规模

皇陵在中都城西南 10 里太平乡⑧，是明太祖朱元璋父母的葬地。龙凤十二年（1366 年）修，洪武二年荐号“英陵”，旋改称“皇陵”。《寰宇通志》：“皇陵在府城西南十五里太平乡，国朝仁祖、淳皇后陵也。岁丙午（韩林儿宋龙凤十二年，元顺帝至正二十六年，1366 年）春诏修。”⑨《明史・礼志》山陵：“皇考仁祖墓，在凤阳府太平乡。太祖至濠，尝议改葬，不果，因增土以培其封，令陵旁故人

①《中都志》卷 3/28a。

②《凤阳新书》卷 3/9a。

③《肇域志（南畿）稿》卷 4/15a。

④吴伯宗诗载《荣进集》卷 3/18a。《凤阳新书》、乾隆《凤阳县志》、光绪《凤阳府志》均收录。《中都志》、万历《凤阳县志》均误载为周启诗。

⑤沈镠《龙兴宝刹》诗句，载于《中都志》卷 8/60a。

⑥马楷《龙兴寺》诗句，载于《凤阳新书》卷 6/9b。

⑦刘昺《东湖赋》诗句，载于《凤阳新书》卷 6/31b－34a，乾隆于《凤阳县志》卷 14/17a。

⑧皇陵在今凤阳西南 8 公里，解放后建为皇陵农场，有公路直达。

⑨《寰宇通志》卷 9/7b。

汪文、刘英等二十家守视。洪武二年,荐号英陵,后改称皇陵。”①朱元璋大哥、大嫂、二哥、二嫂、三哥、三嫂和两个侄子的坟也都附凤阳皇陵②。

十王四妃坟,在中都城西北粉团洲淮水南岸白塔湾,离凤阳府治25里,是朱元璋伯父、伯母、四个堂兄弟、三个堂嫂和五个侄儿的坟地③。他们原来是散葬各处的,洪武初,“以各散葬者俱攒于此一处,建茔域,以便祀焉”④。《高皇帝御制文集》有《皇伯考启攒祝文》:

惟伯考同我父皇之父母一气由来,推源及派,敢不尊崇。曩者天下大乱,人无纪律,兵祸流行,非独人世不安,在黄壤之下者亦不能静居,所以伯考之神魂,子孙之灵魄,皆阴宅于此,因兵为人所发。朕本无知,惟旁亲言其的,方知伯考于是焉。伯考已绝嗣矣,朕本犹子,故展微衷,特择地以改葬之。选于今日起离旧茔,谨遣某赍牲醴以告,惟伯考鉴之,尚飨。⑤

---

①《明史》卷58《礼志》十二·山陵。又《大明会典》卷90/1a礼部四十八·陵坟等祀,《中都志》卷4/30b陵寝都有相似的记载。《凤阳新书》卷4/54b作“皇陵:仁祖淳皇帝、淳皇后陵”。朱元璋的父亲叫朱世珍,母亲陈氏,洪武元年正月,朱元璋即皇帝位,追尊父母为仁祖淳皇帝、淳皇后。

②《大明会典》卷90/21a:“国初追封诸王坟:南昌王、妃王氏,盱眙王、妃唐氏,临淮王、妃刘氏,山阳王,招信王。以上坟附凤阳皇陵。”南昌王是朱元璋的大哥朱兴隆,盱眙王是二哥朱兴盛,临淮王是三哥朱兴祖,山阳王是大哥的儿子圣保,招信王是二哥的儿子旺儿。朱元璋兄、嫂、侄儿的王、妃谥号都是洪武元年追封的。

③《大明会典》卷90/21a:“国初追封诸王坟:寿春王、妃刘氏,霍丘王、妃翟氏,下蔡王,安丰王、妃赵氏,蒙城王、妃田氏,宝应王,六安王,来安王,都梁王,英山王。以上坟在凤阳府西北二十五里,地名白塔。”寿春王是朱元璋的伯父朱五一,霍丘王是堂兄朱重一,下蔡王是朱重二,安丰王是朱重三,蒙城王是朱重五,宝应王是重一的儿子铁哥,六安王是重三的儿子转儿,来安王是转儿的弟弟记儿,都梁王是记儿的弟弟膘儿,英山王是膘儿的弟弟润儿,都是重三的儿子。朱元璋自叙《世德碑》:“初一公配王氏,是为祖考妣,有子二人:长五一公,次即先考,讳世珍。”《天潢玉牒》:“熙祖生于宋季。元初,太后王氏二子,长寿春王,次仁祖淳皇帝。”《明史》卷116《诸王传》一·宗室十五王作“熙祖二子,长仁祖,次寿春王”,误。据《国榷》卷3/353洪武元年正月丙子“诏追封皇伯考五一为寿春王……”时,同时追封的还有从侄赛哥高沙王;《国榷》卷首一/2高沙王赛哥为重一长子,《实录》《会典》《明史·诸王传》等书均不载。《国史考异》卷1/5a-b:“《绳蛰录》载……霍丘(王)二子,长高沙王赛哥,次宝应王铁哥……按,《世德碑》载高沙王未附享,追封之诏亦不及。[诏书独遗高沙者,盖定侑享之后追削之耳。]故《今言》谓霍丘惟一子宝应王耳。”追削之由未详。

④《凤阳新书》卷4/60a。

⑤《高皇帝御制文集》卷17/10b-11a。

(1)皇陵

皇陵和十王四妃坟都是规模很大的建筑群。皇陵在中都城的西南方,十王四妃坟在中都城的西北方,也是相互对称的。

皇陵有皇城、砖城、土城三道城。砖城周6里多,外土城周28里。置"陵户三千三百四十二户,分为六十四社……供祭,直宿,洒扫"①。

皇陵的建筑,《中都志》《凤阳新书》都有详细的记载,《凤阳新书》尤为详备,这是中都城所有建筑中保存到现今最为完整的一份记录。照录如后:

皇　城　一座,砖垒,高二丈,周七十五丈五尺,红土泥饰。

　正　殿　九间,丹陛三级,黄琉璃,青碧绘彩。

　金　门　五间

　左、右庑　各十一间(《中都志》作"东西庑")

　燎　炉　一座

　角　门　左、右二座

　后红门　五座(《中都志》作"后红门三座,左、右角门二座")

　碑　亭　左、右二座

　御　桥　五座,跨金水河(《中都志》作"御桥:正三座,左、右桥二座")

　华表并石人、石兽共三十六对,在北城门内,两傍直抵金门外御桥北止。

　以上俱黄琉璃瓦,青碧彩绘,二十家人户②轮流直守。

砖　城　一座,里外砖筑,高二丈,周六里一百一十八步,开四门,俱有楼。

　城　楼　四门四座,五间,重檐。

　具服殿　六间

　膳　厨　二间(《中都志》作"膳房")

　官　厅　六间(《中都志》作"官厂")

　直　房　四门直房左、右各五间,棂星门外直房左、右各十一间。

　以上俱阜瓦。

　棂星门　三座,绿琉璃饰

　红　桥　五座

　以上十一社人户轮流看守。

①《中都志》卷4/31a。

②指二十家亲邻。

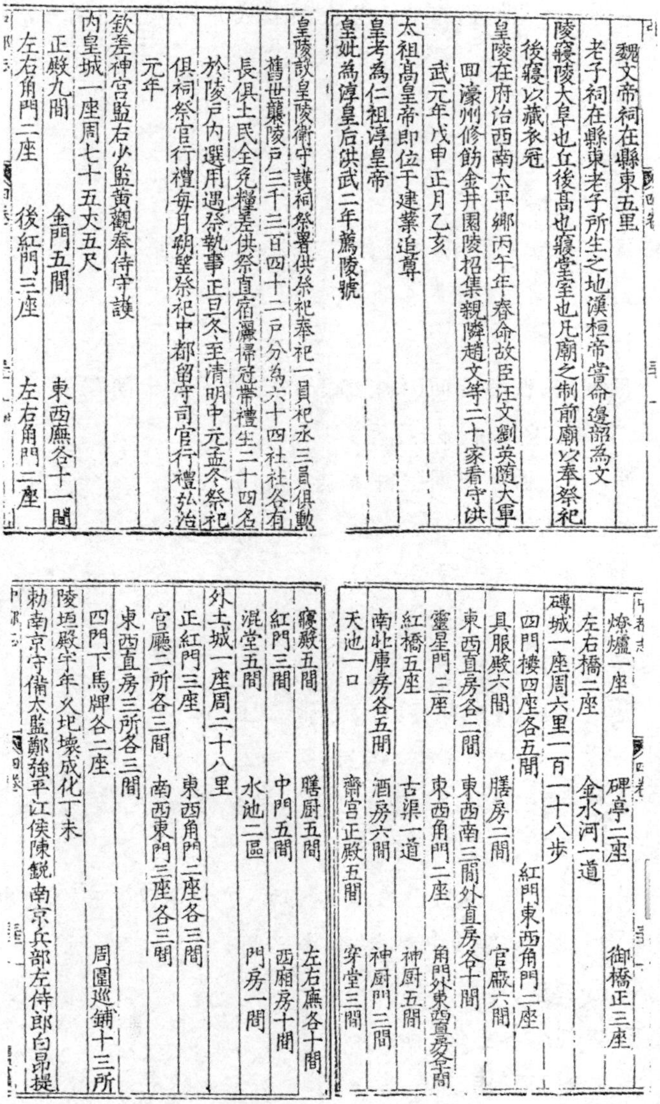

魏文帝祠在縣東五里
老子祠在縣東老子所生之地漢桓帝嘗命邊韶為文
陵寢陵大阜也丘後高也寢堂室也凡廟之制前廟以奉祭祀
後寢以藏衣冠
皇陵在府治西南太平鄉丙午年春命故臣汪文劉英隨大軍
回濠州修飭金井園陵招集親隣趙文等二十家看守洪
武元年戊申正月乙亥
太祖高皇帝即位于建業追尊
皇考為仁祖淳皇帝
皇妣為淳皇后洪武二年爲陵號

皇陵設皇陵衛守護祠祭署供祭祀奉祀一員祀丞三員俱勲
舊世襲陵戶三千三百四十二戶分為六十四社社各有
長俱土民全免糧差供祭直宿灑掃冠帶禮生二十四名
於陵戶內選用遇祭執事正旦冬至清明中元孟冬祭祀
俱祠祭官行禮每月朔望祭祀中都留守司官行禮弘治
元年
欽差神宮監右少監黃觀奉侍守護
內皇城一座周七十五丈五尺
正殿九間　金門五間　東西廡各十一間
左右角門二座　後紅門三座　左右角門二座

燎爐一座　碑亭二座　御橋正三座
左右橋二座　金水河一道
磚城一座周六里一百一十八步
四門樓四座各五間　紅門東西角門二座
具服殿六間　膳房二間　官廳六間
東西直房各二間　東西南三間外直房各十間
靈星門三座　東西角門二座　角門外東西直房各十間
紅橋五座　古渠一道　神廚五間
南北庫房各五間　酒房六間　神廚門三間
天池一口　齋宮正殿五間　穿堂三間

寢殿五間　膳廚五間　左右廡各十間
紅門三間　中門五間　西廂房十間
混堂五間　水池二區　門房一間
外土城一座周二十八里
正紅門三座　東西角門二座各三間
官廳二所各三間　南西東門三座各三間
東西直房三所各三間
四門下馬牌各二座　周圍巡鋪十三所
陵垣殿午年火圯壞成化丁未
勑南京守備太監鄭強平江侯陳銳南京兵部左侍郎白昂提

柳瑛《中都志》里有关皇陵及其建筑的记载

神　厨　一座,在北城门外东。二十家厨役人户看守。

神　厨　五门(《中都志》作“五间”)

神　库　南、北各五间

宰牲厨　六间(《中都志》无)

酒　房　五间(《中都志》作“六间”)

门　　　三间(《中都志》作“神厨门”)

天　池　一口

鼓　房　一间,遇祭支更。

斋　官　一座，去北城门东北一里。新收人户轮流值日看守。

正　殿　五间

穿　堂　三间

寝　殿　五间

膳　厨　五间

左右庑　各五间(《中都志》作“左右庑各十间”)

红　门　三间

中　门　五间

厢　房　东、西各五间(《中都志》作“西厢房十间”)

角　门　二座(《中都志》无)

直　房　东、西各三间(《中都志》无)

红　桥　三座

以上阜瓦盖造(《中都志》无)

混　堂　一座，去北城门东北二里。新收人户直守。

正　房　五间

水　池　二座(《中都志》作“水池二区”)

门　　　一间(《中都志》作“门房”)

土　城　一座，周二十八里，四十四社人户轮流直守，拨设皇陵卫巡绰。

正红门　三座，在北，向东北。

神　路　长三里，傍植松柏，路达都城，亦设本卫巡守。(《中都志》无)

东、西角门　二座(《中都志》作各三间)

官　厅　二座，即祠祭署衙门。

东、西、南门　各三间

直　房　东、西、南门外，各三间。

下马牌　八座，在四门外。

铺　舍　十三座

水　关　大水关一座，在土城东北角内，水从此流出入淮。小水关四面共十九座。

皇堂桥　一座，在大水关之北。

外直房　四十间，在东角门外，与各衙门陪祭官驻马处。①

①《凤阳新书》卷4/57b－58b宗祀篇·皇陵。

由于皇陵是在中都城的南面，因此陵墓、殿宇、门楼建筑都是北向中都城，以北门为正门，斜向东北，这在陵墓的建筑设计中是极为特殊的。但是，这样的设计安排，一出中都城南门，踏上两旁栽植松楸、斜向西南的十里大道，就能遥望到远处郁郁葱葱一片林海里金碧辉煌的皇陵建筑。东北向的皇陵正红门正对大道。进入北门，沿着傍植松柏的神路继续南行，经过一重又一重的红门、红桥、棂星门、御桥，直达金门、皇堂，造成庄严肃穆的气氛，“迫遥复道中天起”，“重门列戟园陵肃”，“壮哉兹陵从古无”，“百里无人敢樵牧”①。因此，这样的建筑设计，虽然违反了向阳和正门偏斜的一般规律，却是完全符合封建统治者的统治需要的。

在北京图书馆藏的柳瑛《中都志》万历刊本里，有一幅万历四十一年凤阳县知县万嗣达增补的《皇陵总图》。原建筑呈长方形，附图按版面改成了扁方形，因此是一幅示意图。从曾惟诚《帝乡纪略》里的《祖陵图》来看，洪武四年建庙、十九年八月修缮的泗州祖陵（是朱元璋祖父朱初一的坟墓）②，主体建筑设计跟凤阳皇陵完全一致，而跟南京孝陵和北京长陵不同。因此可以看出，泗州祖陵和凤阳皇陵是明初的山陵制度，到营建南京孝陵和北京长陵的时候，制度才为之一变。泗州祖陵至清初已全部淹没在洪泽湖里。1963 年春，因干旱枯水，石刻群露出水面，被人们发现，直至 1977 年开始围堤抽水，祖陵遗址方重新露出地面。

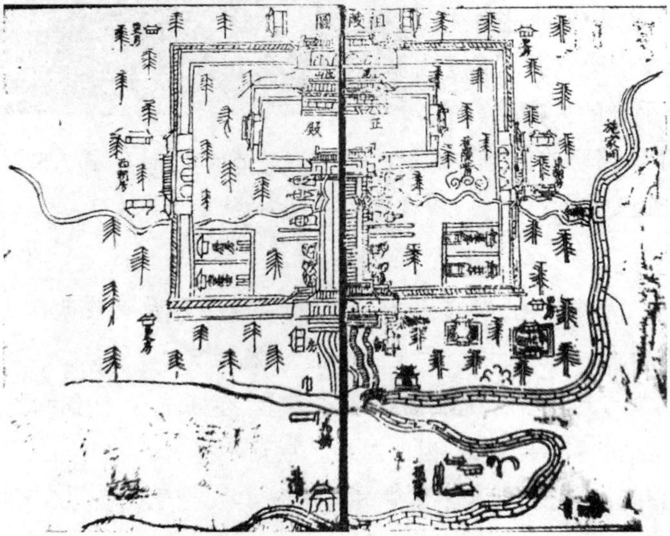

曾惟诚《帝乡纪略》里的《祖陵图》③

①唐顺之《皇陵行》诗句，载于乾隆《凤阳县志》卷 13/16b – 17a。

②《明史》卷 58《礼志》十二 · 山陵。

③泗州祖陵建于洪武十九年，与凤阳皇陵设计相同，是明初的山陵制度。

皇陵石人、石兽并华表在砖城北门内,自北向南排列次序为:麟二对,狮八对,华表二对,马与控马者共六对,虎四对,羊四对,文臣二对,武勋二对,内侍二对,共32对。《凤阳新书》作"共三十六对",可能是重复计算了控马者四对得出的数字。

(2)皇陵碑

左、右两座碑亭。东边是无字碑。在西边的碑亭里,"御碑突兀表勋劳"①,竖立的就是朱元璋亲撰的皇陵碑。《实录》记载:洪武十一年四月,"是月,重建皇陵碑,上以前所建碑,恐儒臣有文饰,至是复亲制文,命江阴侯吴良督工刻之。"②

洪武十一年重建的凤阳皇陵碑,高7.37米,宽2米,原有碑亭已不存,1981年

旧《皇陵碑》碑文

原来的《皇陵碑》是洪武二年加修寝园时立的。《实录》:洪武二年二月乙亥,"诏立《皇陵碑》。先是命翰林侍讲学士危素撰文,至是文成,命左丞相宣国公李善长诣陵立碑。"危素依照朱元璋手录的大略撰写的碑文,尚保存在郎瑛的《七修类稿》一书中,全文如下:

奉天承运,大建武功,以有天下,实由祖宗积德所致。兹欲撰文,词臣考摭弗周,则纪载弗称,敢以上请。于是上手录大概,若曰:

朕幼时,皇考为朕言:"先世居句容朱家巷,尔祖先于宋季元初,我时尚幼,从父挈家渡淮,开垦兵后荒田,因家泗州。"朕记不忘。

皇考有四子,长兄讳某,生于津律镇。仲兄讳某,生于灵璧。三兄讳某,生于虹县。皇考五十居钟离之东乡,而朕生焉。十年后,复迁钟离之西乡。长兄侍亲,仲兄、三兄皆出赘。既而复迁太平乡之孤村庄。

①唐顺之《皇陵行》诗句,载于乾隆《凤阳县志》卷13/16b-17a。

②《明太祖实录》卷118/2b。又《国榷》卷6/561。

岁甲申,皇考及皇妣陈氏俱亡弃,长兄与其子亦继殁。时家甚贫,谋葬无所,同里刘大秀悯其孤苦,与地一方以葬皇考皇妣,今之先陵是也。

葬既毕,朕茕然无托,念二亲为吾年幼有疾,尝许释氏,遂请于仲兄,师事沙门高彬于里之皇觉寺。邻人汪氏助为之礼,九月乙巳也。

是年蝗旱,十一月丁酉,寺之主僧岁歉不足以供众食,俾各还其家。朕居寺时甫两月,未谙释典,罹此饥馑,徬徨三思,归则无家,出则无学,乃勉而游食四方,南历金斗,西抵无锡,北至颍州,崎岖二载①。泗州盗起,剽掠杀人,时承平既久,列郡骚动,仍还皇觉寺。

又四年,颍、濠、蕲、黄有警,濠城亦破。朕杂处兵间,与元兵相拒。期年,元兵败去,得其义兵三千人于定远,遂立帅之。夜袭元将知枢密院事老张②,既遁,得其民兵男女七万人。攻逐元将参政野先③,乃移师淮州,转战和阳,渡江击采石,抚太平,定业建康④。将相协心,贤能匡赞,西平陈友谅,东剪张士诚,南廓八闽,百粤奉款,中原顺服,兵进幽燕,元君弃宗社而去,朕以十五年间,遂成大业。

仰惟先陵奇秀所钟,虽治葬之时厄于贫窭,衣衾棺椁不能具备,赖天地之佑,祖宗之福也。今富有天下,顾无以惬人子之情,兹欲启圹改葬,虑泄山川灵气,使体魄不安,益增悲悼。姑积土厚封,势若冈阜,树以名木,列以石人、石兽,以备山陵之制而已。谨献陵曰皇陵,汝其据事直言无讳。

臣善长以上手所录付词臣撰文。善长等钦承明训,黾勉论次,惟古先帝王若虞舜、汉高,皆起自侧微,以成德业之盛。盖天将降大任于圣明,必先有以起之,今皇上述二亲之劬劳,兴夙昔之出处,刻石以昭先烈,俾后世子孙知积累之厚,创业之难,思以继承无疆之基。诗云:'永言孝思,孝思惟则。呜呼!盛哉!谨拜手稽首而为之铭曰:

皇矣上帝,厥命煌煌,监观四方,有道者昌。
惟今天子,奋迹田里,叱风驱霆,仗剑而起。
妆颍始兵,蔓于濠梁,渊潜时晦,觊其施张。
元君既否,紊乱政理,命将出师,反斁人纪。
贪残污秽,肆彼剽攘,战功败衄,赏罚无章。

---

①御制《龙兴寺碑》:"西游庐、六、光、固,汝、颍",《天潢玉牒》作:"南历金斗、西抵光息,北至颍州,崎岖二载";《明史·太祖本纪》云:"游食合肥……凡历光、固、汝、颍诸州。"按合肥以入天文斗星度最多,故号金斗。无锡按地望当在河南。

②《明史·太祖本纪》:"夜袭元将张知院于横涧山"。老张,即张知院。

③野先,元丞相脱脱之弟御史大夫也先帖木儿。

④淮州指今淮安;和阳指今和州;太平指今当涂;建康指今南京。

猛士阴兵，险平萃止，总戎惊奔，归者如水。
滁和来斗，形势莫当，江流浩浩，瞬息可航。
采石破倾，当涂风靡，宣歙畏威，耄倪忻喜。
经营建业，实帝故乡，号令之行，肃如秋霜。
乃伐僭王，歼之彭蠡，削平两浙，殪彼蛇豕。
闽广既服，百粤来王，青齐献款，底平豫章。
师震幽燕，君臣北徙，空城尽开，图籍弗毁。
乃作礼乐，乃垂衣裳，重识表献，大开明堂。
永怀上世，原其本始，句容族居，川回山峙。
载渡淮海，辟除榛荒，或濠或泗，奠处弗常。
钟离之乡，卜葬如此，化家为国，灵秀钟美。
积善弥文，天赐祯祥，修之于己，惟德乃长。
浚河之原，以达其委，基岱之高，以观其止。
奉天理物，君德是扬，丕扬大业，传叙无疆。
尝敕相臣，申命国史，昭昭后昆，受天之祉①。

《大明皇陵之碑》碑文及考释

朱元璋在《皇陵碑》里叙述了他的家庭出身、本人经历、元末农民起义和他参加起义军的情况，以及东渡大江、统一全国的简略过程。《皇陵碑》是研究朱元璋的重要历史资料，也是一件具有重大历史价值的文物。额篆《大明皇陵之碑》，碑文如下：

---

①郎瑛《七修类稿》（乾隆四十年耕烟草堂重刊本）卷7/4a－7b国事类。“皇陵碑”条在载录两个碑文之前有一段序言，原文如下：

“自古帝王之兴，皆位逼势敌，有以成其私志。汉祖虽微，亦为泗上亭长，岂特有如我太祖不阶尺土者耶。夫起自庶人，贵为天子，富有四海，莫不夸张先世，照耀将来，至有妄认其始祖者也，岂特有如我太祖特述其卑微者乎。此可见天生豪杰，上圣之资，不可与常人等也。瑛伏读御制集中《皇陵碑》文，未尝不三叹三颂而已。惜世人止知其事，而又未知太祖先已命臣下为文，述亦详矣，仍以未称而自撰，此尤见圣睿之益圣也。今故拜录二文于左，以示将来。”

夏原吉《一统肇基录》（《广百川学海》甲集本）及潘柽章《国史考异》卷1/3所转引，仅摘旧皇陵碑所述先世，文句且稍有改易。

《明太祖实录》在诏立《皇陵碑》的第三天，即洪武二年二月丁丑，记：“仁祖淳皇帝陵，名曰英陵。初礼部尚书崔亮以为历代诸陵皆有名号，今仁祖陵宜加以尊名。上乃定曰‘英陵’。……遂命俟英陵碑石成，遣太常行祭告礼”（卷39/3b－4a）。是年五月甲午朔，更英陵曰皇陵（卷42/1a）。因此，这个旧《皇陵碑》似乎很有可能曾称《英陵碑》。

大明皇陵之碑

孝子皇帝元璋谨述:

洪武十一年夏四月,命江阴侯吴良督工新造皇堂,予时秉鉴窥形,但见苍颜皓首①,忽思往日之艰辛。况皇陵碑记,皆儒臣粉饰之文,恐不足为后世子孙戒。特述艰难,明昌运,俾世代见之。其辞曰:

昔我父皇,寓居是方,农业艰辛,朝夕徬徨。俄而天灾流行,眷属罹殃,皇考终于六十有四,皇批五十有九而亡。孟兄先死,合家守丧②。

田主德③不我顾,呼叱昂昂,既不与地,邻里惆怅。忽伊兄之慷慨,惠此黄壤④。殡无棺椁,被体恶裳。浮掩三尺,奠何肴浆。

大明皇陵碑碑文,1981 年

①朱元璋时年五十一岁。

②《明太祖实录》卷 1/2a,"岁甲申(元顺帝至正四年,1344 年),上年十七,值四方旱蝗,民饥,疾疠大起。四月六日乙丑,仁祖崩:九日戊辰,皇长兄薨;二十二日辛巳,太后崩。上连遭三丧,又值岁歉,与仲兄极力营葬事。"《国榷》卷 1/259 作:"四月庚申朔,乙丑,翁卒;戊辰,伯兄兴隆卒;辛巳,陈妪又卒。"

《天潢玉牒》(涵芬楼影印《纪录汇编》本):"(长兄)南昌王与其子山阳王(圣保)相继殁。时家贫甚,谋葬无所,同里刘继祖慨然悯其孤苦,与地以葬。……淳皇先梦于彼筑室,今葬长子。……至〔正〕四年甲申……皇考……皇妣……俱即辞世,时遭疾疫,人事艰辛,同葬于此,今之皇陵是也。"所记与《实录》异,与碑文"孟兄先死"相应。《实录》记洪武八年四月庚寅朔,辛卯,"上幸中都",乙巳,"仁祖皇帝忌日,上躬诣皇陵致祭",辛亥,"皇妣淳皇后忌日,上躬诣皇陵致祭"。乙巳为十六日,当是生忌。

③田主德指地主刘继德。《国榷》卷 1/259 续上文:"同仲兄辈勉襄事。所佃刘氏继德田,数责进,谯呵不绝"。

④《高皇帝御制文集》卷 3/10b《追赠义惠侯刘继祖诰》:"朕昔寒微,生者为衣食之苦,其死者急无阴宅之难。吁,艰哉,尔刘继祖发仁惠之心,以己之沃壤慨然惠朕。朕得斯地,乐,葬皇考妣于是,至今难忘……"卷 3/11a《追赠义惠侯夫人娄氏诰》:"昔者朕寓居是方,家遭流疫,父母俱亡,无地可葬,因尔夫妇怜悯困苦,乐惠斯地,以致朕皇考妣阴宅于是,至今难忘。"卷 17/14b《祭义惠侯刘继祖及妻夫人娄氏文》:"昔朕皇考妣薨逝,赖尔惠朕葬地,遂得安于阴宅。"《凤阳新书》卷 7/3a 并载两诰。《明太祖实录》卷 119/6b:洪武十一年九月丙申,"追赠刘继祖为义惠侯,诰曰:……其妻娄氏追赠为义惠侯夫人,诰曰:……遣官赍诰命,仍为文以牲醴祭之。"所引诰文与《御制文集》有异,当是修《实录》时多加润色。

既葬之后，家道惶惶。仲兄少弱，生计不张。孟嫂携幼①，东归故乡。值天无雨，遗蝗腾翔。里人缺食，草木为粮。予亦何有，心惊若狂。乃与兄计，如何是常。兄云去此，各度凶荒。兄为我哭，我为兄伤。皇天白日，泣断心肠。兄弟异路，哀动遥苍。汪氏老母，为我筹量，遣子相送，备醴馨香②。空门礼佛，出入僧房。

居未两月，寺主封仓。众各为计，云水飘飏。我何作为，百无所长。依亲自辱，仰天茫茫，既非可倚，侣影相将。突朝烟而急进，暮投古寺以趍跄。仰穹崖崔嵬而倚碧，听猿啼夜月而凄凉。魂悠悠而觅父母，无有，志落魄而倘佯。西风鹤唳，俄淅沥以飞霜。身如蓬逐风而不止，心滚滚乎沸汤。一浮云乎三载③，年方二十而强。时乃长淮盗起，民生攘攘，于是思亲之心昭著，日遥盻乎家邦。已而既归，仍复业于於皇。

住方三载，而又雄者跳梁。初起汝颍④，次及凤阳之南厢。未几陷城⑤，深高城隍，拒守不去，号令彰彰。友人寄书，云及趋降，既忧且惧，无可筹详。傍有觉者，将欲声扬。当此之际，逼迫而无已。试与知者相商，乃告之曰：“果束手以待非？亦奋臂而相戕！”知者为我画计，且祷阴以默相。如其言往，卜去守之何祥。神乃阴阴乎有警，其气郁郁乎洋洋，卜逃、卜守则不吉，将就凶而不妨。即

①幼指长兄兴隆之次子朱文正。

②《高皇帝御制文集》卷6/6b《赐署令汪文、刘英敕》：“朕本农夫，家贫，丧父母，身当幼冲，百无所措，幸邻人汪姓者保护之。”《凤阳新书》卷2/56a《二母传》：“汪氏老母。母所居里名孤庄村。高皇侧微，从淳皇自明光集徙居于其里。岁荒，不能度，独母识焉，备礼遣子相送入於皇，师沙门高彬。”1974年春凤阳大庙出土的《明故松山汪公墓志铭》：“公之先在世居钟离之荒庄村，姓曹氏，其七世祖讳均者，所居邻于仁祖，先卒。其配即太祖所称汪氏老母是也。老母识太祖于尘埃中，奉礼笃至。及太祖即位，召母次子，赐姓汪，赐名文，钦除著令，世奉香火，守护皇陵，因姓汪。”看来汪氏老母当是汪氏，始曹姓，到汪氏老母次子时，因赐姓，始改姓曹为姓汪。

③《龙兴寺碑》：“昔幼时师高彬者，托身于寺四年。初栖之时，其年蝗旱，寺罢僧饭，师长弗济。彼时朕年十有七岁，方为行童五十日，于教茫然，因师弗济。且父、母、长兄，不逾二旬，尽皆崩逝。家道零落，归无所恃，出无所怙。虽如是，亦飘然西游庐、六、光、固、汝、颍，三年后归。”

④元顺帝至正十一年（1351年）五月辛亥，颍州人刘福通发动红巾军起义。红巾起义军攻陷汝水，颍水流域的颍州、朱皋、罗山、真阳、确山、舞阳、叶县、汝宁、息州、光州等州县，迅速发展到十万人，点燃了元末农民革命战争的火焰。

⑤次年（1352年）二月乙亥（初一日），定远郭子兴起兵响应，庚子（二十六日），占领濠州。

起趋降而附城，几被无知而创。少顷获释，身体安康①。

从愚朝暮，日日戎行。元兵讨罪，将士汤汤。一攫不得，再攫再骧。移营易垒，旌旗相望。已而解去，弃戈与枪②。予脱旅队，驭马控韁，出游南土，气舒而光。倡农夫以入伍，事业是匡。不逾月而众集，赤帜蔽野而盈冈。率渡清流，戍守滁阳③。

思亲询旧，终日慨慷，知仲姊已逝，独存驸马与甥双④。驸马引儿来我栖，外甥见舅如见娘。此时孟嫂亦有知，携儿挈女皆从傍⑤。次兄已殁又数载，独遗寡妇野持筐。因兵南北，生计忙忙。一时会聚如再生，牵衣诉昔以难当。于是家有眷属，外练兵钢，群雄并驱，饮食不遑。

---

①朱元璋《纪梦》(涵芬楼影印《纪录汇编》本)："定远民弃农业，执刃器，趋凶者数万……壬辰二月二十七日，陷濠城而拒守之。……俄而胡帅至，乃彻里不花……逡巡不进，惟是四掠良民，得之则以绛系首，称为乱民，献俘于上，请给其功。于是良民受害激动……呼亲唤归，相继入城，合势共守以相拒。……予当是时，尚潜草野，托身缁流，两畏而难前。欲出为元，虑系绛以废生；不出，亦虑红军入乡以伤命。于是祷于伽蓝，祝曰：'岁在壬辰，纪年至正十二，民人尽乱，巾衣皆绛，赤帜蔽野，杀人如麻。良善者生不保朝暮，予尤恐之。时祝神避凶趋吉，惟神决之。若许出境以全生，以珓投于地，神当以阳报；若许以守旧，则以一阴一阳报。祝毕，以珓投之于地，其珓双阴之。前所祷者两不许。'予乃深思而再祝曰：'予出守咸听命于神，笃志祈之，神不为我决，既不出而不守旧，果何报耶？请报我阳珓，予备粮以往。以珓掷于地，其珓仍阴之，就而祝曰：'莫不容予倡义乎？若是，则复阴之。'以珓掷地，果阴之。方知神报如是，再祝曰：'倡义必凶，予心甚恐，愿求阳珓以逃之。'珓落仍阴之。更祝神：'必逃，神当决我以阳。'以珓投于地。神既不许，以珓不阴不阳，一珓卓然而立。予乃信之，白神曰：'果倡义而后吉乎?！神不误我，肯复以珓阴之。'以珓投于地，果阴之，予遂决入濠城，以壬辰闰三月初一日至城门，守者不由分诉，执而欲斩之。良久得释，被收为步卒。"

②《明通鉴》卷1"元至正十二年……是冬，元将贾鲁以兵围濠州。……十三年夏五月壬午，元将贾鲁卒于濠州军中，元兵遂解围去。"

③《纪梦》："元将贾鲁死，城围解。予归乡里，收残民数百。……当年冬……率二十四名锐者南游定远，忽有义旅来归者三千，练率之。六月，取横涧山，破义兵营，得军二万余。入滁阳，葺城以守之"。

清流，指清流河，源出定远县界，东流经滁县东二里，东南注于滁河。滁阳，即滁州，今安徽滁县。

④驸马，指朱元璋二姐夫李贞。外甥保儿，即李文忠。

⑤儿指侄子朱文正。女，侄女，后嫁王克恭，封福成公主。

暂戍和州①，东渡大江。首抚姑孰，礼仪是尚②。遂定建业③，四守关防。砺兵秣马，静看颉颃④。群雄自为乎声教，戈矛天下铿锵。元纲不振乎彼世祖之法，豪杰何有乎仁良。予乃张皇六师，飞旗角亢。勇者效力，智者赞襄。亲征荆、楚，将平湖湘，三苗尽服，广海入疆。命大将军东平乎吴、越，齐、鲁耀乎旌幢。西有乎伊、洛、崤、函，地险河、湟。入胡都而市不易肆⑤，虎臣露锋刃而灿若星铓。已而长驱乎井陉，河山之内外，民庶咸仰。关中即定，市巷笙簧。玄菟乐浪以归版籍，南藩十有三国而来王。

倚金陵而定鼎，托虎踞而仪凤凰。天堑星高而月辉沧海，钟山镇岳而峦接乎银潢。欲厚陵之微葬，卜者乃曰：不可，而地且臧⑥。于是祀事之礼已定，每精洁乎烝尝。惟劬劳罔极之恩难报，勒石铭于皇堂。世世承运而务德，必彷佛于殷商。泪笔以述难，谕嗣以抚昌。稽首再拜，愿时时而来飨。

---

①《纪梦》："又明年（龙凤元年，元至正十五年）春（正月）：兵入和阳，与元兵战，三月，而元兵解去。"和州，今安徽和县。

②姑孰，元为太平路，明为太平府，今安徽当涂。《纪梦》："乙未（龙凤元年，元至正十五年）六月，亲渡采石江，下姑孰。"朱元璋接受了儒生冯国用、李善长、陶安等人"倡仁义，收人心"，"知人善任，不嗜杀人"，"禁焚掠"，"招贤纳士"等保护地主阶级生命财产、任用地主阶级分子的意见，攻占太平以后，予以实施，受到了地主阶级的拥戴和欢呼。耆儒李习、陶安等拜谒红巾军元帅朱元璋说："明公率众渡江，神武不杀，人心悦服"，"我辈今有主矣"，"愿以身许之"。朱元璋在元末农民革命战争的风暴中，对地主阶级采用"礼仪是尚"的政策，是他逐步与地主阶级接近，并转化为地主阶级代理人的开始。

③龙凤二年（元至正十六年）三月庚寅，占领集庆路。辛卯，改名应天府。洪武元年称南京。建业、金陵都是它的古名。

④龙凤四年（元至正十八年，1358 年）十二月庚辰，朱元璋过徽州，召朱升问时务，对曰："高筑墙，广积粮，缓称王。"朱元璋听了很高兴。"四守关防，砺兵秣马，静看颉颃"，就是这个策略的具体体现。

⑤胡都，指元都大都，今北京。

⑥《国榷》卷 2/325，至正二十六年（1366 年）四月丁卯，"吴王（朱元璋）至濠州（省墓），念先人始丧未备，议改葬……恐改葬气泄，但培土。"《明太祖实录》卷 20/5a，丙午四月丁卯，"时有言改葬恐泄山川灵气，乃不复启葬，但增土以培其封。"旧《皇陵碑》文："欲启坟改葬，虑泄山川灵气，使体魄不安，益增悲悼，姑积土厚封，势若冈阜，树以名木，列以石人、石兽，以备山陵之制。"又《实录》卷 40 记载，洪武二年夏四月乙亥，朱元璋追述他曾收拾母亲尸骨的经过说："朕昔遭兵乱，母后之坟为兵所发。朕收遗骸，失一指骨，于坟近地遍求不得。忽得指骨，然未敢必其是，闻世有以指血验之者，遂啮指滴血其上，果透其中，及以他骨验之。则血不入，乃知亲之气血相感如是，与他人自不同也。"

洪武十一年,岁次戊午,七月吉日建①。

大明皇陵碑碑文拓片

①《皇陵碑》载于《高皇帝御制文集》卷 14/1a;《凤阳新书》卷 8/1a;康熙《凤阳府志》卷 38/14a;乾隆《凤阳县志》卷 14/3b;光绪《凤阳府志》卷 15/21b。与原碑及北京图书馆金石组等处所藏早期拓片校核,方志所载碑文有一些错别字、异体字和避讳字,光绪府志错别字尤甚。《御制文集》与原碑及拓片最为一致,但也有几处不同:肴浆作殽浆,遥眄作遥盼,待非作待罪,井陉作井泾,市巷作币巷。徐乃昌《安徽通志金石古物考稿》6/1a:“《皇陵碑》拓本高一丈一尺五寸,广五尺七寸,二十六行,行五十六字,字径一寸六分,正书”。在校核原碑的过程中,看到原碑上有句断;校核拓片时,还发现“守丧”“兄为我哭”“侣影相将”“相商”“趋降”“将平湖湘”“乐浪”“述难”等字上还标有声调符号。

乾隆《凤阳县志》对皇陵碑文的书法作了评价，说："皇陵之碑……不知何人书，端庄劲健，全无馆阁习气，可宝贵也。"①

(3)十王四妃坟

十王四妃坟"前对都城，后枕淮水，地势平衍，四围松、柏、榆、柳繁茂阴翳"，置陵户"三百户，分编十社，守直洒扫，供办祭品"②。

《凤阳新书》记载十王四妃坟的建筑：

砖　垣　一座，周二百二十丈四尺。

正　殿	五间
东西庑	各五间
棂星门	三门〔座〕
红　门	三座
神　厨	三间
燎　炉	一座
宰牲厨	三间
井　亭	一座
后红门	三座
官　厅	三间〔六间〕
华表、石人、石兽	十对
厨　房	四间
直　房	东、西各三间
巡　捕	二处〔所〕
外直房	三间
厢　房	东、西各三间
前　房	三间
门	一门

砖　塔　一座，在外直房内，乃前元时建。③

①《凤阳县志》卷16/21b

②《凤阳新书》卷4/60b。

③《凤阳新书》卷4/60b。"〔　〕"中系《中都志》卷4/35a所载，但华表、石人、石兽及外直房以下建筑，《中都志》未载。

9. 中都留守司及八卫一所的设置和布局

《寰宇通志》凤阳府·公廨载:

中都留守司	在府治西南。本凤阳行大都督府旧基,洪武十二年改建留守司于此……
留守中卫指挥使司	在府城南左甲第门内。旧建留守卫于凤阳县治北,洪武十二年改曰中卫,移建于此。
留守左卫指挥使司	在府城南前右甲第门内,洪武十二年建。
皇陵卫指挥使司	在府城西南十里,洪武二年建。
凤阳卫指挥使司	在府旧城宣化坊。旧建濠梁卫于金铊坊,洪武七年改凤阳卫,移建于此。
凤阳中卫指挥使司	在府城南左甲第门内,洪武十二年建。
凤阳右卫指挥使司	在府城洪武门内,洪武十一年建。
怀远卫指挥使司	在府城正中,洪武十一年建。
长淮卫指挥使司	在府城西北二十五里 ,洪武四年建。
洪塘屯田千户所	在五河县西南七十里,洪武四年建。①

《中都志》《军卫》载:

中都留守司	故行大都督府也。洪武十二年,天策卫指挥佥事万得创建。洪武十四年驸马都尉正留守黄琛②开设。辖八卫一千户所,有经历司、断事司、司狱司。
皇陵卫	在府治西南十里,洪武二年开设。旧在凤阳县太平乡,洪武十年修陵垣,迁于今地重建。
留守左卫	在右甲第门内,洪武十二年创建。
留守中卫	在左甲第门内,洪武四年创建。
凤阳中卫	在左甲第门内③, 洪武十二年指挥万得创建。

①《寰宇通志》卷9/8a。

②《明史》卷121《公主传》:"庆阳公主,蒙城王女,嫁黄琛。"庆阳公主是朱元璋堂兄弟朱重四的女儿,所以黄琛是朱元璋的侄女婿。

③乾隆《凤阳县志》卷6/6a:"凤阳中卫署在西南夹城内",据《中都志》万历四十一年增补的《凤阳府治图》及康熙《凤阳府志》卷7/16b兵御,凤阳中卫署在左甲第门内,因此很可能是后来移署于夹城,以卫凤阳县城。

凤阳右卫　　在洪武门内，洪武十一年指挥高贵创建。

怀远卫　　在府治北，洪武十一年指挥朱斌创建。

凤阳卫　　在(临淮)旧城宣化坊，故中立府治也。初设濠梁卫，洪武七年改凤阳卫。

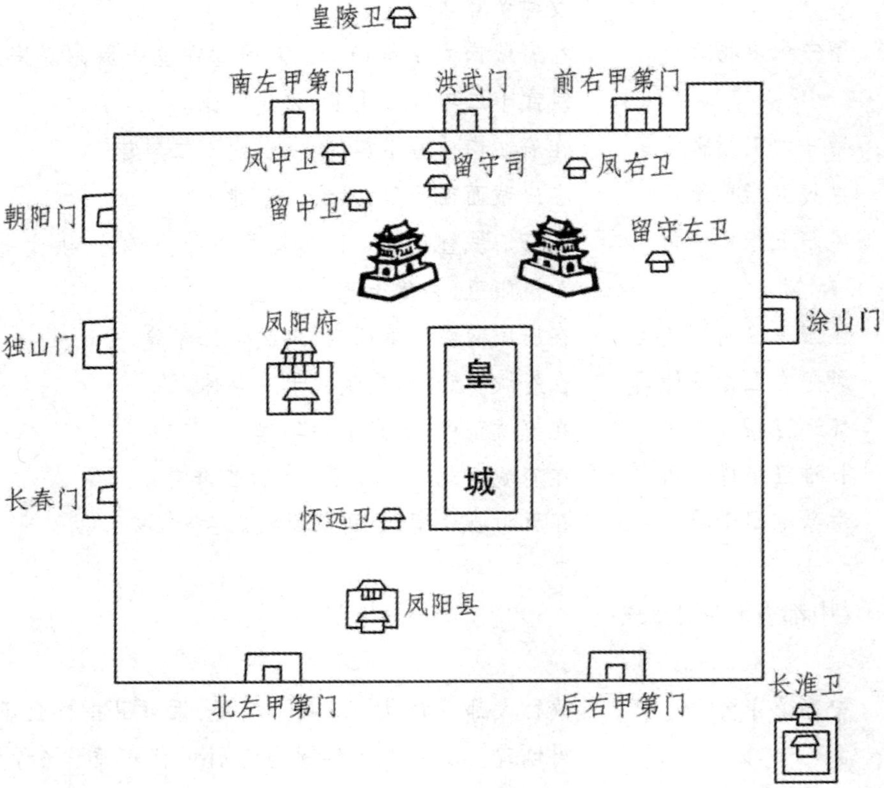

《中都志》万历增补插图中的《中都留守司卫所分布位置图》①(上南下北)。

长淮卫　　在凤阳县粉团洲，洪武六年创建。

以上八卫，俱有经历司、卫镇抚，辖五千户所。

洪塘湖屯田千户所　　去府治东北四十里，洪武四年千户石梁创建，有吏目。

国初有金吾、左羽林、左虎贲，左骁骑、左龙骧、兴武、兴化、和阳、雄武、钟山、定远、振武等卫，既定鼎金陵，后皆革调②。

---

①凤阳卫在临淮旧城，洪塘千户所在府治东北四十里，均在图幅之外。

②《中都志》卷3/54a。

两书所载,稍有不同:

一,《寰宇通志》说:中都留守司"本凤阳行大都督府旧基,洪武十二年改建留守司于此"。《大明一统志》卷10沿袭了这一记载。

二,《寰宇通志》记载留守中卫说:"旧建留守卫于凤阳县治北,洪武十二年改曰中卫,移建于此",《中都志》则云洪武四年创建,未讲沿革移建;《寰宇通志》又记载旧建濠梁卫于金铊坊,洪武七年改凤阳卫,移建于此,《中都志》亦未述移建事。

三,创建长淮卫,《寰宇通志》作四年,《中都志》作六年,年份不同。

四,《中都志》记载了中都留守司和凤阳中卫、凤阳右卫、怀远卫的创建者。

此外,《凤阳新书》还记载有一个"陵垣卫,在(皇陵)垣内,(洪武)十七年移卫于垣外东北,而(祠祭)署以将领焉"①。看来这个陵垣卫跟北京的长陵卫、定陵卫等陵寝卫一样,俱不属五军都督府,所以它也不属中都留守司管辖,由皇陵祠祭署管领。但陵垣卫不载于《明史·兵志》,《中都志》也未记载,不知何年开设。《大明一统志》载:"中都留守司在洪武门内东,本凤阳行大都督府旧基,洪武十二年改建为留守司,领城内留守中、留守左、凤阳、凤阳中、凤阳右、怀远、长淮七卫,洪塘湖屯田千户所"②,并无皇陵卫在内。"皇陵卫"条则云:"洪武二年建,后隶中都留守司。"不知这个"陵垣卫"是不是迁出垣外重建皇陵卫前的旧名。皇陵卫徙建时间,《中都志》作洪武十年,亦与《凤阳新书》不同。

留守司除辖八卫一所外,还"提调卫所三十有六,曰泗州卫、宿州卫、寿州卫、武平卫以及归德等卫"③。

洪武初营建明中都时,置行大都督府。《实录》载四年四月甲申最初为临濠行大都督府。六年九月壬戌,改为中立行大都督府。七年九月丁丑,又改为凤阳行大都督府。罢建中都以后,仅置留守司。十二年九月己酉,改凤阳行大都督府留守司为留守中卫。十四年九月丁酉,置中都留守司④。由于中都留守司的创建,有这么一段经历,所以《寰宇通志》说是"本凤阳行大都督府旧基",《中都志》说是"故行大都督府也",是说中都留守司这个地方原来就是凤阳行大都督府的故址。从这里还可以看出,营建明中都时,凤阳曾先后建了两个大都督府:一个是建在午门左侧的"大都督府",由于罢建中都而未曾启用,后来拆除不存了;另一个是"行大都督府",罢建中都以后改建为中都留守司。留守司在

---

①《凤阳新书》卷3/13a寝卫。

②《大明一统志》卷7/2a。

③康熙《凤阳府志》卷7/16b兵御。

④《明太祖实录》卷64/1a、卷85/5b、卷93/3a、卷126/4a;《国榷》卷6/576、卷7/606。

洪武门内东北约有半里。

八卫中,皇陵卫在皇陵外垣外东北,长淮卫在中都城外西北粉团洲,凤阳卫在临淮旧城内,其余五卫都在中都城内。中都城九门由这五卫分别把守:留守左卫把守西北城后右甲第门,留守中卫把守东北城北左甲第门和长春门,凤阳中卫把守南城洪武门和南左甲第门,凤阳右卫把守西南城涂山门和前右甲第门,怀远卫把守东南城朝阳门和独山门①。《凤阳县志》:“凤阳卫署,《临淮志》云:初名濠州卫,元至正二十六年,指挥周俊开设于金鎗坊,后迁于旧府治。按旧府治即临濠府,又称中立府。明洪武七年,迁府治于凤阳新城,凤阳卫乃移署于旧临濠府治。”②

10. 凤阳府、凤阳县的布局规模

凤阳府治和凤阳县治都在中都城内。

凤阳府治在山前,原是会同馆,罢建中都后,府治于临淮旧城迁此。府治在皇城的东南方,它的东面是朝阳门,南面是南左甲第门。

凤阳县是洪武七年八月庚子改中立府为凤阳府的时候,析临淮县的太平、清洛、广德、永丰四乡新置的县。县治初设山前鼓楼东,洪武十年迁山后北兵马司。县治在皇城背后东北方,它的北面是北左甲第门,东面是长春门。

凤阳府与凤阳县一南一北,一在山前,一在山后,在明中都的设计布局上是有所考虑的。

据《中都志》万历四十一年增补的《凤阳府治图》和《凤阳县治图》,凤阳府治和县治都有规模不小的周垣。凤阳县还有城垣,设四门,北门正对后左甲第门,南门为魁星阁,正对山前鼓楼。(柳瑛《中都志》里万历四十一年万嗣达增补的《凤阳县治图》。)

《凤阳新书》记载了凤阳府治和凤阳县治的建置:

凤阳府治……周围砖城,各衙俱在内,国初会同馆也。……有府大门楼、仪门、戒石亭、大堂、穿廊、后堂、六房、永盈库。大堂东狱,在二门外,西户部库楼,大堂东南知府衙舍,大堂后同知衙舍……

凤阳县治……大门谯楼三间,仪门三间,戒石亭,大堂三间,库楼三间,大堂东典史厅一间,大堂西县丞衙、主簿衙、典史衙,俱大堂西六房。大堂东西狱三

①《凤阳新书》卷3/6b。

②乾隆《凤阳县志》卷6/6a。

间，二门内羁候所三间。……①

凤阳府和凤阳县也都有它自己所属的一整套坛庙、儒学等建置，和其他府县一样。这些建筑，这里就一概从略，不予叙述了。

此外，由于中都凤阳的特殊地位，在洪武以后陆续设置了一些公署，如都察院巡抚行台、察院巡抚行台、西察院、南京户部分司、按察兵备行台、东公馆、西公馆等等②。这些建筑一概从略。

演武厅和高墙在后面的章节里叙述。

（四）中都街、坊的设计

《实录》：洪武五年正月甲戌，“定中都城基址”的时候，同时初步规划了街坊：

街二：南曰顺城，北曰子民。

坊十六，在南街者八：

东曰德辅、善庆、崇德、中和

西曰顺成、新成、里仁、太和

在北街者亦八：

东曰钦崇、德厚、恭让、淮阳

西曰从善、慎远、修齐、允中③

1. 街

《中都志》记载中都有：

洪武街　玄武街　左辅街　右辅（弼）街　左甲第街

东城街　西城街　顺城街　安泰街　云霁街

台　街　父道街　子顺街　志士街　长春街

东华街　西华街　光天街　刚毅街　淮清街

工艺街　子民街　淮南街　永福街④

①《凤阳新书》卷3/11a－b。

②《凤阳新书》卷3/10a－11a。

③《明太祖实录》卷71/6a。

④《中都志》卷4/3a－b。

《凤阳新书》记载中都设“街二十有八”：

洪武　左辅　东城　顺城　泰安　父道
玄武　右弼　西城　长春　云霁　子顺
台街　工艺　东华　光天　刚毅　子民
志士　淮南　西华　化日　清淮　永福
朝朝(阳)　涂山　左甲第　右甲第①

顺城、子民南北两条街，是洪武五年定中都城基址的时候就规划确定下来的。在中都城建筑的过程中，新的街陆续地规划修筑起来。过了100年上下，到天顺、成化年间修《中都志》时②，记载中都街有24条。又过了150年左右，到万历末纂修《凤阳新书》时，中都街又增加到28条。《凤阳新书》记有而《中都志》没有的街名有：朝朝(阳)、涂山、右甲第、化日、泰安、清淮六条；《中都志》所记亦有《凤阳新书》没有的两条街：安泰街、淮清街。很可能安泰街即泰安街，淮清街即清淮街。又《中都志》右辅街而《凤阳新书》作右弼街，也都不清楚是改名还是刊误。又《凤阳新书》的朝朝街当是朝阳街之误。新增四街中，朝朝(阳)、涂山、右甲第三街都是以城门命名的，当即在各该城门之内，不太可能当初建中都城门时还未规划修路，而要到百年以后才增修，可能是原已有街，后分段予以新名。化日街可能也是如此，与光天街相对称。因此，万历末记载的28条街，其实是成化时记载的24条街。从父道、子顺两门因定鼎金陵而废革，但仍有父道、子顺两街来看，这些街很可能就是明初营建中都时规划设计的，后来未曾有大的变更。

由于没有城坊街道图留下来，因此只能根据文字记载和现存的道路作一些揣测，尽可能地探索出一幅中都街坊部分复原图来，看看600年前在白地上营建一个新的都城时，街坊是如何规划设计的。

《实录》《中都志》《凤阳新书》记载中都街名都是竖街横街，南城北城、东城西城地排列街、坊的次序，东西对称，南北对称，很有规律。依据中都城门的位置，东西左右的方位，已知确切位置的云霁街，《实录》说明方位的顺城、子民两街，以及《中都志》《凤阳新书》的街坊排列次序，和今天尚存的一些东西向、南

①《凤阳新书》卷3/7b。

②柳瑛《中都志》跋：“是书之编，始于天顺戊寅(二年，1458年)，讫于成化丁未(十一年，1475年)，凡六誊稿矣……弘治元年戊申(1488年)……命工锓梓……潜心三十年而成书于一旦。”

北向的道路，对明中都的街道作如下揣测。

洪武街　皇城正南，南北向竖街，自洪武门至大明门接御道。

玄武街　皇城正北竖街，自玄武门向北。

左辅街　皇城东竖街，自南左甲第门经鼓楼北至盛家山前。

右弼（辅）街　皇城西竖街，自前右甲第门经钟楼北至马鞍山前。

东城街　东城竖街，在左辅街之东。

西城街　西城竖街，在右弼街之西。

左甲第街　山后竖街，为左辅街的延长线，经凤阳县北至北左甲第门。

右甲第街　山后竖街，为右弼街的延长线，北至后右甲第门。

顺城街　中都南城洪武门里东西横街，东经南左甲第门，西经前右甲第门。

泰安街　顺城街北东西横街。

云霁街　泰安街北东西横街，东至鼓楼，西至钟楼。

父道街　云霁街鼓楼以东延长线，东至原父道门。父道门改称朝阳门后，可能称父道街名于独山门内。

子顺街　云霁街钟楼以西延长线，西至原子顺门。

东华街　东华门外横街，自东安门向东。

西华街　西华门外横街，自西安门向西。

朝阳街　东西横街，东至原朝阳门。改父道门为朝阳门，朝阳门为独山门后，可能改称父道街为朝阳街似相应。

涂山街　东西横街，西至涂山门。

长春街　山后横街，自凤阳县东至长春门。

台　街　东城横街，与父道街平行。

志士街　西城横街，与子顺街平行。

子民街　中都北城东西横街，东经北左甲第门里，西经后右甲第门里。

工艺街　东城　街。

淮南街　西城　街。

光天街　位置不详。

化日街　位置不详。

刚毅街　位置不详。

清淮（淮清）街　位置不详 。

永福街　位置不详。

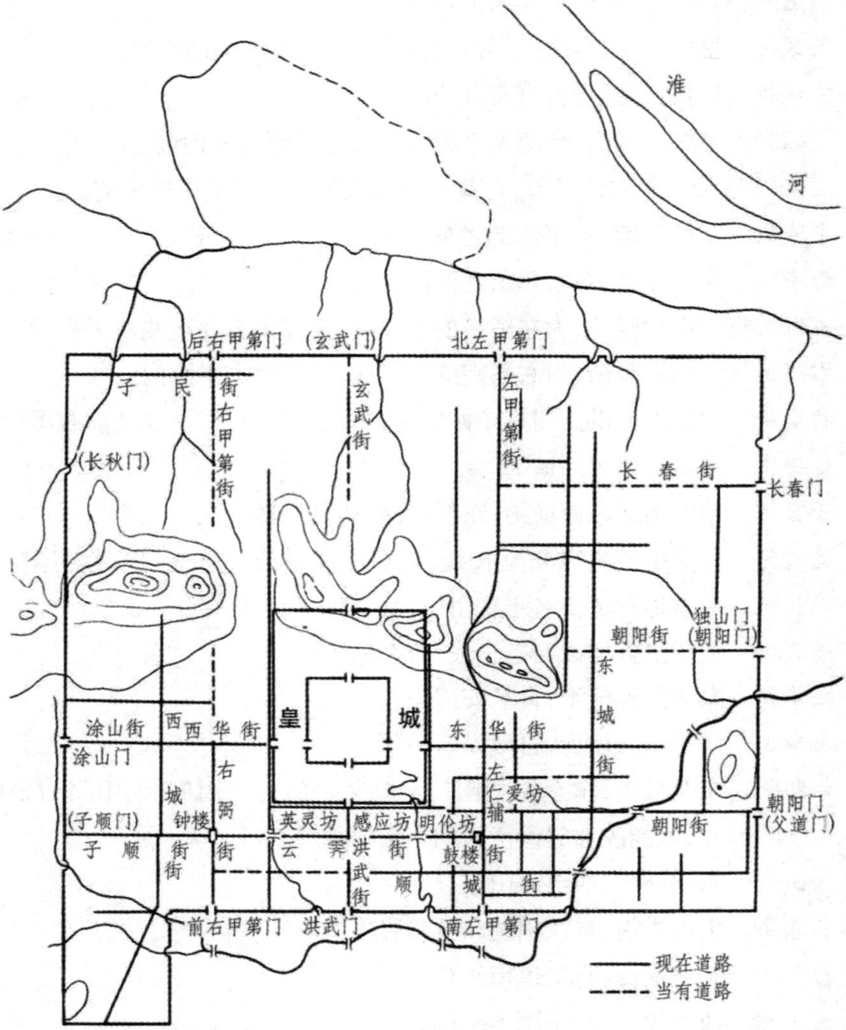

明中都部分街坊复原示意图(王剑英绘制)

2. 坊

《中都志》记载中都有104坊：

泰和坊	里仁坊	顺城坊	辅德坊	善庆坊
崇德坊	中和坊	安静坊	阜民坊	居仁坊
新民坊	升平坊	安泰坊	顺化坊	仁英坊
咸亨坊	通顺坊	永庆坊	丰乐坊	英灵坊
感应坊	明伦坊	广惠坊	怀德坊	务本坊
节受坊	武定坊	文治坊	仁爱坊	克勤坊

治安坊	长乐坊	懋功坊	世德坊	广和坊
寿宁坊	嘉惠坊	长安坊	尚贤坊	显英坊
安定坊	景福坊	惠吉坊	凤凰坊	云从坊
仁寿坊	利贞坊	会同坊	允安坊	宣化坊
俊乂坊	五福坊	人和坊	鼎新坊	养贤坊
思善坊	日新坊	孝友坊	德润坊	宣文坊
利用坊	正德坊	化成坊	施仁坊	来远坊
居仁坊	惇信坊	遵教坊	同仁坊	志道坊
永安坊	明德坊	大安坊	安济坊	美化坊
志善坊	崇庆坊	承宣坊	平政坊	厚俗坊
春辉坊	昼锦坊	立教坊	迎恩坊	守礼坊
声教坊	福延坊	志德坊	仁智坊	安业坊
会通坊	大有坊	永济坊	宝善坊	惠政坊
敬信坊	育德坊	允中坊	积善坊	从善坊
钦崇坊	德厚坊	恭让坊	淮阳坊①	

《凤阳新书》记中都城"中设坊九十有四",排列次序和《中都志》也不完全一致。

泰和	里仁	顺城	辅德	善庆	淮阳	恭让
德厚	钦崇	升平	崇德	中和	安靖	阜民
居仁	新民	安泰	顺化	仁英	咸亨	感应
明伦	广惠	怀德	务本	节爱	武定	文治
克勤	汝安	长乐	懋功	世德	广和	仁爱
嘉惠	长安	尚贤	显英	安定	寿宁	凤凰
云从	仁寿	利贞	惠同	景福	惠吉	俊乂
五福	人和	鼎新	允安	宣化	孝友	德润
宣文	利用	养贤	思善	日新	来远	惇信
遵教	正德	化成	施仁	大安	安济	美化
同仁	志道	永安	明德	厚俗	春辉	志善
崇庆	成宣	平政	福延	志德	昼锦	立教

①《中都志》卷4/2a。

迎思　守礼　声教　宝善　仁智　安业　会通

大有　永清　从善①

《凤阳新书》记载的94坊比《中都志》记载的104坊少了通顺坊、永庆坊、丰乐坊、英灵坊、居仁坊、惠政坊、敬信坊、育德坊、允中坊、积善坊10个坊。

又《中都志》安静坊,《凤阳新书》作安靖。

又《中都志》节受坊,《凤阳新书》作节爱,当以节爱为正。

又《中都志》会同坊,《凤阳新书》作惠同。

又《中都志》俊乂坊,《凤阳新书》作俊又,当以俊乂为正。

又《中都志》承宣坊,《凤阳新书》作成宣,当以承宣为正。

又《中都志》永济坊,《凤阳新书》作永清。

《实录》记载定中都城基址时,坊十六,"在南街者八,东曰德辅、善庆、重德、中和",这四坊《中都志》《凤阳新书》均全,唯"重德"皆作"崇德";"西曰顺成、新成、里仁、太和",均缺新成。"在北街者亦八,东曰钦崇、德厚、恭让、淮阳",均全;"西曰从善、慎远、修齐、允中",均缺慎远、修齐,《凤阳新书》多缺允中。看来中都城罢建以后,原来规划设计的坊没有全部建起来,东城因东南为府治所在,东北为县治所在,原来最早规划的八坊均全,西城则不全,山后西北缺得最多。《凤阳新书》缺的惠政、积善等五坊在《中都志》中是连在一起排列的,包括原来规划中北街西的允中坊,因此很可能这几个坊都在城西北部。又缺通顺、英灵等四坊,在《中都志》中也是连在一起排列的,而英灵坊的位置于《中都志》开国元勋阁条记载"在府治西南",即中都西南城,因此也很可能四个坊都在城西南部,要是这个假设正确的话,那么可以进一步推测,从弘治到万历末,由于城西北和西南的一部分坊,因为人烟逐渐稀疏,"视同村落",就把这些名不副实的坊撤了。从成化到万历,少了10个坊;那么从洪武到成化,是增了还是减了,很可能是有增有减,东城可能增一些,尤其是东南城,而西城则减一些,尤其是西北城,最初规划的西城的一些坊,可能当初都建起来了。因此总的坊数,洪武初建中都城时及其后不久,可能比《中都志》所载还要多一些。例如《凤阳新书》载:"中都置都察院巡抚行台……在镇抚坊";"置凤宪行台焉,在都察院西激扬坊旧凤阳县,洪武十三年八月改为察院"②,而镇抚坊、激扬坊这两坊既不载在《凤阳新书》"坊九十有四"之内,也没有列入《中都志》所记的104坊的里

①《凤阳新书》卷3/7a。

②《凤阳新书》卷3/10b。

面，可能是到成化时已经撤了，而旧名仍存。

这些坊的位置，能确切知道的有：

明伦坊　在鼓楼西云霁街北。中都国子监在明伦坊。

感应坊　在皇城东南，云霁街北。中都城隍庙在感应坊。

英灵坊　在皇城西南，云霁街北。开国功臣庙在英灵坊。

以上三坊东西相连。

仁爱坊　在盛家山（日精峰）前。会同馆在仁爱坊，不久为凤阳府治。

知道方位的有：

德辅坊　在南城顺城街之东。

善庆坊　在南城顺城街之东。

崇德坊　在南城顺城街之东。

中和坊　在南城顺城街之东。

顺成坊　在南城顺城街之西。

〔新成坊〕　在南城顺城街之西。

里仁坊　在南城顺城街之西。

太和坊　在南城顺城街之西。

钦崇坊　在北城子民街之东。

德厚坊　在北城子民街之东。

恭让坊　在北城子民街之东。

淮阳坊　在北城子民街之东。

从善坊　在北城子民街之西。

〔慎远坊〕　在北城子民街之西。

〔修齐坊〕　在北城子民街之西。

〔允中坊〕　在北城子民街之西。

由于罢建中都宫室，凤阳中都没有形成一个政治中心，中都的居民没有再继续增加，中都街坊也没有再随着城市的发展而建设下去。如《万侯创修凤山新路记》记载万历四十二年凤阳县知县万嗣达，创修从山后凤阳县到山前凤阳府的翻山新路说："邑南距郡几五里，凤山横亘其中，山腹焦石交错，路颇崎岖。循山址而南北，水潦冲啮，凹陷溃污，所在而有。邑当郡孔道，路尤当邑孔道，冠盖车马，几无虚日……风雨宵昼，络绎无休时，一遇阴霖，来往泥淖中艰甚。盖二百余年无念及此者。"于是"起邑南阁，达于府北更楼，路以丈计者四百有八十，广可十之七"①，修了这样一条"新路"。

所以，当初只是在官署民居集中的地区，修筑了石板路，皇城里外，甚至还修了一些白玉石大街，有的地段还建设了在古代城市中说来是规模巨大的下水道系统。但是在民居稀少的地区，只修筑了一些土路。南北的竖路和东西的横路，把中都城划分成许多坊。中都城里的坊，绝大多数也只是一个划分地段和居民住处的单位，还没有发展成为汉、唐都城长安、洛阳那样的名副其实的城坊。但是，从中都的街坊分布情况也可以看出明初营建中都的规划设计的一个方面。

关于中都下水道的情况，以后将在中都遗址里叙述。

①《凤阳新书》卷8/48b；乾隆《凤阳县志》卷14/21b。

七、明中都的利用及其对凤阳人民的影响

（一）中都留守，移民屯田

洪武八年八月己亥，“敕太师韩国公李善长、永嘉侯朱亮祖、南安侯俞通源抚谕诸屯，劝督农事”①，开水利垦田。《谕太师韩国公李善长、江夏侯周德兴、江阴侯吴良等》：“古有移民之道……诚为良法……前者移江南民十有四万诣凤阳，使各农田而实地以壮京畿。恐斯民之众，下人不能驭，特留卿等督责其事而提调之。”②

中都留守司八卫一所，共屯田 80 万亩③。“一郡桑麻翠如洗”④，“地带淮

①《明太祖实录》卷 100/5b。

②《高皇帝御制文集》卷 6/1a－b。

③据《中都志》卷 3/56b－58b 记载，凤阳卫所田地、池塘、坝堰共 795378.936 亩，其田粮数字改列成表，并予以合计。地顷以下，粮石以下数字简省，不列表中。《凤阳新书》卷 5/22a－24a 武备篇·屯种，乾隆《凤阳县志》卷 7/10a－11a 卫所转载：

	屯田地、塘池(顷)	夏子粒小麦(石)	秋粮粳米(石)	屯种水黄牛并犊(只)	桑、枣(株)
皇陵卫	2470	964	10364	2345	511400
留守左卫	817	2518	3318	1070	163040
留守中卫	512	2083	2254	877	169200
凤阳卫	730	2838	2909	1789	109600
凤阳中卫	293	1312	1361	1485	153600
凤阳右卫	390	1810	1875	6114	101400
怀远卫	694	2289	2454	1083	160800
长淮卫	340	1280	1405	229	101400
洪塘湖千户所	359	1971	1971	107	123520
合计	6605	44976		15099	1593960

④刘诚《贺太守仲侯喜雨歌》，载于张云翔《（万历）凤阳县志》卷 5/27a。

濠,皆通舟楫”,“农商交作”①,一时颇称繁华富庶。洪武八年十二月壬子,以凤阳岁粮增多,升为上府②。

(二)命皇太子诸王驻凤阳讲武练兵

洪武八年十月壬子,命皇太子及秦、晋、楚、靖江四王讲武中都③。九年二月庚子,命皇太子率秦王、晋王、燕王往凤阳“观祖宗肇基之地”④。十月丙子,诏秦王樉、晋王棡、燕王棣,吴(周)王橚、楚王桢,齐王榑练兵凤阳⑤。十四年,“命驸马都尉正留守黄琛开设演武场(于独山之前),广三里,八卫所官军操练于凤阳”⑥。骡马凡23101匹,官军骑操⑦。驻凤阳两三年、六七年,然后之国。复命诸王发属卫出塞,屯田筑城,备边练卒,率师北伐。

十八年十月丙午,命蜀王椿驻凤阳,“阅武中都”⑧。蜀王至中都,“首辟西堂,以读书自娱。阅武余暇,日与儒生探赜经史,商确异同……又劝学延师,给以廪食,教育扈卫、百官子弟之俊秀者,俾各有成”⑨。

(三)遣列侯还乡,就第凤阳

洪武五年十一月癸亥,“诏建公侯第宅于中都”⑩。洪武六年九月丁未,“赐公侯及武官公田,命取量其元(原)定官粮私租之数,仍依主佃分数收之”⑪。洪武七年八月乙卯,“念诸功臣之家族属数多,岁禄恐不足赡,命中书省臣会计:列侯自中山侯以下十三人,旧食禄千五百石者,加赐公田千石,共岁食二千五百石;其……旧食九百石,今皆增为二千五百石……各两千石……”⑫洪武十八年八月丙午,“赐公侯钞,人万锭,俾还乡治宅”⑬。除原建的六公二十七侯第宅和信国公汤和的新第外,陆续建的还有黔宁王沐英、梁国公胡显、武定侯郭英、凤

---

①《中都志》卷1/33a风俗。

②《明太祖实录》卷102/5a-b。

③《明太祖实录》卷101/3b;《国榷》卷6/527;《明史》卷2《太祖本纪》二,卷128《宋濂传》。

④《明太祖实录》卷104/4a-b:“上以秦王樉,晋王棡及今上(燕王棣)将之国,命先往凤阳观其祖宗肇基之地,俾知王业所由兴。”《国榷》卷6/532。

⑤《明太祖实录》卷110/3a;《国榷》卷6/544。

⑥《凤阳新书》卷5/22a武备篇;乾隆《凤阳县志》卷6/7b。

⑦《凤阳新书》卷5/26a。

⑧《明太祖实录》卷176/2b;《国榷》卷8/659;《凤阳新书》卷5/22a。

⑨《双槐岁钞》卷2/1b-2a《中都阅武》。

⑩《明太祖实录》卷76/5b。

⑪《明太祖实录》卷85/3a。

⑫《明太祖实录》卷92/8b。

⑬《国榷》卷8/656。

翔侯张龙、航海侯张赫、东胜伯刘谦①、怀远侯曹兴②、永平侯谢成、崇山侯李新、全宁侯孙恪③等的第宅。洪武十九年七月甲戌，“赐中山王及韩国公李善长等十四人凤阳东、西山场”④。洪武二十三年，“上念列侯老，悉遣还乡”，赐金、银、钞、绮⑤。

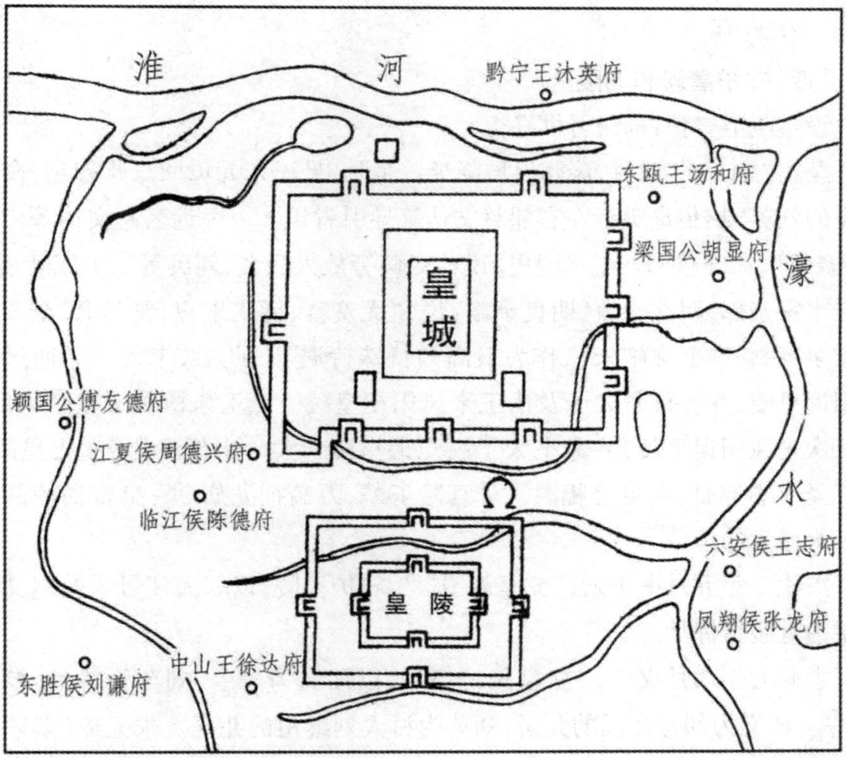

《凤阳新书》中《中都形胜总图》里的《公侯第宅位置图》⑥(王剑英摹绘)

由于凤阳是明朝开国君主朱元璋的家乡，百里之内，开国功臣和勋戚之家，宅第相望，肥田沃地都成了他们家的“赐田”和“胭粉田”，次则军队屯田，“惟留

①以上第宅见《凤阳新书》卷首《中都形胜总图》及卷3/17a第宅。

②《凤阳新书》卷3/14a“皇陵祠祭署”条：“洪武二十三(六)年，钦赐没官怀远侯房屋二百余间并石狮子一对，奏准折(拆)回太平乡起造住宅。”

③《明史》卷132、卷133本传。

④《国榷》卷8/665。

⑤《国榷》卷9/707。

⑥本图增补了公侯姓名。原图用追封王爵者，不补注原封爵。

下则处瘠，乃得以实编民之耕”①。

诸勋臣之家，“多倚势冒法，凌暴乡里”②。“作铁榜，申诫公侯”，禁公侯之家“倚恃权豪，欺压良善，虚钱实契，侵夺人田地、房屋、孳畜”，“强占官民山场、湖泊、茶园、芦荡及金、银、铜场、铁冶”，“欺殴人民”③。

洪武三十年十一月己酉，“武定侯郭英多养家奴百五十人，擅杀男女五人，被劾。宥之”④。

（四）守护皇陵和谒陵

设皇陵卫守护，祠祭署供祭祀。

至正二十六年四月，濠州以城降吴。是月，吴王朱元璋回濠州省墓，命随军回乡的刘英“招集皇觉寺左右邻赵文达等导引省识。……遂名赵文达等二十家为‘亲邻’，命守寝园”⑤。《明史》说：“令陵旁故人汪文、刘英等二十家守视。”⑥这二十家亲邻，明沈士谦《明良录略》说，“无贫富，皆赐朱户，复其家，至今村上数家茅屋，柴扉上犹施朱”，作为最高的特殊待遇⑦。此后，朱元璋又回过两次凤阳谒皇陵，并一再命太子及诸王来凤阳祀皇陵。燕王朱棣做了皇帝以后，也曾三次来凤阳谒皇陵，并命皇太子高炽谒皇陵。大学士胡广《陪驾祀皇陵》诗说：“圣主春巡日，皇陵晓祀时。千官陪玉辇，万骑拥龙旂”⑧；皇帝谒陵的排场是极为盛大的。

洪武二年五月甲午朔，“立皇陵卫”⑨，守护皇陵，以邻人汪母子及赵文达子赵璧为世袭指挥⑩。

洪武七年六月戊午，“立皇陵祠祭署，以汪文为署令，刘英为署丞，专典祀事”⑪。汪文为邻母汪氏的儿子，刘英为村人刘继祖的儿子。朱元璋《赐署令汪文、刘英敕》：“朕本农夫，家贫，丧父母，身当幼冲，百无所措，幸邻人汪姓者保护

①《凤阳新书》卷7/56b柯仲炯《中都五美帖》。

②《明太祖实录》卷70/2a，洪武四年十二月甲申。

③《明太祖实录》卷74/12a－13b，洪武五年六月乙巳。

④《国榷》卷10/780。

⑤《凤阳新书》卷2/44b刘继祖传。

⑥《明史》卷58《礼志》十二·皇考仁祖墓。

⑦沈士谦《明良录略》7b（《广百川学海》本）。

⑧乾隆《凤阳县志》卷13/11a。

⑨《明太祖实录》卷42/1a；《国榷》卷3/390。

⑩《国榷》卷5/505；《凤阳新书》卷2/56a二母传：“汪氏老母……三子，为（祠祭）署官者二，指挥者一，皆世官。”

⑪《明太祖实录》卷90/3a，《大明会典》卷90/1a，“仁祖陵……设……祠祭署，奉祀一员，祀丞三员”。《明史·礼志·山陵》同。

之；无地可葬，幸邻人刘姓者惠以葬地，以安神灵。”①“祭则代上行献礼，专保山陵，奉香火，子孙世守。”②“每岁冬至、正旦以太牢，清明、中元、孟冬以少牢，俱署官行礼；（每月）朔望以少牢，中都留守司官行礼。”③

洪武八年五月，“奉旨命（刘）英祖、汪、赵二氏祖等配淳皇帝、后，四时祭享”④。

1. 陵户

《凤阳新书》：“今凤民有二，有编民，有土民。……民则太平（乡）八里、祠祭署户二十家也。”⑤“洪武十一年，奉旨精清钟离土著旧民三千三百二十四户，编为陵户，分为六十四社。（社）五十户，以一人为长。每户拨给田地一庄，供办皇陵每岁时节祭祀，全免粮差。”⑥洪武二十九年正月二十八日，户部尚书郁新等奉旨着凤阳府再次清理土民，不许诈称冒混。将土民“尽编为陵户，祠祭署提调洒扫洁净，均派四时节令大小祭祀。除祭祀之外，粮差尽免”，说：这样“天高地厚之恩，除汉，其余罕有此”⑦。

所谓“粮差尽免”，只是赋役“县不与焉”，而祠祭署对陵户则照样征署粮，派署差，额外剥削更是繁多。《凤阳新书》说：“土民身隶县籍，而其赋则征之自陵（祠）祭署，以供陵祭之需，而县不与焉，然总其数则于县籍焉，稽也。或时有额外，不在科催，如考贡、送迎、济贫诸役，间亦从征。徭虽差减编户，而陵（祠）祭署之差，十羊九牧，朘削者更多，亦折而入于流徙。”⑧

朱元璋曾说：“凤阳实朕乡里，陵寝在焉……那老的们生在我这块土上，永不课征，每日间雍雍熙熙吃酒，逢着时节，买炷好香，烧献天地。……你陵里有甚么大事，一年祭祀轮一遭，将的猪来祭了，吃了猪去，将的羊来祭了，吃了羊去。”⑨似乎汤沐之邑“粮差尽免”，“世世无所与”，老百姓真的就能荷蒙这样“天高地厚”的皇恩，世世代代过着幸福的生活了。其实能“每日间雍雍熙熙吃酒”的，仅只是少数骑在老百姓脖子上作威作福的祠祭署世袭官员和皇陵卫世袭勋旧而已，广大的陵户，甚至朱元璋家的那二十户“亲邻”，绝大多数生活也没

---

①《凤阳新书》卷7/2a。

②《凤阳新书》卷2/45b。

③万历《大明会典》卷90/1a《礼志》四十八·仁祖陵。

④《凤阳新书》卷2/46a 刘继祖传。

⑤《凤阳新书》卷4/18a 赋役篇。

⑥《凤阳新书》卷5/34b 帝语篇。

⑦《凤阳新书》卷5/37a－39a。

⑧《凤阳新书》卷4/18b。

⑨《凤阳新书》卷5/34b－35b。

有得到什么改善。

洪武十六年八月癸酉，朱元璋忽然想念起那些老乡邻来了，“钦遣内官张林取亲邻二十家赴京。张林奏：‘凤阳亲邻二十家取到了，衣服褴褛，不能朝见。’奉圣旨：‘著尚衣监每人与他衣一袭，靴帽各一件，穿了来见。”连一件稍稍整齐的衣服都没有。过了半个月，“奉旨：说与凤阳亲邻二十家，老的们路途遥远，江河雨雷，不便，今后不必来了”①。从此，就没有再让他们来了。

所谓陵户，“每户拨给田地一庄”，也是一个好听的名儿，有名无实。即使当初确曾拨给过无地的陵户几亩荒地，也是天旱浇不上、一雨就涝的瘠薄差地，不能“均沾水利”，因此把农隙修堤、挑塘、作堰看作是额外的差徭，不积极，有人（大概是那些祠祭署的世袭官员）告到朱元璋那里，要朱元璋亲自出来过问：“其家各有水陆田地，设若塘堰做作，均沾其利，何故不肯趋事赴工？”“今土民……各散布乡村，所种水陆田地犬牙布列；用水则同，何其怨之甚耶?!”②乾隆《凤阳县志》说：“湾塘，在明废陵东南，受陵墙内南出之水，溉田二千亩〔塘下之田，俱属汪姓，明初汪母之后人也〕。”③汪姓就是祠祭署令汪文的一家。“俱属汪姓”也不是到清朝乾隆时候才这样，恐怕在明初也基本上是这样了，水利受益的是少数大户，怪不得广大陵户对兴修水利“不肯赴事”，“怨之甚耶”了。

明朝后期泗州祖陵陵户土地分配的情况，可以作为同一时期、同一地区、同一条件下的凤阳皇陵陵户情况的旁证。

在北京图书馆藏的曾惟诚《帝乡纪略》里，有一份泗州祖陵祠祭署的“署户田粮”清册，逐户记载了万历年间清审以后全部陵户的姓名及其占有土地或完纳署粮的细数。当时，“不论有无，皆载，从实录也，且令后之考核者有所证据而不得混冒云”。这份详细确凿的田粮清册保留到今天，却成了一份关于明朝农村阶级关系和土地占有情况的极其珍贵的资料④。

洪武初泗州祖陵原有陵户 293 户⑤。洪武末、永乐、正统、成化年间陆续拨补佥充了一些陵户，实有 315 户，分属 33 里，经万历十一年、二十二年至二十七

①《凤阳新书》卷 5/35b－36b。

②《凤阳新书》卷 5/37a－39a。

③乾隆《凤阳县志》卷 2/25b 水利。

④有关这份署户田粮的原文和分析，请参看北京图书馆《文献》1979 年第一期第 179—206 页王剑英《明泗州祖陵署户田粮清册——一份罕见的有关明代土地占有情况的文献资料》一文。

⑤万历《大明会典》卷 90/1a；《明史》卷 58《礼志》二・山陵。

年"逐户查核"清丈,共实有土地16159亩8分①。其中:

土地占有数量	户数	百分比	共有土地	百分比
完全没有土地的	165户	52.4%	0	0
只有5亩以下土地的	25户	7.9%	65.82亩	0.4%
有5亩至20亩以下土地的	34户	10.8%	402.74亩	2.5%
有20亩至100亩以下土地的	29户	9.2%	1,154.05亩	9.6%
有100亩至800亩以上土地的	56户	17.8%	14,137.19亩	87.5%
仅纳州粮的②	6户	1.9%		

从这些统计数字里,可以看出:

一,占户数71%的无地和少地的陵户,只占有不到3%的土地;

二,而只占户数17.8%的占有土地百亩以上的大户,却占有了全部陵户土地的87%。

这是明朝后期封建社会土地分配情况血泪斑斑的真实写照。同是陵户,有的因占有大量土地,"粮差俱免,永世不征",而受到了"天高地厚之恩"的实惠;而绝大多数无田少田的陵户,非但没有受到"粮差尽免"的实惠,却由于署粮、署差的照样征派,额外需索,"十羊九牧",依然过着极端贫困的生活,以致流徙逃亡。

2. 守备太监

宣德年间,添设守备太监,派神宫监内官"奉侍(守护)皇陵"。后来,又让守备太监"兼管皇城及安插庶人(高墙)门禁锁钥","兼管庐、淮,扬、徐、滁、和等处地方"③,虽说是"军民事务,不许干预",实际上是成了凤阳地区的太上皇。"科害之端遂开,以致署户逃散,军民坐困"④。

3. 谒陵

《会典》规定:"凡官员以公事经过者,俱谒陵。"⑤坐轿,"不问寒暑昼夜,风日阴雨,往返数十里"⑥,府、县"大小官员即伺候谒陵,前后跟随摆班,朝暮在

①署册载祭田149顷,实有土地较原数多12顷。

②纳州粮户中二户不足一石,二户二石多,二户五石多,共纳粮十六石九斗。"署田"即"祭田",不纳州粮,纳州粮的田不属祭田,不在署田的统计数内,故不载亩数。以所纳夏税秋粮数折合民田,共三百五十亩二分。

③《中都志》卷3/60b;又《凤阳新书》卷3/13b－14a。《凤阳新书》卷3/22b职官,说:中都皇城有"守城奉御内官二十余员,无常",看来跟皇陵内官一样,也都受守备太监管辖。

④《中都志》卷3/60b。

⑤万历《大明会典》卷90/1a,《礼部》四十八"仁祖陵"条。

⑥《临淮县志》卷7/8b。

府,不下三五日……作揖往来,又是两日”①。“舆,四夫肩,则二夫扶,一夫张盖,二人扛杠,一夫前呵”,一官坐轿,即需10人之候。凤阳又当淮河与直通北京、南京驿道交会处,“地居孔道,猛于鹳逐,民当农时,方将举趾,朝为轿夫矣,日中为杠夫矣,暮为灯夫矣。三夫之候,劳而未止,而又为纤夫矣。肩方息而提随之,稍或失御,长鞭至焉。如此而民奔走之不暇,何暇耕乎?”②

(五)修筑高墙,禁锢罪宗

洪武三年,封嫡兄子朱文正的嫡子朱守谦为靖江王。“九年,就藩桂林府。寻废为庶人”。“居凤阳七年,复其爵,徙镇云南。……暴横如故,召还,使再居凤阳。复以强取牧马,锢之京师。二十五年卒”③。建文帝“少子文圭,年二岁,成祖入,幽之中都广安宫,号为建庶人。英宗复辟,怜庶人无罪久系……出之,听居凤阳,婚娶出入使自便。……文圭孩提被幽,至是年五十七矣,未几卒”④。又把建文帝两个弟弟吴王朱允熥、衡王朱允熞“废为庶人,锢凤阳”⑤。《凤阳新书》:“考洪武十年,安置靖江王守谦于凤阳,其时尚未有高墙。永乐初幽建庶人于凤阳广安宫,则犹在皇城内宫。”⑥

尹令疏云:“天顺以后,又以各处违犯祖训宗室发本处高墙为庶人,省令悔悟。”⑦考《明史·诸王表》:“平阳(王)济熿。……宣德二年,通高煦事发,革爵,发‘高墙’,除。”⑧《诸王传》作“废为庶人,幽凤阳”⑨。则宣德二年,凤阳已有“高墙”,不待天顺以后。

《明史·诸王表》和《诸王传》中保存着不少关于发高墙的记载。

到明朝末年,《绥寇纪略》载崇祯八年正月十五日,明末农民军攻占凤阳,“辟高墙,放孽宗”。夹注引给事林正亨查凤阳失事云:“罪宗共二百六十五名,今存一百七十四名。”⑩《国榷》作:“纵高墙罪宗百余人。”⑪

崇祯九年,唐王朱聿键“倡义勤王,诏切责,勒还国。事定,下部议,废为庶

---

①《临淮县志》卷7/6b

②《凤阳新书》卷7/57a。

③《明史》卷102《诸王表》三;卷118《诸王传》三。

④《明史》卷118《诸王传》三。

⑤《明史》卷118《诸王传》三。

⑥《凤阳新书》卷3/18a。

⑦《凤阳新书》卷7/21b。

⑧《明史》卷100《诸王表》一。

⑨《明史》卷116《诸王传》一。

⑩《绥寇纪略》卷3/3a《真宁恨》;又沈颐仙《遗事琐谈》卷6/1a作“放高墙罪宗二百六十五人,今存一百七十四名”,误。

⑪《国榷》卷94/5687。

人,幽之凤阳。……十七年,京师陷,福王由崧立于南京,乃赦聿键出”①。《诸王表》作:“九年,以勤王违制,降为庶人,发凤阳‘高墙’。十七年五月赦出。次年,奔福州自立,僭号隆武。”②

“庶人高墙,内外筑垣凿池,岁岁兴工”③,“及未减释归者,征夫颇劳”④。

(六)江北四府三州文武乡试

明朝后期,江北庐州、凤阳、淮安、扬州四府,徐州、滁州、和州三州文武乡试,每三年在凤阳举行一次,时间连续70天,对附郭凤阳、临淮两县人民,又是一项沉重的负担。临淮知县贾应龙《改免附郭条议详允始末》说:“三年宴厂之累,乡举里选,三年一次,自类考生童,以及学院按临,宾兴迎送,搭盖棚厂,供给诸物等项。如临期文场揭晓后,四府合备鹿鸣宴,总在本府预办。相接武举棚场,比试校阅,鹰扬宴罢,方才报完。两宴中各府入帘赴宴官吏、文武举人,各色安置,各色供应,各色家伙,各色夫匠,各色伺候人役,概临淮一县不足,遍乡村差遣雇觅,离府百十里,拘来应命”,“已将孤儿、寡妇、皮匠、卖水、卖菜、卖豆腐之辈各朋应差”,“官民匍匐府中,阅七旬日,郁隆污淖,结愲供事,面无人色”,“谚语谓之‘三年一剥皮’。近查府城应办人役,三科前有百十余家……今日止有三家而已,非死即逃耳,踪迹莫存。是皮将剥矣,无皮可剥也。”⑤

(七)土瘠差重,十年九荒,人民逃亡,花鼓卖唱

明朝中期以后,自然灾害日益严重。万历末,《凤阳新书》作者说:“凤阳十年九荒,非旱则雨。”⑥

宋熙宁中(1068—1077年),黄河分南北两流,南流合泗入淮。金明昌中(1191—1195年),北流绝,全河皆入淮⑦。“初,淮自安东云梯关入海,无旁溢患。迨与黄会,黄水势盛,夺淮入海之路,淮不能与黄敌”,淮河入海通道渐为黄河夹带的大量泥沙所淤塞,淮河中下游河床和水位一天比一天升高。到明朝中期,“高、宝、兴、盐为巨浸,而黄水蹑淮,渐逼凤、泗”。“隆庆六年(1572年),淮大溢,黄水亦涨,相逼不得直下,沙随波停,遂将清口淤塞,所谓门限沙者是也。……自是清沙日高,淮水益壅,而泗大病矣。”⑧万历中,“淮水溢泗州,高于城壕,因塞水关以防内灌。于是,城中积水不泄,居民十九淹没,侵及祖陵”。至

---

①《明史》卷118《诸王传》三。

②《明史》卷102《诸王表》三。

③《凤阳新书》卷7/25b。

④《凤阳新书》卷3/18a。

⑤康熙《临淮县志》卷7/4a,9a-b,24a。

⑥《凤阳新书》卷4/6a。

⑦《明史》卷83《河渠志》五·黄河。

⑧《凤阳府志》卷8/4b-5a水利。

“崇祯间，黄、淮涨溢……淮患日棘矣”①。“于是每逢秋潦，临淮、凤阳沿淮地区经常淮水泛涨，陆地行舟”②。淮水“灌临淮城”仅明代就有十多次③。每年春秋，临淮城即“四面皆水，城垣坐在水中”，“满城内皆水乡”④。到清乾隆十九年(1754 年)，连城基都被冲掉了。

除了水灾频繁以外，蝗、旱灾害也很严重。正德四年“夏，大旱，蝗飞蔽日，大饥，人相食”；嘉靖三年，“民大饥，〔斗〕米五钱，人相食，凤阳自是无民矣”；万历十七年“春正月至八月不雨，淮河竭，井泉枯，野无青草，流徙载道”；四十七年，“旱，秋无麦禾，民食树皮，饿死半之”⑤；崇祯十三年，“岁大饥，草木根皮食尽；四月，大疫，百里无人踪”⑥。

沉重的封建剥削和压迫，又严重地削弱了凤阳人民抗御自然灾害的能力。

虽然明太祖朱元璋为了表示对家乡的特别照顾，于洪武十六年三月丙寅“复凤阳、临淮二县民徭、赋，世世无所与”⑦。但到后来，凤阳人民负担的差徭实际上比全国各地都重，达到了令人难以想象的程度。例如：万历时，“五铺之地方十里”，“裁(才)得七家”，“地方此七家也，铺兵此七家也，农夫此七家也，三其七而当二十一家之夫。时或一日而轿、杠、灯、纤并役，是又四其七而当二十八夫也。夫以一日一家而当七役，仍且不免于鞭扑”⑧。

凤阳“编民之耕……瘠土而无力以粪焉”，因差重“而民奔走之不暇，何暇耕乎？”农具、资金、种子都是极端缺乏，以至“稻田不知旱则凿渎，旱地惟是缦种，无有井渫，无有吊槔，无有翻车，但靠天时。雨则稻之年；地无汙漫，则二麦之候。遇大雨，当大旱，而民争食树皮⑨”，“全家枵腹待哺”。民“竭力一年之耕”，待望“一岁之收”，而科歉里役踵至，“一不与则系累其颈，再不与则倒悬其躯，三不与而妻子者移易于他室。民即呼九天，而堂上万里，岂能闻此”⑩。

还有凤阳一地，“卫所棋布焉。掌印巡捕指挥十四员，而操屯等官称是。……巡风棍役，三五为群，招摇市肆之中。聚饮呼卢者，指为赌博；家常哄议者，

①《明史》卷 87《河渠志》五·淮河。

②《凤阳新书》卷 4/6a。

③正统二年，正德六年、十三年，嘉靖二十二年、二十四年、三十四年、四十五年，万历五年、二十二年淮水灌城；其他有永乐四年“临淮大水，徙县治”，正德五年“平地水深五尺”及“淮河决”“淮河大溢”等多次。

④康熙《临淮县志》卷 7/5b－6a。

⑤《凤阳新书》卷 4/4a－5b。

⑥康熙《凤阳府志》卷 3/3b。

⑦《明太祖实录》卷 153/2b；《明史》卷 3《太祖本纪》三。

⑧《凤阳新书》卷 7/57b－59a 柯仲炯《中都五美帖》。

⑨《凤阳新书》卷 7/57b－59a 柯仲炯《中都五美帖》。

⑩《凤阳新书》卷 7/57b－59a 柯仲炯《中都五美帖》。

执为喧闹。无日无词禀，无日无勾摄。牲畜尽而没其居，家业亡而鬻其子。为凤民者，十羊九牧，不亦难乎”①。

凤阳“地视河北非不广也，敛视江南非不薄也，而民乃至履地若坠渊，受田若桎梏”，而相率“泥门”逋逃者，是由于“土瘠差重”②。“民逋而征存，则户存者赋重，口在者役烦”。“民见此逋者累己，不若己亦逋”。以至“甲有十里，而逋者八九，存者一二；地有千顷，而荒者十九，耕者十一”，“夫无十甲之居，百亩之种，而欲纳十甲之粟，完千亩之输，民欲不逋，不可得也”。造成了民生凋敝，生产落后，人民逃亡，土地荒芜的悲惨景象。

凤阳人民大量逃亡，除了社会经济的原因外，还有一个政治上的原因，就是凤阳的编民，基本上都是明初的江南移民。他们不敢公开违犯禁令离开凤阳还原籍，就借逃荒为名，散入江南，到老家去扫墓探亲。

《凤阳新书》赋役篇：“编民，盖国初调之江南之十有四万以实中都者。……然而调江南者，初皆无有五宅三居之志(?)，父母坟墓不在焉，妻子不至焉，田宅未开焉，此其必逋之势也。是以今天下二百六十余年，而凤户耗者十之七，计口耗者十之九。苟民逋而征存，则户存者赋重，口在者役烦，此又其必散之势也。”③

《宜楼记》说：“凤阳明代为中都，洪武初徙江、浙富民十四万户实之，号称繁庶。中叶以后，值岁歉，辄稍稍散去。……邑濒于淮，屡有偏灾……抛弃土田，携妻子远去，闻赈而归……率以为常。”④康熙时，王逋《蚓庵琐语》说：“我郡(嘉兴)每岁必有江南凤阳丐者。余尝问一老丐，云：‘洪武中，命徙苏、松、杭、嘉、湖富民十四万以实凤阳，逃归者有禁，是以托丐潜回，省墓探亲，习以成风，至今不变。’”⑤

乾隆时，顾公燮《丹午笔记》一八五《凤阳人乞食之由》条：“明太祖念濠州(今凤阳府)为发祥之地，乱后人散地荒，徙江南富民十四万以实其中，私归者有重罪。凡民安土重迁，一旦驱之离乡，与放流何异？……相传濠州富民欲回乡省墓无策，男女扮作乞人，潜归祭扫，冬去春回，迄今沿以为例，届期不得不出，竟为生意，非省墓之谓也。”⑥

赵翼《陔余丛考·凤阳丐者》条说：“江苏诸郡，每岁冬必有凤阳人来，老幼

①《凤阳新书》卷7/70a《凤阳七弊帖》。

②《凤阳新书》卷7/57b－58b柯仲炯《中都五美帖》。

③《凤阳新书》卷4/18a－b。

④阙名《宜楼记》，载于乾隆《凤阳县志》卷14/38a。

⑤《古今说部丛书》四集《说铃》后集本。

⑥《丹午笔记·吴城日记·五石脂》第135页，1985年江苏古籍出版社《江苏地方文献丛书》本。

男妇,成行逐队,散入村落间乞食,至明春二三月间始回。其唱歌则曰:家住庐州并凤阳,凤阳原是好地方。自从出了朱皇帝,十年倒有九年荒。以为被荒而逐食也。然年不荒,亦来行乞如故。"①

凤阳花鼓

凤阳人民在明清两代不仅散入江南诸郡乞食,还以打花鼓的形式乞食到北方,甚至成为流行到当时京师北京的一种民间歌舞,深受群众的欢迎。

清初袁启旭《燕九竹枝词》里有不少关于凤阳花鼓的描述:

孔尚任:"秧歌忽被金吾革,袖手游春真可惜。留得凤阳旧乞婆,漫锣紧鼓拦游客。"

陈于王:"小儿花鼓凤阳调,士女周遭拍手笑。"

袁启旭:"秧歌初试内家装,小鼓花腔唱凤阳。如蚁游人拦不住,纷纷挤过蹴球场。"

曹源郯:"画鼓秧歌不绝声,金钗撇下迷归路。"②

康熙时李声振《百戏竹枝词》也有这样的记载:"《十不闲》,凤阳妇人歌也。设一桁,若櫛枷然,上铙、鼓、钲、锣各一,歌毕,互击之以为节,名打'十不闲'。铙、鼓、钲、锣备特悬,凤阳新唱几烟鬟。问渠若肯勤蚕织,何事夸人'十不闲'?"

"《打花鼓》,凤阳妇人多工者,又名'秧歌',盖农人赛会之戏。其曲有《好朵鲜花》套数,鼓形细腰,若古之搏拊然。赛会时光趁踏青,记来妾住凤阳城。秧歌争道鲜花好,肠断冬冬打鼓声。"③

从这些竹枝词的描述中,可以看出:

一,康熙时,有不少以"打花鼓"形式乞食到北京的凤阳妇女;

二,凤阳"花鼓又名'秧歌',盖农人赛会之戏",原是农民在劳动中的文艺创作,群众文娱活动的一种形式,并非专为乞食;

三,"花鼓"又称"画鼓","鼓形细腰,若古之搏拊然"。《吕律正义》说:"搏拊,如鼓而小,鼓腰施环系绳,作乐时,悬于项,击以左右手,每建鼓一击,则搏拊两击,以应和之。"其形如今天的腰鼓。因花鼓"如鼓而小",又称小鼓;

四,有的还以锣及铙、钲等乐器配合,"漫锣紧鼓",互击为节,名为"打十不闲";

五,腔是"花腔",调是"凤阳调",曲有《好朵鲜花》等套数,内容是"唱凤阳";

六,凤阳花鼓颇能吸引观众,深受群众的欢迎。

---

①《陔余丛考》卷41。

②《燕九竹枝词》,纂于康熙二十三年,载入1962年北京出版社《清代北京竹枝词》(十三种)。

③《百戏竹枝词》,作于乾隆二十一年至三十一年,载入1962年北京出版社《清代北京竹枝词》(十三种)。

八、明中都建筑的变迁

洪武八年(1375 年)“诏罢中都役作”以后,600 年来,明中都经历了巨大的变化。

明中都建筑的变迁,大致可以划分为三个时期。

第一,明时期

洪武八年罢建中都以后,十六年(1383 年),撤大内宫材修建龙兴寺;天顺三年(1459 年),复撤皇城内中书省等 500 余间重建龙兴寺。天顺以后,修筑禁锢罪宗的“高墙”,“修垣凿池,岁岁兴工”,“门楼敌台,不减郡县城郭”。成化二十三年(1487 年),嘉靖十四年(1535 年)、三十二年(1554 年)曾多次重修皇陵;弘治元年(1488 年),重修十王四妃坟。景泰五年(1454 年),修筑中都土城。土城以及罢建中都后的不少建筑,由于历年既久,久废未修,有的受风雨摧剥,日渐坍塌;有的为淮水淹没。崇祯八年(1635 年),农民军攻占凤阳,焚毁皇陵享殿,燔烧龙兴寺、宫府、邸舍。

第二,清至解放前

康熙六年(1667 年),移凤阳县治于旧皇城(即紫禁城)内,改称县城。乾隆二十年(1755 年),撤皇城外禁垣、中都城、钟楼台基等,取砖建筑凤阳府城。咸丰三年(1853 年),太平军焚烧龙兴寺、鼓楼等;十年(1860 年),地主武装苗沛霖“毁拆(府城)屋宇殆尽”。抗日战争期间,日本侵略军勾结汉奸毁拆县城中房屋。

第三,解放后

1954 年,拆除凤阳府城。1961 年 7 月,明皇城被列为安徽省重点文物保护单位。1969 年,拆明中都皇城取砖,旋被制止。1975 年,设立凤阳文物管理所。1981 年,开始筹建明中都遗址博物馆。

现将明中都各项主要建筑的变迁概况分别叙述如后。

(一)洪武十六年、天顺三年陆续拆除大内宫殿和中书省、大都督府、御史台

营建明中都的是明太祖朱元璋,拆毁明中都建筑的为首者也是朱元璋他自己。洪武八年罢建中都以后,十六年他就下令用中都宫室的材木兴建龙兴寺。

朱元璋在龙兴寺碑文里说："洪武初，欲以山前为京师，定鼎是方，令天下名材至斯。后罢建宫室，名材为积木，因而建焉。"这里没有说要拆已经建成的宫室，但"积木"在哪里呢？因罢建宫室而积储下来的天下名材，改建南京大内宫殿可能要转运去不少，修皇陵、建皇堂也要用去不少，能剩下的恐怕也不会很多。大龙兴寺是一个规模宏大的建筑群，单凭这些积储的名材是不够用的，于是必然会拆因罢建而尚未完工的宫室以及已经完工的宫室，把它们统统算在"积木"之内。《中都志》《大龙兴寺》条记："撤中都宫室名材建。"①《凤阳新书》"宫阙·兴福宫"条："兴福宫，在大内之正中。其余殿宇，惟基址尚存，宫材、木植、陶冶，洪武十六年撤出，修建龙兴寺。"②看来拆了中都宫室来建龙兴寺是无可置疑的。

但洪武十六年这次"撤中都宫室名材"究竟拆了多少，是不是除兴福宫外的"其余殿宇"全部拆掉了呢，还可以进一步研究。洪武十八年十月丙午，"命蜀王椿居凤阳"③。蜀王"在凤阳时，辟西堂，延李叔荆、苏伯衡商榷文史"④，一直住到洪武二十三年正月丙寅才"之国成都府"⑤。蜀王是诸子，是不能住在"大内之正中"的宫里的，因此除正中的宫外，还有别的宫。永乐七年、十一年、十四年，明成祖朱棣曾三次来凤阳谒皇陵⑥。"千官陪玉辇，万骑拥龙旗"⑦，陪驾扈从的公侯、百官、禁军人数是很多的，其中有不少人需要住进大内，宫室过少是容纳不了的。

此外，《明史·诸王传》记载，明成祖即位以后，把建文帝的少子朱文圭"幽之中都广安宫，号为建庶人"，直到天顺元年(1457 年)，"英宗复辟，怜庶人无罪久系"，才把他放出来⑧。《凤阳新书》"高墙"条也说："永乐初，幽建庶人于凤阳广安宫，则犹在皇城内宫"⑨，因此，也不是除兴福宫以外的"其余殿宇"都拆除建龙兴寺了。是不是除兴福宫外只有广安宫一处了呢？看来也不是。《明史·诸王传》记载在凤阳还同时禁锢了建文帝的两个弟弟："吴王允熥，兴宗(懿文太子)第三子……成祖即位……废为庶人，锢凤阳，永乐十五年卒。衡王允熞，兴宗第

①《中都志》卷 4/13b。
②《凤阳新书》卷 3/8a。
③《明太祖实录》卷 176/2b。
④《明史》卷 117《诸王传》二。
⑤《明太祖实录》卷 199/1a。
⑥《明史》卷 6 至卷 7《成祖本纪》二、三。
⑦胡广《陪驾祀皇陵》诗句。
⑧《明史》卷 118《诸王传》三。
⑨《凤阳新书》卷 7/17b。

四子……与允熥俱召还,锢凤阳,先后卒。”[①]按后来高墙分宅禁锢,不通往来的制度,朱允熥、朱允熞与朱文圭当是互相隔离,分别禁锢,而决不会同锢一宫的。因此,除兴福宫、广安宫外,必然尚有别的宫室。

所以从上面的这些材料来看,洪武十六年只是如《龙兴寺碑》和《中都志》所说的“撤中都宫室名材建”龙兴寺,还没有到如《凤阳新书》所说的除大内正中的兴福宫外,“其余殿宇……洪武十六年撤出修建龙兴寺”的程度。

龙兴寺建了不到60年,到正统五年(1440年)就被焚毁了。又过了将近20年,到天顺三年(1459年),“奏准撤皇城内中书省等衙门房五百余间,依式重建”[②]。这里说的是“皇城内中书省等衙门”,当然不止中书省一个衙门。而当时建在皇城内的衙门也只有中书省、大都督府和御史台三个,所以“撤皇城内中书省等衙门”,就是把中都午门左右的中书省、大都督府和御史台三个衙门统统都撤了。

这时,被禁锢在广安宫里的建庶人朱文圭已被释出,“听居凤阳,婚娶、出入使自便”[③]。天顺三年十月,建庶人、吴庶人被释放“安置凤阳”以后,淮阳巡抚滕昭奏请把他们“移凤阳废中书省严防,上不听”[④]。禁锢凤阳的朱允熥和朱允熞也早已先后死了有30年,而此后的禁锢宗室都移到皇城外面,不再禁锢在皇城内宫里了。还有,自永乐十八年明仁宗朱高炽在当皇太子时来凤阳谒皇陵以后,直到明朝亡的200多年里,就再也没有哪一个皇帝或皇子来凤阳谒陵了。为什么会出现这些现象呢?除了其他一些原因,如迁都北京后离凤阳远了,年代离得远了,对凤阳和皇陵的感情也疏阔了等等之外,还有一个可以设想到的原因,就是“皇城内宫”里的宫室已被拆了,没有房子了。所以“等衙门五百余间”,可能连洪武十六年拆剩的宫室也算在里面了,因为仅中书省、大都督府和御史台等衙门,决不会有这么多的建筑。这样,才出现了《中都志》说的“宫殿……在皇城内,今遗址存”[⑤]的情景。景泰五年(1454年)后修的《寰宇通志》里,凤阳府专有“宫殿”一栏,说:“中都宫殿,在府城万岁山南,国朝洪武三年建”[⑥],并无“今遗址存”这样的叙述,可是仅事隔数年,天顺五年(1461年)修《大明一统志》,中都就只记城池、坛庙、山陵、苑囿,非但公署只记中都留守司而不记中书

①《明史》卷118《诸王传》三。
②《中都志》卷4/5b;《凤阳新书》卷3/18b。
③《明史》卷118《诸王传》三。
④《国榷》卷32/2094。
⑤《中都志》卷3/28a。
⑥《寰宇通志》卷9/7a。

省、大都督府、御史台等衙门,连"宫殿"一栏也根本勾销不提了,就是因为这些建筑到这时候都被拆了,没有了。

所以,洪武十六年修建龙兴寺,"撤中都宫室名材",是对明中都建筑的第一次大破坏,范围限于宫城大内。天顺三年重建龙兴寺,是对明中都建筑的第二次大破坏,范围扩大到皇城禁垣以内,不仅把中书省、大都督府、御史台等衙门都拆了,大内余下的宫殿又被大拆了一次。《凤阳新书》说都是洪武十六年拆的,从上面的材料和分析来看,证据是不足的。

撤中都宫室的具体时间,从洪武十六年九月甲子"建凤阳大龙兴寺成"的记载①来看,当在是年九月以前。撤皇城内中书省等建筑的时间,据天顺三年十月尚有请移建庶人、吴庶人于"凤阳废中书省"的记载,和天顺四年二月戊午"重作凤阳大龙兴寺"②的日期推断,当在天顺三年冬至四年二月之间。

《凤阳新书》说,洪武八年"车驾幸凤阳验工"的时候,"太祖(朱元璋)居皇城内兴福宫"③,又说,到万历末年,宫殿尚存"兴福宫,在大内之正中",也有疑问。如位于"大内之正中",当为奉天殿、华盖殿、谨身殿和乾清宫、坤宁宫,不该称兴福宫。因此,不清楚说的兴福宫究竟指的是什么建筑,在什么位置,名称是怎么来的。天顺二年就开始编撰的《中都志》只说"宫殿……今遗址存",没有讲还留有什么宫殿,怎么过了145年编纂《凤阳新书》时,又出来了一个兴福宫呢?兴福宫以后的情况不了解。

到清朝康熙二十五年(1686年),凤阳知县李缙把原来在山后的凤阳县学移建到了城内④。据刘诚《凤阳县重修儒学记》:"凤阳县学,国初创建,规模广大,栋宇高明"⑤,也是明初的一处大建筑。移建的地方,就是内城正中明初营建宫殿的位置。当地人称为"红学"。由于红学"规模广大",有的人认为就是明初原先的宫殿建筑,这是出于误会。乾隆六年、二十八年,咸丰八年,光绪八年、二十二年都进行了较大规模的修缮和重建,尤其是光绪二十二年(1896年)的一次重建,对原建筑进行了扩大和升高,规模较大⑥,现仅存遗址。

---

①《明太祖实录》卷156/4b。

②《明英宗实录》卷312/4a。

③《凤阳新书》卷5/34a-b。

④乾隆《凤阳县志》卷8/6a。

⑤乾隆《凤阳县志》卷14/11b。《寰宇通志》卷9/8b:"凤阳县学,在县治东南,洪武十三年建,正统十四年重建,景泰五年重修。"

⑥乾隆《凤阳县志》卷8/6a;同治《凤阳县续志》卷8/18a;光绪《凤阳府志》卷13/9b。

(二)太社稷、太庙、圜丘、方丘、功臣庙、中都城隍庙的变迁

1. 太社稷康熙时尚存,太庙清初时已不见记载,乾隆时俱已无迹可考

《中都志》:"太社坛,在皇城内"①;《大明一统志》中都:"太庙,在皇城内",即在天顺时尚完好。《凤阳新书》:"太庙,在皇城内;太社,在皇城内"②;"大社坛,在阙门之右;大稷坛,在大社坛之右"③,只字未提建筑毁坏的情况。可知到万历末年,太庙和太社稷还是完好的。康熙《凤阳府志》:"大社坛,在旧阙门右;大稷坛,在大社坛右"④,可知到清朝康熙时候,太社稷尚在,而太庙则不见记载,看来是已在明末毁掉。到乾隆时修《凤阳县志》时,则太社稷、太庙已"今俱无迹可考"⑤了。

2. 圜丘殿垣久废,康熙时基址尚存;方丘万历时殿宇树木已被淮水淹没

《寰宇通志》:"圆(圜)丘,在府城洪武门外东南;方丘,在府城玄武门外西北。"⑥《大明一统志》:"圆(圜)丘,在洪武门外之东,本朝初祀天之所;方丘,在北左甲第门外,本朝初祭地之所。"⑦《中都志》也仅记方位,可知到天顺、成化年间尚均完好。

《凤阳新书·建制表》坛壝:"圆(圜)丘,在洪武门之东……殿垣久废,基址存,松柏森立。留守中卫官军巡守。方丘,在后右甲门外东……殿宇树木,因近淮水,淹没。留守左卫巡守,今虚应而已。"⑧又《宗祀篇》:"圜丘,邑南洪武门外,坛壝址俱在。……方泽,邑北,在北左甲第门外,坛址存,今凤人称方丘湖……"在圜丘条上有眉注:"今圆(圜)丘古木郁郁,灵光归(焕)然,近时窃取材于此,典守者诚不得辞其责矣。"⑨又《拾遗篇》:"圆(圜)丘岗在都城南,近圆(圜)丘,乃都城赴陵(皇陵)之路。弘治元年(1488年),平江伯陈公锐设堡舍三处巡警,以便行者。留守董昂等于道旁栽植杨柳,培护繁茂,绿阴婆娑。正德十五年,被权宦尽伐,变卖图贿,今稍补植。"⑩从《凤阳新书》的这些记载里,可以知道到万历末,圜丘已"殿垣久废",而"坛壝址俱在","松柏森立",并已有窃材伐树的现象;方丘则殿宇

①《中都志》卷3/41a。
②《凤阳新书》卷4/53b。
③《凤阳新书》卷3/8b。
④康熙《凤阳府志》卷21/1b祠祀。
⑤乾隆《凤阳县志》卷4/9b。
⑥《寰宇通志》卷9/7b。
⑦《大明一统志》卷7/1b。
⑧《凤阳新书》卷3/8b。
⑨《凤阳新书》卷4/53a-b。
⑩《凤阳新书》卷5/51a。

树木已被淮水淹没。康熙《凤阳府志》依然记载“圆(圜)丘……殿垣久废,基址尚存,旁有冈名圆(圜)丘冈。方丘……殿宇树木为淮水淹没,旁有湖名方丘湖”①。并“即圜丘旧址”建僧寺,名圜丘寺②。乾隆《凤阳县志》亦仅转引旧志,并说:圜丘,“按今其地有僧寺,俗名圜丘寺”;方丘,“按今土名方丘湖,夏秋水发,灏瀚直薄山根,水落则一片平芜,略无方丘形迹”③。

今圜丘寺已不存,方丘仅存殿台遗址。

3. 开国功臣庙祀久废,庙清时废

《寰宇通志》《大明一统志》《中都志》仅记功臣庙位置及前开国元勋阁④。《凤阳新书》又记“开国功臣庙……祀久废”⑤。康熙《凤阳府志》及乾隆《凤阳县志》云:“今废。”可知开国功臣庙到万历末虽“祀久废”,而庙、阁尚存,到清代则废矣。

4. 中都城隍庙康熙时改为凤阳府城隍庙,今遗址已平

《寰宇通志》《大明一统志》《中都志》仅记方位⑥,《凤阳新书》记载较详⑦。

凤阳“府城隍庙在临淮县移风门内。明洪武初以县治为府,故府城隍庙焉”。“顺治六年,庙圮于水;康熙六年(1667 年),毁于火……嗣后,为水冲,殿宇门楼尽废”,于是以明中都城隍庙为凤阳府城隍庙。

中都城隍庙中“多明人修庙碑”。“康熙十年(1671 年)冬,庙灾,惟存两廊数楹”,重建。乾隆二十三年(1758 年)重修。咸丰兵焚,同治八年(1869 年)重修⑧。解放后存遗址。1975 年平整。

(三)天顺后修筑高墙五处,岁岁筑垣凿池,明亡废

关于高墙的情况,《大明一统志》《明史》和《中都志》都没有记载,只有《凤阳新书》保存了一些珍贵的材料。此外,在万历四十一年增补的《中都志·凤阳府治图》上,绘制了五处高墙的位置,对了解凤阳高墙的情况也很重要。

《凤阳新书·高墙》:“国家宗子维城,其丽不亿,河间、东平之贤,抚按得奏闻褒表。间有丽法不检,轻者亲藩核治,重者锢凤阳高墙,盖使亲近祖宗之基,

①康熙《凤阳府志》卷 23/1b 古迹。

②康熙《凤阳府志》卷 23/20b 寺观。

③乾隆《凤阳县志》卷 4/16a、9b。

④《寰宇通志》卷 9/12b、9a;《大明一统志》卷 7/12a、16b;《中都志》卷 3/29a、卷 4/21a。

⑤《凤阳新书》卷 4/72a。

⑥《寰宇通志》卷 9/12b;《大明一统志》卷 7/16a;《中都志》卷 4/21a。

⑦《凤阳新书》卷 4/64b。

⑧康熙《凤阳府志》卷 21/1b;乾隆《凤阳县志》卷 7/5b、4b－5a;同治《凤阳县续志》卷 7/22a。

思创业之艰难，或知省改。然至修治墙宅，及未减释归者，征夫颇劳。凡婚娶选配，皆郡邑子女。

东高墙　内九宅

中高墙　内十三宅

西高墙　内十九宅

四高墙　内七宅

五高墙　内十宅

五高墙俱在县东南。墙各有宅，宅多寡不同。考洪武十年安置靖江王守谦于凤阳，其时尚未有高墙。永乐初幽建庶人于凤阳广安宫，则犹在皇城内宫。”①

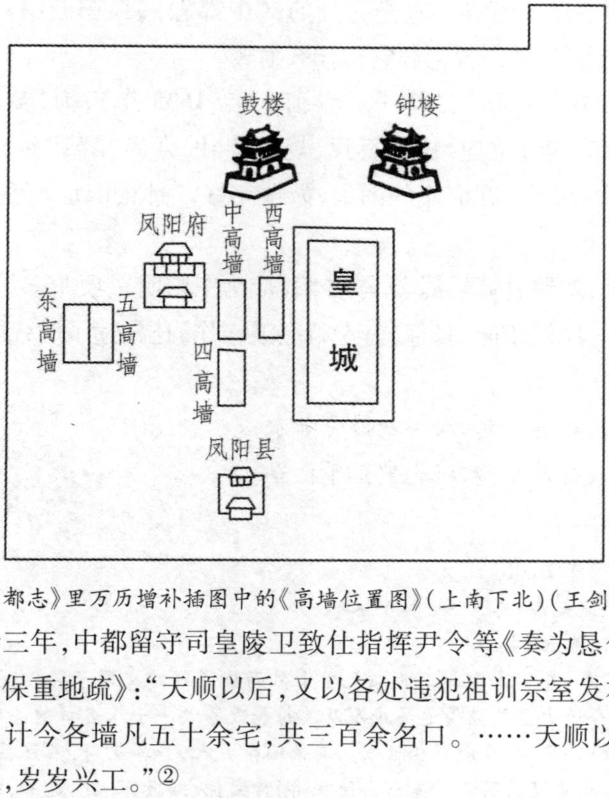

柳瑛《中都志》里万历增补插图中的《高墙位置图》（上南下北）（王剑英摹绘）

嘉靖三十三年，中都留守司皇陵卫致仕指挥尹令等《奏为恳乞天恩修筑府城以卫陵寝以保重地疏》：“天顺以后，又以各处违犯祖训宗室发本处高墙为庶人，省令悔悟，计今各墙凡五十余宅，共三百余名口。……天顺以来，庶人高墙内外筑垣凿池，岁岁兴工。”②

嘉靖三十六年，尹令等再《奏为恳乞天恩拯救重地异常危急，因旧址筑城垣，以防不测，以壮万年根本疏》：“凤阳五处高墙，崇垣深渠，门楼敌台，不减郡

①《凤阳新书》卷 3/17b。

②《凤阳新书》卷 7/21b－22a，25b－26a。

县城郭规制，且在宫阙左掖。五墙不时修浚……”①。

高墙专设“高墙军”警卫看守②。高墙的门禁、锁钥由凤阳守备太监兼管③。安置凤阳庶人，则给火者（阉人）使令，仍遣内使看守门户④。

崇祯八年，农民军攻占凤阳时，曾“辟高墙，放孽宗”⑤。据《明史·诸王传》记载，凤阳高墙直到明亡还有罪宗禁锢在里面。

乾隆《凤阳县志》“古迹·高墙”条：“按今府城小北门一带，土人犹称高墙巷。”⑥遗址在府城北，建筑无存。

（四）鼓楼、钟楼、龙兴寺、观星台、苑囿的变迁

1. 鼓楼于崇祯、咸丰两次焚毁，今台基尚完好；钟楼明清间圮，台基乾隆时拆除

鼓楼、钟楼在明朝时候一直是完好的，《中都志》《凤阳新书》只说它“制度宏大”，“规模壮丽”，都未曾记载它有什么损毁。

康熙《凤阳府志》载：“鼓楼……崇祯八年（1635 年），为‘流贼’张献忠所焚。十二年（1639 年）重建，栋宇百尺，规模宏壮，今尚存”；“钟楼……今楼已圮，其（台）址犹存”⑦。在府志的图上，鼓楼完好，“钟楼旧址”台基亦尚屹立于明中都城中。

明、清两代，沈镠、柳瑛、周金、李梦阳（应为王阳明）、项龙章、张宣等均作诗描述中都鼓楼。康熙年间，张宣《灯夕行登鼓楼作》还描述了明代中都的盛况：

飞甍画栋连空起，濠梁城外月如水，
踏春人踞最高巅，灯光散落千门里。

---

①《凤阳新书》卷 7/31b。

②吴伟业《绥寇纪略》卷 3/3a《真宁恨》。

③《凤阳新书》卷 3/14a。

④《明英宗实录》卷 283/5a－b，天顺元年十月丙辰：“释建文君子孙，安置凤阳。敕太监雷春等曰：‘……今遣太监吴昱管送吴庶人及其母杨氏等共一十八名口前去凤阳居住。……听于军民之家自择婚配，其亲戚许相往来。其余闲杂之人，并各王府，不许往来交通，若因衣服饮食之类，许出街市交易买卖。差出内使鲁博、黄父住、刘敬、潘成、赵玉、韦州就与庶人看守门户出入，使令尔（雷）春等须要照顾防闲，令其安分守法……’”《国榷》卷 32/2057：“释建庶人文垚（圭），安置凤阳。……复给火者二十人，遣内使鲁溥等六人守视使令。”沈德符《万历野获编补遗》（中华标点本）卷 1/795“建吴二庶人”条作：“仍令内使鲁传等看守门户。”博、溥、传有异。

⑤吴伟业《绥寇纪略》卷 3/3a。

⑥乾隆《凤阳县志》卷 4/12a。

⑦康熙《凤阳府志》卷 23/1b。

忆昔中都方全盛，豪民十万相辉映，
九门甲第凌云高，五侯冠盖轩霞竞。
都城士女嬉春宵，莲花照耀彻昏朝，
平压广陵欺白下，永夜笙歌拂海潮。
一从大地王气歇，金粟堆前风雨咽，
三殿苔生阁第空，巍然此楼独敻绝。①

乾隆三十五年(1770年)，重修鼓楼。凤阳知府荆如棠《重修鼓楼碑记》说："凤阳鼓楼，创自前明，崇窿百尺，数十里外望之如峙霄汉，四方莫不仰止。郡治旧无城，乾隆壬午(二十七年)始建，列六门，周遭百堵，而此楼屹然居中，闳敞壮丽，诚一方之形胜，各属之圭臬也。顾历年既久，倾仄见而罅漏生，风饕雨蚀，寖以颓坏……惧斯楼之遂废"，于是兴工重新修复。②

在乾隆《凤阳县志》的图上，谯楼(即鼓楼)屹立于新建府城的中央，而"钟楼"仅存土台，已无洞券，看来钟楼台基是乾隆二十年建府城时，被列为"于凤阳城内外废砖及台基等砖拆用"，把它拆了。③

据同治《凤阳县续志》，咸丰三年(1853年)二月，李开芳、林凤翔率领太平天国北伐军途经凤阳，攻占府城，中都谯楼遭火焚毁，然"台址犹存。台下阙门额嵌'万世根本'四大字"④。现鼓楼台基尚完好，石础尚全。

2. 龙兴寺一再焚毁，屡经重建重修，已非昔比

龙兴寺在洪武十六年建成以后，建文中，因靖难之役曾遭到破坏。《实录》：永乐元年四月丙子，"中军都督佥事孙岳免。岳建文中领兵在凤阳，尝毁太祖皇帝所建寺，取材修战舰。至是为……所劾，免官"⑤。

此后，屡经焚毁，一再重建、重修。

《中都志》寺院："大龙兴寺，在府治北，洪武间撤中都宫室名材建，规模宏壮。设僧录官一员住持，降龙兴寺印，拜进表笺用。赐田地山场，以供僧用。正

①《凤阳县志》卷13/19a。同书卷5/39b职官·凤阳县知县："张宣，山东人，进士，康熙三十一年任。"三十六年由别人接任，诗当在此数年内作。

②乾隆《凤阳县志》卷14/39b－40a，《重修鼓楼碑记》中说：重修鼓楼，"是役始于乾隆庚寅(三十五年)八月，成于十月"。按同书卷3/1b，凤阳府城是"(乾隆)二十年(乙亥)二月兴工，二十一年(丙子)正月告竣"的，碑记说乾隆壬午(二十七年)始建，误。

③乾隆《凤阳县志》卷1/10a《裁临淮归并凤阳县部议》。

④《凤阳县续志》卷16/2b、41a。

⑤《明太宗实录》卷19/8a。

统五年(1440年),寺毁于火。天顺三年(1459年),住持左觉义肇常奏准撤皇城内中书省等衙门房五百余间,依式重建。"①

《凤阳新书》寺院:"敕建大龙兴寺,县东南二里许,洪武初建,殿宇楼阁,规制宏丽。正统五年,毁于火。天顺二年,寺讲经宗溪奏敕大司空撤皇城内旧中书省等五百余间,行凤、淮二县重建。

弘治间,殿庑坏,左觉义发直奏敕抚臣季公新之。正德五年(1510年),复毁于火。

万历初,提学御史詹公习仪门庑下,谓非礼,乃谋之各院,创大殿。三十七年(1609年),本府同知马公(协)以寺高皇帝所自起,倡议修治……寺乃焕然一新。

寺有高皇帝御制《龙兴寺碑》,碑阴有御制《敕僧文》;有御书'第一山'碑;有御制《律僧法》一部;有《钦录恩典》一册;有累朝赐敕九轴;有……"②

《明史·杨一鹏传》:崇祯八年正月,农民军攻占凤阳,"焚皇陵,烧龙兴寺"③。《绥寇纪略》:"龙兴寺,高皇帝御书第一山也,亦皆毁。"④给事林正亨查凤阳失事,记载"焚鼓楼、龙兴寺六十七间"⑤。

据康熙《凤阳府志》、乾隆《凤阳县志》和《凤阳县续志》记载:龙兴寺"崇祯年间,连遭兵火,东西方丈仅存其二,藏经散佚。……康熙癸丑(十二年,1673年)……重修"⑥。"至五十四年(1715年)……重修……丛林规模,由此一振"⑦。

乾隆、道光年间,历次重修。咸丰三年(1853年),太平天国北伐军过境,攻府城,寺遭兵焚,"尚余山门一层,碑亭一座,铜佛二尊,孤露于外"。八年(1858年),捻军占领凤阳府、县两城,龙兴寺"又被(清)兵拆"。同治、光绪年间,又稍加修缮,规模已非昔比⑧。

龙兴寺,自洪武十六年创建;正统五年第一次焚毁,天顺三年依式重修;正德五年第二次焚毁,至万历三十七年才修治一新;崇祯时第三次焚毁,至康熙时

---

①《中都志》卷4/13b。

②《凤阳新书》卷3/18b-19a。

③《明史》卷260《郑崇俭传》附杨一鹏传。

④《绥寇纪略》卷3/3a。

⑤《绥寇纪略》卷3/3a。

⑥康熙《凤阳府志》卷23/20a。

⑦乾隆《凤阳县志》卷4/14b。

⑧《凤阳县续志》卷4/5a-b。

重修;咸丰时第四次焚毁,此后稍加修缮,已非昔比。

御制龙兴寺碑今已不存。

乾隆《凤阳县志》:“今殿后碑亭内树太祖《龙兴寺碑》,万历三十九年马协建。”同治《凤阳县续志》:“龙兴寺碑,旧志载在殿后碑亭内,今亭毁,碑存。惟经兵燹、龟拆,而阴阳碑文书法端劲,可拓临摹。”①今碑亦已不存。

御书“第一山”碑康熙时移山顶,今不存。

御书“第一山”碑原在龙兴寺山门内。乾隆《凤阳县志》山川:“日精(峰)本名盛家山,山顶有明太祖御书‘第一山’碑,下有龙兴寺……土人又称九华山,府城在山南里许”②。乾隆《凤阳县志》“古迹御书亭”条:“按碑今在龙兴寺后山顶。据《中都志》,御书亭原在寺山门内,不知何年移至山上。”③

考明末农民军攻占凤阳,焚烧龙兴寺的时候,‘第一山’碑也同时被焚毁。《绥寇纪略》:“龙兴寺,高皇帝御书‘第一山’也,亦皆毁。”④沈颐僊《遗事琐谈》:“高皇帝御书龙兴寺中‘第一山’亦烬焉。”⑤因此,原在山门内的“第一山”碑是在明末毁掉了。康熙二十三年(1684年)修的《凤阳府志》说:“龙兴寺在县东三里……有御书亭碑,书‘第一山’三字,碑阴有御制文。”⑥既没有说第一山碑的位置是仍在山门内,还是已移至山顶;也没有说是明初原碑,还是康熙癸丑(十二年)重修龙兴寺时重建的御书亭和第一山碑。乾隆《凤阳县志》则说:“按龙兴寺自康熙十二年(1673年)重修之后,至五十四年(1715年)……重修……丛林规模,由此一振”⑦,第一山碑这时也已“移至山上”。“丛林规模,由此一振”就包括了把第一山碑移建到山顶上去的这项工程。移建的时间,当在康熙五十四年或之前,时亭已无。今则碑也不存了。

3. 观星台:万历末璇玑、玉衡、铜盘尚存,康熙时仅存基址

《凤阳新书》:“观象台,在独山上,洪武初设钦天监观象台于此。革废,今惟璇玑、玉衡、铜盘,松址尚存。”⑧刘昺《东湖赋》叙曰:“昔我太祖之城中都也,盖

①乾隆《凤阳县志》卷4/10b古迹;《凤阳县续志》卷4/1a。
②乾隆《凤阳县志》卷2/1b。
③乾隆《凤阳县志》卷4/10b。
④《绥寇纪略》卷3/3a。
⑤《遗事琐谈》卷6/1a。
⑥康熙《凤阳府志》卷23/20a寺观。
⑦乾隆《凤阳县志》卷4/14b。
⑧《凤阳新书》卷3/9a。

实穿东湖焉",并有"浑天之仪表其隈"句①。康熙《凤阳府志》云:"基址尚存。"②乾隆《凤阳县志》作"今废"③。可知因罢建中都,革废中都钦天监,观象台也就长期未加维修,到万历末仅存测天仪器和松址,到清时就仅存遗址了。

4. 苑囿经营不绝,贡果两京,明亡始废

从《凤阳新书》的记载来看,苑囿从洪武初开辟以来,270 年间一直在不断地经营管理,到万历末,依然是"四周松桧竹树茂盛,春则花开如绣,果品庶类繁夥",并每年向两京进贡干鲜果品④。乾隆《凤阳县志》云"今废",则苑囿是直到明亡才废掉的。

(五)中都留守司、中都国子监、凤阳府治、广储仓的沿革

1. 中都留守司所隶精壮军士,永乐、宣德后咸调运粮、京操

罢建中都以后,撤了原来的行大都督府,设置中都留守司,统辖留守中都的凤阳卫、凤阳中卫、凤阳右卫、皇陵卫、留守左卫、留守中卫、长淮卫、怀远卫、洪塘千户所共八个卫一个千户所,管理这八卫一所,45000 官军的守城(巡警)、屯种、征调(操练)、漕运(运粮)、成造(制造兵器)、马骡(骑操)⑤。

《中都志》说:"凤阳等卫官军皆为拱护陵寝设也。"⑥但是从永乐迁都北京以后,"军国之需仰给于东南",于是"有漕运之置……拨分各都司及本留守司等卫所官军撑驾,于各有粮府州县水次起兑,岁运赴京师及通州仓场交纳";宣德元年起,又调原食粮旗军分作春秋两班,每岁轮班调赴北京操练,叫作"京操"⑦。原来在凤阳骑操的 23000 多匹马骡,成化以后,也"陆续兑与京卫官军",换了耕牛。因此,到明朝后期,"八卫一所精壮军士,悉系京操、运粮去讫,所据城操,摘取军余余丁,惟存老弱者三千名,月支粗米三斗,随补随逃,不满一半……是无人以卫城……无兵可练矣"⑧。

此外,有陵墙军、高墙军,均不属中都留守司管辖。

到清朝,"卫所俱归并州县,凤阳县境内止留凤阳、风中、凤左、长淮四卫"⑨。今遗址仍称留守司。

---

①《凤阳新书》卷 6/31b。后来的《凤阳府志》《凤阳县志》均转载。

②康熙《凤阳府志》卷 23/1b

③乾隆《凤阳县志》卷 4/10b。

④《凤阳新书》卷 3/9a。

⑤《凤阳新书》卷 5/21b-26a。

⑥《中都志》卷 3/61a。

⑦《凤阳新书》卷 5/21b-26a。

⑧《凤阳新书》卷 7/39a-b《韩寿疏》。

⑨乾隆《凤阳县志》卷 7/12b。

2. 洪武二十六年革中都国子监,旧址改为凤阳府学,乾隆二十一年复移府学于新建府城东门内

《明史·选举制》:“定例:府、州、县学岁贡生员各一人,翰林考试……中式者一等入国子监,二等送中都……于是直省诸士云集辇下。云南、四川皆有士官生,日本、琉球、暹罗诸国亦皆有官生入监读书……中都之置国学也自洪武八年(1375年),至二十六年(1393年)乃革,以其师生并入京师。……太祖虑武臣子弟但习武事,鲜知问学,命大都督府选入国学,其在凤阳者,即肄业于中都,命韩国公李善长等考定教官、生员高下,分别班次,曹国公李文忠领监事,以绳核之。嗣后勋臣子弟多入监读书。”①《明史·选举志》说:“洪永间,国子生以数千计。”《实录》记载:洪武十九年“送中都国子监”的天下岁贡生员中式者270人;二十一年,“送中都国子监者一百三十二人”②。中都国子监的监生总数,大约1000人。

《实录》:洪武九年三月,“是月,命凤阳武臣子弟肄业于中都国子学”③;是年,又命“素有名誉”的贝琼“迁中都国子学助教,教勋臣子弟”④。贝琼著的《清江文集》里,还保留着一些有关中都国子学的记载。

洪武二十六年十月己丑,“革中都国子监,以其师生并入(京师)国子监”⑤。于是以中都国子监旧址为凤阳府学。《寰宇通志》:“凤阳府学,在府治西南明伦坊,本中都国子监旧基。洪武二十七年始自旧城移建于此。”⑥《中都志》说:凤阳府学,原在(临淮)旧城崇儒坊,洪武甲戌(二十七年)以中都国子监为之,在(凤阳)新城明伦坊”⑦,记载是相符的。《凤阳新书》作“洪武十七年,改为凤阳府儒学”⑧,十七年系二十七年之误;康熙《凤阳府志》作“洪武十八年建(中都)国子监,十九年改为凤阳府儒学”⑨,“十八年”系“之八年”之误,十九年误。乾隆《凤阳县志》、光绪《凤阳府志》沿袭错误。⑩

从中都国子监改为凤阳府儒学是个大变化。

---

①《明史》卷69《选举志》一。

②《明太祖实录》卷177/5b洪武十九年三月壬午;卷187/7a洪武二十年是岁。

③《明太祖实录》卷105/3b。

④《明太祖实录》卷119/7b。

⑤《明太祖实录》卷230/2a。

⑥《寰宇通志》卷9/8b。

⑦《中都志》卷3/52a。

⑧《凤阳新书》卷3/11b。

⑨康熙《凤阳府志》卷18/1a。

⑩乾隆《凤阳县志》卷8/2a;光绪《凤阳府志》卷13/1b。

凤阳府学修缮、变化情况如下：

景泰二年(1451 年)重修，少保陈循撰记。[①]

弘治三年(1490 年)，知府章锐重修，丘濬有《凤阳府重修儒学记》[②]。

弘治十年(1497 年) ，知府孟俊重修，又植柏、柳千余株，有吴宽《凤阳府重修儒学记》，倪岳《凤阳府学乡贡题名碑记》[③]。

崇祯四年(1631 年)毁于火，六年(1663 年)重建[④]。

康熙十九年(1680 年)重修，有耿继志《重修凤阳府学碑记》[⑤]。

乾隆二十年(1755 年)，“新建府城，学基分而为二，文庙在西城外，教官署在西城内……体制不协”，乃于二十一年(1756 年)“移建于东城之内”，有项樟《新建凤阳府学记》[⑥]，这是凤阳府儒学的又一次大变化。

咸丰八年(1858 年)兵焚。同治十一年(1872 年)重修，有碑记述。[⑦]

光绪五年(1879 年)至二十七年(1901 年)多次修理[⑧]。1952 年于旧址改建为省第四监狱。1969 年撤，改为教育部“五七”干校校本部及附属工厂。1975 年，又改为县党校。旧中都国子监则遗址尚存。

3. 凤阳府治明末以后屡焚，现为凤阳中学

《凤阳新书》：“凤阳府治，在县东南凤凰山前仁爱坊，周围砖城，各衙俱在内，国初会同馆也。”[⑨]

永乐十二年(1414 年)重修[⑩]。

景泰二年(1451 年)重修[⑪]。

崇祯八年(1635 年) ，农民军攻占凤阳，“衙舍焚毁，知府张以谦重建。清顺

---

①《寰宇通志》卷 9/8b。

②《中都志》卷 3/51b、卷 7/56a。

③《中都志》卷 3/52a、卷 7/58b、卷 61a；康熙《凤阳府志》卷 38/25b、卷 27a；乾隆《凤阳县志》卷 8/2a。

④康熙《凤阳府志》卷 18/1a；乾隆《凤阳县志》卷 8/2b。

⑤康熙《凤阳府志》卷 18/1b、卷 38/72b。

⑥乾隆《凤阳县志》卷 8/3a、卷 14/29b。

⑦《凤阳县续志》卷 8/11a；光绪《凤阳府志》卷 13/2b。

⑧《凤阳县续志》卷 8/12a、卷 13/2b

⑨《凤阳新书》卷 3/11a。

⑩《中都志》卷 3/44b。

⑪《寰宇通志》卷 9/7b。

治、康熙年间，相继重修。至康熙十九年（1680 年）“重加修葺，焕然一新”①。乾隆时，“府署周回砖城尚完固”②。

乾隆三十二年（1767 年），毁于火，重建③。咸丰八年（1858 年）毁。同治十三年（1874 年）重建④。辛亥革命以后，改为凤阳中学。

4. 洪武十一年改百万仓为广储仓，万历时规模已缩小，清时分建于废皇城内

《中都志》：“广储一仓、二仓、三仓、五仓，俱在府治西北二里。洪武五年立百万仓，十一年改为广储仓。”“广储四仓在（临淮）旧城涂山门内。”⑤《凤阳新书》：“今惟二仓仍旧，三、五仓已去其一，不知何者改为府仓”⑥，则规模已有缩小。万历时万嗣达增补《中都志·凤阳县治图》，在县治东北有“广储仓”两处，“本府仓”一处，位置均在北左甲第门内。《凤阳新书》稍晚于此图，两者一文一图，描述一致。

康熙《凤阳府志》：“户部仓有二：一建于凤邑，一建于临邑。后凤邑仓毁，康熙壬寅年（元年，1662 年），题请分建于废皇城内，名为永泰仓。”⑦《凤阳府志图考》里，亦绘永泰仓于皇城内。但在凤阳府治东北，另绘一区建筑，标注“凤储仓”。府志又说：“预备仓，旧在府治东南仓巷内，今移于凤阳县内。”这些都已不是明代的“广储仓”了。原来的广储仓已在明末焚毁。府治西北高墙、府治东北“凤储仓”、府治东南“仓巷”，可能是广储仓的旧址。

（六）明中都城垣的变迁

1. 景泰五年重修明中都城，兹后虽屡请修筑砖城，终未实现；至康熙时九门圮毁已尽，仅存遗址

明代宗景泰五年（1454 年），即罢建中都城 80 年后，重新修筑了一次中都城。高穀《中都留守修城记》：“自高皇即位以来，迨今八十余载。城故有土垣、无壕：周围以里计者五十，步零四百三十有三；内设九门，门楼台基有无相半。岁月既久，倾圮不堪，兵民错居者咸曰：此非有大力量弗克为……适左掖都指挥燕山穆公（盛）……来守兹土……乃役遗卒，乃运甓于原，伐木于山，董工并力，

---

①康熙《凤阳府志》卷 17/1b－2a。乾隆《凤阳县志》卷 6/2b 作“顺治初，知府张以谦重建”。按同书卷 5/13a 职官·凤阳府知府：“张以谦，崇祯末年任”；又卷 5/17a：“张以谦，顺治二年任。”则顺治二年为留任，未尝离职。

②乾隆《凤阳县志》卷 6/2b。

③乾隆《凤阳县志》卷 6/3a。

④《凤阳县续志》卷 6/2b

⑤《中都志》卷 3/45b。

⑥《凤阳新书》卷 3/22b。

⑦康熙《凤阳府志》卷 17/2a。

昼夕版筑不怠。于是昔未成者,公为之备,今未举者,公为之先。工用告成,壮金汤而坚铁石,民安堵而戎息肩。”同时重修了中都城隍庙和旗纛庙①。

此后,成化十五年、二十年,正德三年、六年,嘉靖二年、十一年、三十三年、三十六年,万历九年,仍一再奏请因旧址修筑砖城。但因种种原因,都未能兴工修筑②。“嘉靖四十四年(1565 年),本府知府王应璧将前后修城奏议图考纂辑成书,刊布传播。其心盖虽不能身亲修筑此城,尚冀后之有志者因是书而再为疏请,以终其志。”③

王应璧《跋》说:“壬戌(嘉靖四十一年,1562 年)春,奉命来守是邦,见九门高峙,周围基址宛然。询之父老,咸谓此城筑于圣祖龙飞之三年,四面皆土墙,惟北左甲门东西包砖约二里余,年久土墙倾颓,砖墙至今甚坚。……乃叹曰:广闻不若目击,腾口不若身历,信哉。……因检旧牍,得自来疏记文移,次第其先后,勒成一书,以贻后之同志,裨有所考焉。”④

《凤阳新书》里保存了议建城池的奏议六篇:嘉靖二年御史高越《为谨大防以保安重地疏》⑤;嘉靖十一年巡抚右副都御史刘节奏疏;嘉靖十二年南京礼部侍郎黄绾等回疏;嘉靖三十三年皇陵卫致仕指挥尹令等《为恳乞天恩修筑府城以卫陵寝,以保重地疏》;嘉靖三十六年尹令等《为恳乞天恩拯救重地异常危急,因旧址筑城垣,以防不测,以壮万年根本疏》;万历九年后钦差守备凤阳兼管庐、淮、扬、徐、滁、和等处地方内官太监韩寿《为恳乞宸断修理砖城,以安陵寝,以固根本疏》。这些奏疏里提到成化、正德等年,御史张瓒、御史赵时中、留守施忠等“累以修城具奏”。⑥

从这些奏疏里,可以看到:

第一,到嘉靖末,洪武初修筑的中都城仍“九门高峙”,北左甲第门左右包砖的两里多城墙“至今甚坚”;但是原来“巍然壁立”尚未包砖的土城,虽经景泰五年重新修筑,因“又经岁久,风雨摧剥,日渐圮坏”,“基址宛然”,“无异平地”。“名虽都城,实不如一村落”,“凡旧内宫阙、庶人高墙、官府、仓库、狱库、军民家口资产,荡然寄以旷野”。

第二,韩寿疏说他“奉敕守备凤阳,修理城池,则无城可修;训练兵马,则无

①《凤阳新书》卷 8/33a;康熙《凤阳府志》卷 38/22b;乾隆《凤阳县志》卷 14/9a。

②《凤阳新书》卷 7/24a、15b、21b、21a、28a、33b。

③《凤阳新书》卷 7/35a《韩寿疏》。

④《凤阳新书》卷 7/40b－41a。

⑤万历《凤阳县志》卷 4/16b 高越《为修复城池以固根本重地疏》。

⑥《凤阳新书》卷 7/29b《尹令再疏》。

兵可练”,因为“八卫一所精壮军士,悉系京操、运粮去讫,所据城操,摘取军余余丁,惟存老弱者三千名,月支粗米三斗,随补随逃,不满一半。……是无人以卫城,无城以卫地”。于是“凡有百金之产,必植于临淮、定远等县,盖亦防患未然,视府治为荒村耳”。嘉靖三十二年,河南柘城师尚诏起义,率众东进,打算袭凤阳,释高墙罪宗奉之,吓得官员“莫不远循于有城州县。……本府库藏无人与守,乃以石磊府门,调龙兴寺僧人守垛,以致民谣云:‘知府砌了门,指挥躲(临淮)旧城’,至今以为笑谈”①。

第三,明政府曾不止一次地派遣南京礼部、工部负责官员和钦天监官员来凤阳相度勘测,丈量城门、水关坍塌情况,以“工程浩大,劳费不赀”,“或值年岁灾伤,暂且停止,候年丰岁利,经奏施行”。正德年间,曾提出过以“前三门”“南面旧基八里为则”,把宽阔的城基缩小为“四面共计三十余里”,“庶修则易修,守则易守”的方案,没有批复。嘉靖十一年,南京礼部侍郎黄绾等奉旨来凤阳估修城垣,“不意绾见得工程浩大,岁月耽延,恐误迁转,故托迁城之议,欲移府治于席殿冈,并附高墙于内,将遗皇城宫阙与同官军于无城之地”,诸生徐章等“聚辩不已,绾亦愤激,乃故捏风水浮言”,回疏称“有碍风水”,说凤阳原城垣“中有皇城一座,内包万岁山,东西山势相连,皆拱对皇陵,其万岁山正当前案,今欲建筑砖城,不免开濠动土,未敢擅便”。这样又增加一重阻力,因此终明之世,未曾再予修复。

从保存下来的两幅明朝时候的凤阳地图来看,《凤阳新书》里的《中都形势总图》反映了中都城完好时候的面貌;万历四十一年增补的《中都志·凤阳府治图》则如实地绘出了当时中都城的状况。

清朝康熙二十三年(1684 年)修《凤阳府志》时,图上说中都城依然是“九门高峙,周围基址宛然”。卷 7 城池说:“凤阳府城(中都城)明洪武七年建,周围五十里四百四十三步,高丈许,土筑城基,惟东北砖垒止四里余,池不注水,今军民侵种为田,止朝阳门外有浚隍一段。……见存九门,今亦圮毁已尽,仅存遗址。”②大概由于年代久远,长期失修,虽然土筑城基尚“高丈许”,而九门则“圮毁已尽”了。

到乾隆三十九年(1774 年)修《凤阳县志》时,图上周围城基和九门都统统消失了。卷 3 城池说:“按外城,基址间段犹存”;《凤阳县续志》说:“中都废皇

---

①《凤阳新书》卷 7/36b – 39b。师尚诏起义见《明通鉴》卷 60。

②康熙《凤阳府志》卷 7/1a – b。

城、外城，四周旧址仅存。”①看来，九门和砖砌的东北一段外城，都是在乾隆二十年（1755年）建府城时拆掉的。现在这两段外城土城埂尚存，其余有些地段基址宛然，有些地段则地表上已无遗迹了。

2. 康熙六年移凤阳县治于明皇城（宫城、紫禁城），改称县城，后屡遭破坏

明中都皇城（即里城、宫城、紫禁城）和禁垣（即皇城）在明代一直是完好的。

王英《扈从至中都》诗：“重城壮且丽，飞观高百尺。”②

沈镠《中都杂咏·禁城秋览》：“虎踞龙盘圣祖乡，金城玉垒动秋芳。”③

陶允嘉《皇城旧内》：“紫气犹依五凤楼……角城兕虎遗千亩”。④

洪武时，诸王先后来凤阳讲武练兵，居住在皇城旧内，到天顺初释放建庶人以后，城内就空无居人，由“守城奉御内官二十余员（无常）”看守皇城⑤，由守备凤阳皇陵太监兼管皇城门禁锁钥⑥，成了“三百年中闭绝境”⑦。

崇祯八年（1635年），“守监王裕民以‘流寇’犯凤，奏请凤无城郭，容民避难，因而结茅其中，民居日密”。

康熙六年（1667年）又“奉旨移县治于内”⑧，把凤阳县治从凤凰山后迁移到旧紫禁城内，从此改称县城。这是中都城沿革中的一次比较大的变化。

清初把凤阳县治迁入明中都皇城里城的时候，皇城和禁垣仍都是完好的。

康熙《凤阳府志·城池》：“凤阳县城，即明旧城，洪武五年建。外城（明皇城外禁垣）一座，砖石修垒，周围九里三十步，高二丈许，无池，门四。里城（明皇城）一座，砖石修垒，周围六里许，高二丈五尺。南城河二，东城河一，西城河一，北城无河，惟浚小沟一道，少注水焉。”⑨

经过近百年，到乾隆时候，仍是如此。乾隆《凤阳县志》：“凤阳县城，即明中都城之里城（皇城）也。周回六里，内外俱甓砖石，高二丈五尺，上加女墙，四门无楼。”⑩乾隆二十六年（1761年）进行修葺，增建城楼，并更改了城门名称。

---

①乾隆《凤阳县志》卷3/6b；《凤阳县续志》卷3/3b。

②《中都志》卷8/44a。

③《中都志》卷8/58b。

④《凤阳新书》卷6/29a。

⑤《凤阳新书》卷3/22b。

⑥《凤阳新书》卷3/14a。

⑦乾隆《凤阳县志》卷13/29b吴初枚《故宫井》诗句。

⑧康熙《凤阳县志》卷7/1a－b城池·凤阳县城。

⑨康熙《凤阳府志》卷7/1a－b城池·凤阳县城。

⑩乾隆《凤阳县志》卷3/1b－2a。

"城极坚壮,四百年来,东、西、南三门台基间有坍塌,北面折陷十余丈。乾隆……二十六年(1761年),知县贡震始领帑兴工,增建四门城楼,而名其东门曰濠梁,南门曰钟离,西门曰涂山,北门曰临淮。临淮门内外无民居,常闭不启。前令狄宽启门通道,募民筑室开市,旋以不便废,今仍闭塞。东、西、南三面有池,宽皆十余丈,深一二丈不等,虽大旱,水不竭。"

道光二十一年(1841年),又修了一次。

咸丰三年(1853年)四月十一日,李开芳、林凤翔率领太平天国北伐军,途经凤阳,二十一日占领府、县两城。二十六日,渡淮北上。八年五月初五,捻军攻占凤阳府、县两城,作为根据地,至十年正月二十五日,复被清军占领。由于清军的焚烧破坏,"城楼均无存"。"城西南隅亦多拆裂,女墙间有倒塌"①。

抗日战争期间,日本侵略军又勾结汉奸大批拆毁县城内官署、民房,使皇城又一次遭到了破坏。

1961年7月,安徽省人民委员会公布凤阳皇城为省级重点文物保护单位。

1969年冬,凤阳县以为废明皇城已是无用之物,组织力量进行扒拆。第二年,即为安徽省文化局制止。但除午门以西皇城南墙和西华门及皇城西墙尚存外,其余均已被拆除。午门及须弥座上精美华丽的石浮雕已遭到严重破坏。午门南北两侧及两观的城砖和浮雕均已被扒拆,仅午门中段及其浮雕尚完好。

1982年2月,国务院公布凤阳明中都皇故城及皇陵石刻为第二批全国重点文物保护单位。1983年9月下旬,为了保护明中都遗址,中国建筑历史学术委员会专门在凤阳召开了年会,进行研究讨论。

3. 乾隆二十年拆禁垣(皇城)及城内外各处"废砖"及台基添建凤阳府城,是对明中都遗址的极大破坏

乾隆二十年(1755年)拆中都皇城(指禁垣)及"城内外废砖及台基等砖"添建凤阳府城,是明中都城变迁过程中又一次更大的变化。

原来临淮县城因逼近淮河、濠水,"频遭水患,城垣冲坍,衙署倒塌,居民迁移过半",打算迁建。后来安徽布政使、两江总督考虑,不如"将现无城署之临淮裁汰,归并凤阳县管辖,毋庸再议迁筑",而"以原议移县建城之费添筑郡城","即于凤阳县城内外废砖及台基等砖拆用"。乾隆十九年(1754年)十一月二十一日,"奉旨依(部)议"。第二年,就将"凤阳县城内外现有旧存废砖"统统拆卸下来添筑了凤阳府城②。

---

①《凤阳县续志》卷16/3a－b、5a、11a;卷3/3a。

②乾隆《凤阳县志》卷1/8a－12a。

准备“拆用”的“凤阳县城内外废砖及台基”究竟是哪些,《裁临淮归并凤阳县部议》里没有明确提;究竟拆了哪些,乾隆《凤阳县志》明确讲的只有皇城(禁垣)。但是从它的文字记载来看,绝不止拆了皇城(禁垣)。

《凤阳县志·城池·中都废城》:“按外城(指明中都城)基址间段犹存。皇城(指禁垣)已于乾隆二十年撤建府城。里城(指明中都皇城)即今凤阳县城也,南门五空,东、西、北三门皆三空,今存一空,余塞。端门、大明门、长安门久废。金水河尚存。兴福宫墙倾圮无存。”①

“外城基址间段犹存”,就已不是“九门高峙”“砖墙至今甚坚”了,把乾隆时的凤阳地图和康熙凤阳地图两相对比,不但拆掉了皇城,添筑了府城,中都外城包括九门和大小水关也都消失了。“端门、大明门、长安门久废”,那就更属“废砖”了。“兴福宫墙倾圮无存”,大概倾圮的宫墙也属“废砖”被拆用“无存”了。康熙《凤阳府志》云:“钟楼……今楼已圮,其址犹存”,地图上则“钟楼旧址”犹高耸城中,到乾隆时的地图上也消失了。此外,还有康熙《凤阳府志》上说的“殿垣久废,基址尚存”的圜丘、独山顶上“基址尚存”的观星台、“今废”的元勋阁和康熙府志上尚说在“旧阙门右”,到乾隆县志上就说“今俱无迹可考”的大社坛、大稷坛等等,很可能就是这时候被拆毁的。乾隆二十年的这次“添筑府城”对明中都遗址的保存来说是一次很大的破坏。

4. 新建凤阳府城以明中都鼓楼为中心,1954 年拆除,存世二百年

乾隆《凤阳县志》:“凤阳府城在县城(即明中都皇城里城)东三里,乾隆十九年(两江)总督鄂容安奏请创建,周围一千一百八十一丈,高二丈,无池。原设六门:东曰镇濠,南曰肇庆,西曰集凤,北曰靖淮,皆有楼;东南曰文治,西北曰九华,无楼。以二十年(1755 年)二月兴工,二十一年正月告竣。”②

府城位置在旧中都城内凤凰山前旧皇城的东南,略呈圆形,比中都城“减小其十之七八”。府城包绕提督行署(明时西察院)、道署(明时东公馆)、凤阳府署及旧凤阳府学的东半部于城内,鼓楼“屹然居中,闳敞宏丽,诚一方之形胜”。

咸丰三年(1853 年),太平天国北伐军途经凤阳,曾占领过府、县两城。咸丰八年,捻军占领府县两城,到十年二月,清军攻占府城,地主武装苗沛霖带团练先入,“毁拆屋宇殆尽,仅存府东一街,知府秦荣欲徙府治于县城”,后来怕“府治不免丘墟”才没有徙成③。

①乾隆《凤阳县志》卷 3/6b。
②乾隆《凤阳县志》卷 3/1b。
③《凤阳县续志》卷 10/11a。

府城因“年久失修”，到同治四年(1865年)一场大雨，“城圮百余丈”。五年(1866年)重新修筑了一次，“三月兴工，十月告竣”。

乾隆年间创建府城时，“初未凿池”。光绪四年(1878年)，由驻防军队“挑浚城濠，计宽三丈四五尺不等，深一丈二三尺不等，周围长一千零四十八丈五尺八寸。……又修补城垣共二百十五丈一尺，修文峰石塔一座，东门外滚水坝一道，五门吊桥各一座，新南门(光绪四年，移肇庆门于正南)石暗沟一道，水关暗沟七处及城门、炮台、走马石，东门外旧桥水洞礴岸等工。挑筑城垣，里面培土，周围长一千零十丈八尺，高一丈四五尺不等，顶宽九尺，底宽二丈及一丈八九尺不等。……光绪三年九月兴工，四年十月告竣”①。

解放后，于1954年拆去府城。府城从乾隆二十年(1755年)创建，到1954年被拆去，存在了整整二百年。

(七)皇陵、十王四妃坟的变革

1. 皇陵的修缮和重修

凤阳皇陵自洪武十一年(1378年)修建完成后，明成祖永乐时候，曾四次亲祀皇陵②，并多次修缮皇陵③。正统、景泰、天顺年间，又多次修缮皇陵④。到成化末年，已逾百年，“陵垣殿宇，年久圮坏”，于是进行了一次重修，“规模宏丽，制作完美，有加于前焉”。《中都志》详细地记载了当时重修的过程：

“陵垣殿宇，年久圮坏，成化丁未(二十三年，1487年)，敕南京守备太监郑强、平江侯陈锐、南京兵部左侍郎白昂提督修造。诸公会议，以中都根本之地，连岁灾伤，民不堪扰，且库庾空虚，供需不给。遂请于上，以合用物料、粮饷、工役之费，皆取之南京户、工二曹，又以兵曹巨艘百余转而输之。乃募工师六百，匠氏千余，役夫四千有余，皆厚其工直(值)，丰其廪饩，而课其章程……始计数年之工，甫及七月而毕……且规模宏丽，制作完美，有加于前焉。修陵并白塔王坟，通计所费募工办料及夫匠口粮，不过用银一万六千两有奇，米一万五千石有奇。”⑤

到嘉靖十四年(1535年)和三十三年(1554年)，又进行了重修。尹令疏：“成化

①《凤阳县续志》卷3/1a－2b。

②永乐七年(1409年)二月戊子、十一年二月辛未、十四年十月丁丑、十五年四月丁巳朔，见《明太宗实录》《国榷》《明史·成祖本纪》。

③永乐元年(1403年)九月壬辰、六年十月己卯、十一年三月乙未，见《明太宗实录》。

④正统四年(1439年)闰三月丁酉、十年九月辛未朔、十一年八月丙午，见《明英宗(正统)实录》；天顺元年(1457年)七月癸未、三年七月乙未，见《明英宗(天顺)实录》。又《寰宇通志》卷9/7b载：“皇陵……景泰五年(1454年)诏重修。”

⑤《中都志》卷4/32a－33a。《国榷》卷40/2539。成化二十三年四月庚午朔。

二十三年及我皇上嘉靖十四年,俱各钦命大臣重修陵寝,即于城南开设窑灶数十余口,至今窑口尚存。……陵寝又经祠祭署题奉钦依,命官修理……已择(今年即嘉靖三十三年)十月初十日卯时兴工动土,开设窑灶。"①疏里还说:"仁祖淳皇帝陵寝,宫阙殿宇,壮丽森严,实与两京诸陵及今兴都(湖北钟祥)显陵同一制度。"②

在这两个材料里,可注意的三点:

一、凤阳皇陵和南京孝陵、北京天寿山诸陵、湖北钟祥显陵都"宫阙殿宇,壮丽森严",实是"同一制度";

二、到成化末年重修皇陵时,工匠已是用"厚其工直(值),丰其廪饩""召募"来的,与百年前修建皇陵时征发工匠、囚人和军士有了很大的改变。工匠的身份由供官府服役的"匠户"逐渐变成了较为自由的雇佣劳动者;

三、修陵用的砖、瓦、琉璃,是就地"开设窑灶"烧造,而不是从外地征集来的。

2. 崇祯八年明末农民起义军攻占凤阳,焚皇陵享殿

崇祯八年(1635年)正月,明末农民起义军攻占凤阳,焚皇陵享殿,大书旗帜"古元真龙皇帝",沉重地打击了明朝的统治。

《怀陵流寇始终录》:崇祯八年春正月乙丑,"凤阳无城,留守司统四(八)卫所官军,承平日久,侵牟雇募,同于无人。贼围霍丘,守备太监杨泽不为意。寿州被围,始集议,令留守朱国相迎敌,杨如桐后应,知府颜容暄理乡兵防守。泽贪虐,商民汹汹,怨之。巡按吴振缨闭门不受,商民集其门三日,益多。适泽遣人至,商民群殴之,拥至太监署,鼓噪,振缨逃去,无镇压者。乱民迎贼于颍。贼分闯王(高迎祥)、曹操(罗汝才)、过天星(惠登相)西行至太和。丙寅,扫地王(张一川)、太平王乘雾趋凤陵,留守朱国相、指挥吕承胤、千户陈弘祖、陈其忠迎战死。贼焚享殿,释罪宗。太守颜容暄匿于狱,捽而杖之堂下二十,杀之。……(李)自成留关中东(未)来。"③

《明史·杨一鹏传》:"凤阳军民素疾守陵太监杨泽贪虐,引贼来寇。"④康熙《凤阳府志·朱国相传》:"上元前二日,誓师凤营,军三千,率皆市井纨袴,西向迎战;过刘府十余里大眼山侧,会大风霾,军士倒戈者将半。"⑤《张国翰传》:"贼

①《凤阳新书》卷7/25b、26b。又据《明世宗实录》,嘉靖十四年三月辛未、十五年九月己未、十七年四月戊午,皇陵都曾进行了修理。

②《凤阳新书》卷7/21a－b。

③戴笠,吴殳《怀陵流寇始终录》(《玄览堂丛书续集》本)卷8/4a－b。《明史·流贼传》袭吴伟业《绥寇纪略》误谓"荥阳大会"后,高迎祥、张献忠、李自成等率军东进,攻占凤阳,说见《文献》1981年第四辑方福仁《〈绥寇纪略〉载明末农民军荥阳大会再质疑》。

④《明史》卷260《杨一鹏传》。

⑤康熙《凤阳府志》卷25/12b;乾隆《凤阳县志》卷9/5a。

造云梯，登涂山门月城，炮矢如雨。"①于是"遂攻陷凤阳，焚皇陵，烧龙兴寺，燔公私邸舍二万二千六百五十，戮中都留守朱国相、指挥使程永宁等四十一员，杀军民数万人"②，（凤阳）知府"颜容暄囚服匿于狱，（贼）释囚，获之……杖杀之"③。守陵太监杨泽已"先自杀"④。

《绥寇纪略·真宁恨》："（崇祯）八年正月……十五日，天大雾……贼趋凤阳，留守署正朱国相，千户陈宏祖、陈其忠以兵迎敌，死于阵。贼越紫金（禁）城而入，焚皇陵享殿，其明楼、钟簴存焉。龙兴寺，高皇帝御书第一山也，亦皆毁。辟高墙，放孽宗，烧公私廨舍，杀太守颜容暄，燔之。……指挥陈永龄、千户盛可学等死者四十一人，班军、高墙军、操军、新军死者四千三十五人。〔原夹注：给事林正亨查凤阳失事：焚毁三府公署；罪宗共二百六十五名，今存一百七十四名；留守公司府厅共毁五百九十四间；焚鼓楼、龙兴寺六十七间；民房毁二万二千六百五十二间；杀官六员，失印二颗；武官失印二十颗；生员杀六十六名；陵墙班军杀死二千二百八十四名；高墙军一百九十六名；精兵七百五十五名；操军八百余名……〕"⑤

《平寇志》《明季北略》《石匮书后集》记焚凤阳皇陵的也都是扫地王、太平王⑥。《国榷》作张一川："丙寅，贼魁张一川陷凤阳……焚皇陵楼殿为尽，松三十万株，杀司香太监六十余人，纵高墙罪宗百余人。留守朱国树（相）巷战，斩二十七人，力竭死。卫兵千五百人跽迎，呼千岁。"⑦张一川即扫地王。《明史·庄烈帝本纪》说："张献忠陷凤阳，焚皇陵楼殿"⑧，亦为袭《绥寇纪略》之误。张献忠军至颍州会合后，即分兵南下庐州（合肥），并未参与攻取凤阳。

从这些被地主阶级歪曲了的历史记载中，仍然可以看到明末农民起义军和广大民众的革命形象，也反映了明朝统治的腐败和将吏的无能。

康熙《凤阳府志》尹端纪事诗里，也较为形象地反映了这些情况：

中都丰镐遗，宫阙两京陟，
千里廓王畿，八屯拱宸极。
郁郁仁祖陵，林林太仓食，

---

①乾隆《凤阳县志》卷10/22b。

②《明史》卷260《杨一鹏传》。

③《明史》卷292《尹梦鳌传》附传。

④《明史》卷260《杨一鹏传》。

⑤《绥寇纪略》卷3/3a。

⑥彭孙贻《平寇志》卷2；计六奇《明季北略》卷11"贼陷凤阳"条；张岱《石匮书后集》卷62。

⑦《国榷》卷94/5687。

⑧《明史》卷23《庄烈帝本纪》一。

簪袅纨袴儿，市佣虎贲职。
司礼出司香，貂珰秉罗织，
猖狂白昼行，豺狼杂鬼蜮。
……
甲戌（崇祯七年）公行春，繁华培京国，
金吾夜不禁，犹闻公太息。
乙亥（崇祯八年）上元朝，正冠申淑慝，
弓鸣蝗蔽天，万马衢巷塞。
仪仗未及移，蚁贼已躏国。

又一首：

建都表宅中，专阃敕留后，
授爵咸列侯，戚畹间勋旧。
归马放牛余，渐且弛户牖，
于兹二百年，武科效奔走。
虽或来旷骑，逍遥事杯酒，
凤营三千人，军仗复奚有。
列名滥军储，谁能谙刁斗，
淳皇匕鬯前，藩臬银符右。
司礼秉笔珰，叱出供洒扫，
胡为长子权，甘充监下狗。
太公势敦迫，太监面娄妇，
月正十三日，起公歌获丑。
椎牛大誓师，风沙搏日黝，
牙纛忽摧折，三军自蹦蹂。
……
出郭四十里，刘府营培塿，
贼至如聚蝇，倒戈已八九。
……①

①尹端纪事诗前一首为《明郡守颜容暄殉节诗》，后一首为《明留守朱国相殉节诗》，载于康熙《凤阳府志》卷35/23b－24b；乾隆《凤阳县志》卷13/22a－23b。据乾隆《凤阳县志》卷11/15a人物·文苑记载：尹端，“世袭凤阳中卫千户。……博学能文，又善诗歌。”

乾隆《凤阳县志·明太祖父陵》即“皇陵”条:“及崇祯八年,张献忠破凤阳,尽遭焚毁,荡然一空。今惟二碑及石人、马仅存而已。”①乾隆《凤阳县志》卷首凤阳八景图之四《明陵风雨》,满目荒凉。乾隆年间,项樟《旧陵》诗:

旧陵南郭外,一径短垣中,
雷雨天成幻,风沙夜聚空。
荒碑欹蔓草,石马卧幽宫,
极目平原上,残阳几树红②。

凤阳明中都的历史,从洪武初大规模营建中都开始,到明末农民军焚皇陵,烧龙兴寺、官府、邸舍,可以说是与皇陵的兴废相始终的。

但是,农民军焚烧的只是皇陵的享殿,并没有把皇陵的全部建筑烧毁。《绥寇纪略·真宁恨》:“十五日……贼越(中都)紫金(禁)城而入,焚皇陵享殿;其明楼钟簴存焉。”乘机大肆破坏皇陵建筑的是官府。康熙《凤阳府志》里的蔡方炳《旧陵行》诗,记载了明末清初官府破坏皇陵的实况:

三十年前曾过此,苍苍墓木连云起。……
今日重来过蒿里,凄凉一片成遗埦。……
涕泗问居民,谁令成屯否?
居民释耒陈始末,连岁年饥不得活,
有司无策救奇荒,许搬木石供粗粝。
上则翻殿瓦,下则移门阈,
柱梁一旦摧,台沼无留礚。
于嗟乎!
救灾奇策古所无,有司有司真良谟!③

---

①乾隆《凤阳县志》卷4/21a。

②乾隆《凤阳县志》卷3/27b。乾隆《凤阳县志》卷5/17b载:项樟于乾隆十八年任凤阳知府,下任知府何达善于乾隆二十七年到任。则诗中所记为乾隆十八年至二十七年间的皇陵情况。

③康熙《凤阳府志》卷35/14a－b。按《清史列传》卷71/14a:蔡方炳,昆山人,诸生。明崇祯时,负父柩归。康熙十八年,举博学鸿儒,以病辞。毁皇陵当在康熙十八年前。《清实录》(中华影印本)卷39/517上,康熙十一年五月丙子朔:“以江南安庆等七府,滁州等三州连岁被水淹、蝗蝻等灾,兼淮安、扬州饥民流离载道,命该督抚……速行赈济”。康熙《临淮县志》卷1/14a,“(康熙)九年夏,大水,二麦浥烂无遗。十年,大旱蝗,麦禾皆死,人食树皮。[总督麻(勒吉)、安(徽巡)抚靳(辅)]题请发正赋银六千两赈济,饥民赖以全活”。“连岁年饥不得活”,当指康熙九年、十年、十一年;“有司”当指凤阳知府张以谦以及麻勒吉、靳辅等。

把官府这样严重破坏古建筑的罪责，全都推到农民军的头上，说是由于农民军的到来，皇陵“尽遭焚毁，荡然一空”，这是对农民军的污蔑。

在清朝三百年间，旧皇陵砖城内尽存废墟，绝无居民，野草齐人高，三五成群，方敢进入放牧。辛亥革命以后，才开始有寿县等地的逃荒户迁入开垦。此后，城砖、石雕陆续被零星拉走盖房应用，五彩琉璃瓦当亦被游客捡拾带走。皇陵的树木，抗日战争时期被日本侵略军砍伐尽净。解放后，建皇陵农场后，在陵域附近重新栽植了柏树，亦已成林。皇陵碑、石人、石兽、石柱均存，已有破损。1982 年 2 月，明中都皇故城及皇陵石刻，已被国务院公布为第二批全国重点文物保护单位。

3. 十王四妃坟屡被淮水淹没，虽经重修，至清时已不存

粉团洲（今长淮卫）十王四妃坟建筑群，因临近淮河，一再被淮水淹没。弘治元年（1488 年），即成化二十三年（1487 年）重修皇陵之后，接着也重修了十王四妃坟。

《中都志》：“自天顺四年（1460 年）以后，连年（淮）河水泛滥，（十王四妃）坟冢、殿宇俱被淹没。弘治元年，钦差内官太监郑强、南京兵部左侍郎白昂等督工建造，焕然一新。”①

《凤阳新书》：“其殿庑门垣，屡被淮水沦没，及水退，泥沙淤塞，殿垣之平。成化二十三年，侍郎白昂等奉命督工重起殿庑，加垒墙垣，焕然新之。”②

到乾隆时，《凤阳县志》载：“按十王墓今惟周围土墙尚存，中间一冢即十王四妃并攒于一处者也。西南一冢，即驸马黄琛也。冢旁皆已垦为熟地，石人、石兽无一存者，白塔亦不存。”③现在则连土墙和墓冢也找不到了。

---

①《中都志》卷 4/35b。

②《凤阳新书》卷 4/61a。

③乾隆《凤阳县志》卷 4/22b。黄琛是朱元璋的侄女庆阳公主的丈夫，第一任的中都留守司正留守，死后与庆阳公主合葬，附十王四妃坟西南，称庆成公主坟或驸马黄琛墓。《明史》卷 121《公主列传》：“福成公主，南昌王（朱元璋长兄朱兴隆）女……嫁王克恭。……庆阳公主，蒙城王（朱元璋堂兄弟朱重四）女，嫁黄琛。……洪武元年册两王女为公主，授克恭、琛为驸马都尉。……四年三月，礼官上言：‘皇侄女宜改封郡主，克恭、琛当上驸马诰。’帝曰：‘朕惟侄女二人，不忍遽加降夺，其称公主驸马如故。’……擢琛中都留守，卒官。……主至建文时，改封庆成郡主。”

考察篇

一、明中都城墙遗址

明初,称宫城、紫禁城为皇城,称皇城为禁垣,合中都城,共内外三道城。

(一)明中都城城墙遗址

1. 明中都城九门遗址

中都城九门在地表上均留有遗迹,遗址清晰可指。个别城门遗址,至今仍土台屹立。

(1)洪武门遗址

洪武门是明中都城的正南门,北面正对午门、承天门。洪武门遗址离承天门遗址1185米,离午门1620米。

洪武门遗址,当地人称之为留守司南双古堆。1960年至1962年,安徽省蚌埠市建设局测量队测绘1:5000地形图时(以下引用数字,除另行注明者外,均根据此图),标高海拔33.797米,遗址四周平地海拔27.68米,相对高度6米。1973年冬平整土地,把它扒低了不少,扒成两个坡度平缓的小丘,在上面种植作物。1974年冬,从正在扒挖城砖和基石的坑址测量,洪武门遗址东西宽63.5米,南北长35米。

(2)南左甲第门遗址

南左甲第门在洪武门的东边,相距1525米。北面正对鼓楼,相距830米。

南左甲第门遗址北距凤阳府城南门桥490米,南离老人桥310米,当地人称之为老人桥双古堆,仅存大道东西两侧两个对峙的瓦砾堆,坡度平缓,略无门址轮廓形状,四面都有民房,很不引人注意。笔者为寻找这个遗址,在府城至岗集的大道上曾多次来回寻访,都没有找到,后来找到了前右甲第门遗址,才在与它相对称的位置上发现了这个遗址。由于11万伏的高架线路正好架在遗址的上面,东西穿过,因此以后再找寻起来,就很容易辨认了。

南左甲第门遗址为东西两个平缓的土堆。西边一个直径20多米,高出附近地面约3米。东边一个因紧靠民居,直径显得略小一些,高度则比西边的略高,约高出附近地面4米。

前右甲第门遗址,2004 年

(3)前右甲第门遗址

前右甲第门在洪武门的西边,相距 1585 米。北面正对钟楼,相距 865 米。

前右甲第门遗址,当地人称之为赵庄南边双古堆或钟楼南边双古堆。遗址呈明显的台址状,东西宽 50 米,南北长 40 米,较四周农田高出五六米,中间因门洞塌压,凹下 2 米左右。这是中都城九门中,保存得较好的一个遗址。在 1962 年测绘的地形图上,绘出了高台陡壁的地形。

1975 年 1 月,我和钟楼大队书记张华云同志一起去复测前右甲第门遗址时,看到民兵将城址西边古堆的顶端,砌修成了坦克模型,筑城门时一层碎砖,一层夯土,层层相压的土层暴露得非常清晰。在门址北侧,有两处零星挖出堆放在那里的大城砖。到 1981 年 3 月普查时,经过土地平整,门址仅存平缓坡地了。

(4)独山门遗址

独山门是中都城的正东门,南临独山涧,相距 150 米左右。独山门是临淮凤阳公路修筑前的古道,现古道已废。由于原来的地形图上既没有绘出它的地形地貌,也没有测量标高,为了确切测定独山门遗址的位置, 1975 年 1 月 13 日下午,作者与凤阳基建局季安山、吴忠政两位同志又用仪器进行了复测。先测角度,以南对独山东城埂为 0°,西对九华山最高峰测量塔为 90°28′。又测距离,南距独山东城埂北端 880 米,北离凤(阳)临(淮)公路 635 米。

独山门遗址,当地人称之为独山北边双古堆。遗址高出附近农田四五米,东西宽 23.5 米,南北长 47.5 米 ,呈马鞍状,碎砖瓦砾,为一荒丘,四周为较为平缓的坡地，翻耕扒平，种了庄稼。古堆的西北侧，尚有残存的石础、方石。城址的大石条，1973 年起陆续被扒挖。

独山门遗址，1974 年

（5）朝阳门遗址

朝阳门在独山门之南，相距 1670 米。西对凤阳府，有大道相通，直达承天门前。

朝阳门遗址在独山东城埂的正中间，现只剩一个城豁口。据当地社员反映，这几年曾在朝阳门城基位置挖出大量当时砌为城门基址的大石条。

朝阳门遗址，1974 年

(6)长春门遗址

长春门在独山门之北，相距1950米。长春门西通山后旧凤阳县治，有大道相连。

当地人俗称长春门为敷德门(音)，长春门遗址为敷德门双古堆。但敷德门的名称不见于记载，不知从何而来，是否有可能系“府东门”之讹。

长春门遗址双古堆东西宽36米，南北长60米。因在上面种植作物，已被扒成两个南北相连的平缓土丘，只比四周平地高出3米多些。1962年测绘的地形图上，绘制了长春门遗址的地形地貌，标高30.68米，附近平地标高27.46米，相对高度3.22米。由于大道在遗址北侧通过，东北角已被切削成较陡的土壁，暴露出碎砖夯土层。遗址的石块也被扒挖过。

长春门遗址，1974年

(7)北左甲第门遗址

北左甲第门为中都城的北门，在东边，与在西边的另一北门——后右甲第门东西并列，相距3185米。北左甲第门南正对山后街旧凤阳县治。

北左甲第门遗址，1974年

北左甲第门遗址在中都城北城埂遗址的中部，城门基址石头已被挖走，成为北城墙遗址上的一个豁口。当地人俗称老北门。

(8)后右甲第门遗址

后右甲第门遗址，当地人俗称门台子，当是“门台址”之讹。门台子的地名就是由此而来的。查乾隆《凤阳县志》和同治《凤阳县续志》的“市集”“坊乡”里都还没有出现门台子的地名，当是津浦铁路修筑以后才发展起来的新兴集镇。现安徽省门台子烤烟厂和铁路车站等北半部地区在后右甲第门遗址的北边，即在明中都城的外面；门台子区革委会、合蚌公路、主要街道都在后右甲第门遗址的南边，即在明中都城里。

后右甲第门遗址上的城门石券，2004 年

后右甲第门遗址在老门台子街的北端，土路、曲巷、茅草房，是门台子集镇的西部边缘，南边离合蚌公路 210 米，北边就是烤烟厂仓库的西南墙拐角。遗址仅存一个瓦砾废墟，高出地面不到两米，在道边民居背后，很不引人注意，要是没有熟悉情况的同志指认，是很不容易找到的。但是当地居民和凤阳境内上了岁数的人差不多都知道。从遗址上暴露出来的一两处切割剖面来看，原来筑城门台基时一层碎砖屑，一层夯土，层层相积的原土层还很清楚，未曾翻乱。遗址的南部和西部有民房压盖，东边的小道和北边的土路，也不清楚是否就是边缘，因此未能对遗址范围进行测量。

(9)涂山门遗址

涂山门是中都城的西门，东面正对西安门、西华门，有土路相通。涂山门与皇城(禁垣)西安门相距 2325 米，与皇城西华门相距 2720 米。

1962 年的地形图上，涂山门遗址标高 51.461 米，附近地面为 44 米，相对高度 7.46 米。现涂山门遗址仍土台壁立，呈长方形，原来城门的轮廓还清晰地保留在那里，中部因门洞坍塌，成为甬道。涂山门遗址是中都九门中保存得最为完整的一个遗址。

1970 年起，开始刨挖城门基址的石条和残存土中的碎砖盖房。冯庄生产队用六个石门洞券并排搭成了一座小石桥。1974 年冬，民兵把门址顶部的夯土切削成坦克模型，进行军事训练。

涂山门遗址，1974 年

（10）门址的对称和误差

明中都城的南边三门和北边两门是东西相称、南北对称的，但是从 1962 年测绘的 1∶5000 地形图上来看，仍发现有微小的偏差：

后右门 $\xrightarrow{1600\text{ 米}}$ 中心线 $\xrightarrow{1585\text{ 米}}$ 北左门

前右门 $\xrightarrow{1595\text{ 米}}$ 洪武门 $\xrightarrow{1525\text{ 米}}$ 南左门

后右甲第门遗址和北左甲第门遗址与中都城中心线的距离不相等，相差 15 米。前右甲第门遗址和南左甲第门遗址与洪武门遗址的距离竟相差 70 米。后右甲第门遗址和前右甲第门遗址与中心线的位置南北相对，有 5 米差距。北左甲第门遗址与南左甲第门遗址南北相对，相差竟达 60 米。由于后右甲第门遗址的中心点找不准，北左甲第门遗址的中心点是否与今城豁口中心线完全一致也很难确定，而且后右、前右、北左三门之间的误差只有它们距离的万分之八到千分之九，因此很可能是由于测图中消除图纸伸缩误差、拼接误差不足，以及原图绘制误差积累而成的。但是，即使原建筑位置就是如此，在相隔 3 华里多到 12 里多的位置上，误差竟不到百分之一和千分之一，在当时的测量条件下，可以说是相当精确了。至于南左甲第门遗址的位置，与北左甲第门遗址南北相对，误差万分之九十七，将近百分之一，与前右甲第门遗址东西相对，误差千分之四十六，就比较大了，很难用制图和测图上的误差及其累积来解释了，可以肯定在当初建筑时就存在着位置误差。再从中都城墙方位的十分精确来比较，这样大的误差就显得更为突出了。但是对于南左甲第门的位置为什么会出现这样大的误差，就不清楚了。

所以，中都城东门独山门不能和西门涂山门对称，也正对皇城禁垣和皇城的门，是可以理解的。因为正对东华门、东安门的位置，恰好是独山顶峰，因此只能北移，越过地势低洼的独山涧，在独山涧北岸设置城门。朝阳门和长春门也是对称的，但是它们跟独山门的距离并不相等：

长春门 $\xrightarrow{1950\text{ 米}}$ 独山门 $\xrightarrow{1670\text{ 米}}$ 朝阳门

其中原因，今天也不清楚了。

《凤阳新书》说洪武、北左甲第、朝阳、涂山四门“上俱有楼”①，但还没有找到遗物，有待于今后的继续查访。

2. 明中都城十八水关遗址

(1)独山五孔大水关遗址

天启《凤阳新书》：“都城四面水关共一十八座，通水出入。惟独山门之南大水关一座，下开五孔，上有启关闸槽，跨独山涧，洪武间开置，自淮由濠通舟楫入城，久废。今遇淮水泛涨，仍通舟入城至新桥。今桥之西，有砖石修甓河岸尚存。”②同治《凤阳县续志》记载道光十三年(1833 年)“于东门水关外挑河数里，引淮水由老塘湖从迎水寺河入。”③从这里可以看出，明初修建的独山大水关，到明末虽久废而仍完好，直到道光时仍在，所以独山大水关的真正拆毁，还是最近百余年的事。

五孔大水关遗址，2004 年

刘昺《东湖赋》序：“昔我太祖之城中都也，盖实穿东湖焉，汪涉澄渟，滉然巨浸也。”④现独山涧沿独山西北麓折而东流，过山麓后水面逐渐开阔，夏秋水涨时，南北宽七八百米，东西三里多，汪洋一片，明太祖朱元璋“赐名曰东湖”⑤，以与方丘北边的西湖相对称，俗称老塘湖。独山五孔大水关的遗址就在独山东北麓独山东城埂向北延长线上老塘湖西端靠近北岸的部位。由于明朝中期以后独山涧以下水道淤塞，现冬季水涸时，仅成一溪，并修筑了堤岸，堤岸两侧为麦田，因此独山五孔大水关的基址当已埋于地下，仍可发掘，但在地面上，已没有什么表征了。

①《凤阳新书》卷 3/6a。

②《凤阳新书》卷 3/7b。

③《凤阳县续志》卷 9/2a－b 名宦·周天爵传。

④《凤阳新书》卷 6/31b；乾隆《凤阳县志》卷 14/17a。

⑤《凤阳新书》卷 6/31b；乾隆《凤阳县志》卷 14/17a。

独山涧,2004 年

(2)其他十七座水关遗址的位置

其他水关跟独山大水关一样,在地表上也都没有什么遗迹了。但是600 年来,凤阳的地形、水道没有什么明显的变化,中都城四周的城埂遗址仍清晰可辨,因此其他水关的位置,仍能一一予以判断指明,以待考古发掘或基本建设过程中的发现陆续予以证实。

在长春门北 465 米,为一略呈谷形地形的底部,原有小水东流,可能有一个水关。

在琉璃岗西南方向,有东西长达 760 米的一段中都城北城埂位置在海拔 20 米线以下,其中有 110 米一段,海拔只有 16 米,是整个中都城城址中除独山大水关外最为低下的部位。原有水道,这里肯定会有一个较大的水关遗址。位置东距东北城 1710 米,西离中都北城墙遗址东端 500 米。

在它的西边 290 米,即西离中都北城墙遗址东端 210 米处,从地形和现有水道来看,可能还会有一个水关。

在北左甲第门西边 400 米,即津浦铁路复线穿出中都城北城墙处的西边 140 米处,1974 年看到中都北城埂被挖断六七米,土壁陡立,下面是方方正正的积水深池,宽 10 多米,尚未测量。当地群众说,这里是水关。从地形来看,略呈谷形,受水范围不大,可能只是一个小水关。这是中都城 18 座水关中唯一被完整发掘的水关遗址,看来还是不久前挖掘取砖的遗迹。

在蒲北岗西南方,中都城北城埂遗址西端再往西 535 米处,有一条大涧,凤凰山后的雨水都汇注到这里,北流入方丘湖。这里当有一个较大的水关。

再往西 685 米,又是一个略呈谷形地形的最低点,可能有一个小水关。

在门台子东边、方丘湖农场办公室西边,也是一个略呈谷形的地形,有涧水,当有一个水关。

从后右甲第门遗址往西,地势急剧下降达 5 米,为一谷地。在门址西 270

米处，有一条涧水，承受整个马鞍山北麓的雨水，北泻入方丘湖，因此这里当有一个较大的水关。

从这里再往西885米，中间相隔一个岗地，又是一个谷形地形，有一条较大的山涧水，承受马鞍山西麓和劳山东北麓的全部雨水，当有一个较大的水关。

大青营西南，电灌站西北175米高压线跨越灌渠的地方，当有一个水关，马鞍山西麓和劳山东麓的雨水，通过这里向北宣泄。

在改建南移的凤（阳）刘（府）至淮南市公路新线大桥南275米，沿中都城西侧南流的水道到此折而东流，又经70米即穿入中都城，此处当有一个水关。

再往南790米，在凤凰嘴山北麓有一水道入城，宣泄焦山东麓的雨水，此处当有一个水关。

在大牛营西北，从凤凰嘴山北麓穿越入城的水道，又横贯凤凰嘴穿越出城东流，此处当有一个较大的水关。

在它的北边415米，即离中都城南城埂只有105米的地方，沿西城埂流入中都城的水道，也横贯凤凰嘴穿越出城，此处当有一个较大的水关。

在洪武门西边190米，沿皇城西墙外南流的水道，在此南出中都城，过凤阳桥，与西来之水汇流。水道穿越城埂处，当有一个较大的水关。

在洪武门东1885米处，金水河南出中都城，注入西来之水。此处地形陡险，河床因湍流切割，两岸壁立，宽达70米，当有一个相当大的水关。

在南左甲第门东边860米，汇众流西来的水道，又穿入中都城，东北流为独山涧。这一带河谷宽阔，两岸曲折高峻，风景幽邃，气势雄伟，当有一个相当大的水关。

由于地方志和其他文献中未曾记载独山大水关以外其他水关的名称和位置，因此无从征信考核。但是从现在的地形水道来看，当有水关之处，也是18个，一个不多，一个不少。因此可以作出判断，将来的发掘证实即使不可避免地会出现若干差错，仍不致有很大的违异。因为水往低处流这个道理，古今都是一样的。

（3）关于“水关三十座”的记载和可能是泄水涵洞或泄水口的推测

嘉靖十一年，巡抚右副都御史刘节奏疏称：“据直隶凤阳府申：照得本府是太祖高皇帝龙飞肇基之初，筑立土城一座，周围五十里四百四十三步，砖门九座，水关三十座。”①万历中，守备凤阳太监韩寿奏疏亦称：“城门九座，水关三十二座。”②这就比《凤阳新书》所载“都城四面水关共一十八座”又多出十几座来。

①《凤阳新书》卷7/15b。

②《凤阳新书》卷7/36b。

作为凤阳府上报的正式公文,不能没有根据,但这多出来的十几座水关究竟在哪儿,就很难指出了。世子坟生产队的干部和社员都反映在中都城东北拐角南边80米处,曾扒出过不少大城砖,像一个水关。从地形图上看,这里略呈谷形,但受水面积太小,还不到四分之一平方公里,开一个出水涵洞就足以宣泄了。要找这样小的泄水部位,在后右甲第门西边1155米处还有一个,在南左甲第门东边500米左右可能还有一个。除此之外,挖条小渠就能把水引走,很难指出它的位置了。因此很可能水关仅"共一十八座",如包括泄水涵洞或泄水口,则为"三十座"以至"三十二座",否则就难以解释这两种不同的数字记载。

3. 明中都城两段砖砌城墙遗址

(1)北左甲第门两侧砖城遗址

中都城砖砌北城墙遗址东起北左甲第门遗址东边745米,西至北左甲第门遗址西边810米,东西绵延,长达1555米,折合明里2.59里。城砖在乾隆二十年修筑凤阳府城时扒掉,仅存土城埂。北左甲第门以东的500米一段土城埂,正位于岗脊上,1962年的地形图上分别标高为海拔32.17米、32.51米、32.633米,两侧低地的海拔为25米线,相对高度7米多。再往东300多米,地势急剧下降,城埂遗址东端,城埂标高海拔28.7米,地面海拔为21米线,相对高度近8米。继续往东,地面则下降到海拔16米。因此,这一段城墙遗址,显得颇为雄伟。北左甲第门往西200多米一段,坡度比较平缓,因此地形图上没有绘出城埂面貌,城埂标高海拔30.797米,平地海拔25米,相对高度近6米。再往西,津浦铁路复线斜穿过城,接着又挖掘水关,城埂被两处截断,切成陡壁。铁路以西500多米一段城埂上面长满了刺槐等杂树,分别标高海拔29.42米、30.27米、33.54米,而附近地面分别标高海拔23米、25米、27米,相对高度都在五六米以上。由于这一段城埂上长满了刺槐等杂树,所以从好几里外的合蚌公路上都能清晰地瞭望到。

北左甲第门两侧的砖城遗址(一),1974年

北左甲第门两侧的砖城遗址(二),1974 年

(2)朝阳门两侧砖城遗址

朝阳门砖城遗址紧挨独山,北起独山东麓,南至东教场的东边,全长 1570 米,合明里 2.62 里。朝阳门正好在这段城墙遗址的正中间,南北距城埂两端各为 785 米。

朝阳门砖城遗址的高度,在 1962 年的地形图上自北向南分别标高为 37.51 米、37.29 米、37.25 米、38.41 米、36.96 米、36.92 米、37.69 米,比城埂地面高出七八米。由于府城东门一带海拔只有 25 米左右,府城和独山之间的开阔地带海拔在 20 米以下,独山涧从中流过,是中都城内地势最为低下的部位,而朝阳门砖城遗址又位于独山东麓向南延伸的岗脊上,又相对抬高了城埂的高度,因此从府城东望,但见长城屹立,高与天齐,气势极为雄伟。

朝阳门北侧的砖城遗址,1974 年

朝阳门砖城遗址的内侧,最北端400多米一段,与独山东麓相连,生产队把它扒成了相对高度只剩3米多些的平缓斜坡,在上面种植庄稼,一直栽种到城埂顶部。朝阳门以南的城埂顶部和内侧长满了杂树和荆棘,民兵训练时,利用它作为射击靶场。

朝阳门两侧的城墙遗址鸟瞰,2004年

朝阳门砖城遗址的外侧,是很陡的斜坡。最北端400米一段,在100米左右的距离内,地势就急剧下降到海拔20米以下,城埂高度相对增加到十七八米,显得极为险峻。墙基平整,土城壁立,近于垂直,高度在十至十三米,是现存中都城城墙遗址中最为完好的部分,虽然城砖已在乾隆二十年扒拆掉了,但基本上还保持了原状,接近于中都城"工虽未完,而土城巍然壁立"的面貌。由此往南,朝阳门南北两侧都已栽植了马尾松,虽然树还不大,尚未郁郁葱葱,但已显得整齐幽美,为现存中都城遗址中保存得最好、利用得最为理想的一段。

从实地勘察来核对文献记载,袁文新《凤阳新书》说:"惟东北砖叠约四里余"①,与实测共5.21明里基本相符,但对方位交代得不清楚,容易引起误会,以为是东北城角。尹令疏称:"但土城外砌砖石,仅及北门二里一段,东门一里一段,因议定鼎金陵,前项城工遂寝。"②外砌砖石的地段部位是交代明确了,但长度有出入。凤阳知府王应璧在他纂辑的凤阳修城奏议图考的跋里说:中都城"四面皆土墙,惟北左甲门东西包砖约二里余,年久土墙倾颓,砖墙至今甚坚"③,不知为何不及朝阳门南北一段。高越疏说"砖城二里有余"④,不知是否

①《凤阳新书》卷3/6b。

②《凤阳新书》卷7/21b。

③《凤阳新书》卷7/41a。

④《凤阳新书》卷7/14a。

也是仅言北门一段。韩寿疏说:“其砖城已包四十八丈,工虽未完,而土城巍然壁立。”①这里就不清楚为什么数字说得这么具体,而与实际长度又相差如此之大,不知道是否是刊印的错误。至于黄绾等的回疏说:“又看得周围城基止有北门一段见存砖城数丈,其余俱是土墙。”②黄绾虽说是“逐一相度”,但他是极力反对并阻挠在原址修筑砖城的,因此他的话是不足为信的。

1981年3月,我访问独山小队西庄80多岁的老社员乔振同,他说朝阳门确实砌了砖,但未到顶,只有半截。前几年,有人挖洞掏砖,土震塌下来,还压死了几个人。

据《明英宗实录》,正统十年六月戊辰,“京师城垣其外旧固以砖石,内惟土筑,遇雨辄颓毁。至是,命太监阮安……(等)督工修甓之”③。北京城墙原来里侧只是土筑,砖是后砌的。南京城墙自洪武年间筑成以后,正统、天顺、弘治、嘉靖年间历经修筑,弘治十一年,一次还特地“遣驸马都尉杨伟告祭孝陵”④,所以还不太清楚最初南京城内侧是否就是砌砖的。至于中都城的“包砖”“外砌砖石”究竟是只在外侧“固以砖石”,还是内外皆砌砖石,需待发掘一段城埂基址才能作出判断。

4. 明中都城土城埂遗址

(1)明中都城土城埂的位置和长度

中都城东南城拐在朝阳门南1150米,今五里庙东北700米,东北城拐在长春门北1400米,世子坟南口。东城埂全长6170米。西北城拐在后右甲第门西1625米,今大青营西北800米。北城埂全长7760米。西南城拐在涂山门南3135米,今凤凰嘴山西南麓。西城埂全长7470米。自西南城拐东至大牛营西南折而北,到大牛营西北复折而东。南城埂包括突出西南一角的凤凰嘴,全长8965米。中都城四周总长30365米,明里180丈为1里,则折合明里为50.68里(60.73华里),与文献记载“五十里零四百四十三步”⑤相符。高越疏作“周五十余里”,不确切。《凤阳新书》卷作“周五十三里”,与实际情况有出入,而跟

①《凤阳新书》卷7/36b。

②《凤阳新书》卷7/20a。

③《明英宗实录》卷130/10a。

④见《明实录》正统七年五月、十一年七月癸酉、十一年十月丁巳、十四年九月壬寅,天顺四年七月丙申,弘治元年六月丙辰、十一年九月癸丑、十三年正月己卯,嘉靖三十四年二月辛卯。

⑤高穀《中都留守修城记》;《中都志》卷3/1a《刘节疏》;《明史·地理志》。《大明一统志》卷7/1a作“周回五十里”;《嘉庆重修一统志》卷125/5b作“周五十里有余”。

其他记载相违异，不了解它的根据是什么。

(2)明中都城东城埂和北城埂的砖城脚(附夫子营)

在1974年踏实勘测中都城遗址的过程中，十里铺大队四清西队(三拐弯)的干部和群众普遍反映独山门往北到凤临公路的一段外罗城有砖城脚。韩云富说：解放初，群众把大水冲出在大路上露了头的城砖脚扒回去盖房，现在大路地下一米还有砖城脚。社员们还带领指认大路上土中的残砖碎渣，说这些就是原来在土中的城砖。世子坟生产队的干部和群众也都说在中都城东北拐往南地里挖出过不少大城砖。琉璃岗生产队的干部和社员也普遍反映在琉璃岗南北城埂线上犁地经常犁出大城砖，一条线上都有，大城砖多的是。从这些反映的情况来看，不仅北左甲第门东西两侧和朝阳门南北两侧已经包砌好了砖石，至少在与它相连接的北城埂东段和东城埂的中段、北段也已开始砌砖，这完全是可能的，足以填补文献记载的不足。至于砌砖的时间，有两种可能：一是洪武八年罢中都役作之前；二是洪武二十五年前后。《实录》：洪武二十五年三月庚寅，“罢筑凤阳城。先是命筑凤阳城，军士就役者凡三万余人。至是上以工力浩繁，命罢之，乃赏赉其军士。”①《凤阳新书》载：“洪武门……北左甲第门……朝阳门……涂山门……以上四门俱洪武二十六年修筑。……南左甲第门……独山门……长春门……前右甲第门……后右甲第门……以上五门俱洪武三十年修筑”②，没有提到洪武二十五年罢筑凤阳中都城的事。

(附)夫子营

当地群众传说：夫子营(现夫子营大队的第六和第七两个生产队)是明初筑城时伕子集中居住的地方，有这样的可能。夫子营在山后街的东北方，北距北城埂1300米，东离东城埂2000多米，距离比较适中。但要证实这确实是明初民伕居住的地点，还有待于考古发掘取得可靠的证据。

(3)明中都城土城埂遗址的现状

①中都城南城埂遗址

前右甲第门西边的城埂遗址西起南吴家东水库的大坝，东至前右甲第门，长500米，宽四五米，高出农田一二米，现为大道。前右甲第门东边的城埂遗址西起门址，东至洪武门西城西公社水库的西边，长1075米，宽五六米。西段高出农田一二米，现为大道。中段高出农田2米以上，其中有好几百米一段甚至超过3米，像大堤一样屹立在那里，小道在忽高忽低的土城埂遗址上蜿蜒前进，

①《明太祖实录》卷217/2b；《国榷》卷9/728。

②《凤阳新书》卷3/6b－7a。

有时翻下城埂,在外侧另辟小道,有时又爬上城埂,骑自行车感到很不方便。由于埂址未曾平整为大道,也并未种植庄稼,仅发现有几处掘土脱土坯的痕迹,似乎还保存着原来“巍然壁立”的中都土城600年来逐渐颓毁的自然状态。前右甲第门两侧全长1575米的中都城南城埂西段,是当初未曾砌砖的土城遗址中保存得最为完好的地段。但1981年3月再往调查时,已经平整为道路。

前右甲第门西侧的城埂遗址,2004年

中都城南城埂的中段和东段却又是另外一种情况。洪武门西400多米一段城址,有一段为水库所淹没,其余虽有小道,已和田埂无异,难以辨认。洪武门东至南左甲第门遗址一段土城址,原位于很陡的斜坡上,最容易被雨水冲刷,也最容易扒平,现已无遗迹,不可辨认。从南左甲第门遗址到中都城东南城拐,除水磨河北边一段为水库淹没、五里庙东北靠近城拐一段为旱地外,其余全都是水田,一点也看不到中都城埂的遗址了。

1973年秋,笔者在尚未找到中都城南城埂位置之前,首先发现了五里庙合蚌公路西有一条东西向的宽约15米,长达700米连续不断的水塘和水田,非常整齐,我以为这就是城濠了,北岸的垄埂就是中都城南城埂的遗址了,还认为发现了《凤阳新书》记载明中都城仅“东南朝阳门外浚隍”一段的缺漏。待找到南左甲第门遗址以后，第二年夏天进行复测核实的时候，当地一位上了年纪的社员告诉我，城埂还在它的北边，这不是城濠。这是1958年“大跃进”时候开挖的引水渠，后来水库开坝降低水位，水流不到这里来了，就把它改成了水塘、水田，有的重新填平。待1974年冬得到1∶5000的地形图后，再进行图测和实地核对，才测出中都城南城埂位置还在这一条东西向的水塘、水田的北边110米，11万伏高压线的位置上，证实了那位上了年纪的社员指认的城埂位置是正确的，而我原来的判断纯粹是主观臆测。

长春门南侧的城墙遗址（已成道路），1974年

11万伏高压线东北从临淮关来，到中都城东南城拐转为东西向，正好建在原来中都城南城埂的位置上。向西穿过南左甲第门遗址后，稍稍向北偏移，到洪武门，高压线路在洪武门遗址中心点的北边28米，紧挨门址。到前右甲第门，高压线路就在前右甲第门遗址中心点的北边98.7米了。这样继续偏北往西到南吴家，才折而西北向穿出中都城至蚌埠。由于这条11万伏的高压线路和中都城南城埂基本上是一致的，所以中都城南城埂中段、东段虽然已无遗址可以认辨了，但中都城南城埂的位置因此又可以很容易地找到了。

②中都城东城埂遗址

中都城东南拐角到朝阳门南砖城遗址南端之间的350米土城遗址，也都变成了农田，没有痕迹了。

朝阳门砖城遗址北端即为独山东北麓，自此往北百余米即临独山涧，土城埂遗址还仿佛可见，再往北，已为大水冲刷，夷为平地，水涨时荡漾一片，水落时仅剩独山涧北岸一溪。过了这段550米宽的开阔地带，从独山涧北岸到独山门150米，城埂遗址复隐约可见，但见田野间南北一条土垄斜坡，荒草丛生。

从独山门径直往北，穿过凤临公路、长春门遗址，直达世子坟中都城东北拐，土城遗址都很清楚。从独山门遗址经三拐弯到凤临公路一段城埂遗址现为大道，拖拉机、平板车络绎不绝。越过凤临公路，城埂遗址高出两侧农田一两米，宽五六米，靠公路四五百米一段，已平整为大道，可以行驶拖拉机。再往北有两三百米一段，路面约有三分之二种植了小麦、蚕豆、玉米、豆类等作物，仅剩一侧留作小道。再往北，利用城埂遗址比两侧农田高出两三米的地形，把它挖改成了引水渠，连自行车扛着走都通不过了。到靠近长春门遗址的小段，1962年地形图上还绘有道路，到1973年笔者去勘察城埂遗址时，已平整为农田，连土路都没有了。过长春门遗址往北，中都城东城埂遗址又变成土路，可以通行平板车，直达世子坟东北城拐。由于这段城埂遗址位于西高东低的平缓斜坡上，所以虽稍高于地面，但看起来很不明显，似乎跟一般农村土路已没有什么显著的差别。

长春门北侧的城墙遗址，2004年

独山门北侧的城墙遗址，2004年

在整个中都城遗址中，东城埂基本上都可以辨认，少数几段遗址不存的，也都可以南北遥相衔接。

③中都城北城埂遗址

世子坟自然村里有一条东西向的大道，西通琉璃岗，可以通行卡车、拖拉机，但这并不是中都城的北城埂遗址。中都城北城埂的遗址还在它的南边100米，即世子坟自然村南边的一条村前土路，可通行平板车。但这条可通行平板车的村前土路往西150米就折而往北与大道相接，径直向西则变成了一条坎坷不平的，还稍有些弯弯曲曲的农村小道，这倒是北城埂的遗址，当地上了年纪的干部和群众还能指认，但过不了两三百米，小道也逐渐北移与大道相接，中都城北城埂的遗址就消失了。琉璃岗的社员指认一些时断时续的地边小道，说这就是土城埂的遗址。但即使是这样的片断遗址，也隐没在广阔的田野中。到琉璃岗西南方向，更如河床幽谷，了无城埂的影迹。所以中都城北城埂，在北左甲第门砖城遗址以东，除少数的零星小段尚可指认外，基本上都已消失了。

在北左甲第门砖城遗址往西，也是这样，有很长的一段距离也很难找到中都城土城埂遗址了。直到方丘湖农场办公室南边，才有土路西通后右甲第门，可以通行卡车、拖拉机。这段2000米长的土路，是中都城北城埂中唯一保存下来的土城遗址。从后右甲第门往西，又是谷地，过了谷地，是一个岗地，原可以保存一些城埂遗址，但整个岗地都圈入了烤烟厂的机械厂，被平整掉了。过了岗地，又是谷地，直到接近中都城西北城拐，才又爬上一个岗地。

因此，中都城四周的土城埂遗址，以北城埂最少。土城埂之所以不能较多地把遗址保存下来，是因为：第一，这条北城埂基本上是沿着海拔20米线筑的，地形南高北低，地势很陡，最容易被山后北泻的雨水冲刷掉；第二，很多低下的谷地，都栽植了水稻，而水田地区是最不容易把土城埂保存下来的。

④中都城西城埂遗址

中都城的西城埂遗址，与东城埂一样，因为不在斜坡和低地，所以也保存得比较好。

中都城的西北城拐，当地上了年纪的群众都能指认它的位置。现城拐的北侧，有一段长达140米略呈台地的地形。城拐的西侧也稍呈台地状，它的西边有一条土路即西城埂遗址，直通合蚌公路。在城拐里有一条大道斜切西北城角，在城拐东80米处北穿出城。城拐处现有五个坟堆东西排列在那里。合蚌公路在西北城拐南235米处横穿中都城西城埂。公路134公里里程碑即在城埂东面不远，相距92.6米。

土路穿过合蚌公路往南，就变成了土公路，可以行驶汽车、拖拉机。土公路到大青营西南，有一段稍向西偏，最多达110米。看来原城埂位置正当河谷，容易被山水冲刷，因此稍向西移至高脊处，也有可能中都城西城埂因地势修筑，原来在这里也不是笔直的。过电灌站以后，土公路又变成了大道，到马鞍山西麓又变成了土路。这里地形陡险，紧挨山崖，中都土城埂看来已被山水冲净，但当地少数上了年岁的群众仍然确切指认若干段残存的城埂遗址，有的已淹入大青营水库的边缘，泡在水中了。

中都城西城埂翻越山脊的地方，虽然地图上绘有道路，实际上是乱石荒草，连什么山径小道也没有了，土埂也是没有任何痕迹的。翻越山脊以后，因开了石塘，所以有一段小路也稍向西偏绕了一些。到下山坡往南，又逐渐变为大路，阔达四五米到五六米，并高出两岸农田，但因山坡上过往行人不多，很少有车辆通过，因此有三分之二的路面种了庄稼，仅留边上一条小道。

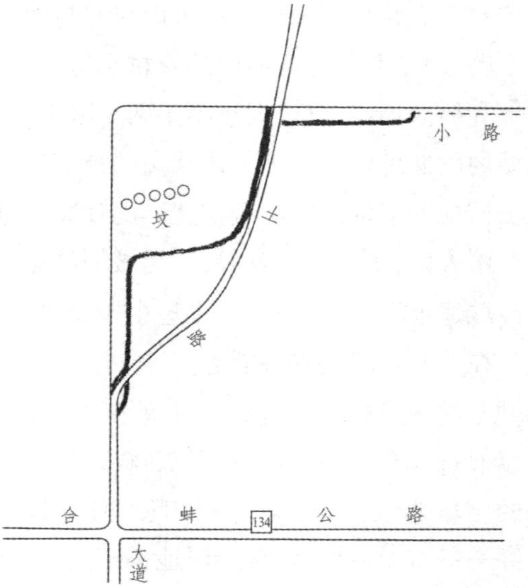

明中都外城西北城拐遗址平面图（王剑英绘制）

从下山坡往南，中都城西城埂遗址稍微向东偏。这样微小的偏角，是很难察觉到的。我先后勘察了几次，测了1∶50000的地形图，都以为是南北一条直线的，拼接了1∶10000和1∶5000的地形图，仍以为是南北一条直线的，一直到写稿时，反复在图上测量距离、角度和核校消除制图及拼接误差时，才发现中都城西城埂南段有这个极为微小的角度。中都城的其他城埂遗址以及皇城、紫禁城都正南北、正东西，互相90°垂直的。为什么中都城西城埂南段要有这个偏角而不垂直呢？看来也是筑城时的因地制宜。因为如若在南北垂直线上筑城，城址就正好坐落在自北向南流的水道上，稍稍向东偏几度，就可以利用它的地势和水道，把它变成天然的城濠，化弊为利。这段稍偏几度的中都城西城埂，

涂山门北侧的城墙遗址，2004年

从山坡南下,过涂山门,直到凤淮公路,现在都修成了大道,宽五六米,可以行驶拖拉机、板车。在涂山门一带,城埂遗址还高出地面1米上下,最高处可达2米。到接近凤淮公路时,就一样平了。

涂山门南侧的城墙遗址

过凤淮公路再往南,1962年地形图上还有一段道路,在南吴家西边,还有将近300米长的土埂遗址。现在道路变成了田埂小道,土埂也向南北延长变成了南北狭长的一个大塘的塘埂和南吴水库的大坝。小径坎坷不平,时上时下,一路上沟渠很多,因此不能骑车,只能步行。但不管路如何曲折狭小,从远处高处瞭望,从凤淮公路直达凤凰嘴四里长都在一条直线上,塘埂高岗,断续不绝,可以很清楚地看出这是城埂的遗址。

⑤中都城凤凰嘴城埂遗址

西城埂南段稍微东偏,使城埂缘山而上,筑到了凤凰嘴山的山腰上,更显得有险可恃,易守难攻。现上山一段为小道,山腰一段则已平整为坡地。中都城西南城拐一段,已被扒平成岗脊,种植了庄稼。凤凰嘴中都城西南城拐的西城埂和南城埂的西端,从地形、地貌上还能清晰地辨认出来。

远处为凤凰嘴山,右下角处道路为凤(阳)淮(南)公路以南的城墙遗址,2004年

从岗脊下来往东，以及折而往北，由于当时仅筑土城，尚未砌砖，遗址已无存，成了今天明中都城墙中唯一留下尚不能确切断定位置并测量长度的部位。凤凰嘴山东侧有一条斜向东北至中都城南城埂西端的大路，有的群众说：这就是原来的“外罗城埂”，九连张在城外。当地群众都把中都城叫作“外罗城”，皇城禁垣叫作“内罗城”，合皇城即紫禁城共为里外三道城。但是《凤阳新书》和康熙《凤阳府志》的图上，凤凰嘴城墙都是呈方形，不是斜角形的。从地形上看，也以大牛营西端南北垂直线上利用西高东低的坡形地形筑城，并利用大牛营东边的涧水为濠最为理想。这样，九连张就不是在中都城外，而是在中都城里。目前虽然还不能确切断定凤凰嘴东城埂的位置，但是这段城埂上尚有两个水关，而水关是砖砌的，因此只要发现了这两个水关的位置，凤凰嘴东城埂的位置和凤凰嘴南城埂的长度就都能确切测定了。

（二）明中都皇城禁垣遗址

1. 明中都皇城禁垣四门遗址

（1）承天门遗址

承天门是皇城禁垣的正门，正南。北面正对午门，相距 435 米；南面直对洪武门，相距 1185 米。在 1962 年测绘的地形图上，承天门遗址呈高台状，东西宽 130 多米，南北长 35 米，标高海拔 39.609 米，西北侧地平海拔 34.90 米，东南侧地平海拔 35.04 米，相对高度 4.569～4.709 米。1973 年秋，笔者对承天门遗址进行了测量。遗址呈台状，中间为大道所切断，成双古堆。大道穿过遗址时，高出地面，呈驼峰状。大道北经外五龙桥直对午门。当地人俗称外五龙桥为马王桥，承天门遗址在马王桥南 200 米，因此俗称承天门遗址为马王桥双古堆。西古堆东西长 49 米，南北宽 36 米，高出地面将近 5 米。西端北部向西延伸，高度逐渐降低一两米。东古堆东西长 59 米，南北宽 36 米，比西古堆略高。遗址的顶部栽植了柿树，均已成林。东古堆南部向阳的地方，挖了不少贮藏山芋的立坑，有的坑口压了井口石板，有的坑洞上已坍塌。东古堆上挖了一条水沟，在切割的立面上，把筑城门土台时的夯土层极为清楚地暴露了出来，一层碎砖，一层黄土，夯实，再一层碎砖，一层黄土，自遗址底部，直到顶部，均是如此，相当平整，厚度均匀，每层碎砖厚 10 多厘米，每层夯土不到 20 厘米，合起来都是 30 厘米，可见对工程质量要求很高。承天门夯土层的碎砖中，含有大量琉璃碎屑，这在别处还不曾见过。1981 年 3 月调查时，见双古堆因修引水渠及附近公路，在此取土，已被挖小刨低了不少。

1981 年普查时，还发现承天门东南 60 米处水塘里有东西向雕花石阶。

承天门遗址全景,1974 年

承天门"东古堆"遗址,1974 年

承天门"西古堆"遗址,1974 年

(2)东安门遗址

东安门是皇城禁垣的东门。正对东华门,相距395米。东安门遗址正当十字路口,东面公路直达凤阳府城北门外汽车站,南面公路通大庙、刘府,西面土公路进“老城”(中都皇城),北面土公路直达雷达山(万岁山)。遗址呈南北长椭圆形,比四周平地略垄起,北部为荒草坟地,南部亦是荒闲土地。遗址中部为台状土台址,东西宽19米,南北长52米,中部偏南为大道,切断成南北两土台。南土台因四周扒取黄土,已成一土堆,最高处只比附近地面高出2米多些。北土台北部轮廓还很清晰,南部被不断刨土,呈内切圆土壁,高3米左右。北土台靠近大道边,表土已取走,暴露出一条宽3.96米,东西长19米,用石灰、筛土、小卵石夯实成的三合土层,往北相隔4.33米,又有一条宽3.57米的三合土层。三合土层表面相当平整,厚度50厘米。1973年秋,我们勘察测绘中都皇城东安门遗址的时候,还在三合土层表面的浮土中发现了一枚铜钱“绍圣元宝”,这大概是筑城军民的遗物。从东安门遗址的长方形土台、带状三合土层,以及遗址前面的南北大道稍向东鼓出来判断,门址可能是三券城门洞,而不是像北京后来建筑的仅三楹、楹各一门那样。

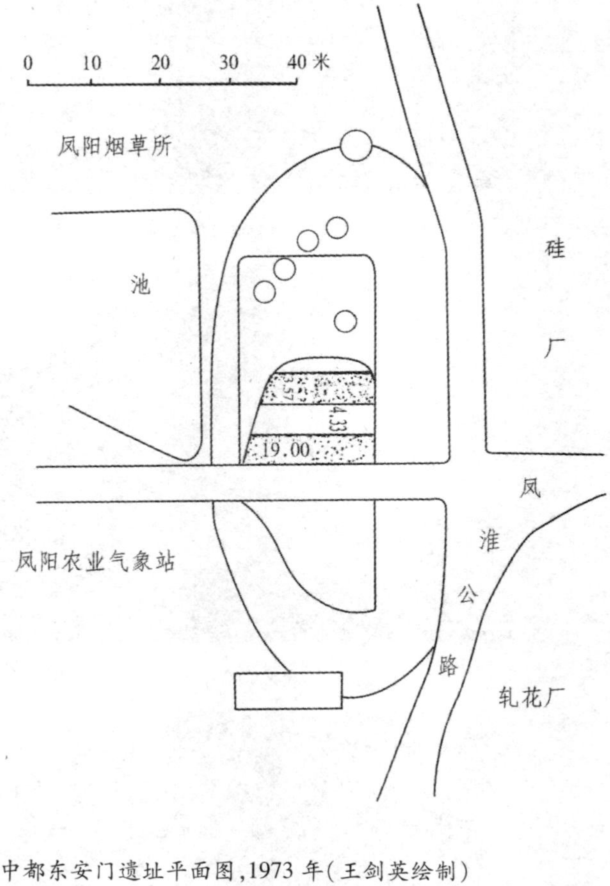

明中都东安门遗址平面图,1973年(王剑英绘制)

1974年春,因加宽公路路面及植树,拉走了南土台的土。下半年,在东安门遗址北土台靠近大道的北边,新建了一个土产门市部,在原南土台新建了三排平房。这样,中都东安门遗址的地表情况就更看不清楚了。

(3)西安门遗址

西安门是皇城禁垣的西门,正对西华门,相距395米,与东安门东西对称。西安门遗址正对皇城西门西华门,直达中都城西门涂山门遗址的大路上,南北有土路在此垂直相交。1962年测绘的地形图上,画出了西安门遗址的地貌,标高海拔41米,附近地面38.5米,相对高度2.5米。遗址的西边是一条从北向南的涧水,东边是一条环绕遗址的拱形水沟。1973年夏,我初次勘察西安门遗址时,仅存两平缓的荒丘,与图上描绘相符。

西安门遗址,1974年

1974年3月,城西公社前进大队在挖掘排水深沟穿越西安门遗址时,发现了遗址碎砖夯土层下有大量的木桩。3月18日下午,凤阳县委办事组长李清义同志找笔者在城西公社书记支道友同志伴同下,前往现场察看,并丈量了遗址。遗址范围东西宽36.5米,南北长56米,南部有突出部分,可能是上马道。排水深沟从中都西华门内开始,穿出皇城,沿大道北侧一直向西开挖。当挖过碎砖堆积土层以后,出现了整齐的碎砖夯土层。碎砖大都发红,当是烧城砖时窑里清出的废砖,砸碎后填土夯实。在碎砖夯土层的下面,发现了黏土木桩层。黏土呈青灰色,稍带绿色,极为细腻,土样带回风干以后,极为坚硬。木桩紧密排列,打入黏土层中。木桩的尖端砍削成三角尖。出土的时候,木桩尖端好像刚削的一样,墨书的字也好像是新写的。我们接着到李大桥生产队场上看堆积在那里的木桩,已垂直堆积一人多高,宽近10米。木桩全部是松木,抽测了一部

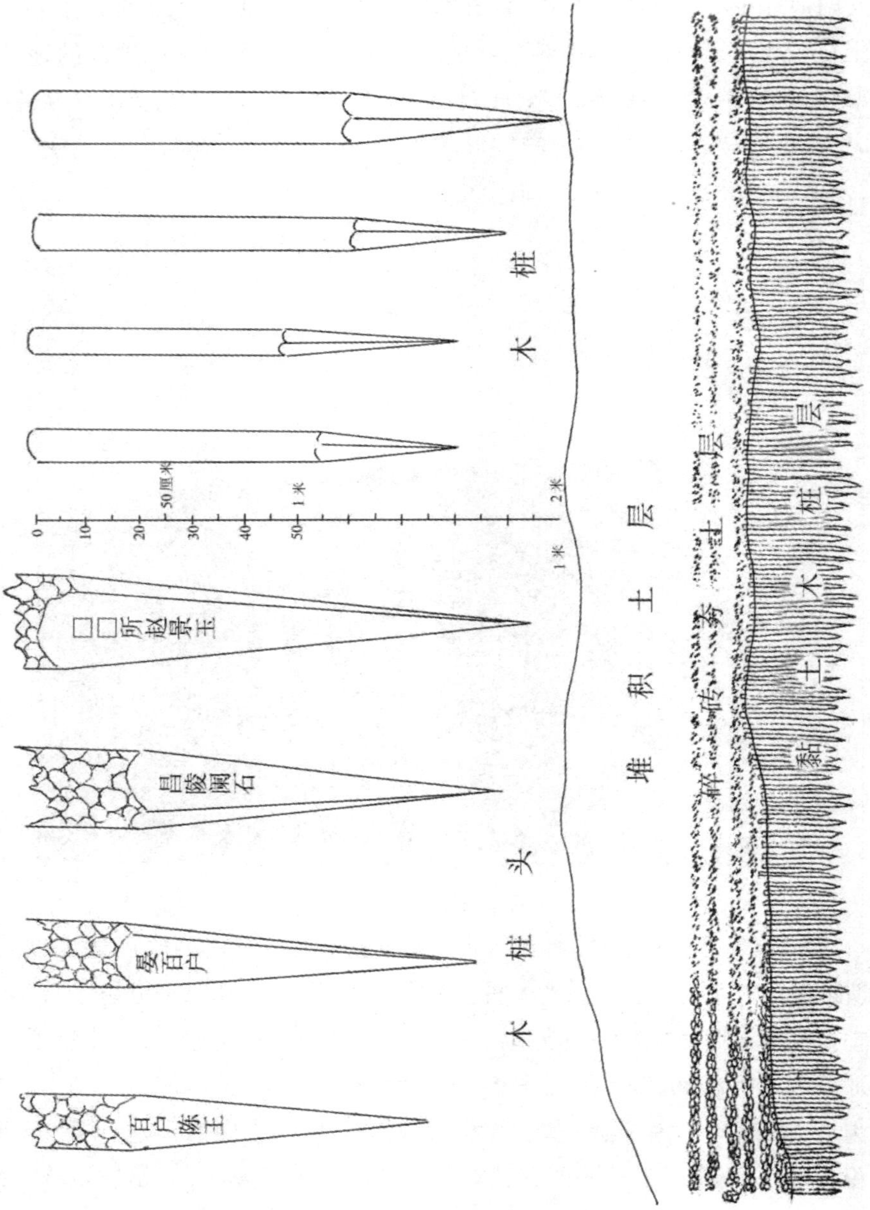

明中都西安门遗址剖面图(王剑英绘制)

西安门遗址基部发现大量木桩,1975 年

分,最长 207 厘米,最短 160 厘米,直径分别为 10 厘米、12 厘米、15 厘米、18 厘米、20 厘米,以12～15厘米的最多。每个松木桩的下端全都砍削成锐三角尖,有的三角尖上还写了毛笔字。由于天色已是傍晚,倒翻困难,只找到了“□□所赵景玉”“昌陵兰石”“晏百户”“百户陈王”等字样,以“晏百户”最多。松木桩虽已埋入地下 600 多年,但仍质地坚硬如新,没有腐烂,下部和中部的松树皮还色泽鲜艳,只有木桩上端因有的露出在黏土层外,才有表层腐朽的现象。生产队利用这些木桩制作家具、门窗、农具等等。

1974 年春发现木桩时,只开挖了东西一条线长 23 米,宽一两米。木桩范围到底有多大还不清楚。1974 年 12 月 13 日,笔者与凤阳文化馆刘建桥同志一起去县城大队向全大队和生产队的干部介绍明初营建中都城的过程和中都城的价值,宣讲国家文物保护政策和国务院[1974]78 号文件的时候,看到社员正在挖掘西安门遗址,经了解,说是征得县委同意,平整土地,扩大耕地面积。到 1975 年 1 月 28 日,笔者到西安门遗址拍摄照片时,发现遗址中部已有相当大一块面积把堆积土层和碎砖夯土层挖掉了,正在起吊西安门遗址底下的松木桩。

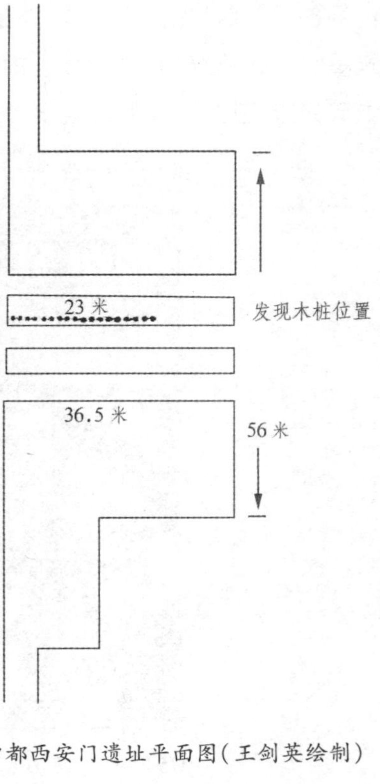

明中都西安门遗址平面图(王剑英绘制)

西安门遗址被进一步破坏,1975 年

从已经挖掘的范围来推测,有可能整个西安门遗址底层都有松木桩。为什么要打木桩?从剖面来看,是和黏土层密切相关的,木桩的顶端完全随黏土层的深浅而高低。木桩的三角尖基本上也是一直插到黏土层底部。群众普遍反映,在城脚根和筒子河岸都发现过大量成排的木桩,因此很可能凡是底层有胶泥的部位,都是先打了木桩,再在上面用碎砖一层层填土夯实,然后再在上面修筑重量大的建筑物,以增加它的稳固性。至于为什么不把胶泥黏土层挖去,换上碎砖夯土层,就需要建筑学者来解释了。

1975 年 1 月 28 日社员们正将西安门基址下的松木桩吊起

在西安门遗址周围，还发现有蟠龙白玉栏杆柱、白玉石城墙基雕饰，在土层中还发现五彩凤瓦和大量琉璃瓦碎片。从这些遗物以及遗址堆积土层、碎砖夯土层和胶泥木桩层来判断，再一次可以肯定西安门和东安门一样，是有城门洞的，而且上面还筑有城楼。《凤阳新书》说中都皇城“砖石修垒”，“砖券”，是可信的。①

(4)北安门遗址

北安门是皇城的北门，在凤凰山主峰的背后。当地群众现在都叫凤凰山为宝盒山，还有叫它梅山、煤山的，在方志中查不出来历，有可能是辗转传误。凤凰山主峰海拔88.361米，与东边的万岁山、日精峰，西边的月华峰(马鞍山)相比，凤凰山主峰好像是一个人工堆成的土山，但是从地形和地表露出的山石看，它确确实实是天然的山峰，也不排除因植树培土而稍有增高。

凤凰山主峰并不在中都皇城的中轴线上，稍稍向东偏35米，但是因为它与午门和玄武门有一定的距离，因此从城门洞远望，仍在正中一般，如不细心观察，是不易发现它的偏差的。

北安门遗址，高出部分为中都凤凰山主峰，2004年

在凤凰山主峰的北麓，有一块南北长达120米的平缓山坡，像一个大广场一样，直到它的北端，地形才急剧下降，使这块平缓的山坡显得像天台一样。在这块平坡上，到处都有砖砾。从地形图上测算，北安门的位置当在凤凰山主峰顶端西北方向不到100米。遗址表面没有什么痕迹，仅在凤凰山主峰的西麓上布满着大量的黄、绿色琉璃瓦砾和砖砾。因此可以作这样的推测，皇城禁垣的

①《凤阳新书》卷3/8a。

北门北安门，跟承天门和东安门、西安门不一样，仅只是建门三楹，崇脊飞檐，并没有先筑城门台址，以抬高城楼的高度，增加关门的险要，从地势来看，在这个位置上，这些也都是不必要的了。

在平坡的北部正中，挖了一些民兵进行军事训练的战壕，从土层的切面来看，有些地段几乎是砖砾的堆积层。由此可以作出判断，当初在北安门外还是有不少附属建筑的。

2. 明中都皇城禁垣遗址

中都皇城禁垣是乾隆二十年(1755年)才拆掉的，时隔两百多年，至今尚遗址宛然。

(1) 南皇城禁垣遗址

南皇城禁垣西段，靠近承天门的245米，现为一条宽三四米，高1米多的砖砾土埂，是中都皇城遗址中最为明显的一段。再往西直至皇城西南拐角，埂址仿佛可寻，在田野间为一笔直的拱形土埂，荒草瓦砾，高低不平，几乎无人行走。

承天门西侧的城墙遗址，2004年

南皇城禁垣东段，靠近承天门的一段约783.5米，为村后土墙，宽三四米，高3米多，灌木杂草丛生，没有看到大量的碎砖瓦屑，可能已被检走盖房。再往东，埂址已被扒平，地表上已无踪迹。在南皇城埂南面四五十米，有一条和皇城埂平行的、长短大体相同的大道，其中东段靠近承天门的村前有一小段路面，还铺着白玉石条，有可能还是600年前左长安门一带街道的遗物。这段大道的东头450米，逐渐北移与南皇城禁垣位置靠得很近，相距10米左右，路基有的地段高出耕地将近2米，因此我怀疑它是否是利用南皇城禁垣的遗址。

(2) 东皇城禁垣遗址

东皇城禁垣南段，靠近东安门的一段，利用为公路路基。公路继续向南，就逐渐稍稍偏西。1975年1月28日，我路过这里，发现西门大队夹东小队的妇女社员在平整土地的过程中，正好发掘出了中都皇城禁垣的东南城拐，一层一层的碎砖夯土层在1米多高的切土面上清清楚楚地暴露了出来，位置与东安门在一条直线上，宽度看不清楚，可能有五六米。从发掘出的皇城禁垣东南拐的碎砖夯土层和承天门东西两侧的皇城禁垣遗址来推测，中都皇城禁垣是相当宽厚的，可能厚达三四米以上。

东皇城禁垣北段，靠近东安门一段，为大道的路基，继续往北，就逐渐稍稍偏东，在上万岁山（现为雷达山）麓以后，大道西侧一二十米的山坡上，在与东安门成南北一条直线的位置上，可以在草丛中不断发现断残的大城砖碎屑，直至山巅，离开了这条直线，山坡两侧则很难找到大城砖的碎屑了。这条线一直翻过山脊，把万岁山顶包在中都皇城禁垣里面，这就是所谓的“枕山筑城”。但是在这条线的位置上，除了大城砖的碎屑以外，丝毫也找不到土埂的痕迹，因此这段皇城禁垣很可能纯粹是砌筑的砖墙，并无填土。明朝末年，在万岁山顶修筑了石垣，康熙时尚“半存”，现在也毫无遗迹了①。

东安门以北的禁垣砖墙遗址，已成为大道，1974 年

（3）北皇城禁垣遗址

中都皇城禁垣的东北城拐，在地表上并无任何表征，仅能从南北的砖屑线和东西的砖屑线来辨别它可能的位置。北皇城禁垣东段，大城砖的断残碎屑不多，不知是什么原因。在凤凰山与万岁山相连接的地方，有条长 100 米、宽达 40 米的土筑大堤，像水库大坝那样耸立在那里，看来土方工程相当大，颇为雄伟。这条大堤成了分水岭，使两山平坦相连，北皇城禁垣当在这条大堤上穿过。北皇城禁垣西段，东西一条直线上的荒草丛中，山坡地里，断残的大城砖屑很多很多，有的地方成片成堆，宽三四米，也没有土埂痕迹，但禁垣城埂遗址是十分清楚的。

（4）西皇城禁垣遗址

中都禁垣西北城拐在凤凰山的西南麓斜坡上，也已不存什么遗迹。在它的西边 100 米，就是凤凰山与月华峰（马鞍山）之间的山口，翻过山口，有道直达门台子。

①康熙《凤阳府志》卷 23/1b 凤阳县古迹：“石塞，在万寿（岁）山顶，明末筑有石垣，以兵守之，今垣半存，遇良辰登高席宴，亦一郡之胜”。

禁垣西北城隅角台遗址(高出地面2米多),2004年

从西北城拐往南,有一条大道笔直南下,经过西安门,直达西南城拐。1962年地形图上画的是土路,现城西公社把它加宽,使拖拉机可以行驶通过。这条路就是中都禁垣西城埂的遗址。

(5)明中都禁垣的长度及其范围

中都禁垣呈长方形,东西南北相对称。禁垣南城埂长1680米,承天门东西两段,各为840米。禁垣北城埂西段,以大道为城基,则短少10米。禁垣东西城埂各长2160米,东、西安门南为630米,北为1530米。中都皇城禁垣周长7670米,合明里为12.78里。

可是《凤阳新书》说中都皇城"周九里三十步",《肇域志(南畿)稿》、康熙《凤阳府志》、乾隆《凤阳县志》、《嘉庆重修一统志》都沿袭了这个数字,未予更正。《明实录》《大明一统志》《大明会典》《中都志》《明史·地理志》又都没有记载中都皇城禁垣的制度。考《实录》洪武六年六月辛未朔,"修筑京师(南京)城……内城周二千五百七十一丈九尺,为步五千一百四十三,为里十有四"①,与今遗址长度相符。永乐时营建北京,凡宫殿门阙规制,"悉如南京"②。万历《大明会典》记载,北京"皇城起大明门、长安左右门,历东安、西安、北安三门,周围三千二百二十五丈九尺四寸"③,合明里十七里又一百六十五丈九尺四寸,亦

①《明太祖实录》卷83/1a。

②《明太宗实录》卷118/9a永乐十八年十二月癸亥;又《大明会典》卷181/6b-7a。

③《大明会典》卷187/1b;又《天府广记》卷5/47。

与今遗址长度相符。不知为何《凤阳新书》记载里数与遗址实际长度相差如此之大。我认为《凤阳新书》记载的中都禁垣长度是没有根据的，在《凤阳新书》之前的典籍奏章里都还不曾见到有关中都禁垣长度的记载。我怀疑袁文新等修纂《凤阳新书》时，并没有经过丈量，而是误把《中都志》里记载的临淮旧城"周九里三十步"①当成了中都禁垣的长度。《肇域志（南畿）稿》有关中都的记载，除直接摘抄《实录》来补《凤阳新书》的缺失外，对《凤阳新书》本身的错误，尚未予以考核校订。此后修府志、县志、一统志又沿袭旧误，未尝丈量核实，予以更正。现在按遗址实测，当为周长7670米，合明里十二里又一百四十一丈，合华里为十五里又五十一丈。

北安门东侧的禁垣城墙遗址，2004年

关于中都禁垣的范围，《凤阳新书》说是"皇城（明后期改称禁垣为皇城）……开四门……承天门正南，东安门正东，西安门正西，北安门正北"②。后来府志、县志、一统志都相沿称"门四"或"开四门"。万历《大明会典·城垣》记载北京"皇城起大明门、长安左右门，历东安、西安、北安三门"③；《内府·宫殿门楼规制》

①《中都志》卷3/1b。
②《凤阳新书》卷3/8a。
③《大明会典》卷187/1b城垣。

又说："以上六门，俱皇城门"，而把阙左右门、端门、承天门等等都列入宫城之外，皇城之内的门。[①]《酌中志》《春明梦余录》《天府广记》《明史·地理志》也都如此记载[②]。这样，把突出于承天门前的东、西、南三面有四百七十一丈三尺六寸长的垣墙列入了皇城的范围，但没有把它的长度计算入皇城的长度。《明史·地理志》作"皇城周一十八里有奇"，只是把皇城原缺的西南一角计算了进去，也没有把突出于承天门前的垣墙计算进去。因为仅这一段垣墙的长度，就超过明里二里半了，加起来就不止这些了。

西安门南侧的禁垣城墙遗址，2004 年

按《实录》记载，洪武二十五年，南京"复于承天门外建长安东西两门"[③]，并非是洪武八年至十年"改作大内宫殿"之时，而是又过了 15 年以后的事，因此洪武二十五年以前，很可能还没有长安左门和长安右门，甚至于洪武二十八年编绘的《洪武京城图志·皇城图》上画的承天门前的金水桥、垣墙和洪武门也都可

①《大明会典》卷 181/3b－4a。

②《酌中志》卷 17/1a；《春明梦余录》卷 6/10a；《天府广记》卷 5/47；《明史》卷 40/884。

③《明太祖实录》卷 223/8a 洪武二十五年闰十二甲辰；又《大明会典》卷 181/6a。

能没有。南京在洪武二十五年“改建大内金水桥”①以前，可能外金水桥并不在承天门之前，而跟中都一样，是在午门之前。《洪武京城图志》上只有洪武门的名称，没有大明门的名称。因此我对《凤阳新书》上关于“大明门，承天门南；左右长安门，承天门之东西”②的记载持保留态度。因为假如中都已有这些建筑，洪武八年于罢中都役作之后改建大内宫殿时，必然就开始修建，不必待 10 多年后复建。如说是洪武二十五年筑凤阳城时同时也增筑这些，可能性不大，因为洪武十六年已拆中都宫室建龙兴寺，洪武二十四年敕皇太子朱标巡抚陕西是为了经略建都关中，并没有定鼎凤阳的意图，不必再多此一举，而洪武二十五年三月的“罢筑凤阳城”③，却是在皇太子还自陕西之后不久，南京的这些改建增建工程，都是在这年冬季完成的，反倒有可能从撤下的凤阳筑城军士 3 万多人中抽调劳力投入南京的营建工程。

中都左右长安门和大明门的遗址还没有找到踪迹。只是 1981 年 3 月普查遗址时，发现承天门东南 60 米处有东西向雕花石阶。

在承天门南中轴线（即御道）的两侧，还陆续发现了一些南北向的红砂石条。

（三）明中都皇城（紫禁城）和护城河

1. 明中都皇城遭到严重破坏的情况

明初“皇城”指宫城、紫禁城。中都皇城原是一处完好的古代建筑，1961 年被列为安徽省第二批重点文物保护单位，报请国务院备案。

从当时拍摄的照片来看，中都皇城四周城墙、四门台址及上城马道、四隅角楼台址都是完好的。城楼、角楼已不存，东南角楼台址上有一个后来添筑的城锥子。东华门外的一片平房建筑是安徽省凤阳烟草试验所（现为烟草研究所）。

“文化大革命”初期，在凤阳也出现了群众性扒拆城砖的现象。当地社员反映，原来紫禁城墙一直是很完好的，还有女墙，十分整齐、美观，城上平坦，可以走马，甚至汽车都可以绕一圈。原来是一块砖都不准动的，所以 600 多年来一直保存了下来。1958 年“大跃进”时，扒了一小段东城墙。1966 年，“四清”分团又通知各公社来扒砖修井作坝，接着就出现了群众性扒拆城墙的现象，都想买些砖去盖房或拆些砖去卖钱。“凤阳县革委会”成立以后，建立了拆城小组，加以统一管理。实际上是组织了大规模的扒拆皇城，作为县财政收入。1969 年扒拆了东城墙，1970 年扒拆了南城墙东段、午门里外的砌砖，此后又扒拆了北城墙和

---

①《明太祖实录》卷 222/4b 洪武二十五年十一月戊子。

②《凤阳新书》卷 3/8a。

③《明太祖实录》卷 217/2b 洪武二十五年三月庚寅。

玄武门。1972 年安徽省领导和省文化局制止了这种大规模扒拆古建筑、严重破坏重点文物保护单位的现象，县里也解散了拆城小组，并成立了文物保护小组，但是私自扒拆城砖的活动一直没有停止过。1973 年又扒拆了东华门，继续扒拆北城墙。仅 1973 年冬至 1974 年上半年，就有 20 多个单位与社队挂钩，购买了新扒拆城砖 10 万多块，还有的竟在夜里偷拆偷扒。1974 年 7 月 15 日，“凤阳县革命委员会”为此发出了《关于严禁扒拆城墙并予妥善保护的紧急通知》。但是挖掘埋在地下的桥梁和埋在砖屑土堆中的城基还是公开进行，叫作“复收”。笔者还亲眼看到负责保管的城西公社组织了全公社的“四类分子”先后挖掉了埋在地下的西华门大桥、东华门大桥、内五龙桥、外五龙桥。有的生产队甚至把午门须弥座上的白玉石雕刻和白玉石条扒下来用平板车拉去砸了，码在烤烟叶的灶坑四周烧石灰。有一次，凤阳文化馆一位兼管文物的同志追了三四里地，一直追到李大桥，才把一辆车追上，将白石浮雕卸下车，并通知城西公社进行广播，不准再把白石浮雕烧石灰。

笔者 1969 年秋初到凤阳时，中都皇城基本上还是完好的，从砖铺平坦的上城斜道登上东华门时，但觉此处草木青葱，景色幽丽，古建筑的质量很高。1970 年再来时，曾亲眼看到正在大规模地扒拆城墙，那时，东城墙已拆得差不多了，到处是砖垛和砖屑，只剩下一个东华门。南城墙东段正在扒拆，砖垛从城根一直码到筒子河边，卡车要在砖垛边的砖屑堆上爬上翻下，午门东翼楼刚开始扒砖，由于城砖是用桐油、石灰、糯米浆砌的，有的还用矾浇灌，乳白色半透明凝冻在砖缝外的浆液，晶莹洁白，好像是刚刚浇灌的一样，可是洋镐抡上去，火星迸发，十分坚硬，是很不好扒的。当时，午门四周白石须弥座上的浮雕还是完好的，北城墙和玄武门还没有动。1973 年 5 月起，笔者为了对明中都城进行调查、勘察、测量、照相，曾不断到皇城去，这时，大规模扒拆城墙的现象已经终止了，但每次去都能发现一些新的破坏，文物古迹继续遭到破坏的现象仍是很严重的。

由于从扒拆地面上的古建筑发展到挖掘地下的建筑和基址，这一方面使我能多观察到一些古建筑的内部结构，多看到一些原在地面上看不到的古建筑，多测到一些古建筑确切位置及其范围、大小等数据；但另一方面，这究竟不是有领导、有计划、有组织的考古发掘，并没有完整的记录，我只是偶然碰上什么，就零星地记录一些，我是以很焦虑的心情在写《明中都城考》的，我真不敢想象，到《明中都城考》完稿之日，中都城又将变成怎么一个样子。这几年来，中都皇城已由完好的古建筑变成了一个留有残存建筑的古遗址，如若破坏文物的现象任其继续下去，很有可能连这个古遗址也会逐渐“消失”，给今后的文物考古工作带来莫大的困难。

因此，这里叙述的明中都皇城，并不是一个现状相对稳定的保护管理得很好的古建筑，而是一个正在不断遭到破坏，由古建筑逐渐变成古遗址的文物古迹。由于笔者亲眼见到了完整的古建筑，又看到了遭到破坏的过程，所以既叙述中都紫禁城完整时的情况，也叙述遭到破坏后的现状，并叙述一些所能观察到的内部构造情况。1981 年 3 月，我到凤阳参加明中都遗址考察，看到残存的中都皇城已保存下来，扒拆城砖的现象已被制止。

2. 明中都皇城城门

(1) 午门

①午门的结构

午门是中都皇城的正门，南向。午门正中三券门，两侧为左右掖门，共五门。掖门前为两观，突出于午门东西两翼。午门门洞两侧、午门及两观四周的基部均为白玉石须弥座，上面镶嵌着连续不断的精细浮雕，这是中都建筑的精华。

20 世纪 50 年代午门台基基本完好

②午门及翼楼台基的砌筑

午门台基东西宽 140.30 米，南北深 41.35 米，现高 12.70 米。左右翼楼各东西宽 35.10 米，南北长 48.10 米。午门及翼楼的基部是高 161 厘米的白石须弥座。须弥座的下面是宽五六十厘米的大石条，须弥座的上面是大城砖。台基顶部是女墙。据《实录》记载，中都皇城“高三丈九尺五寸，女墙高五尺九寸五分，共高四丈五尺四寸五分”①，即 15.15 米，从原来的中都午门照片来看，是相符的。

①《明太祖实录》卷 83/2a。

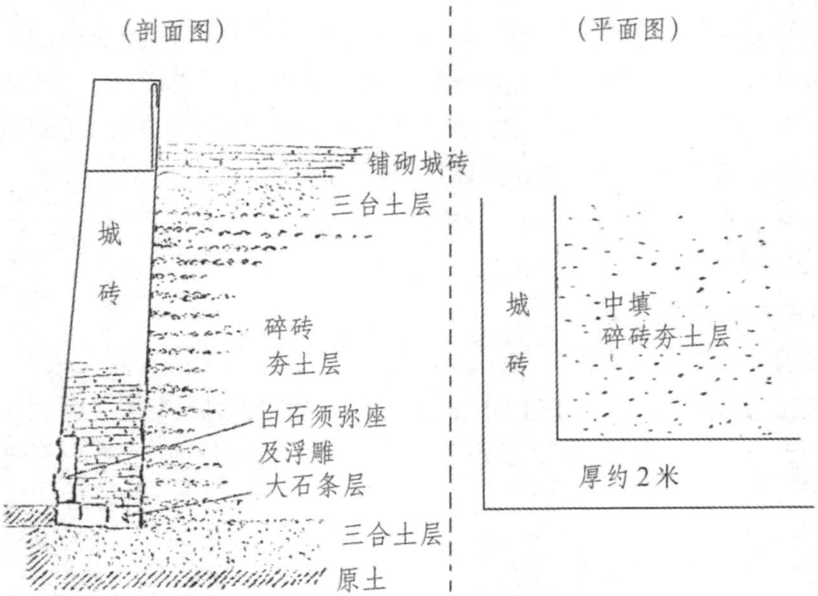

明中都午门台基砌筑图（剖面图、平面图）（王剑英绘制）

中都午门正门被扒拆三分之一，两侧翼楼全被拆毁，1974年

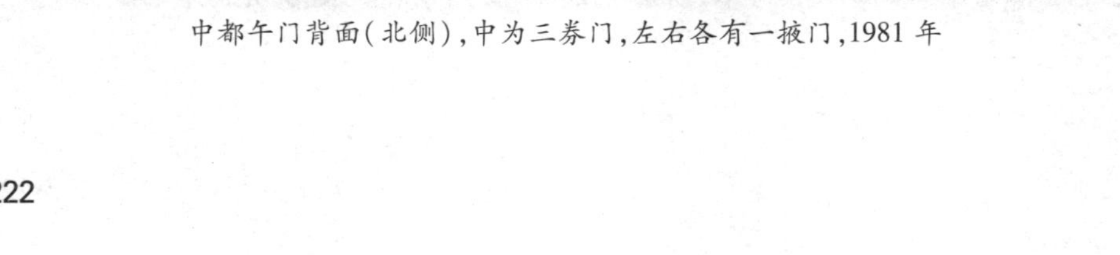

中都午门背面（北侧），中为三券门，左右各有一掖门，1981年

中都午门上的城楼原已不存,但城楼台基遗址堆积层隆起高出于女墙之上,在照片上是看得很清楚的。

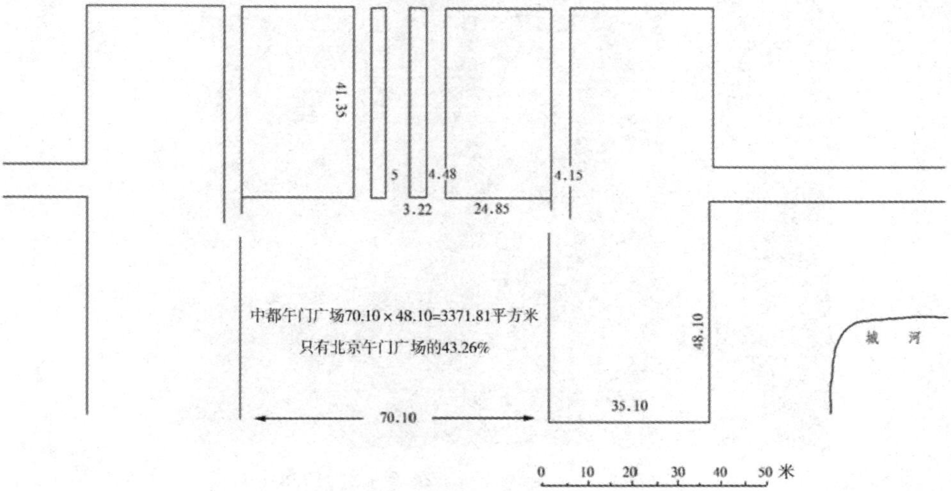

明中都午门遗址复测图(王剑英绘制,1974 年冬测,1975 年 8 月 3 日绘)

照片上午门正门关闭,左右两门因堵塞而看不清楚。左右掖门折而东西向,也被堵塞,因在阴影中和有遮蔽物而看不见,东翼楼下的白玉石须弥座,则呈一条白色横带,十分清晰。

中都午门及翼楼外砌的城砖被扒拆掉以后,午门正中的三券门和左右掖门都暴露了出来。午门正门三券之间及其顶部全部是砖砌的,这样就能增强它承受上层城楼的重量。

城砖的规格是 40×20×11 厘米,厚度有 0.5 厘米上下的差距,这是手工压模造成的。

砌筑浆料呈乳白色,极少数略带黄色,承受荷重较大的部位,看不到有灰膏的成分,更没有砂子掺杂在内,呈半透明体,浆料的成分尚未化验。从浆料淋漓冻结的状态观察,砌筑时可能进行了浇灌,浆料是很稀薄的,几乎只有很小的砖缝,浇灌以后,随即凝冻。城砖之间的缝隙几乎都被浆料填满,把砌体胶结成了一个整体,因此黏合力和抗压强度相当大,丁字镐抡上去火星直冒,很不容易把它劈开。

午门的其余部分和翼楼,中间是碎砖夯土层,从已经扒掉城砖的东翼楼照片上,可以清晰地看到它顶部一层又一层的夯土层,下部的夯土层已为堆积层掩盖,看不出来了。夯土层的外面是两米左右厚的砌砖层。从夯土层的细密坚实来看,很可能是边砌筑,边夯土,随着砖砌的升高,夯土也一层又一层的加上去,不像是先土筑了台址,再在外面贴砖的。

中都午门东翼城砖被拆后仅存土芯,1974 年

午门土芯由碎砖、夯土层层夯筑,1974 年

中都午门西翼城砖被拆后仅存土芯,1974 年

从翼楼和午门背面的照片来看,它的顶部至少有一米厚的三合土层。再比较扒砖前后的午门照片,可以明显地比较出扒砖以后,午门的顶部低下了很多,因此,可以断定在三合土层的上面,还铺砌了几层城砖,现在已被揭走了。

③午门洞券的砌筑

午门的正门洞券高 8.6 米,券顶稍稍领尖,两壁稍稍内鼓,略呈钟形,这种两个圆心的砌筑方法是很特殊的。券顶由 10 层大城砖砌成,自下而上的砌筑程序是:横陡、竖卧、横陡、竖卧、横陡、竖卧、竖陡、坚卧、竖陡、竖卧。这种横陡的砌筑法也是很特殊的。最里一层,在砌筑拱形券顶时,在水平线上的第一层砖原是立砖,随着砌筑曲线的变化,到顶部就变成了陡砖。午门正门洞券和左右两券之间相隔的距离是 322 厘米,如果两券各 10 层砖全部砌到水平线上,就正好相接。但它没有这样砌筑,而是从第二层起拱形券逐渐缩短,呈弧形碹,把拱脚砖都砌到卧砖上,这不仅是由于卧砖比立砖、陡砖稳固,还可以把拱顶承受的荷重及早地分担到整个墙体上去,以增强拱体的荷重能力。

为了增强洞券的拉结力,洞券顶部还加了不少长五六十到八九十厘米不等、宽二指的铁钩,铁钩都在券顶内部,外面砌了砖,是看不见的。

由于午门前后两面扒拆了城砖,现存午门洞券的北端已缩进了 3 米左右,南面因又扒拆了一段门洞券,因此现在已缩到了第二道闸的位置。根据午门左券的测量,从午门前墙到第二道闸的距离是 885 厘米。而第二道闸只有正券左侧还残存一部分,因此现存午门洞券的南端已缩进了 9 米。

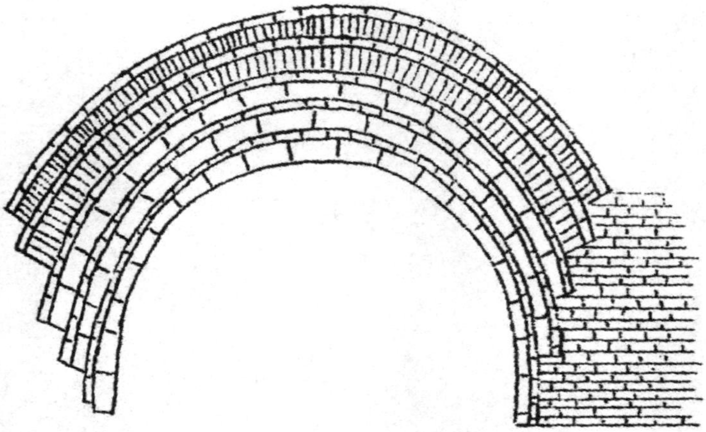

明中都午门券砖砌筑图(王剑英绘制)

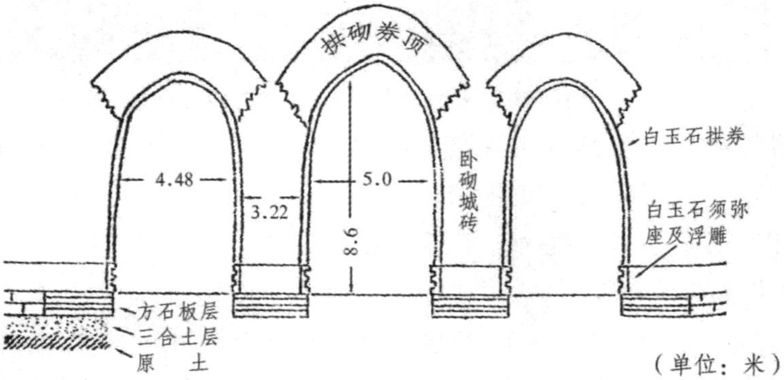

明中都午门洞券结构图(王剑英绘制)

中都午门正券城砖砌筑顺序,1974年

中都午门扒拆后的状况,1974 年

④午门的闸门

午门有两道闸门。第一道闸已被扒光拆尽,仅在左券新挖的坑的边上放置了一块,经丈量,与南墙尽头相距 395 厘米,与第二道闸相距 490 厘米。但社员说,出土时还要往北一些,又不能确切指明位置。因此,第一道闸的位置只是一个大概的位置。

闸门槽石宽 54 厘米,高 26~28 厘米不等,石槽宽 15 厘米,深 18 厘米。槽石上下呈一垂直平面砌筑在午门洞券上。槽石的背面呈不规则形状,大小不等。闸门的顶部均已拆除,结构情况不清楚。

中都午门中券闸门槽石状况,2004 年

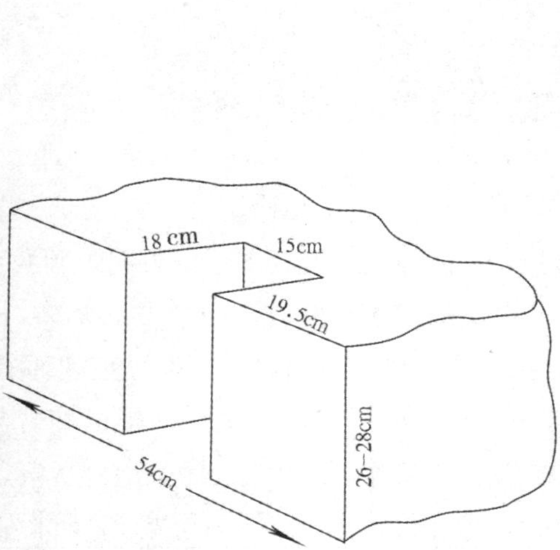

明中都午门口闸门槽石摹绘图(王剑英摹绘)

⑤午门地下的基础

1974 年 12 月 15 日中午，在午门正券与右券之间，看到社员扒城基的坑，一直深挖到了土层。笔者爬下坑去观察，在两洞券之间的墙体底部，即在白石须弥座之下，夯土层之上，还有方石板层。方石板大小不等，测量了一部分，宽有 32 厘米、36 厘米、37 厘米、42 厘米几种，长有 36、42、55 厘米几种，厚有 8、10、11 厘米几种，像铺方砖那样整整齐齐地平铺在夯实的三合土层上，然后一层又一层地错缝铺上。据社员介绍，上下共垒铺 4 层石板。洞券之间的墙体和白石须弥座就砌筑在石板层的上面。

从午门的北端和左翼楼的东南两侧来看，外侧砌筑的基础都是宽厚各四五十厘米的大石条，因此午门四周的外侧基部用的是整块的大石条，它的底下可能同样也有几层石板作基础。

中都午门正券、西侧门须弥座下的方石板，1974 年

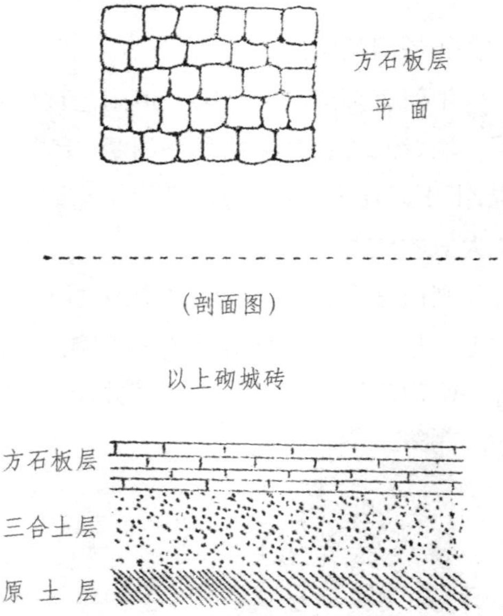

明中都午门地下基础剖面图、结构图（王剑英绘制）

⑥午门甬道的底层结构

同一天，前进大队的副书记黄竹明带领我看了午门左券南端洞券下面底层的结构，甬道的南端已挖成了一个宽 6 米多、长 7 米左右的深坑。甬道的最底层是棕色坚实而细腻的黏土层，非常坚硬而有韧性，铁镐刨上去迸火星，刨不动。在黏土层上面紧密地一根挨一根横铺着与甬道宽度相等的原木。木料已全部腐朽，有的仅存一点点棕褐色木心，从痕迹来看，木料的直径在 20 厘米左右。原木的上面，满满地钉了一层宽 12 厘米左右、长 35 厘米左右的铁板，把原木固定连接起来。铁板都是手工捶打成的，边缘不甚规则。钉是方径的。社员

反映，铁板有的地方不止一层，可能是低的地方就多垫一两层，以使整个铁板层钉平。在铁板层的上面再横铺四层城砖。没有发现铺在甬道上的大石板。

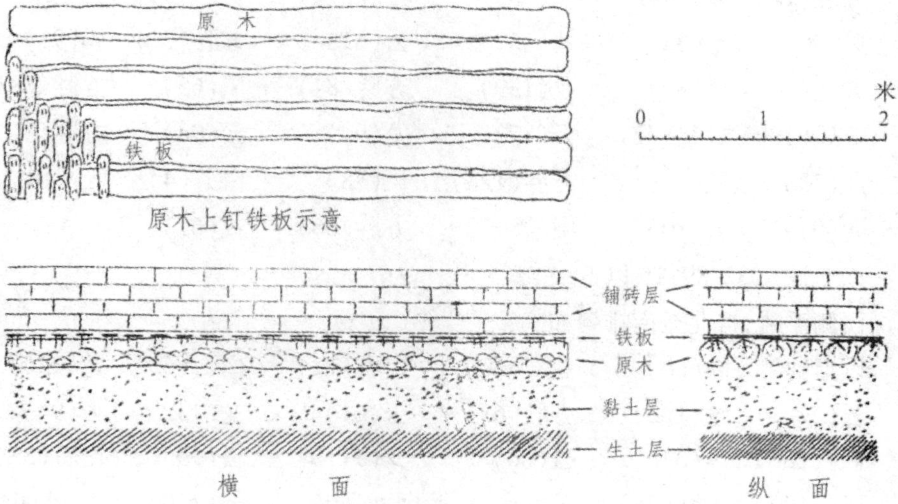

明中都午门左券甬道结构剖面图（王剑英绘制）

⑦左右掖门

左右掖门因扒拆城砖时大量被刨松的夯土倾泻入洞券内，堆积起来，有的地方爬上土堆，竟能摸到券顶。洞券基部全部埋在积土里，不能观察和确切测量。洞券宽415厘米，比午门正券500厘米、左右券448厘米都要小些。右掖门北端有一处稍露石条，把它作为须弥座的上线来计算，须弥座高161厘米，加27层砖的高度包括砌料为324厘米，再加拱顶为洞券宽度的1/2，即208厘米，则左右掖门的洞券高度为7.93米，比午门三洞券都要低一些，从午门背后的照片来看，也是相符合的。但据当地老社员反映，左右掖门洞内没有石雕。由于未曾试挖，尚不清楚它的结构。

⑧午门的白玉石须弥座和精致浮雕

午门正门三洞两侧、午门及两观翼楼的前后和东西两侧，基部是白玉石须弥座，上面镶嵌着连续不断总长达566米的精细浮雕，这是中都建筑的精华。须弥座高161厘米，浮雕高32厘米，长度不等，深度3～5厘米。

1969年秋，笔者初到凤阳时，中都午门还是完好的。1970年，扒拆了午门城砖，除五个券门外，仅存台基。须弥座和上面的浮雕，有的埋在砖砾之中，有的被陆续挖掉。1974年底至1975年初，凤阳文化馆组织劳力清除了午门正中洞券里的堆积土层，把整个埋在积土里的须弥座和浮雕清理了出来，拍摄了照片。同年11月10日，对午门正洞中东西两侧的石雕进行了测量和纪录。

东侧浮雕，自北至南排列如次，括弧内为长度（厘米）：

以上缺	团花（66）	方胜（105）	云水（58）	龙（120）	云（93）
方胜（71）	凤（74）	凤（65）	方胜（72）	龙（108）	云（80）
凤（90）	云（82）	龙（152）	云（61）	方胜（73）	凤（95）
方胜（70）	凤（80）	龙（139）	方胜（84）	凤（65）	方胜（88）
双凤（106）	方胜（71）	云（87）	龙（92）	云（98）	方胜（81）
凤（73）	凤（58）	方胜（128）	凤（78）	白条（4）	云（101）
龙（91）	云（80）	闸槽（17）	方胜（66）	花（67）	

以上计长 32.89 米，以下缺。

西侧浮雕，自北至南排列如次：

以上缺	缺（66）	白石（50）	白石（71）	白石（65）	龙（126）
云（72）	缺（122）	方胜（63）	云（61）	龙（132）	云（94）
白石（86）	凤（37）	云（66）	龙（111）	云（99）	白石（53）
凤（119）	方胜（78）	云（98）	龙（160）	云（120）	方 胜（64）
凤（90）	双凤（73）	方胜（76）	云（79）	龙（102）	云（69）
方胜（74）	凤（71）	凤（73）	方胜（92）	凤（98）	凤（91）
龙（108）	云（63）	闸槽（17）	方胜（49）		

以上计长 32.38 米。

中都午门两侧及东西翼楼四周石雕：双狮耍绣球

中都午门两侧及东西翼楼四周石雕：麒麟与凤

中都午门两侧及东西翼楼四周石雕：鹿门山

以上除去两块闸槽和一条仅4厘米宽的嵌空白石条外，共计石条76条（包括空缺2条），总长64.93米。分类统计如下：

花式	块数	比例	长度（米）	比例
龙	13	39.5%	15.39	44.7%
凤	17		13.61	
云	19	48.7%	15.61	45.3%
方胜	18		13.82	
花	1	2.6%	0.62	2%
团花	1		0.66	
空缺	2	2.6%	1.88	2.9%
白石	5	6.6%	3.29	5%
共计	76		64.93	

从这个统计表里可以看出，龙、凤石雕占了块数的40%，长度的45%，云、

方胜等装饰石雕占了块数的49%，长度的45%，而白石条只占块数的6%多些，长度的5%，可见其石雕工程量之大。

再从白石条的安排次序来看，东侧一条也没有，5条白石条全在西侧，而且集中在北端，最北端甚至连续排了3条白石条。这样的排列，可以看出当初设计要求是全用石雕，不用白石条间隔，只是在最后收尾时，由于赶工程进度，才不得已掺用几块白石条来补缺。

在左掖门南东翼楼的西墙下，挖出了双狮耍绣球等浮雕。

现在午门左右洞券、左右掖门洞券和午门前后、西翼楼、东翼楼西侧的须弥座和石雕尚埋没在砖砾土堆之中。东翼楼的东侧和南侧，须弥座和石雕已被挖走，仅存基础石条。

从拆城砖以前摄下的照片来看，还有麒麟、鹿、双狮耍绣球、牡丹、芍药、荷花、西番莲、万字等石雕图案。至今在皇城内外，在房基、墙基、路旁、道边仍能看到很多从午门拆下来的石雕，急需注意收集。至于尚埋在砖砾土堆之中的须弥座和石雕，更应坚决保护，以待清理。

⑨五凤楼遗址

明中都午门顶上东侧和西侧有对等相同的建筑遗址。西侧仅有明显的坑，遗址结构不清楚。东侧则4个方方正正的大坑，夯土层壁立，残存砖结构尚存，进行了测量和绘图。

午门台基顶上的平台，2004年

东侧4个大坑在东掖门券顶的东侧，坑边离东掖门券顶中心线640厘米。四个坑均呈正方形，每边长444厘米，呈田字形排列，相距各240厘米。四坑相连合计，每边长1128厘米。

午门台基顶上东侧四个方坑,2004 年

每坑的四周均为土红色的夯土层,坑深□□厘米,四边砌砖已挖走,仅东南坑的南侧和西南坑的西侧有整齐的砌砖。东南坑南侧卧砌大城砖 20 层,是否已到底不清楚,宽 206 厘米,东距坑边 104 厘米左右,西距坑边 134 厘米,微偏东,不在正中。砌砖向南延伸,因未刨开,结构和尺寸不明。西南坑西侧砌砖情况相同。

从四坑的宽度、深度和砖砌结构的坚实来看,当是承重量很大的建筑物的地下基础。由于没有文字和绘图的记载,木构建筑的状况不明。

午门顶上与翼楼之间,仍保留着午门南墙的砌砖埋在土中。四坑位置在午门南墙砌砖缝之北 1170 厘米,北边因北墙砖已拆去,未能丈量。从午门南北深度来看,四坑当在午门的东西中心线上,东四坑在东掖门券与午门东城墙之间,西四坑在西掖门券与午门西城墙之间,东西对称相峙。

在午门顶上,东掖门券北端的顶上,有砖建筑层,均是大城砖卧砌,暴露 6 层,土中情况不明。券顶正中空缺无砖 225 厘米。空缺西边砌砖宽 198 厘米,向南埋在土中,仅露出 123 厘米。空缺东边砌砖呈┘‾形,尺寸如下图。

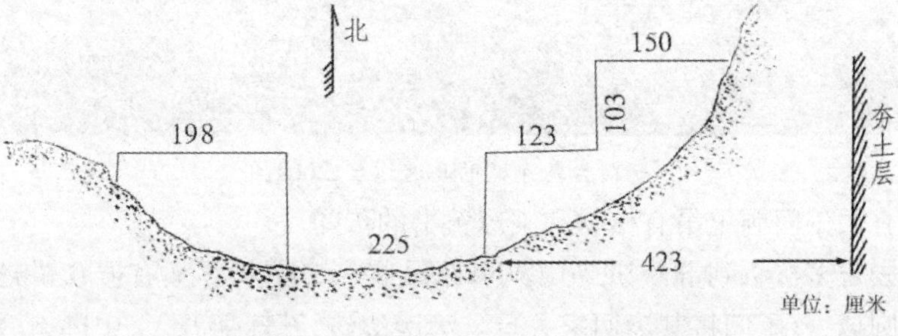

明中都午门东券顶建筑遗址剖面图(王剑英绘制)

午门中间顶部有不少较为规则的坑洼,没有暴露砖砌层,砖块砖屑甚多,少量琉璃残屑,残存圆直径 80 厘米的石础,不在原位。也看不到城楼基础。至于东西翼城顶上,更无建筑遗迹。《凤阳新书》明确说中都宫阙午门“无楼”,而该书载陶允嘉《皇城旧内》诗又说:“紫气犹依五凤楼。”从午门遗址看来,《凤阳新书》记载“无楼”可能是正确的,看不出有后来拆迁的迹象。而从午门东西两侧的各有 4 个整齐的大深坑来看,是搞好了地下基础,是准备建楼,或正在建、已经建了,因此陶诗称“五凤楼”亦非全属虚构。

1969 年我初到凤阳,曾登东华门顶上,也没有建筑遗迹。后来攀登玄武门顶、西华门顶都没有明显的建筑遗迹。现在东华门、玄武门已拆除,西华门尚在,将来都可以探测一下土中有无基础。朱元璋在《中都告祭天地祝文》里说“今功将完成”,这午门等四门上的“无楼”和午门上东西两侧的建筑基础,正好证明了这就是将完而未完的部分。

乾隆二十六年(1761 年),凤阳知县贡震增建四门城楼,这时凤阳县治自康熙六年(1667 年)迁入明皇城已近百年,改南门(即午门)为钟离,东门为濠梁,西门为涂山,北门为临淮。这四门城楼于咸丰十年(1860 年),即建楼后整整 100 年,清军攻占捻军根据地凤阳府、县两城时已焚毁无存。所以现在看不到清代所建城楼的遗迹,当是建筑不甚高大,没用坚实基础的缘故。

⑩午门上下马道

中都午门上下马道在午门后东侧,与皇城城墙相连,下宽 16 米,上连城头,共宽 24 米,东西长 30 米,北距午门东北角 20 米,坡度约 30°,由地面直达午门顶上。1973 年下半年测量时,午门上下马道尚完整,后逐渐被扒成坡地。午门西侧没有上下马道。

午门台基东侧的马道遗址,2004 年

⑪有关午门洞里吊有棺材和玉球黄书的传闻

过去曾多次听到群众讲午门洞里原吊有一口棺材。又有群众讲还有一个白玉石圆球,孩子们将其滚回家去玩。滚滚滚滚,石球掰开了,中间有一个黄绢包。打开黄绢包,里面包着的是一本粗黄纸的书,上面有毛笔写的字,一见风就毁了,也有人说被省博物馆取走了。1981 年 3 月调查中都遗址时,访问到两位亲自见到棺材的群众。一位是 78 岁北门西队的马兆友,他说:“70 年前,我八九岁的时候,看到在午门西口第二个门洞的南头门上挂着一口棺材,说是砌筑皇城墙的工头,死后,用大铁环把棺材挂上。棺材离地七八十厘米。”另一位是 53 岁南门队的张克勇,他说:“午朝门最东一洞的东南拐,挂着一口红棺材,吊起来,比房脊高,手摸不着。传说是修午门的工头,因误了一天工期,被杀了;后来,检查其他各城门,全是砖雕,都不如午门白玉石雕的好,是杀错了。棺材是日本占领时搞掉的。”两人说法也不相同,但挂有棺材则被证实确是事实。为什么在中都的午门洞里挂一口工头的棺材,我想,大概和朱元璋镇压工匠、圜丘认罪、罢建中都有关,否则在准备作为京师的午门洞中挂一口棺材是不可设想的。而棺材能够挂到午门洞中,也说明了工匠反抗斗争的剧烈,象征了工匠斗争的胜利,同时,也表明了朱元璋终于能够“检制其心”,罢建中都,放弃了定鼎凤阳的原来意图,平伏了这次变故。

(2)东华门

东华门遗址,1974 年

东华门遗址外层包砖被拆后显露的砖与土层间结构,1974 年

明中都东华门遗址素描图(王剑英绘制)

东华门是中都皇城的东门,三券。东华门与西华门东西对称,在一条直线上,位置偏南,正当奉天门前,距东南城拐 202.5 米,离东北城拐 762.5 米。

东华门的砌砖和洞券已经在 1974 年拆除,仅存土台遗址。土台由碎砖夯土层筑成。碎砖全是大城砖的碎块碎屑,也有不少是半青半红的碎块。碎砖夯土层极为细实平整,每层 17 ~22 厘米不等,平均 20 厘米,与大城砖的高度相等。

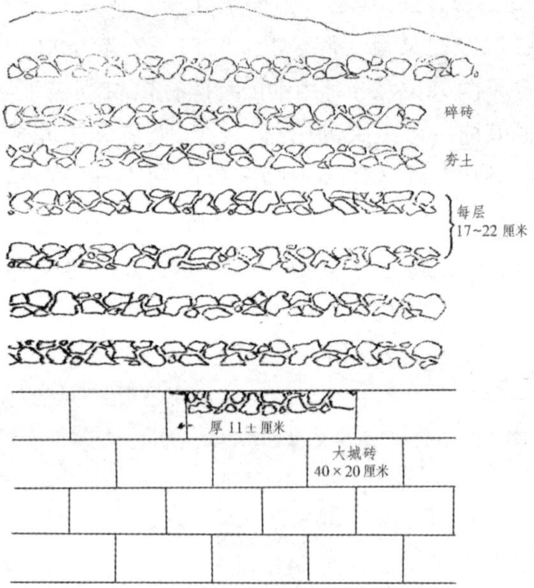

明中都东华门门券剖面图(王剑英绘制)

东华门遗址剖面图(见下图)是从南向北的写生。前方波形土层是拆城砖时的堆积层。中间立电线杆处为穿越东华门的大道。远处土台前的波形土堆,也是拆城时的砖屑、灰渣、黄土堆积层。

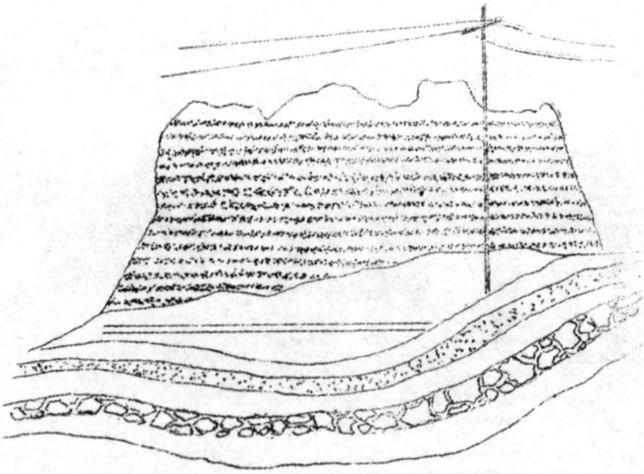

明中都东华门遗址剖面图(王剑英绘制)

(3)西华门

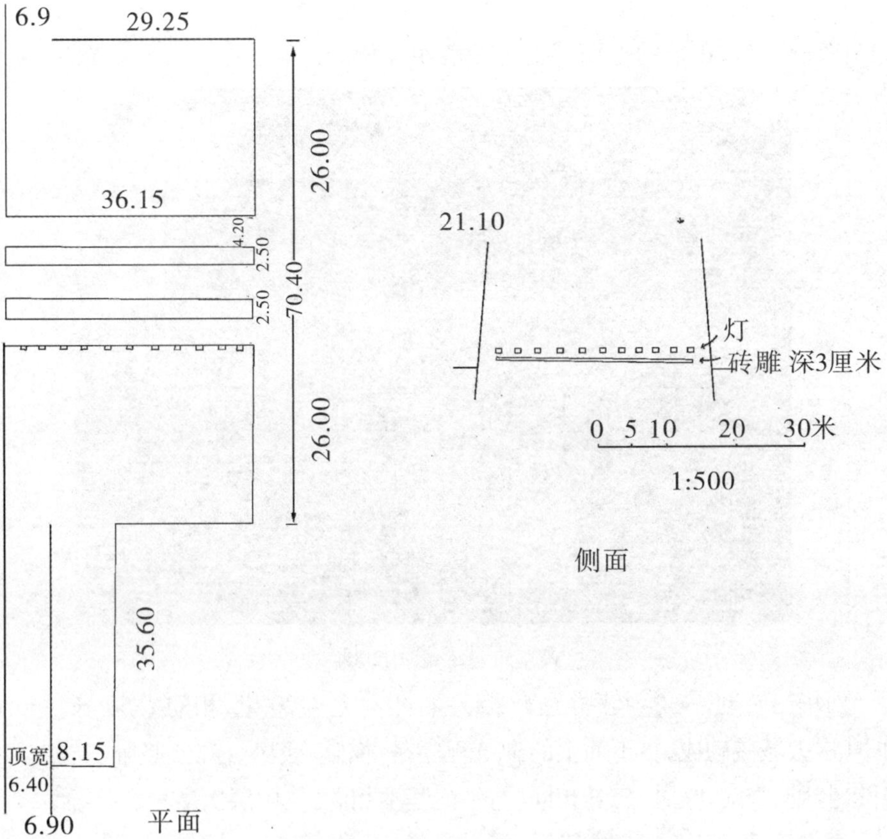

明中都西华门遗址平面图、侧面图(王剑英绘制)

西华门台基内侧,2004 年

西华门是中都皇城的西门，与东华门对称。

西华门东西向，南北宽70.40米，东西长36.15米，高□□米。其南端有宽8.15米、长35.60米的上城斜道与城墙相连接。

西华门马道遗址，2004年

西华门砖砌，三券。正券宽5米，左右两券宽4.20米，相间2.50米。券洞门由10层大城砖砌成，自下而上的砌筑程序是：横陡、竖卧、横陡、竖卧、竖陡、竖卧、横陡、竖卧、竖陡、竖卧，三券相同，与午门基本相同，仅中层次序稍有差异。

正券高7.6米，左右券稍低，高6.6米。

西华门正券内基部砖雕及砖砌壁灯龛，2004年

西华门三券门洞两侧基部,在砌砖中各镶嵌长28.5米、高30厘米的砖雕。砖雕的花纹都是花卉,深度3厘米,中间相间一些方胜。在雕花砖的上面有一排砖砌的壁灯龛。壁灯龛宽37厘米,高39厘米,深70厘米。壁灯龛一排共11个,相间距离不等,最短235厘米,最长320厘米,一般是260厘米左右。

城楼建筑仅存一些不甚明显的土丘。

(4)玄武门

玄武门遗址,1974年

玄武门是中都皇城的北门,与午门南北相对称,三券。现台基城砖和券洞均已在1974年拆除,仅存土台。

3. 明中都皇城角楼

中都皇城东南、西南、东北、西北四隅各有角楼一座。

据《明实录》记载,午门东南、西南角楼台基与午门、东华门、西华门城楼台基相同,俱高五尺九分;而居于北边的玄武门城楼台基及其东北、西北角楼台基,俱高五尺九寸五分,比南边的城楼台基和角楼台基高出八寸六分①,这是因为中都皇城"席山建殿",北高南低,相差6米左右,原不在一个平面上,再进一步加高北边城楼和台基的高度,可以增强宫阙的深邃和雄伟气势。1960年测绘的1:5000地形图上,西北、东南两角楼台基上都设了测量点、编了号,但是没有注记标高,只标注了东南角楼遗址上后建的6层砖塔(当地人俗称城锥子)的高度为51.074米,附近地面海拔36.62米,自塔尖至城基的实测高度为14.453米。1975年1月与凤阳县建设局实测明中都城皇城遗址平面图时,未测高度。现东南、东北、西北三个角楼台基的城砖已拆除,仅存土台壁立。

①《明太祖实录》卷83/2a洪武六年六月辛巳。

中都皇城东北角楼台基遗址,2004 年

中都皇城东南角楼台基遗址,2004 年

中都皇城西北角楼台基遗址,2004 年

中都皇城西南角楼台基状况(内侧),2004 年

中都皇城西南角楼台基遗址(外侧),2004 年

西南角楼台基还完好。角楼台基突出城墙 1.15 米,东西长 44.05 米,南北长 43.85 米。东北缩进一角,东西长 16 米,南北长 15.8 米。台基呈└┐形,中间有一块亦呈└┐形的未铺砖的土基,东西、南北各长 24 米,宽 12 米,当是角楼的遗址。现城拐外角地面上尚留有两块 115 厘米见方、厚 46 厘米的础石,是角楼已建成的证明和遗物,看起来是从角楼上滚下来后,遗留在地里,未曾抬走。城拐处别无其他建筑遗址。

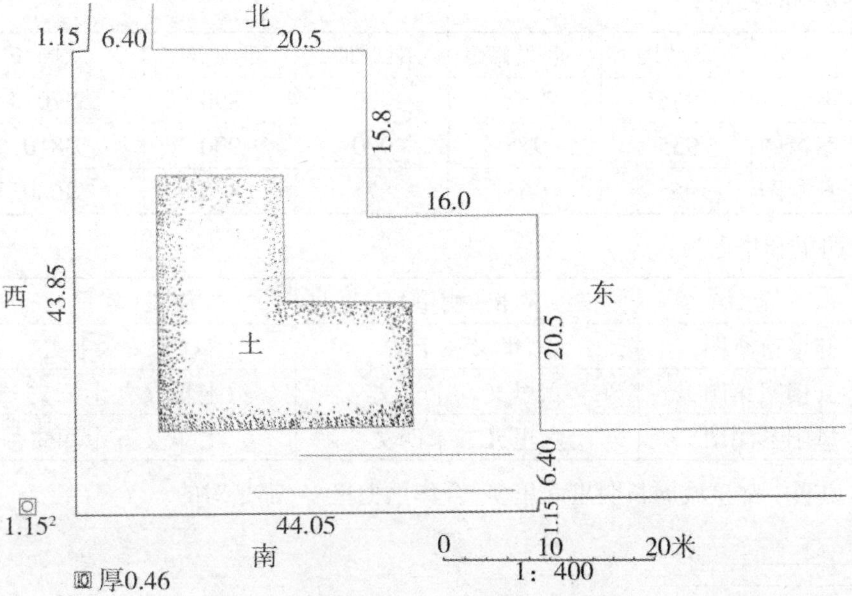

明中都皇城西南角楼台基平面图(王剑英绘制)

1950年代中都皇城东南角楼台基①

4. 明中都皇城城墙

(1)皇城的长度

关于中都皇城的长度，1960—1962年蚌埠市城建局测图、凤阳县档案馆存《凤阳明皇城平面图》、1975年1月凤阳县文化馆请县建设局测的《明中都紫禁城遗址实测图》尺寸不完全一致。现在把三种尺寸都列在后面，保留误差，以待精密复测时校正。

	东城墙	西城墙	南城墙	北城墙	总周长
蚌埠市测图	955	967	890	890	3702
县档案馆图	955	955	900	900	3810
凤阳县测图	965	965	875	875	3680

折合明里和华里为：

	周长(明里)	周长(华里)
蚌埠市测图	六里又三十丈	七里又六十丈
县档案馆图	六里又六十三丈	七里又九十三丈
凤阳县测图	六里又二十四丈	七里又五十四丈

所以说明中都皇城周长明里六里多，合华里七里多，都是对的。

①其上六层砖塔为清乾隆年间修筑，1966年10月被毁。

(2)皇城城墙的结构

中都皇城是用40厘米长、20厘米宽、11厘米厚的大城砖砌成的。从西城墙外侧中段上部一处坍塌的地方来看,城砖至少已有10层,尚未见到土芯,城墙中部的城砖用手就能扒拆下来,是一般灰砂浆砌的。南城墙西段外侧基部,把城脚下的砖扒掉了一些,掏成了一个外面像个小券门,里面可以躺几个人的洞穴,连洞口深2米多,宽约3米,没有见到土芯。砖都是用工具砸碎,没有扒下整块砖的痕迹,可见砖墙是很厚的,基础的砌筑浆料是很牢固坚实的。

中都皇城南城墙西段外侧基部被扒拆的洞穴,2004年

在西南城拐的南城墙西端,即在角楼的下面及其邻近,有两条自底达顶的砖裂缝,宽10~40厘米,深2米以上。所有砖全部是由强力把整砖掰碎裂开,没有从砖缝剥离脱散的,可见角楼下的台基是砌筑得十分坚实牢固的,砌筑浆料已把所有的砖凝聚为一个整体。作者判断,这是地层断裂留下的痕迹,很可能是康熙七年(1668年)六月十七日凤阳大地震留下的记录。据康熙《凤阳府志》载:是日"凤阳地大震,七日乃止"①。《临淮县志》也载:"康熙七年……地大震,倾塌城垣民舍无算。"②这是凤阳地方志上记载的最大的一次地震,从这些记载和中都皇城城墙的断裂缝来判断,震级在7级以上,烈度在10度左右,

①康熙《凤阳府志》卷3/13b祥异。

②康熙《临淮县志》卷1/14a祥异。

是一次强烈地震。临淮城垣“倾塌无算”，中都皇城因为砌筑牢固，抗震能力强，未曾倒塌。在皇城西城墙外侧中部，还留有几段总长近百米的水平错裂缝。因为砌筑城墙时，所有的砖缝都是呈水平直线的，所以水平错裂缝极为明显，可以精确测量。从凤阳的地形位置来看，正在自河南东来的东西向大断裂带的东端和自安徽北至山东的南北向断裂带的交会处，凤阳东边的女山湖畔还有火山遗迹，因此正是构成地震发生的主要场所。中都皇城构造，不仅经过强烈地震的考验，证明它是一座极其坚固的古代建筑物，自身还记录了极为珍贵的自然史上的科学资料。

中都皇城城墙（午门西侧）几乎全部用城砖砌筑，1981 年

从皇城南墙西段一段断缺口和角楼东边的口上，可以看到城墙砌砖到顶部时两侧的砌砖是衔接封顶的。城墙顶宽 6.40 米，则砌砖的厚度达 3 米以上，土芯极小，在断缺口处也看得很清楚。再从已经拆掉砖的城墙部位来看，留下的城埂遗址也是颇为低缓的，如果再剔除碎砖碴屑，留下的土地也就更小了。所以，可以作出判断，中都皇城基本上是用砖砌起来的，只在下部中间夹有很小的土芯。

按《明史·汤和传》记载，中都皇城是汤和负责修筑的。后来他运用凤阳中都的经验，在浙东西沿海筑了 59 个卫所城，到嘉靖年间倭寇骚扰东南沿海时，“所筑沿海城戍，皆坚致，久且不圮，浙人赖以自保，多歌思之”①。所以，中都皇城是明朝建筑城垣的典型和模范，为明初营建的许多城垣的标本。

在中都皇城南城墙的西段，有一段基部先砌筑了花岗石大条石，高 1 米左右，然后在上面砌砖。但是在其他部位地面上看见的都是一色大城砖，没有看见大条石。也许是开始创筑时的试样，后来没有都这样砌筑。

在中都皇城西城墙外侧北端，有一处扒了一个很深的坑，大城砖一直砌到地下，最下面是大方石，但不清楚有几层，也不清楚皇城底下是否全是这样。

①《明史》卷 126/3755《汤和传》。

午门西段城墙状况,2004 年

1975 年,凤阳县基建局何遂之同志告诉我,曾在皇城北城墙东段一处试挖过究竟城墙在地下还有多深,是县印刷厂几个小伙子挖的。一直挖到地下 18 米,最下面是长 120 厘米、宽 50 厘米、厚 20 厘米的特大型砖。说小伙子们抬了一块大砖回印刷厂,现在仍放置在那里。(尚未调查核实)

(3)皇城城墙的现状

中都皇城城墙的东墙、北墙和南墙东段已拆除,西城墙和南城墙西段尚完好。现分别叙述于后。

西城墙是中都皇城中现在保存得最为完好的一段,里墙、外墙都平整完好,只有外侧中段上部有极少一段坍塌。北端靠近西北角楼处拆了一小段,附近外侧一处还挖了墙角,深 3 米左右。外侧中段有地层断裂造成的水平陷裂纹。城墙底宽 6.9 米,顶宽 6.4 米。城墙顶上平坦如大道。女墙均已倒塌。

南城墙西段基本完好。外墙、里墙壁立。靠近午门处有一小段因坍塌拆了,西端靠近西南角楼处上部有一小段缺口。女墙均已倒塌。城墙顶上也已不大平整。南城墙东段城砖已拆除,仅存城埂、砖屑土垄,约宽 10 米,高 3 米左右,已被扒成缓坡,种植了庄稼。东端旧金水河出水涵洞处,仍留出水豁口。

东城墙已拆除。东华门遗址南一段已扒成平缓坡地,约高出地面 2 米,种上了庄稼。东华门以北的城埂经过平整,高出地面不到 2 米,全是碎砖屑。东华门北边沿城埂河沿,利用城埂遗址砖屑,填平填高,新建了一个混凝土预制件厂。再往北,城埂宽达 6 米,皇城里附近地里捡出的碎砖屑和碎琉璃瓦也都抬到这里来,填平铺实,略呈大道的样子,可以通行拖拉机和卡车。

北城墙已拆除,城埂遗址忽高忽低,东段沿城埂里侧有坎坷不平的小道可以通行板车。北城埂的外侧,1975 年春,尚有拆下的城砖码成的砖垛,并在继续挖掘埋在砖屑土堆下面的城基。

西华门南段城墙遗址,2004 年

西华门南段城墙顶上平如大道,2004 年

西华门北侧砖砌城墙顶上平如大道,2004 年

西华门北段砖砌城墙上的石础,2004 年

西华门北侧砖砌城墙上的女墙(残),2004 年

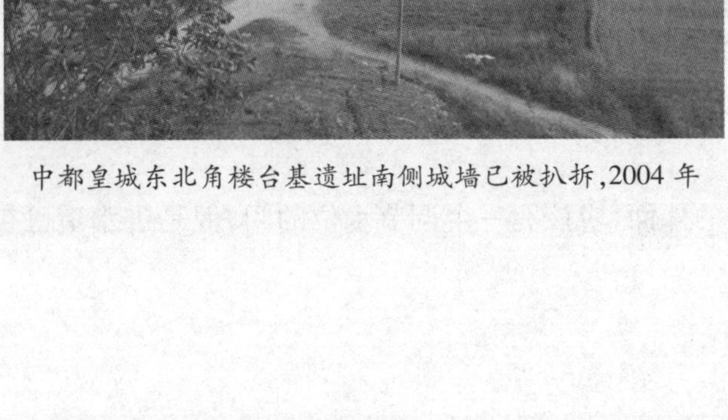

中都皇城东北角楼台基遗址南侧城墙已被扒拆,2004 年

东华门南侧城墙遗址现状,2004年

5. 金水河穿越皇城的涵洞

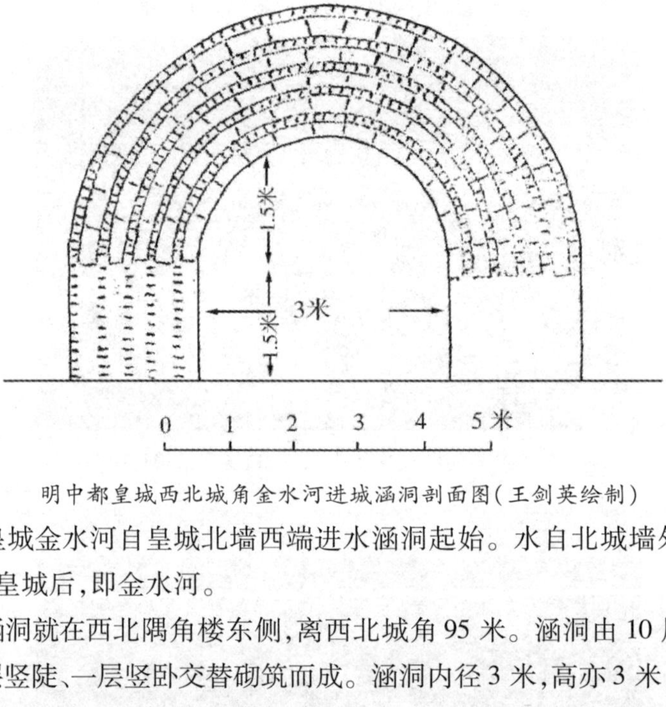

明中都皇城西北城角金水河进城涵洞剖面图(王剑英绘制)

中都皇城金水河自皇城北墙西端进水涵洞起始。水自北城墙外流入,经过涵洞,进入皇城后,即金水河。

进水涵洞就在西北隅角楼东侧,离西北城角95米。涵洞由10层大城砖,自里而外一层竖陡、一层竖卧交替砌筑而成。涵洞内径3米,高亦3米,像一个城门洞一样。之所以要这么多层砖来砌,是因为上面荷载的皇城墙是非常沉重的,涵洞内径又大,长达3米,必须如此砌筑才能坚固。涵洞已全部埋入土中,仅留几层券顶砖在地面上,洞口也已淤塞。涵洞是在1974年夏发掘时测量的。现已被拆除。

进水涵洞的外面,应该有一个调节水位的闸,但是进水道已被填塞,闸也不存了。

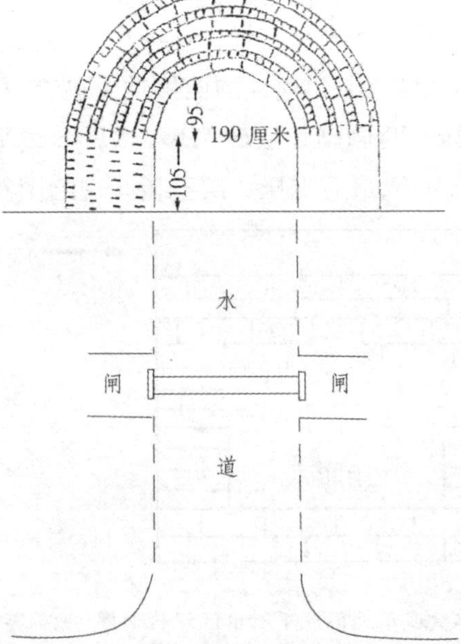

明中都皇城东南城角金水河出城涵洞剖面图、平面图(王剑英绘制)

出水涵洞在皇城东南角楼的西侧,离东南城角 91.5 米。出水涵洞由 8 层大城砖砌筑而成,比进水涵洞少 2 层,砌筑方式相同。涵洞内径 190 厘米,比进水涵洞小 110 厘米。由于跨度缩短了三分之一,所以砌筑顶券也减少了两层。

大如城门洞的中都城下水道(高约 3 米,宽 2.55 米,位于中都鼓楼广场东南角),1981 年

出水涵洞是 1973 年夏测量的,涵洞完好,泄水畅通。由于这里的金水河谷很深,涵洞虽全部显露在外面,但实际上已在地平面之下。涵洞外面流入护城河的金水河道,像一条河谷底下的小溪,上面有石板桥,通行人马车辆,下面有闸,调节金水河水位。当时仅存闸槽石,已不使用。出水涵洞和闸槽在 1973 年冬平整土地时已经拆除掉了。

西华门正洞门券里南侧墙根底下,有一条砖砌泄水道穿过西华门出城。水道不深,在地表下 50 厘米左右,宽只有六七十厘米。1974 年夏因挖排水渠把盖顶揭开。我因去看西安门遗址底下发现的木桩,与“凤阳县革委会”办事组长李清义同志和城西公社书记支道友同志一起,匆忙经过,未曾询问构造和进行测量。这类小型的下水道,估计还有。

社员告诉我,中都皇城承天门遗址的西侧地下就有,已经扒拆掉了,结构是这样的:底下两层大城砖,两侧砌 5 层砖为墙,然后继续平砌 4 层砖,逐渐向上收拢,上面再砌两层砖为顶,最后加压一层石板。现绘图复原。

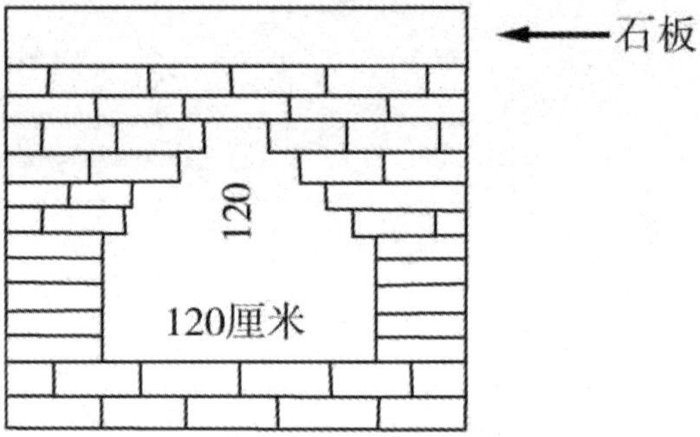

明中都皇城承天门底下泄水涵洞剖面图(王剑英绘制)

6. 明中都皇城护城河

(1)护城河

1962 年测绘的 1∶5000 地形图上,绘画了护城河的形状,标记了护城河的深度和河岸的高度,现在还是这个样子,只有东北角的坝是后来添筑的,原图上还没有。

护城河环绕中都皇城东、南、西三边(北边原仅小沟,1958 年开挖),由四门分隔为四大段。从四门外两端城河岸的形状和位置来看,已非原状。午门外东头较方正,离东翼楼外墙线 25 米,当接近原状;西头呈半圆形,离西翼楼外墙线仅六七米,当已被挖去部分河岸。玄武门外西端河岸缩进玄武门西墙线七八米,东端河岸缩进玄武门东墙线 15 米,都是 1958 年开挖的。

西华门外北边护城河的南端,在西华门北墙线北 17 米,大体如原状;而南边护城河的北端,竟在西华门北墙线的延长线上,使整个西华门外都面临河岸,因此已非原状,原北端河岸被挖掘或冲刷掉了。

东华门外南护城河北端,在东华门南墙线南 10 米,大体如原状,北护城河南端则大致在东华门中门洞的延长线上,使东华门北半部面临河岸,也失去了原来的面貌。

由于各门前护城河岸都有部分基本上保持了原状,因此都可以补上被挖掘或冲刷的部分,复原出原来的图样来。

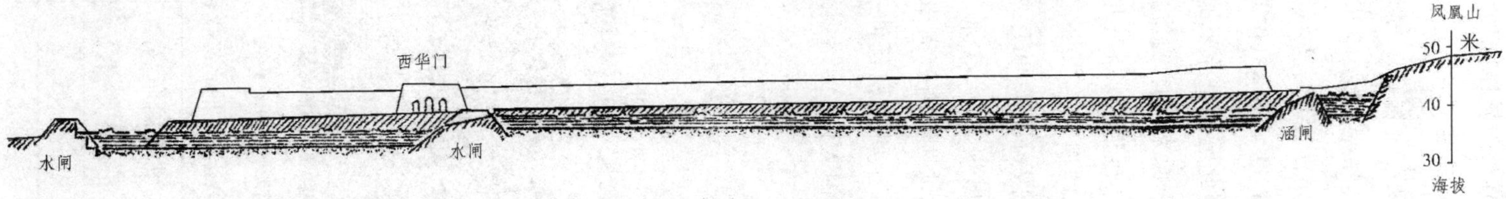

明中都皇城西护城河及坝闸剖面图（王剑英绘制）

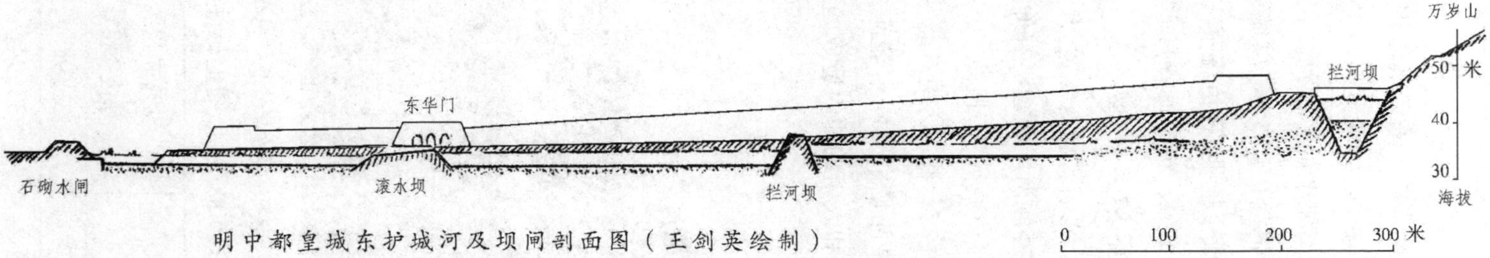

明中都皇城东护城河及坝闸剖面图（王剑英绘制）

护城河岸原来的位置和宽度,也有同样的情况。皇城北墙外玄武门两侧的护城河,南北两岸都很平直,河宽 65 ~ 70 米,离城根 40 ~ 45 米,仅西端金水河涵洞口一带只有 35 米多些。看来北边护城河基本上保存了原来的面貌。皇城南城墙外午门东侧的护城河,河宽 70 ~ 75 米,离城根 40 ~ 45 米,基本上接近原状,南岸的堤埂可能离原来的护城河岸已有一定的距离,已不是原来河岸的位置。午门西侧护城河宽 80 ~ 85 米,离城根只有 22 ~ 25 米,仅东端一小段尚有 60 多米。北岸因扒成了坡地,种植蔬菜庄稼,因此已不是原来的河岸;南岸堤壁陡立,离城根 105 ~ 110 米,很可能就是或接近于原来河岸的位置。皇城西城墙外护城河:南段宽 80 ~ 85 米,离城根 35 ~ 40 米,接近于原状;北段宽75 ~ 95米,南宽北狭,不甚规则,北端筑坝处仅宽 50 米,离城根 25 ~ 30 米。看来靠城埂的里侧河岸已有扒塌,外侧河岸北端已有伸展,原因可能是冲积、挖塘河泥的有意堆积。皇城东城墙外护城河:南段宽 80 米,离城根 30 ~ 35 米,接近原状;北段宽 70 ~ 85 米,离城根 15 ~ 40 米,南宽北狭,很不规则,内侧河岸是人为的改变,外侧北端则极为明显地是由万岁山麓流失的水土所冲积延伸。中都皇城护城河,虽有这些自然的和人为的原因造成的改变,但大体上仍不失原来的面貌。

中都皇城南城墙与护城河之间的距离,1981 年

1962 年测绘的 1:5000 地形图上标注的几个护城河深度数据如下:

河段	河底高度(海拔/米)	邻近河岸高度(海拔/米)	河岸至河底相对高度(米)
南护城河午门东	33.98	36.96	2.98
南护城河午门西	33.94	38.09	4.15

续表：

河段	河底高度（海拔/米）	邻近河岸高度（海拔/米）	河岸至河底相对高度（米）
东护城河东华门南	34.46	36.62	2.16
东护城河东华门北	36.33	40.02	3.69
西护城河西华门南	34.02	39.00	4.98
西护城河西华门北	38.64	42.96	4.32
城北河玄武门东	36.96	45.22	8.26
东北角	44.22	49.92	5.70
玄武门东	39.68	44.57	4.89
玄武门西	39.46	44.07	4.61

从上面的数字来看，除东南一段较浅，从河岸到河底只有联两三米外，其余三段都有四五米，东北角凤凰山麓竟有 8 米左右。但哪些是淤积了，哪些是挖深了，现在还不太清楚，要等待发掘护城河岸的遗址才能作出判断。

不少人因现在护城河没有砖石砌河岸，岸边水中也见不到砖石，都以为当初中都皇城护城河未曾砌筑河岸。但是《明实录》明确记载：洪武六年六月辛巳，"中都皇城成……城河坝砖脚五尺，以生铁镕灌之"①。洪武八年四月，朱元璋亲自来凤阳验功赏劳时，也说"今功将完成"②。护城河是中都宫阙的组成部分，如若护城河岸还不曾砌筑，就不能说已经"功将完成"。当地群众也反映在皇城东北护城河岸地下曾挖掘出大量木桩，其他地段的河岸地下也都有木桩，这是砌筑河岸时打下的桩子。因此，可以作出判断，护城河岸是营建中都时砌筑好了的。河岸砖石后来被起走，不知是否也是乾隆二十年修筑凤阳府城时起走的。护城河岸的确切位置和建筑结构，有待于考古发掘来弄清楚。

（2）坝、闸

《明实录》说：中都皇城（明初称紫禁城为皇城，将在中都皇城规制一节里予以考证说明）"城河坝砖脚五尺，以生铁镕灌之"，但是没有说明坝的位置，为什么要采取生铁镕灌的砌筑方法，也没有说明有没有建闸。

由于中都宫阙是"席山建殿"，整个皇城坐落在凤凰山阳平缓的坡地上，地

①《明太祖实录》卷 83/2a。

②《高帝御制文集》卷 17/1a。

势高亢，比东南2400米的独山涧水道高出20米左右。皇城本身也是北高南低，北端护城河岸海拔45米，南端护城河岸海拔37.5米，相差达7.5米；东北端护城河岸海拔接近50米，东南端地势最低，护城河岸海拔36米，相差竟达14米。这样，如若使护城河水互相连通，保持在一个水平面上，就必须把北边护城河挖到10米以上的深度，大大增加了工程量，而且很容易出现北枯南溢的现象。因此，营建中都的设计中，在护城河里筑坝建闸，调节各段护城河里的水位，使它分别保持在不同的水平上，建成一个多级水库，尽可能做到干旱不枯，雨季不溢，有它特殊的需要，也成了中都皇城护城河的特色。

中都皇城西护城河与北护城河之间的水坝，2004年

现中都皇城护城河上的坝和闸计有：

西北角齐北护城河南岸有土坝一条，把北城河和西护城河隔断。土坝的东端有大城砖券砌涵洞一座，涵洞底口比西护城河水位高出3.5米。这样，北城河就成了一个水库，水位超过西护城河3.5米时，才从涵洞泄入西护城河。涵洞西侧，还有一条砖砌水平泄水道，宽1米，高5层大城砖，60厘米，上盖石板，石板上再压3层大城砖和1层石板。泄水道的北端在北城河水中。测绘时未看到流水，可能已被堵塞，或有闸门堵截。后来社员告诉我，涵洞是1958年“大跃进”时修的，不是明初建筑。现在还不清楚拦河坝是不是明初就有的，原来的涵闸建筑跟今天怎么不一样，现在的涵闸建筑是重建、改建还是新建，其中是否还保存有明初原建筑的部分。这些问题，尚需深入调查，并进行考古发掘，才能逐步澄清。

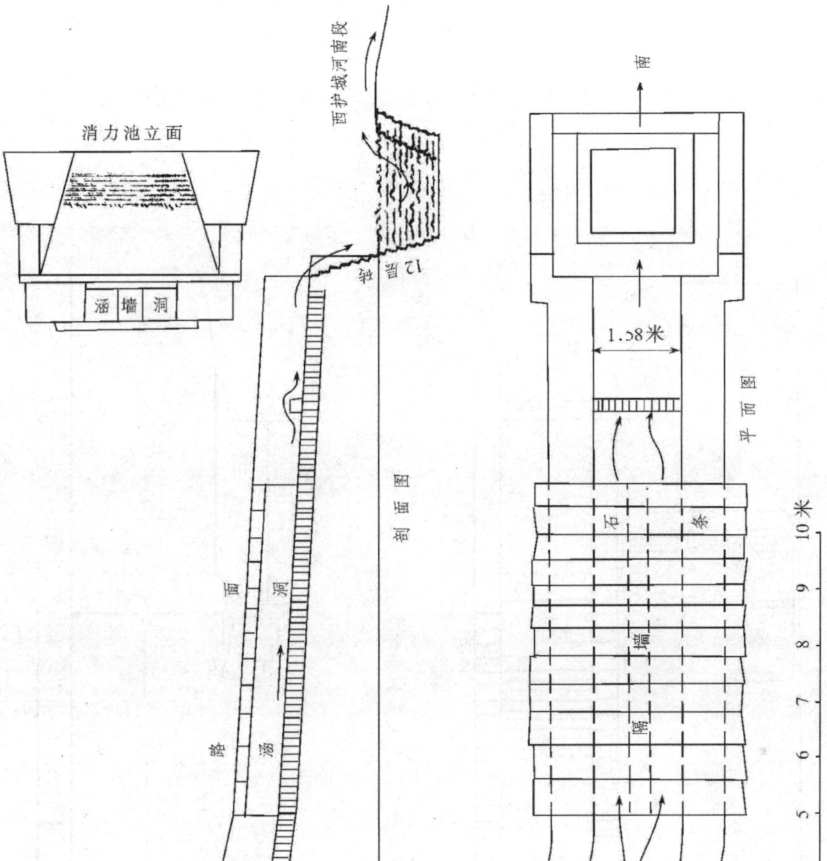

明中都皇城西华门外护城河水闸平面图、剖面图(王剑英绘制)

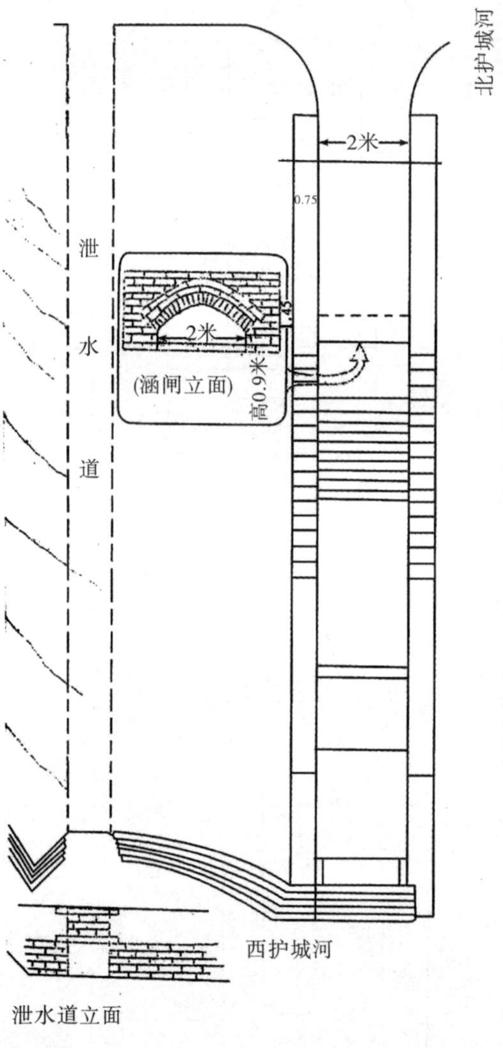

明中都皇城护城河涵闸平面图（王剑英绘制）

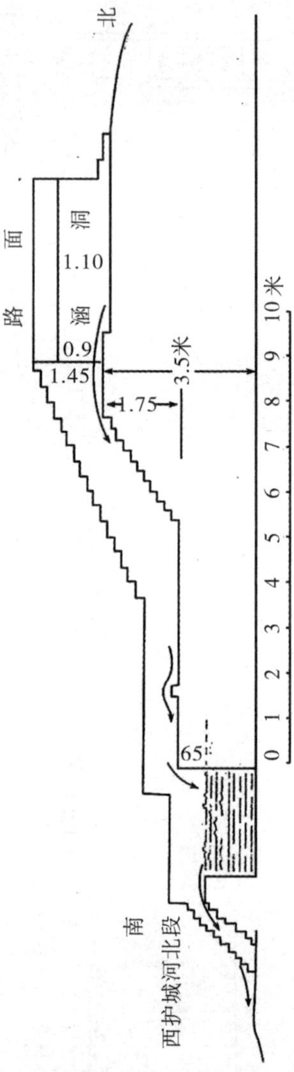

明中都皇城护城河涵闸剖面图（王剑英绘制）

中都皇城西护城河与北护城河之间的水坝闸门,2004 年

西华门外西护城河北段与南段之间靠近西岸处有水闸一座。水闸底比消力池泄水口高出 2.75 米,泄水口又在南段水位之上,闸高 2.4 米,因此,可以把西护城河北段的水位一直提高到 5 米左右。这座水闸也全部由大城砖砌成,泄水道穿越西华门外大道的地方,上面架了石条作为通道,下面添筑隔墙以增强它的承载能力。社员说,这座水闸也是 1958 年修建的,还不清楚明初建筑的情况。

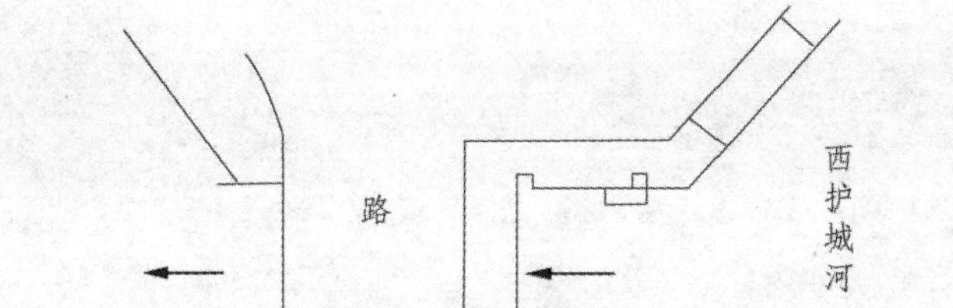

明中都皇城西华门外护城河北段与南段之间水路平面图(王剑英绘制)

在西华门外护城河水闸的北边 130 米,有一座小水闸,位于西护城河北段的西岸,用大城砖砌筑。由闸调节水位,通过水下涵洞输水。看来纯粹是供灌

溉之用。社员说也是1958年修建的，但不清楚明初是否也有这样性质的水闸。

中都皇城西护城河北段小水坝，2004年

中都皇城西护城河北段小水坝上的水闸，2004年

护城河西南角有一小型水闸。闸在南护城河南岸西端，建在河堤中间，由大城砖砌筑成台阶状，上盖水泥板，盖板正中有孔如井口，加盖，护城河水通过井口注入涵洞流出堤外，进行灌溉或排泄蓄水，由启闭井盖进行调节。社员说这也是1958年修建的，而明初情况也不了解。

护城河东南角有一座石砌水闸，为金水河的水口。水闸在东护城河东岸南端，用花岗石砌筑，中为明沟，外面环筑石堤一圈，护城河水位超过石堤时，河水就漫过石堤，经明沟流出，注入金水河。

石砌水闸的位置是皇城的最低点，金水河道的位置也尚能访寻，因此可以断定这里曾是明初筑坝建闸的地点。要找寻“城河坝砖脚五尺，以生铁镕灌之”

的遗址，这是最为理想的地点。

中都皇城护城河西南角水闸，2004 年

由于皇城四周护城河里的水主要都从这里宣泄，因此曾不断加以维修，所以已不清楚现在的石砌水闸是否仍是明初修建时的原状。但是和其他几个水坝相比，基本上保持原状的可能性最大。

东华门外护城河坝溢水道，紧靠护城河东侧用大城砖砌筑，宽约 2 米，长约 40 米，结构简单，现已残破，但仍能宣泄河水。与 1958 年修建的西华门水闸相比，这样结构简单又能起宣蓄河水、调节水位的溢水道，反倒可能更接近于明初建筑的原状。

中都皇城护城河东南角水闸，2004 年

东护城河北段拦河坝，在东华门北 350 米。群众反映这是凤阳烟草实验站建站时修筑的。拦河坝横贯护城河，拦截河水，以自流灌溉烟草田。坝上留一石砌缺口以通流水。

东北角护城河拦河坝，在皇城东北角楼正北稍偏东，群众反映这是近年新筑的，1962 年的地形图上也还没有绘画，但是从地形来看，这一带似有一条拦河坝，否则河床就要挖 10 米深才能保持这一段河里都能有水，而玄武门东西两侧的水位也会相差很大。现在筑了这条拦河坝以后，东护城河的北端已缺水，杂草丛生。如原来有拦河坝的话，位置当在东北角楼南七八十米处最为合理。把拦河坝筑在角楼北，仅是为了交通方便，从宣蓄河水、保持河水平衡来说是不合理的。

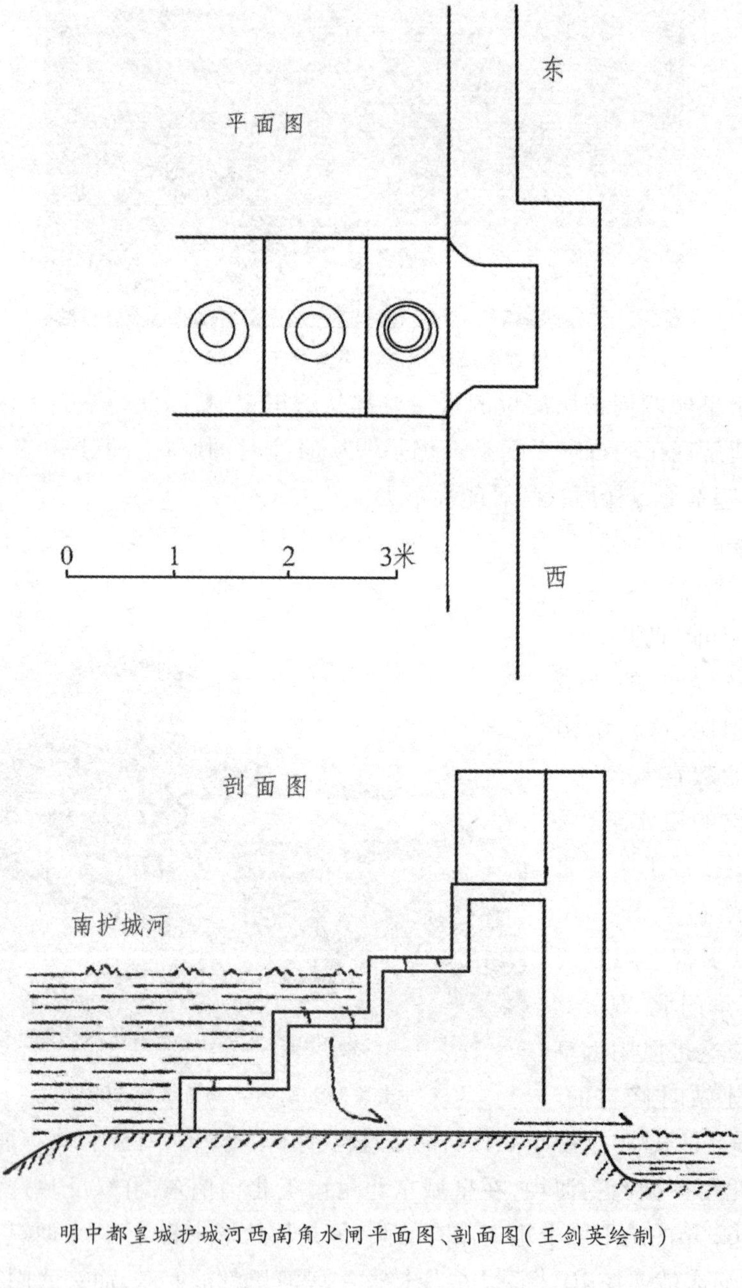

明中都皇城护城河西南角水闸平面图、剖面图（王剑英绘制）

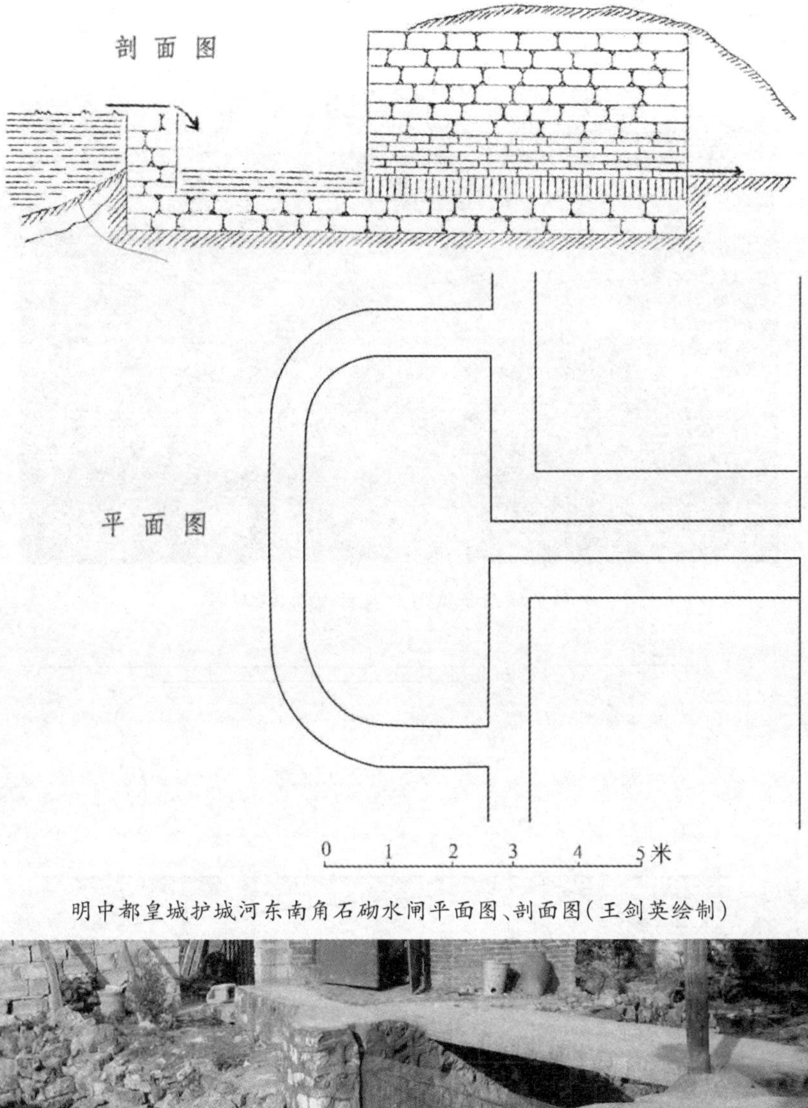

明中都皇城护城河东南角石砌水闸平面图、剖面图(王剑英绘制)

中都皇城东华门护城河东南角溢水口,2004 年

中都皇城东护城河北段拦河坝,2004 年

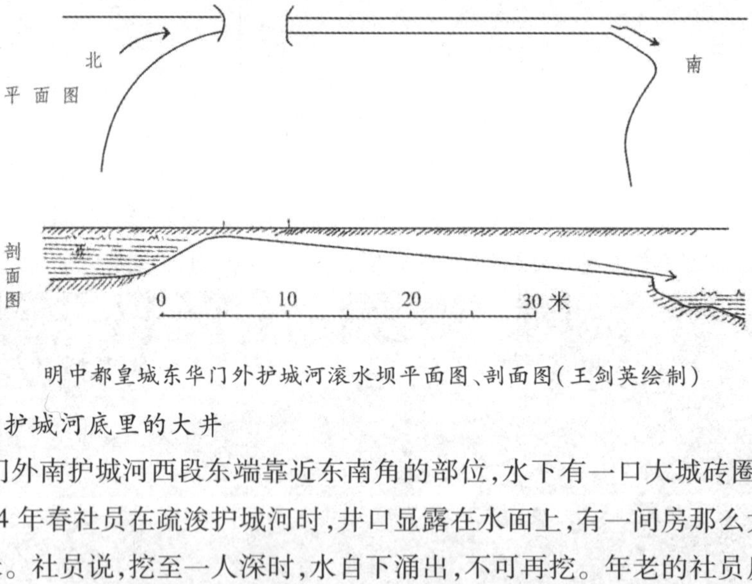

明中都皇城东华门外护城河滚水坝平面图、剖面图(王剑英绘制)

(3)护城河底里的大井

午门外南护城河西段东端靠近东南角的部位,水下有一口大城砖圈砌的大井。1974 年春社员在疏浚护城河时,井口显露在水面上,有一间房那么大,内径 220 厘米。社员说,挖至一人深时,水自下涌出,不可再挖。年老的社员反映,据老人传说,这是朱洪武筑凤阳紫禁城的时候挖的井,四周护城河里都有,共有 72 口,筑城和泥拌灰用的水,都从这些井里取给。从 1962 年测绘的 1∶5000 地形图上看,在东护城河的北头,在皇城东北角南 130 米处的城河中,注记了一口井,海拔 39.34 米,比东岸低 2 米。在东华门外东护城河北段的西南角方位,也注记了一口井,海拔 37.05 米,井口相当于河岸,位置原也应当在岸上。根据地形图上的注记和实地测量,中都皇城护城河里有井是可信的。井的数量尚待逐步

证实。

1981 年 3 月进行中都遗址普查时，就听到两种不同的说法：(一)看城人李忠庭说，1978 年他在皇城东南拐南口河底看到两口井，河底中间又有两口，共看到四口，相距不远。又听社员说，在西南城拐水中摸鱼，摸到大井。因此有 72 口井是不错的。(二)凤阳治淮总队王思勤说，原只有齐家、石家两口大井，后讹传为"齐石二井"为"七十二井"，没那么多井。

为什么有了护城河，还要挖井，可能有两方面的原因。一是当初挖井在先，不等护城河全部挖成，就可以从井里汲水供筑城之用。井可以挖得深些，水源充足一些，而城河就不必都挖那么深。井口可以站人，操作方便一些。用水不依赖于护城河，护城河就可以留较多的地段暂时不挖。以便交通运输往来，待宫阙城墙完工以后，再把护城河全部挖成，把井淹在水中。二是为了预防干旱年份缺少雨水，护城河枯竭，可以利用井下的泉水自流涌上补充。

(四)承天门南红砂石条墙基的发现

《凤阳新书》记载中都宫阙有：

端　　门	午门之南
大　明　门	承天门南
左、右长安门	承天门之东、西
左、右千步廊	大明门南东、西①

1973 年以来，为了寻找这些门的位置，曾一再在这一带勘察调查，但始终没有在地面上发现过遗迹，因此无法断定它的位置。

1. 端门遗址推测

在承天门北，外金水桥稍南 60 米御道正中，1973 年前还能稍稍观察出有一块地比四周略有隆起。我曾判断为端门遗址。后来平整土地，就连这点痕迹也消除了。生产队在邻近翻挖土地时，清除出大量碎砖。遗址的具体现况，尚待发掘弄清。

2. 承天门南御道两侧红砂石条墙基的发现

1974 年 4 月 21 日下午，我偶然在承天门南 200 米御道西社员黄竹安家门口发现几块新挖出来的红砂石条，打听是从哪里来的。说是就在门前水坑边挖出来的，并带我去看了现场。红砂石条平铺两行，南北向。石条宽 20 ~ 23 厘

①《凤阳新书》卷 3/8a。

米,厚18厘米,长66厘米。石条下面是大城砖。石条现在地面下七八十厘米,离御道正中49米。据社员反映,御道两侧地里经常发现有红砂石条,南北一条线上,北起承天门,南至洪武门。于是在承天门南200多米御道东侧前进大队和平生产队的场上,被指认大约就在这位置上挖出过南北向的红砂石条,离御道中心线35.5米。以后又在云霁街(今凤阳至刘府、淮南市公路)南150米处,一位老看水员指认从这儿往南,都发现过南北向的红砂石条,离御道中心线东约42.5米。1975年1月23日,在留守司西南田野里,西门大队书记张怀荣、太平生产队队长唐保队和正在平整土地的社员们又指认刚掘出红砂石条的地点,石条南北向,在御道中心线东约47.85米,南距洪武门约200米。在这两行并铺红砂石条线东92.5米处,还有一段单铺的南北红砂石条线,但起讫点不清楚。云霁街南御道因已成为沟旁湿土,无法确切测量,仅能凭目测远处城门洞来判断中心线的位置,因此数据还需要复测。云霁街南御道西侧城西公社筑坝拦水,成了水库,因此没能调查到其他发现红砂石条的位置。

从已测得的南北向双行红砂石条线的位置来看,西边一条离御道49米,东边一条离御道47.85米,都正好在午门左右翼楼正中的延长线上。被指认为南北向双行红砂石条线的位置,分别是在御道东35.5米和42.5米,可能判断有误差,但也都在东翼楼的正南面,有可能是在一条直线上。这样可以证明从承天门南直到洪武门北的御道两侧,有两道东西对称的南北双行红砂石

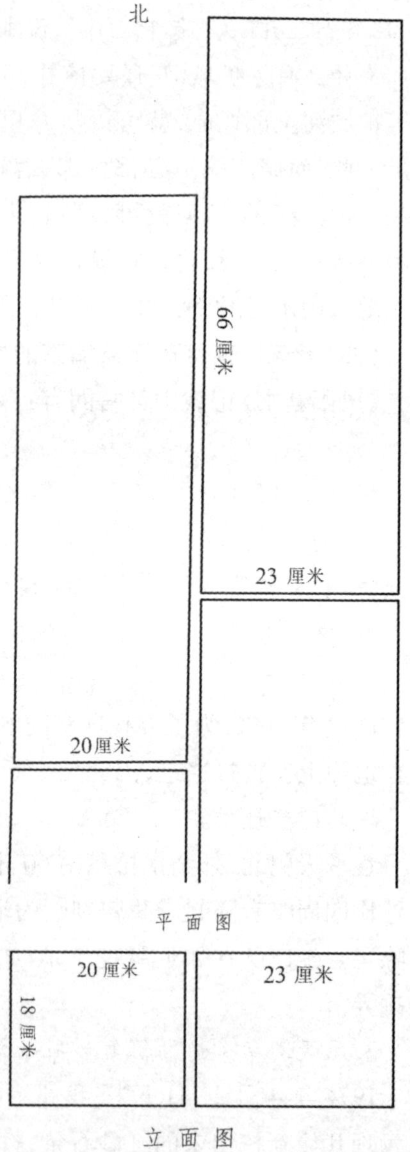

明中都承天门外红砂石条平面图、立面图(王剑英绘制)

条线，南北长达800米以上。这两条红砂石条线，当是墙基。

3. 大明门、左右千步廊、左右长安门的位置

大明门在承天门南，很可能是在云霁街大桥（桥埋土下）北50米左右的位置上。

左右千步廊在大明门东西，位置当在东西两条红砂石条墙基线的里侧，南起洪武门内，如按《凤阳新书》所记，当北止大明门南，即到云霁街大桥为止。但如按顾炎武《肇域志（南畿）稿》作“在大明门之东西”①，则北当至承天门南折向东西。外墙至此当复北折至承天门东西与皇城禁垣相接，左右长安门就在这个位置。

大明门、左右千步廊、左右长安门的确切位置，均待考古发掘予以证实。

①顾炎武《肇域志（南畿）稿》，北京图书馆善本室藏清抄本。

二、明中都宫殿遗址

进午门,过内金水桥(即内五龙桥),即为明中都宫殿遗址。

(一)奉天门、奉天殿遗址

1. 金水桥遗址

金水桥遗址在午门北31米,共5座桥。金水桥正对左右掖门的东西两座桥,解放前因在私人土地内,地下已被扒拆,是皇城内最早被扒拆的桥梁。正对午门的3座桥,是城西公社于1974年下半年至1975年上半年扒拆的,因桥基深,积水多,难以继续施工而都留了半座桥在地下。三桥相连合计,东西宽23米,南北长17米。三桥原都已被土埋在地下,我亲眼看到挖掘时,已挖到白石桥券,并照了相。

2. 奉天门遗址

内金水桥北111.8米为奉天门遗址。奉天门前15米为穿越东华门与西华门的用白玉石板铺砌的东西大街。现白玉石街已被城西公社砸成碎块,改成碎石路。南门队陆尚武说,奉天门台基遗址原是废丘,比现在要高得多,是南门队把它开了,扒去了五尺土,填了沟。奉天门墙基是1971年扒去的,宽1.2~1.5米,很坚实,洋镐都刨不动。经他指认,作了丈量,奉天门遗址东西宽72米,南北长23.3米。奉天门遗址西24米处,有南北长18米的墙基,当是奉天门左右的东、西角门。东、西角门外侧20米左右,为宫墙南墙往北拐弯处,原有16米见方的建筑遗址,已被扒平。奉天门及宫墙南墙东西总长210米。

中都皇城奉天门遗址,2004年

1969年,我看到的奉天门遗址,原是一个很高的殿台遗址,是一片荒丘,当地人称它为"大宴台"。后来我又亲眼看到有人零星刨挖砖石。1975年冬搞农田规划,把大道修过殿台,奉天门遗址被砍削了一个大口;接着平整土地,又把奉天殿遗址扒了填金水河。因此,现在仅存一片明显的东西土丘,种了庄稼,地表仍有大量琉璃瓦屑和碎砖屑。

奉天门东角门往南100米,微偏东,为四眼井,其东南为金水河转角处;西角门往南100米,微偏西,为二眼井,其西南为金水河转角处,东西对称。

3. 奉天殿遗址

《实录》《明史·李善长传》称"临濠宫殿",景泰时修《寰宇通志》作"中都宫殿",奉天殿为主殿。天顺、成化时修《中都志》,即云"宫殿……今遗址存",可知已在天顺时被拆毁。康熙二十五年,移原凤阳县儒学于此,当地人称之为"红学"或"金銮殿"。

一直住在"红学"东侧的陈旭士(女,86岁)说:"金銮殿比龙兴寺大,柱子两人不能合抱"。解放时,"红学"是皇城内唯一的大建筑,"金銮殿"以及雕花的石阶、石栏和石础全是整整齐齐的、好好的,屋顶是琉璃龙瓦当。1950年拆迁皇城内房屋时拆了,盖了粮食局仓库,石雕陆续被附近烟草所等单位和居民拉走了不少。1957年,城西公社又拉去不少建了李大桥水坝,至今仍有不少留在坝上,尚能看到,大部分已砌了坝基,全在水下。"文化大革命"前,石栏、石柱、石础还到处皆是,"文化大革命"中被红卫兵砸了很多。这次中都遗址普查时,在殿台遗址东北角看到刚被因翻挖遗址边缘,扩大小园地,扒出来的雕龙石阶、鳌头等四五块,把它垛成小埂。前不久,在殿台西南角,也扒出了一块雕花白石栏板。可知遗址下面的石雕还残存不少。

1973年7月,我测量殿台时,殿台遗址尚清楚,还能看到一些仍在原位的石础或石础坑等:

一、距奉天门("大殿台")中心165米处为奉天殿遗址南缘;自此向北有8米长的斜坡上升到殿台平面。

二、殿台南口有东西向均匀排列的已被挖走了大石础的8个坑,1981年被挖出石栏板即在大石础坑西端;再往北8米,中心线东7米处,有一块埋在土中露出一角的大斜石;大斜石东17米处,另有一大斜石,因东侧为殿台遗址的⌈形弯角,斜石东部露出土层外,长2.2米多,宽度、厚度不清楚,斜度35°左右。两块斜石在一条线上,斜度相同。

三、东边大斜石往东,相对位置的西侧,均为殿台遗址内向拐角处。西侧的南面边缘,极为明显的夯土层暴露在外。

中都皇城三大殿遗址,2004 年

四、整个殿台遗址呈╋形,西部边缘呈斜坡状,似接近原状;东部边缘有的部位已被扒削,呈阶梯或壁立状,西北侧缩进,因此整个殿台遗址并不很规则。殿台面中部西侧宽 41 米,东侧宽 35 米,共东西宽 76 米;殿台北部西侧宽 32 米,东侧宽 23 米,共东西宽 55 米;殿台面南部东西两侧相称,共宽 46 米。殿台面中部长 39 米,北部长 45 米,加上南部 16 米,南北总长 100 米。殿台东北被挖缺一角。

中都皇城奉天殿遗址(局部),1975 年

五、殿台中心为儒学大成殿遗址,位于殿台面中部的北部,东西宽 20 米,南北长 11 米。上有残存石础 7 块,面径不大,排列整齐。殿台南边有突出 12 米长的斜坡;北边有 7 米长,与殿址同宽的松土层。

六、殿台北部的后部有东西宽 13 米、南北长 9.3 米的原儒学崇圣祠遗址,北距殿台遗址北边9.2米。遗址前有同宽的长8.5米的松土层。

七、殿台遗址东、西、北三边均有宫墙遗址，现为高出地面的道路，与奉天门遗址相连计算，东西宽205米，南北长335米，殿台遗址位置在正中偏北。

八、殿台遗址中心线东102米东墙中段，我曾亲眼看到有社员在刨土挖砖脚。砖脚宽1米，深1.5米。除挖出大城砖外，还有白石龙柱头、雕花石栏等。

中都皇城奉天殿遗址（局部），1975年

从上述的遗址状况来看，由于明代的拆迁宫室和清代的儒学迁入，以及解放后的扒拆儒学，奉天殿遗址已经作了相当大的改动。上面的测量和记录显然已非明初宫殿遗址的原样：

一、《会典》载南京吴元年新宫、洪武十年改作的大内宫殿以及永乐十八年的营建北京，都是奉天、华盖、谨身三殿，宫殿排列呈干形，而中都宫殿遗址呈十形；北京故宫三大殿最上一层殿台台基东西宽110米，南北长200米，而中都宫殿台址现存东西宽76米，南北长100米，显然缩小很多，难以排列三殿。

二、现北京故宫主殿太和殿的中心位置与午门中心、东城墙、西城墙三者的距离相等，距北门稍远；而中都宫殿正好在皇城正中，不仅东西距离相等，南北距离也相等，朱偰《金陵古迹图考》中《明代宫城图》，宫城与中都皇城相同，略呈方形，与北京宫城呈长方形不同，但朱偰的图中，三殿位置在皇城南部，也不相同。

1975 年 12 月，当地农民挖掘三大殿遗址修筑大路

1975 年 12 月，新修筑的大路穿越奉天门、三大殿遗址

三、奉天殿左右的中左门、中右门，两翼廊庑和文楼、武楼，以及奉天门外的两庑和左顺门、右顺门，尚未看到地下遗址。

四、老年人叙述和指认的有关儒学的其他建筑，这里均略去不记。群众指出殿前的泮池和“状元桥”不符合宫殿规制，也未记录。据当地群众指认，“状元桥”在大殿台基前 35 米，距奉天门中心 130 米，桥面全是雕龙白玉石刻的石柱、栏板，当是改为儒学后移建，“文化大革命”中被红卫兵砸毁。

1975 年 10 月，城西公社搞农田基本建设规划，要将通机动车的干道从殿台遗址上通过，正好国家文物局调查组来凤阳调查明中都遗址，看到南北两头路都已修到遗址前面，当即提出应将此处省级文物保护单位纳入规划，加以保护，不要通过殿台遗址。县委领导都表示同意，可修路工程仍在继续进行，并未中止。11 月 8 日，调查组派我和省文物工作队李新国回凤阳转达省地领导对保护明中都皇城和皇陵的意见，看看保护工作进行的情况，当我们看到已把路修到殿台遗址，并已挖去土层 1 米左右时，甚为惊异。在了解到事先根本未同“革委会”打招呼后,向省委作了汇报,省委宣传部韩寅副部长立即打电话给凤阳县委,进行了严肃批评。路没有再继续挖深,殿台遗址被保存了下来。

1981 年 3 月来凤阳对中都遗址进行考察时,前面叙述和测量的殿台遗址状况已不存在,仅存土丘,基本面貌尚未改变,原有荒丘有的已成为耕地,通过殿台的路亦已废弃未用。

(二)文华殿遗址

1. 文华殿桥

文华殿桥在东华门内 165 米,南北向。桥原宽 17.7 米,现尚存一桥桥券。桥下金水河已干涸淤塞,仅桥券顶露出地面,存 3 横 3 竖 6 层。

2. 文华殿桥石础

文华殿桥南岸原有整齐排列的白玉石础。1973 年测绘时,东西有 4 排,共宽 7.7 米,3 排在桥西, 1 排在桥东;南北呈 3 排,总长 3.7 米。最北一排即在桥前口。1981 年调查时,桥如旧,石础已不存。

文华殿桥北岸原有大白玉石础数块,似乎均已移位或撬动。现尚存的一块已翻入金水河躺河床上。

这些石础是什么建筑的遗址,不清楚。

3. 文华殿遗址

文华殿遗址现为农田。遗址普查中发现有一块大白玉石础在麦田里,原位未动,仅露一端,上面覆盖土层 10 厘米左右,我们请社员把覆盖土层铲除,照了相。石础位置在文华殿桥东北约 100 米处。

东门队孙世全说,文华殿遗址东边石础很多,原地面上就摆了二三十个;西边则没有石础。

武英殿桥的位置正好在西华门与正殿宫墙的中心,而文华殿桥则微偏西,如桥位置与武英殿桥完全对称,即以现存桥为原三桥的西桥,现石础的相对位置就不甚偏东了。

(三)武英殿遗址

1. 武英殿桥遗址

武英殿桥在西华门与正殿宫墙之间的中心。1973 年测量时,群众指认为东西宽 18.5 米。1976 年桥被扒拆,桥址未填,变成了水塘, 1981 年测量为东西宽 22 米,南北长 13.6 米,桥下金水河则在 1976 年被平整土地填塞。

2. 武英门遗址

1981 年 3 月 23 日,我们调查武英殿遗址时,县城大队张克勇告诉我们,他家门前地里,地底下半人深土里有几块石础,2 米见方;一块在武英殿桥正北 14

米；一块在一直往西 25 米处；一块在桥堍西北角，北距上两块石础间的直线距离 12.8 米，可能都是原位未动。这与文华殿桥北地面有大石础情况相似而对称。

3. 武英殿遗址

张克勇家后丁字小路口地面有石础一块，说几十年来一直在那里没有动过，位置距武英门桥□米。在它的向西延长线上不远，有石础 4 块，再向东为一层东西向梯形田的边缘小路，至 79.3 米处往北转为小路。在这土路以北以西为平整的一层高田，比以南以东高出 80 厘米左右，上下田地都有琉璃瓦屑，可能是建筑遗址的边缘。

(四)东宫遗址

文华殿北有大片的宫殿遗址，呈一极为明显的高台平地，当时宫殿名称未详，群众称之为“东宫”。

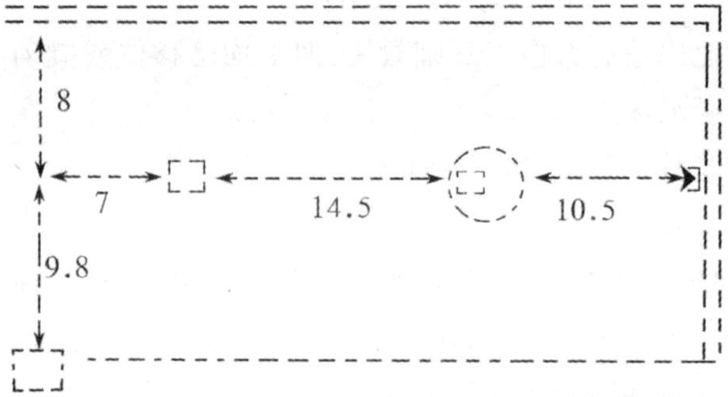

明中都皇城东宫东北石础、墙根位置图①(王剑英绘制)

1973 年到 1974 年调查测量时，看到一个南北狭长的殿台遗址，北部稍向西突出一块。1981 年 3 月逐块遗址普查核实时，经当地群众指出，东宫西部的殿台遗址，已被挖去填了它西边和奉天殿遗址之间原有的宽达 11 米的金水河道。察看东宫西北角留作大道的地段，大道两侧露出极为清楚的夯土层，东门队群众说，他们在大面积的东宫殿台遗址上挖沼气池，地下都有夯土层，每层厚 30 厘米。夯土层厚达 180 厘米，底下是原土层。东宫遗址南边东部有几个石础码在边上。西边为又一南北向的金水河，在沟边和北头有大量石础。北边沿殿台遗址边有数量很多的石础码在那里。

整个东宫遗址呈长方形，东西宽 131 米，南北长 225 米。西距奉天殿围墙

①图中方形代表石础，虚线指遗址的地下位置，实线是确见遗础的位置，圆形虚线是它的坑边。

45 米，东距东皇城（宫城）根 150 米，南距文华殿桥 150 米。现遗址东部、北部为居住区，西部为斜坡、农田，南部为场。遗址范围内到处是石础和琉璃瓦当、琉璃正吻和琉璃大瓦的碎屑。东北部地下挖到不少雕花石。陈克芳家门前还有两块露出地面的白玉石础，圆面直径 62 厘米，相距 10.5 米。陈克芳说：地下边还有两块，没有动它；地下有东北西侧墙根，宽 80 厘米。从位置来看，当是东宫中的一处建筑遗址。

中都皇城东宫遗址东北角金水河畔石础，2004 年

陈克芳说：东宫石础，就数东北角最多，大的有直径 150 厘米的。有的埋在地下，犁地碍事，就在旁边挖个大坑把它埋下去，也有砸了的。又说家后犁地，全是大黄瓦，七八寸深以下全是，越挖越多；还有宽 1.2 米的大墙根。

东宫遗址东北的水塘边，现尚存 156 厘米见方、圆面直径 115 厘米的白玉石础两块，120 厘米见方、圆面直径 96 厘米的白玉石础一块，和圆面直径 77 厘米的石础几块。

在东宫遗址的东边 70 米，另有一长块地上满是琉璃屑，也有石础的遗址，东西宽 60 米，南北长约 170 米，东距东皇城根约 20 米，不清楚是什么建筑的遗址。

（五）西宫遗址

西宫遗址在武英殿后亦为一高台平地，边缘清楚，东西宽 165 米，南北长 235 米，东距奉天殿外墙根 85 米，西距西皇城（宫城）根 85 米，南距武英殿 150 米。

1973 年我到西宫遗址考察的时候，东北角两边路旁排列着大量挖起的石础，现都已不存。但各家各院墙上屋前石雕、石柱、石础仍很多。

整个殿台遗址底下都是夯土层。县城大队支书马振军说，他家门口挖沼气池，发现下面都是夯土层，挖了 170 厘米尚未到底，因修沼气池够深了，没有挖到底。别家全都这样。有的还挖到了墙根。殿台遗址的地面上，到处都是琉璃碎片。

(六)后宫遗址

1. 后宫正宫遗址

经东门队陈克芳等指认,后宫正宫外北边、东边、西边原均有金水河。现西北转弯一角及西边南段河道尚存,其余地段均已填塞,但经指出,仍能看到比较明显的低洼地形,现都已改为水稻田。

在三面金水河的包绕之内,即后宫正宫围墙,现为高出地面的径直道路。后宫正宫北墙根离北皇城(宫城)中心线107米,东西长236米;东墙根离东皇城310米,西墙根离西皇城310米,居皇城北部正中。整个后宫正宫范围,地面上到处都是琉璃瓦屑,地下有夯土层,最深挖到5层,尚未见原土层。

中都皇城后宫遗址东侧的"二眼井",2004年

后宫正宫地面建筑情况不了解,北部中心线两侧地面及地下有大石础。

后宫北墙内62米,即玄武门内145米,中心线西12米处,有"故宫井"一口,上口直径182厘米,井面覆盖整块大白玉石,雕琢成井圈和井台。后宫东墙内,离东宫墙遗址35米,距奉天殿北墙根遗址75米处及98米处另有南北相距23米的故宫大井两口。

西门队马振清说:后宫范围解放前是一块荒地,叫"北大仓"。犁地犁出大量的各色琉璃瓦。现地面仍有大量彩瓦、灰渣。路南为"南大仓"。康熙《凤阳府志》载康熙元年建"永泰仓"于废皇城内,图考亦绘永泰仓于皇城内。当是在后宫遗址建永泰北仓,奉天殿遗址建永泰南仓。康熙六年,移凤阳县治于东宫遗址。康熙二十五年,复移凤阳儒学于奉天殿旧址。清代的凤阳县治就是这样格局。但这些都已不是明代的宫殿遗址了。

2. 后宫东宫遗址

1974 年秋，社员告诉我，后宫东北角楼附近挖出大量琉璃正吻和琉璃瓦当、滴水的碎片。我立即赶去察看，看到社员正在挖引水渠，准备抽北城河水浇田，改为水田。水渠挖至七八十厘米深，表土下全都是各色琉璃瓦和龙凤瓦当、滴水的碎块，成堆埋在地下。当时挖渠已自东城根附近向西挖了一百几十米的渠道数条，自北城埂附近向南一直排了七八十米，整个挖渠的范围，地下情况完全相同。挖出的琉璃碎块就堆在沟边埂上，特大的正吻残件就搬到皇城埂边上，搁在那里。这是我第一次看到中都后宫的地下状况。在此以前，因后宫是一片农田，没有殿台台基遗址，原以为尚未建筑。当我亲眼看到了地下大量的琉璃堆积层，以及偶然碰到的用大城砖砌的墙基以后，才开始形成中都后宫亦已建筑的概念。但对建筑情况仍然一无所知。

中都皇城东宫遗址上的水井，2004 年

1981 年 3 月，来凤阳普查中都遗址，我就把注意力的重点放在中都宫殿遗址上。除了解到后宫正宫的围墙遗址外，这次又了解到了后宫东宫的东北宫墙位置。

经当时参加挖引水渠的东门队张光甫指认，后宫东宫的北墙，离北皇城根中心线 51.5 米，宽 1.5 米，自东向西；东墙，离东皇城根中心线 41.5 米，自北向南。到何处转弯，因未发掘过，不清楚。开沟时发现地下老墙根城砖已被拆除，都填满了碎砖和各色琉璃碎块，也有好的。

1974 年，我把正吻残件用自行车分批拉了回来，并照了相片。不少社员挖到过比较完整的龙凤瓦当滴水，收集到的也都照了相。这次细细地逐块地察看，看到后宫东宫范围地上到处都是琉璃碎屑。

陈克芳说，他家后即后宫东宫的南部犁地，地下七八寸深，全是大黄瓦。

整个后宫东宫，看来是已建筑起来，并已在明初时被拆除，地下遗留的是拆除状况的遗址。

东宫正面南边塘里，有两块 156 厘米见方、圆面直径 115 厘米的白玉石础，还有 120 厘米见方、圆面直径 96 厘米和圆面直径 77 厘米的石础，有可能是后宫东宫的遗物，在拆迁运出时掉入水中。

3. 后宫西宫遗址

后宫西宫在正宫西侧。南部地面到处都是琉璃瓦屑和龙凤滴水残片。东南部水塘中原有270厘米见方、外围直径190厘米、内圆直径125厘米的蟠龙大石础1个(见卷首《中都皇城奉天殿金台蟠龙石础图》)。《凤阳县志》中有咏蟠龙石础的诗篇。1975年1月,凤阳文化馆让生产队把塘边一个蟠龙大石础上覆盖的土层挖去,让它露出了地面,尺寸微有不同,与原水塘中蟠龙石础不成对。1981年3月普查时,县城大队书记马振军、社员杨德昌等都指出,在新挖蟠龙西北不远,地里还有一个蟠龙石础,覆土仅一铲深;西面塘里还有两个蟠龙石础。这些蟠龙石础原是什么建筑上用的石础,为什么在此塘中,都还难以说明。后宫西宫西北部,离皇城西北角楼不远处有成排的大黄瓦竖码在地里,犁地到处都是,碰到碍事,就拾掉些。有的社员家还有一些大黄瓦。

后宫西宫西北角的这些成排大黄瓦,究竟是待建用的备料,还是拆除宫殿时留下的物料,还不清楚。还未找到墙根。

从上面的初步调查材料看来,不论是地面残存的大量琉璃瓦屑、石础、大井、宫墙遗址和金水河遗址,还是地下的墙根脚、大量琉璃碎件堆积物或成排的大黄瓦,可以作出如下判断:中都宫殿的后宫,包括正宫、东宫、西宫,都是建筑起来并拆除了的;此后在遗址上未曾有其他建筑;覆盖土层薄。但地面的普查观察和调查访问也只能做到如此程度的结论。至于要弄清宫室分布情况,就得依靠遗址的考古发掘了。

(七)白玉石街

1969年我初次到凤阳,进皇城访古的时候,当地老年群众向我介绍景致,其中之一是"白玉石大街",指的是由东华门往奉天门到西华门的东大街,当时由于已覆盖在积土下,看不到了,说只要挖一锹土就能暴露出来,是整整齐齐铺的大白玉石板,上面已被长年累月的车轮压出了三条车轮印道。这条白玉石大街是尽人皆知的,现已被城西公社砸碎,改为碎石路。

奉天门往南出午门的御道,群众说法不一,有的说是白玉石大街,有的说不是,有可能原是白玉石大街,后被拆除不存,因此看不到了。

东门队张光甫告诉我们,他家东边沿东华门城根一直往北,地下一尺全是白玉石板,犁地碍事极了,碰不着就不管它,照常种地。经指认丈量,西边到离城根中心线13米。他最北挖到离东华门将近400米处,都是这样平铺的白玉石板。再北就没有挖过,不了解。因此,这可能也是一条沿东华门墙根的白玉石街。问了别段城根,群众都说没有发现过。因此,是否有可能是洪武十六年拆宫室建大龙兴寺时,为了运出宫材而铺砌的呢?

此外,前进大队西夹队78岁的刘发福说:皇城禁垣前的西街,就在城根前,是白玉石铺的路。在皇城外东南部,我曾经亲眼看到过一段白玉石砌的小路,只有1米多宽,确切位置已记不清。但是可以说明明中都有很多大街小路是用白玉石铺砌的。

(八)皇城内其他遗址

在皇城东南部,有两处建筑废丘,均呈高台状。

在东华门内街南,四眼井东80米处,有一处遗址,东西56米,南北76米;在它的南边15米处,另有一处遗址,东西41米,南北36米,西沿此上述遗址向西5米,南沿距午门东城根35米。这两处是什么建筑的遗址,不清楚。

中都皇城内东南处遗址发现的雕花石桌,1981年

中都皇城内东南处遗址发现的石火珠,1981年

三、明中都金水河

（一）皇城内金水河

明中都宫阙是“席山建殿”，“枕山筑城”，没有水源。当时皇城（即大内、紫禁城）四周东、西、南三面都开了护城的河，北边只挖了小沟，蓄积万岁山麓雨水，即金水河之源。金水河自皇城西北隅入城，沿西城墙南下至西华门内，经西华门桥，折而向东，经武英殿桥、奉天门西桥、午门内金水桥（俗称内五龙桥）、奉天门东桥、文华殿桥、东华门桥，再折南流，于皇城东南隅出皇城，汇入护城河。

金水河进水涵洞在皇城北墙西端，离皇城西北拐角约80米处。涵洞内径3米，全部用大城砖砌筑，下部直砌，顶部为券砌，自下而上横陡、竖卧、横陡、竖卧至顶共10层大城砖。1974年夏测量时，北皇城墙已不存，正在扒拆进水涵洞，现亦已不存。

金水河自皇城西北隅入城后，斜向西，在离西城墙内侧35米处沿墙脚下。这一段金水河河道保存较好，又直又宽，宽达9.3米。至桥附近，逐渐缩至7.2米；至西华门南有一水塘；至西华门桥已干涸；折向东均为小沟，时断时续，有的有水，有的成旱沟，金水桥西侧金水河在1975年后填平，但地形仍然很清晰，尚可辨认。1973年至1974年夏我寻访测绘金水河河道时，东华门西北金水河转弯处南岸有近40米石砌护岸，皇城东南角出水涵洞北西侧一段100米左右金水河岸也保存着整齐的石砌护岸，当都是明初原建。到1974年冬，请凤阳县建设局同志用仪器测绘金水河时，石砌河岸已被扒走。出水涵洞在皇城南城墙东端，涵洞构造与进水涵洞相同，仅在出水涵洞稍北多一水闸，以调节蓄泄，保持一定水位。出水涵洞、水闸也已于1975年扒拆了。在宫殿西侧和东华门北城墙西侧，各有水沟一条，并有水塘相连，亦是原有水系。金水河曲曲弯弯，当地群众说“龙须沟九湾十八滩”。它的走向与今北京故宫金水河和南京明故宫的金水河基本上是一致的。

1981年3月普查中都遗址时，不少社员给我们指认了一些原来所不了解的皇城内北部金水河水系。

玄武门内75米，有一东西向围绕后宫正宫宫墙的水系，至宫墙向南拐弯处,金水河亦从宫墙外两侧南流。这段金水河仅西北拐弯处向东和向南各流150米左右,其余均已填为水田。

东边金水河水在奉天殿墙外东宫西宫墙间南流,至奉天门东与金水河主道汇合。自后宫正宫东墙外南流的金水河,至东宫西北角,分支沿东宫遗址北边东流,至东宫遗址东北角又折而南流,至东华门西注入金水河主流。

中都皇城内金水河遗址,1974 年

中都皇城内西宫西侧金水河遗址,2004 年

沿后宫正宫西墙外南流的金水河，至西宫遗址东北角，有小流沿西宫遗址北边，潴为水塘，又东与之合，复南流至奉天门西注入金水河主流。

中都皇城内金水河畔石础，2004 年

1981 年 3 月来凤阳普查明中都遗址，皇城南部的金水河道都已填平，有的故道地形都看不见了。说是为了平整土地，扩大耕地面积，结果雨水不能排泄，造成内涝，平日群众洗涤衣物，已不能在家门口，都要跑到城外护城河边去洗了。

（二）金水河上的桥梁及其被扒拆的情况

1969 年，我初次到凤阳，参观皇城，当地群众介绍城内十景有“桥上桥”，说现在东门（东华门）内、西门（西华门）内等处的桥，都是在原来老桥顶上建的小桥，小桥底下有大桥，午门内外都有金水桥，现在都埋在地底下了。此后就一再听到“桥上桥”的介绍。由于从地表上看，一点痕迹也没有，总是半信半疑，怀疑有关“桥上桥”传说的可靠性。

1. 内金水桥

1974 年夏，城西公社组织“四类分子”来扒拆午门内金水桥盖房，我正好碰上，由远及近照了几张相片。到桥前，看到已在三条御桥位置上挖了很深的大坑，并已显露出东桥券的西侧和西桥券的东侧，三桥券正对午门三券。三桥相连，南北长 17 米，东西宽 23 米，距午门 31 米。当时正桥北券的白石券顶已露出，我把上面的土清了一下，照了一张相，背后为大城砖砌的东桥的西侧北端。内金水桥三券共扒拆了 40 万块大城砖。桥基底下都有密集木桩，尚未挖掉。正对左右掖门内的两座桥在抗日战争前就扒了。

1974 年前，中都午门内金水桥埋在地面之下

1974 年夏，扒拆中都午门内金水桥现场

1974 年夏，王剑英在中都午门内金水桥正桥北券扒拆现场，并在此发现墨笔书写的城砖

被拆下的金水桥石券(一),2004 年

被拆下的金水桥石券(二),2004 年

2. 西华门内大桥

这年秋天,又看到扒拆西华门内大桥,也是挖了深坑,从地底下刨挖砌桥的大城砖。桥东西向,长 14.7 米,宽 20.5 米,距西华门 42 米。

3. 东华门内大桥

东华门内大桥,距东华门约 41 米,东西向,长 15 米,宽 16 米。正桥券项尚露出水面。

东华门内金水桥遗址,1974 年

4. 文华殿桥

文华殿桥,在东华门内 165 米处,稍偏北,南北向。东侧能看到横陡、竖卧砖桥券 2 层;西侧能看到 5 层。桥宽 17.7 米。

5. 武英殿桥

武英殿桥，在西华门内140米处，稍偏北，南北向，三券，宽约18.5米。

6. 奉天门东桥

奉天门东桥，在奉天门中心线东150米处，稍偏南，东西向，正对东华门，长13.5米，宽22米。

7. 奉天门西桥

奉天门西桥，在奉天门中心线西140米处，稍偏南，东西向，正对西华门，长12.8米，宽12米。

8. 其他桥梁

奉天门东南，四眼井东有石桥，南北向，宽10.6米，长9.8米，尚能见白石桥券。

以上各桥的部位尺寸，有的仅有部分构造暴露在外，有的是挖桥时实测，有的只是当地群众指认，因此上面记录的这些尺寸，仅供参考，以将来考古发掘的精测为准。各桥早的在1957年被扒掉，迟的1974年至1976年间被扒掉，因桥基太深，积水难挖，大都还剩半个桥脚在地下。

此外金水河上还有一些小桥，如出水涵洞北约百米处有一小券桥等，不再一一记载。

（三）故宫井

皇城内有几口大井，全是大城砖砌筑，府县志称为“故宫井”。

1. 四眼井

在奉天门东南70米。井圈上口内直径207厘米，中间东西横搁一块76厘米宽、35厘米厚的大石条，上面再南北平放4块厚29厘米的石条，大石条把井圈全部盖上，大石条圆面直径207厘米，开四眼，圆直径30至35厘米不等。现东侧两块石条已不在。

奉天门东南处的“四眼井”，2004年

2. 二眼井

在奉天门西南 70 米,位置与四眼井东西对称。井圈与四眼井相同,不同处仅在中间东西横搁两块大石条,因此上面南北平放的 4 块石条上只能开两眼,东眼直径 37 厘米,西眼直径 42 厘米。现最西一块石条已不存。

奉天门西南处的"二眼井",2004 年

3. 故宫井

故宫井在宫殿遗址北边 150 米,距玄武门 145 米,中心线西 12 米处,当在后宫之内。吴自牧有《故宫井》诗记述。"故宫井",上口内径 182 厘米,大城砖砌至井口,最上一层为大白玉石砌一圈,稍向内收。井面是一整块大白玉石,外圆直径 260 厘米,中心部位雕凿成井圈,四周为井台。井上口直径 83 厘米,下口直径 154 厘米,厚 95 厘米。1974 年以前尚是一池井水,现已被琉璃碎片等填成旱井。井口东南侧已碎裂。

中都皇城内的"故宫井",1974 年

4. 其他故宫内大井

宫殿东北围墙埂外，后宫范围内亦有大井两口，相距23米。四眼井为苦水井，二眼井为甜水井。

此外，午门北口东北87米处、二眼井西偏南108米处等等，都有一些大城砖砌的明代大井。

（四）外金水河及桥梁

被拦截于李家大坝内的外金水河，2004年

皇城外护城河东南角东侧南端有泄水闸，为外金水河头。外金水可自水闸东行，折南，再折东至近皇城禁垣东墙埂处折南，再折西，至刘李庄南折向东南出皇城禁垣南墙埂东端南行，穿越云霁街处为外金水桥，再南行，出中都城南城埂，汇入涧水。外金水河基本保持原状。禁垣东墙埂向西南一段，现为1960年挖的干渠的一段。皇城禁垣内外金水河的其余地段，有的仅存小沟，但整个地形还很清楚，当地群众叫它“老干渠”。皇城禁垣外的外金水河道，水势较为正常。

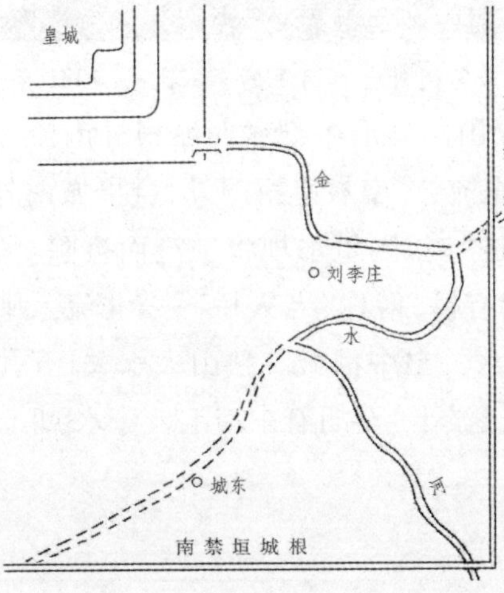

明中都皇城东南外金水河示意图（王剑英绘制）

外金河水穿皇城禁垣南行，至云霁街金水桥。金水桥三券，桥基护石砌成尖角，用以分水势，减少水流对桥基的冲击。护石外南北两端各有础石，亦斜置，可能是桥面建筑物的柱础。柱础在桥面之外，使建筑物不影响桥面的通行。

与金水桥东西相对的部位，即西皇城根南云霁街西段，亦有一大桥，当地人称为"李大桥"。水从西安门北开始南流，至禁垣西南角外，稍向东折后继续南行，经李大桥东南流，至洪武门西出中都南城埂，汇入城南涧水。

云霁街外金水河上的李家大桥，1981 年

中都城南涧水自涂山门外沿中都城西城根外南流，至凤凰嘴山北，穿凤凰嘴，沿中都城南城根外东流，经南右甲第门外，合皇城西外金水，至洪武门，过凤阳桥。凤阳桥在"大跃进"时，因筑水坝将被淹而拆除。又向东，合皇城东外金水河，经南左甲第门外，有桥，俗称"老人桥"；东北流入中都城，经独山桥西北，称"独山涧"，经独山大水关出中都城。独山大水关，五孔，明初建，现已没入土中。复东流经东湖（现已淤平）至胡府东南汇入濠水，北流至临淮西入淮。

独山涧上的安东桥,1974 年

独山涧上的迎水寺桥,1974 年

四、明中都中书省、大都督府、御史台遗址

洪武三年，置中书省、大都督府、御史台于中都午门东西。《凤阳新书》说："中书省，在午门左；大都督府，在午门右；御史台，在大都督府西。"由于定鼎金陵，未曾启用，长期闲置。后因龙兴寺焚毁，天顺三年（1459年），"奏准撤皇城内中书省等衙门房五百余间，依式重建"，于是明中都的中书省、大都督府、御史台均夷为平地。

从1973年起，我曾多次寻访中书省、大都督府和御史台的遗址，都因地面看不到任何迹象而一无所获。但是，由于中书省、大都督府和御史台建筑的位置是明确的，拆除以后，皆为民田，偶然建过少量民舍，并未有过其他建筑，地层清楚不乱，只要加以探测发掘，地下夯土层、墙基仍在，琉璃砖瓦碎片、破碎石构残件等一定很多，要弄清它的构造和布局是不难的。这些野外地表考察弄不清的问题，只能有待于考古发掘工作来完成了。

五、明中都圜丘、方丘遗址

(一)圜丘遗址

1. 明中都圜丘的修建、使用和废毁

圜丘在明中都洪武门外东南两里,今在凤阳县城南公社桥南大队龙蟠南队区内。

《明太祖实录》载,洪武四年正月庚寅建圜丘于临濠,而《寰宇通志》《中都志》则云洪武三年建,与《实录》记载不一致。

圜丘遗址航拍图(局部),20 世纪 80 年代

洪武八年四月甲辰,明太祖朱元璋到中都圜丘祭天,并亲自撰写了《中都告祭天地祝文》,因此圜丘是建成并使用了的。天顺《大明一统志》,说中都圜丘是“本朝初祀天之所”;成化《中都志》,仅记方位,可知当时尚均完好。到万历末、天启初《凤阳新书》,则说圜丘“殿垣久废,基址存,松柏森立”。到康熙《凤阳府志》,仍记载圜丘“殿垣久废,基址尚存”,并“即圜丘旧址”建僧寺,名“圜丘寺”。乾隆《凤阳县志》仍载有圜丘寺。

2. 圜丘寺、圜丘冈和对圜丘遗址的测量

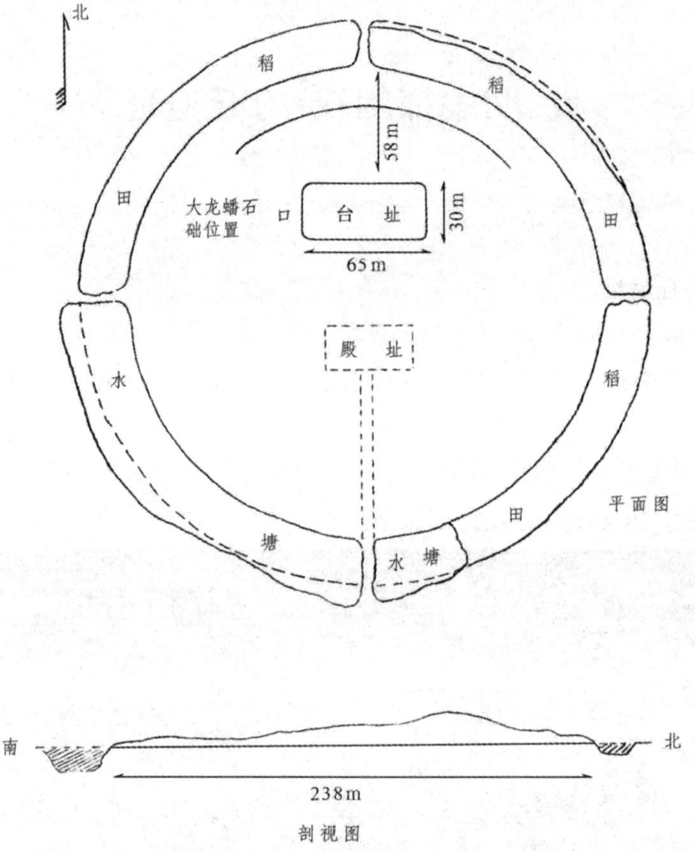

明中都圜丘遗址平面图、剖视图(王剑英绘制)

1961 年蚌埠市建设局测量队编绘的万分之一凤阳县图,和在此之前测绘的五千分之一图上,在圜丘冈东北百米左右有一东西长 90 米不到、南北宽 10 米上下不等的建筑物,注记"圆丘寺",当时的村庄名称。1981 年 3 月 28 日,访问龙蟠南队 75 岁的彭友华,他说在日本发动侵华战争以前,山冈上还有三间大殿(草房),内有铜佛二尊,可能已非圜丘寺原建。

康熙《凤阳府志》还说,圜丘基址旁有冈名"圆丘冈"。但是,我们这次对圜丘遗址进行实地调查和测量,冈上和冈前地里到处都是琉璃碎屑,冈前半人深表土下整整齐齐地排列着 20 多个有桌面大的石础,有大城砖砌的砖脚,马道往南,地下到处都是大城砖、大石头,种种迹象说明圜丘即在圜丘冈上,并非圜丘旁另有"圜丘冈"。

当地社员说,解放前,冈上和冈前是两大片石头和砖瓦屑的堆,一直是荒滩。解放后,私人开了种点瓜豆,后来入了队,就整成了成片的地。冈顶原来高,慢慢逐渐犁平下来了。1958 年前后 ,城南公社修(圜丘)冈东 700 米的老人桥(旧凤阳府城南门外)往南公路和(圜丘)冈西 700 来往皇陵的公路,都到这里挖石头。这里地下哪儿都是石头、城砖。附近社员也都来挖了去盖房。大石础、大石块不好使用,就把它砸了抬走。冈西侧原有一块大蟠龙石础,四方四正,七八尺见方,上面蟠着两条龙,很多人到此来拓片照相,因此,此地被称为龙蟠南队和龙蟠北队。这块大龙蟠石也在当年被龙蟠北队打了来盖房了。冈前原来的荒滩地里,扒石头扒到了整整齐齐排列在那里的大石础,有的被砸了。场上有几块残块,从面径弧度来看,柱心圆面直径当在 1 米以上。公社通知不准动,才重新把土盖上,现仍整齐地排列在原位,覆盖土层约半人深。去年(1980 年)二三月社员没事,都来挖大城砖盖房。我们从正在砌城角的城砖和老房墙上,看到两块模印长沙府“浏阳县造”的大城砖,说都是“山上”即圜丘冈上的砖。社员指认,冈南侧东西向的一排坑,就是挖大城砖脚的位置。

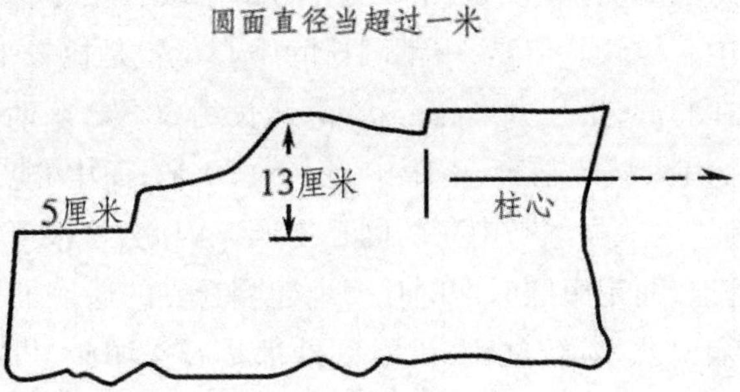

明中都圜丘大石础残块剖面图(王剑英绘制)

我们对明中都圜丘遗址进行了测量:

一,整个圜丘呈圆形,南北长 238 米,东西宽 234 米。外边为宽 18 ~ 24 米的一圈深沟,西南面为水塘,西北、东北、东南三面除南端外都已成了水田。这和万历四十一年万嗣达增补的《中都志 · 凤阳府治图》和天启初《凤阳新书 · 中都形胜总图》里画的圜丘形状完全一致。

二,洪武四年正月庚寅建中都圜丘以后,二月,朱元璋亲自来了一次中都。回南京后,三月丙戌就诏改筑南京的圜丘。《实录》和《明史 · 礼志》都记载了南京这次改筑的圜丘的尺寸制度。按记载计算,内壝东西、南北均长二十七丈五尺;外壝南北长五十二丈四尺五寸,东西长四十九丈五尺。这与中都圜丘约略相当。中都圜丘北边向内 12 米,有一明显的同心圆的上升台阶,可能为外壝的部位。内壝亦无迹象。

中都圜丘环形水沟遗址,2004 年

三,据《实录》记载,南京洪武四年改筑的圜丘坛二层,通径七丈八尺,高一丈一寸,位落丘中心位置。但是,中都圜丘的中心位置是比较平坦的,并没有坛址的痕迹;高冈在北部,呈长方形高台状,南北长约 30 米,东西宽约 65 米,高约 2 米,高台南侧下有大城砖基脚,南距中心点约 30 米;而中心点南 10 多米又有整齐排列的石础。这些显然与南京的圜丘不同。因此,这很可能已不是明初中都圜丘的原来基址,而是康熙时即圜丘旧址建圜丘寺的遗址了。

四,社员群众说,“马道”往南,地下到处都是石头城砖,可能是附属建筑的场所,我们未作丈量。

3. 圜丘地形地貌仍保持着明初的基本面貌,地下遗址尚在,应予重点保护

从中都圜丘的状况来看,虽然殿垣久废,连基址都有改动和扒挖。但是,第一,它的整个地形、地貌仍保持着明初圜丘的基本面貌,尚未有很大的改动;第二,除东南部有少数几间草房外,地面上没有覆盖;第三,扒砖挖石只是近 20 年来才发生的现象,地下墙基、石础等尚多。因此,应列为明中都遗址的一个组成部分,加以重点保护,制止继续扒挖,留待以后发掘清理,并作遗址展出。

圜丘内地面到处都是琉璃瓦碎片,绝大多数是质量很好的瓦筒,厚度有 2.6 厘米、2.4 厘米、2.2 厘米、1.6 厘米等,有的是很细的灰白色陶瓷。还捡到了凤滴水碎片。所有的琉璃全都是绿色,与洪武十年以后改为青色的记载是一致的。有社员在沟里挖到过龙瓦当。

社员家及墙上、场上石础很多,除前面介绍的那块被砸碎的大石础外,较大的有直径 98 厘米,背面突出高 11 厘米,底圆直径 43 厘米公榫的石础。特殊的还有刻有花瓣的石础。

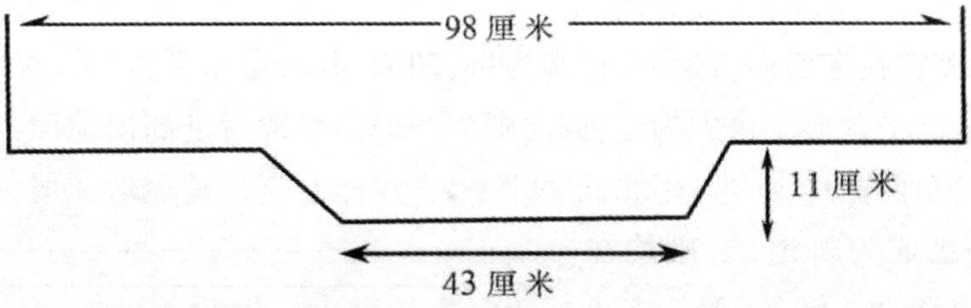

明中都圜丘底部有公榫的石础剖面图(王剑英绘制)

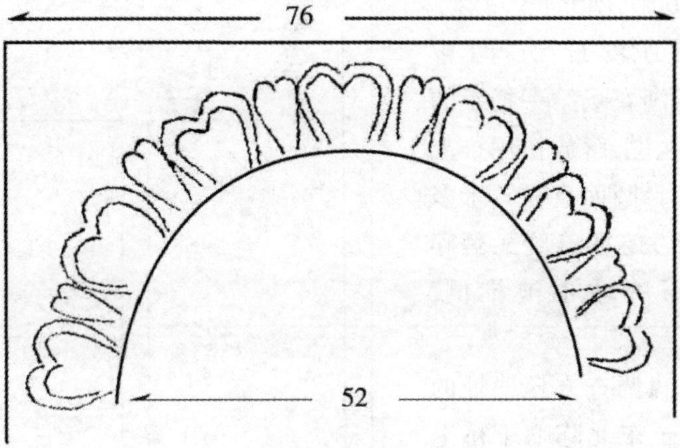

明中都圜丘刻有花瓣的石础示意图(王剑英绘制)

(二)方丘遗址

关于明中都方丘的位置,各书说法不同:一,《寰宇通志》说,方丘在"玄武门外西北",这是明初正式的定位。玄武门是明中都十二门的正北门,后定鼎金陵,去三门,玄武门未再修筑城门,门废。二,《中都志》说,"方丘在北左甲第门外",以凤阳县治在北左甲第门内,当时祀方丘可能由此出城。三,《凤阳新书·建制表》说:"方丘在后右甲第门外",而《宗祀篇》又说"在北左甲第门外"。其实所指都是同一地点。按今日交通说,当说在明中都后右甲第门外东北三里,或今凤阳门台子东北两里。

方丘制度,据《实录》记载,应为坛二成(层),有内壝墙、外壝墙及其他附属建筑。《大明一统志》说明中都方丘,为"本朝初祭地之所"。方丘在天顺、成化年间均尚完好。到天启初刊《凤阳新书》,则说:"方丘……殿宇树木,因近淮水,淹没","坛址存","留守左卫巡守,今虚应而已。"清康熙《凤阳府志》仍记"方丘殿宇树木为淮水淹没,旁有湖名方丘湖"。乾隆《凤阳县志》则说:方丘"今土名方丘湖,夏秋水发,灏瀚直薄山根,水落则一片平芜,略无方丘形迹"。

1974年9月23日，我与凤阳文化馆刘建桥同志一起去寻访方丘遗址，在门台公社陈嘴大队陈士善同志带引下，找到了明中都方丘斋宫的殿台遗址。

方丘斋宫在东西向古道北，正南为桥，四周为濠，略呈长方形。濠内土地比四周高，呈高平台形。正中为道，偏北则为祭殿。祭殿台址高出地面不到2米，比较完整，东西宽63.5米，南北长29.5米。台址上全都是琉璃瓦屑，有黄、红、绿色。虽已成为耕地，石础均在原位，未曾移动。殿5间，3排，6柱，共18个柱础全在。柱间距离，东西宽6.6米，南北长9.2米。

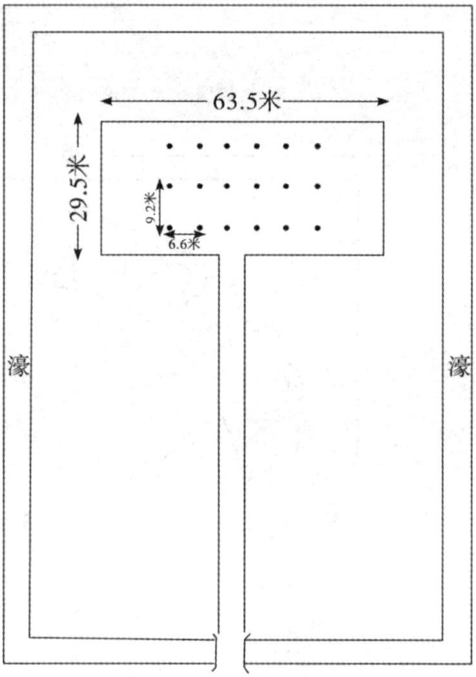

明中都方丘斋宫殿台遗址平面图（王剑英绘制）

1981年3月12日，访问了曾经担任过方丘湖农场第一把手的王守基同志，他说，解放初用推土机把方丘运粮台圆面直径1米多的石础都推了，还把琉璃瓦砸碎作为缸料，石牌坊也被推倒，没了。

1973年，我调查方丘遗址的时候，在门台子东北陈嘴子桥上看到四个石鼓，水中还有一个，在铁道南沟中还有一个殿台石栏下拐角处的石构件。

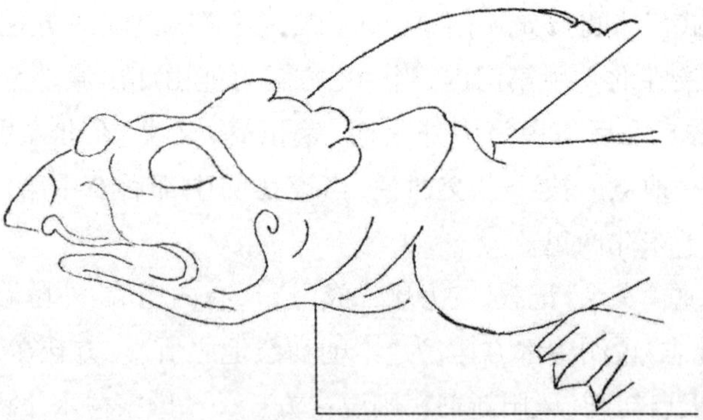

明中都方丘遗存石构件侧面图（王剑英绘制）

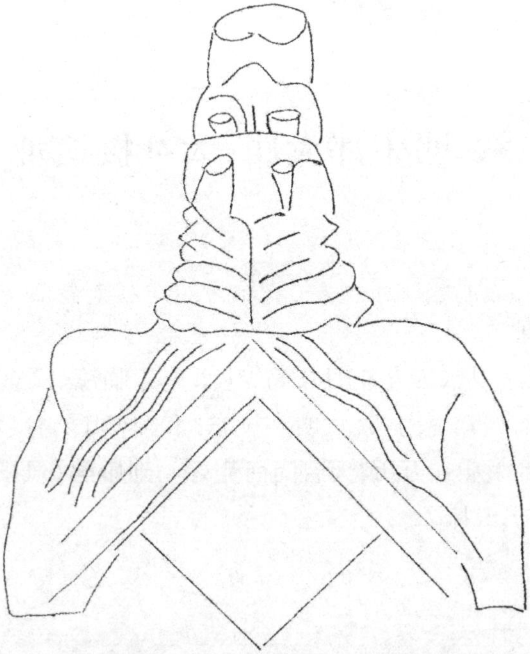

明中都方丘遗存石构件平面图(王剑英绘制)

陈士善同志说,方丘湖湖底两三千亩地,大水时水面万余亩。解放前为学田,有9000多亩地。

方丘坛址已没入湖中,遗址需待考古探测。

中都方丘濠沟遗址,2004年

六、明中都太庙、太社稷遗址

（一）太庙遗址

据《太祖实录》，洪武四年正月庚寅，建太庙于临濠。《寰宇通志》记载“中都宗庙在（凤阳）府城禁垣内”，《大明一统志》和《凤阳新书》均称在皇城（指禁垣）内，可知明中都太庙在万历、天启间尚完好。到康熙《凤阳府志》，则已不再记载，可能是在明末毁掉了。

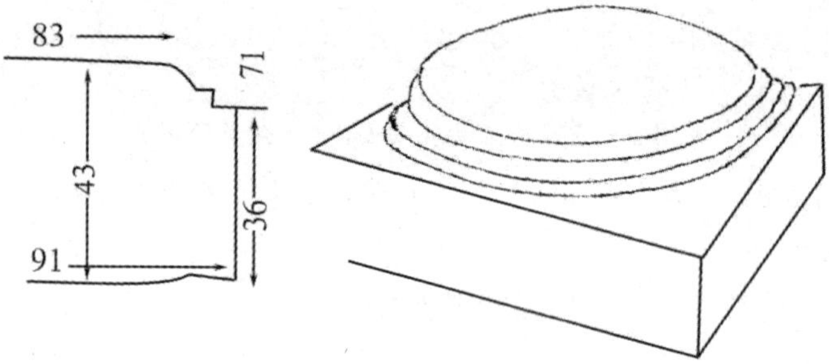

明中都太庙遗址石础摹绘图（王剑英绘制）

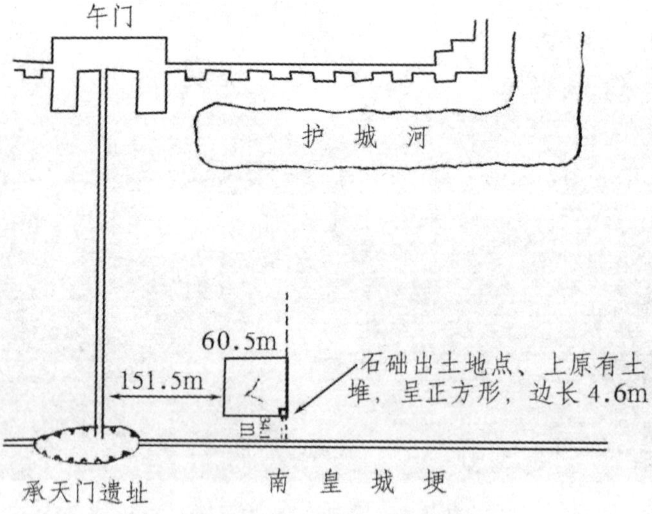

明中都太庙部分遗址位置图（王剑英绘制）

明中都太庙在禁垣内阙门之左，今属凤阳县城西公社西门大队夹西南队，地面已无痕迹。1973 年至 1975 年，曾多次寻访，均未能找到遗址具体位置。1981 年 3 月来凤阳考察明中都遗址，与女儿王红一起，沿禁垣（皇城）南城埂寻找太庙遗址，到夹西南队时，看到社员家院外有一圆面直径 83 厘米、方 91 厘米、高 43 厘米的大石础。接着又在院内、门前看到圆面直径 82 厘米的大石础 1 块，圆面直径 78 厘米的大石础 1 块，圆面直径 61～62 厘米的石础 3 块，圆面直径 53 厘米石础 1 块，小的未曾计算。调查这些大石础的来历，社员们指出其中圆面直径 82 厘米的白石大石础，就是前不多时候在房后犁地时发现，挖出后放置在这里的，其余都年代久远，说不清了。

社员魏锡华（65 岁）带我们到房后地里去看石础出土地点。说早先这里原是大土堆，每边宽约 4.6 米，高出地面约 1.4 米，前几年平整的。最近挖出时，石础是反着的，已非原位。大土堆往南往北原均有宽约 4 米的墙埂，高约 80 厘米。土堆南边在禁垣南城埂北 34.1 米。

魏锡华又指认四边墙埂位置，西墙埂距午门外中心线 151.5 米，土堆往北、往西和北边均有墙，经丈量，正好每边 60.5 米，呈正方形。

经询问，似乎在它的东面和北部都没听说发现过地里有石础或墙埂。从地图上看，此处当属明中都太庙范围，但作为太庙唯一的遗址，则位置稍偏南偏西，范围也小了，不甚相称。

中都太社稷遗址上的石础，2004 年

中都太社稷遗址上的水井(已废弃),2004 年

据《明太祖实录》记载,洪武四年建的中都太庙,前殿和寝殿都是 15 间,比洪武八年南京改建的太庙(都是 9 间)要大得多。《明史·礼志》记载洪武八年南京太庙“殿翼皆有两庑”,“外为都宫”,正门之南有“斋次”“馔次”“神厨”等建筑,俱 5 间,正德《大明会典》里还有南京《太庙旧图》。南京太庙是在罢建中都以后改建的,制度与中都太庙相仿。因此,中都太庙是一片规模相当大的建筑区,现在发现的遗址位置可能只是它的西南一角。

(二)太社稷遗址

《明太祖实录》:洪武四年五月丙寅,“诏立太社坛于中都”。中都太社稷在阙门之西,与太庙左右相对。中都太社稷分为两坛,太社在东,太稷在西,同一壝。清康熙时修《凤阳府志》,尚载:“大社坛,在旧阙门右;大稷坛,在大社坛右”,尚完好。但到乾隆时修《凤阳县志》时,则已“今俱无迹可考”,可能是乾隆二十年撤旧皇城内外“废砖”添筑凤阳府城时一并拆除了。

现太社稷在地面上已无痕迹,1973 年至 1975 年,多次寻访遗址,仅在午门前马王桥(即外五龙桥)南西侧前进大队西夹村小队的仓库墙角外,看到一块大石础,圆面直径 100 多厘米,高约 80 厘米。经询问,生产队长、社员们都说是早先在西边地里挖出来的,确切位置说不清,别无其他发现。

1981 年 3 月 11 日午前,我与王红到城西公社前进大队西夹村小队 78 岁的老社员老党员刘发福家采访。开头他不愿说,说东西都砸了,没有对证,说也白说,还说你瞎说。我们谈了个把钟头,讲了明中都遗址的价值和调查遗址的意义,出示了“明中都遗址考察证”,最后他终于给我们讲了,并带我们到地里塘边指认。

刘发福说,他宅前原是一个大鼓堆,听人说原是明初修城时的大庙,解放前为孤贫院,解放时已全是破砖乱瓦,平了好几年,才把它整成了地。地下有石埂和大城砖砌的东西向、南北向的墙根,宽 60 多厘米,已挖了好几百块砖。去年在房前也挖了百十块大城砖,底埂也是 60 多厘米。

宅前地里挖出过不少大石础,“文化大革命”时全都砸了,销了石灰。现房东水塘里还有几个大石础,水浅挑水时水桶曾碰到。

地里有大井七八个,泉好底大,旱天井下抽水,抽干了,最多一天一夜,井下水又上来与原来持平了。我们在田埂上看了一口大井,底下全是大城砖砌的,井口则一下收小了。井圈石是整块石头凿成的,内口直径 105 厘米,厚 48 厘米。有的井(在东南方)已被填平了。

站在指认原有建筑的位置上,瞭望四周,明显地可以观察出此处地形比较隆起。往东走百把米,地势就低下去了。往南百米左右是禁垣南城埂西段,据刘发福说,埂前即“皇城”前西街,是白石铺的。再往南,就正对城西中学,也就是说开国功臣庙就在太社稷的前面,呈一条直线,太社稷在皇城内,功臣庙在皇城外。

刘发福来此处居住已有 51 年,当时此处仅他一家。他所反映的情况,与文献记载是符合的。但是太社稷坛已不存,范围也不明显,未能指出。

七、明中都城隍庙、功臣庙、历代帝王庙遗址

（一）中都城隍庙遗址

据《明太祖实录》记载，明中都城隍庙建成于洪武六年三月。据柳增荣《中都城隍威灵王纪略》载，“庙中殿陛、门阙、阶级，仅次天子一等”。《凤阳新书》对中都城隍庙作了较多的记载。清康熙六年，原来一直在临淮的凤阳府城隍庙（毁），于是以明中都城隍庙为府城隍庙。康熙十年，庙灾，唯存两廊数楹，重建。乾隆二十三年重修。乾隆《凤阳县志》仍说：“殿庑门楼极宏敞，中多明人修庙碑。”咸丰时兵焚，同治八年重修。

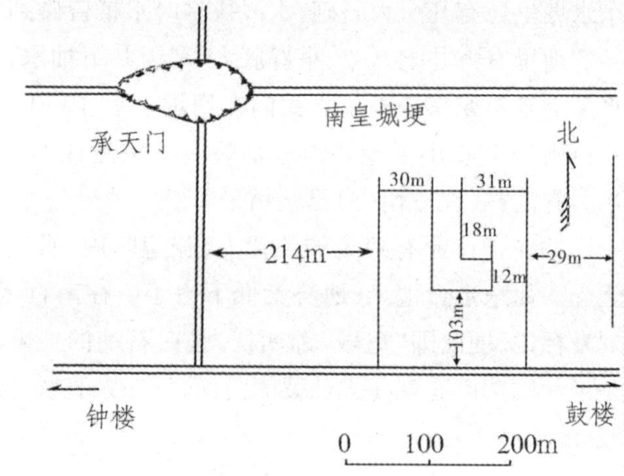

明中都城隍庙遗址位置图（王剑英绘制）

《寰宇通志》《中都志》等书记载，中都城隍庙在留守司后感应坊，即大明门东云霁街北侧，与开国功臣庙东西对称。现属城西公社前进大队，在赴淮南公路北侧。

1973 年下半年，我寻访中都城隍庙时，已成废墟，遍植小树成林，并照了相。后来，前进大队的会计给我画了一幅府城隍庙的鸟瞰图，大殿前尚有高平台和石栏。庙解放后拆除。

1974 年冬，对明中都城隍庙遗址进行了测量，殿台基址为一大瓦砾土堆，呈方形，东西宽 43 米，南北长 44 米，东侧 12 米后向西缩进约 10 米。废丘北侧较高，高度在 3 米以上。殿台废墟离前门墙埂基址 103 米，离西墙埂 30 米，离东墙埂仅 12 米，然东墙外 29 米处另有南北向墙埂。今西墙埂为小路，其余均为民房。中都城隍庙西墙离承天门外中心线 216 米。1981 年 3 月，普查明中都遗址时，土丘已平整成地，成林的树木亦已砍尽，地面上就看不到中都城隍庙的遗址了。

中都城隍庙殿台遗址，1974 年

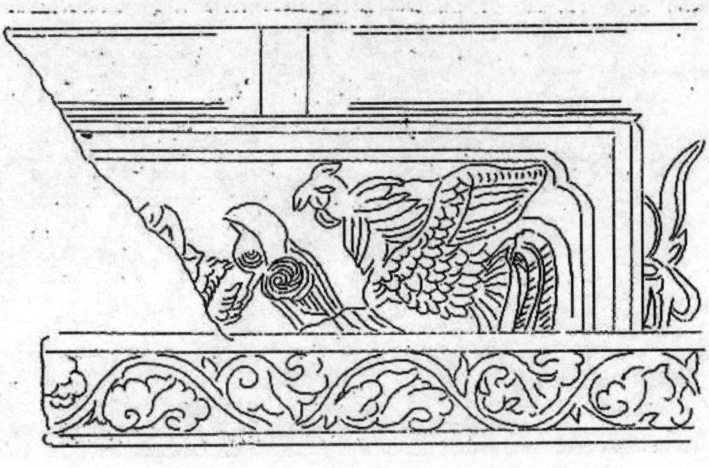

中都城隍庙石栏板残件（王剑英手绘图），1974 年

1974 年冬测量遗址时，殿前正在清理翻挖石础，石础底下压着“大中通宝”大钱，社员送了我两枚。1973 年冬，前进大队一位老社员的旱烟管上挂着一枚“大中通宝”，经询问，说是城隍庙柱子底下出土的，每个石础底下都压着 12 枚“大中通宝”，这次则是亲眼看到。我在故宫博物院单士元同志家曾看到江南造币厂拍摄的历代货币大相册，标注“大中通宝”是张士诚铸的钱币，但吴晗《朱元璋传》插图则注是朱元璋铸的钱币。如果为张士诚所铸的钱币，则可理解为象征镇压张士诚，与移江南豪民 14 万实中都是一致的。若是朱元璋所造，则难以解释中都城隍庙柱下压钱的现象。

1974 年,中都城隍庙前沟边大石础较多,在云霁街(今为至淮南市公路东端)南,庙址东南方场上,尚有一些从中都城隍庙拉来的石栏板、石柱等遗物。其中双凤浮雕石栏板残件一块,宽 74 厘米,高 32 厘米,雕刻甚为精美,但与皇城宫阙的浮雕不同,另属一种风格。

(二)中都功臣庙遗址

《明太祖实录》载,洪武六年十月丁酉,“立开平王庙于中立府皇城西”,开平王是常遇春的谥封,中立府是凤阳府在洪武六年九月至七年八月一年间曾用的名称。因当时功臣咸在,独祀常遇春,故称开平王庙,后为开国功臣庙,简称功臣庙。洪武八年,又于功臣庙前为徐达等建开国元勋阁,列开国功臣名爵。天启《凤阳新书》说功臣庙“祀久废”,大概罢建中都以后就不再在此祭祀了,但庙阁尚存。康熙《凤阳府志》说“今废”,可能已改作他用或毁坏了。

开国功臣庙遗址上的水井(井栏用水泥重新修复),2004 年

《寰宇通志》说:“功臣庙在中都城隍庙西英灵坊”,《凤阳新书·中都形胜总图》注记“功臣庙”于皇城南西侧。1973 年 至 1975 年,曾多次寻访,当地干部、群众都不知道有“功臣庙”。1981 年 3 月 8 日,与凤阳文物管理所刘建桥同志一起再次寻访,在明朝云霁街西北侧发现社员家院内有很多大石础,经多方询问调查,并由城西公社前进大队前进小队社员刘鹏福带领指认墙埂、大殿位置,说这原是火神庙,解放后改为城西小学,后戴帽为城西中学。位置在城西公社对门,校门口围墙西侧树公路里程碑,距凤阳整 3 公里。明云霁街现成为赴淮南市公路的东端。大殿位置,在校门口正道往北 60 米和 90 米处。大殿后老

埂与校舍后排房后墙齐，距校门92米。大殿西侧老埂现为城西中学西边后两排校舍的东墙脚。

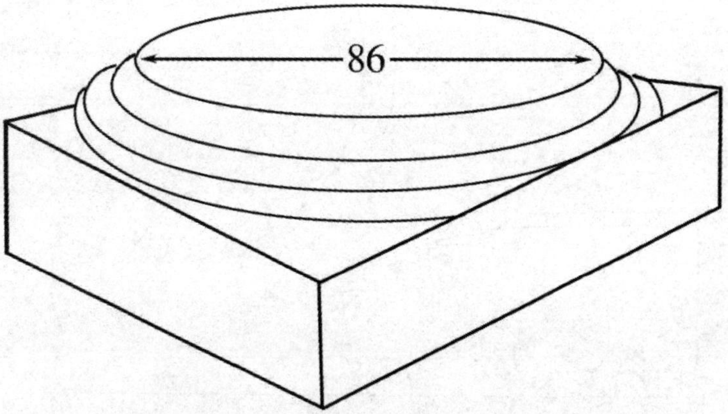

明中都开国功臣庙遗址石础摹绘图（王剑英绘制）

城西中学一排西房的西墙即学校西外墙地面上尚存老墙基两层，以上则为后砌部分。学校东墙为新砌石墙，与西围墙相距115米。在石砌围墙外12米处，原有一条南北向老墙埂，全部用大城砖砌筑，1975年至1976年扒掉。老墙埂东北拐与城西中学后排校舍后墙，亦即与庙大殿后老埂齐，因此有可能庙址范围为东西宽127米，南北长92米。

但是庙大殿的位置偏西，不在中心线上，有可能东侧为别院，隔墙址待访查核。刘鹏福指认时，称城西中学为火神庙，而指城西中学石砌围墙外老墙埂为□家祠堂，门向东。因此，内有夹墙分隔是完全可能，也是必然的。

前进小队社员家院中、墙上、路边、塘边和城西中学院内，有很多大石础，柱圆心直径分别为86厘米、76～75厘米、68厘米、65～64厘米、58厘米和56～45厘米大小不等的石础，形状均如上图。有的石块呈紫兰色，上有鸡血丝纹。式样、尺寸都是明初建筑的构件。据社员群众反映，邻近地区，除此处外，均未发现墙埂、石础。因此，与文献记载对照，此处为明初功臣庙遗址，当不致有误。

城西中学院内地上，分开躺着石鼓一对，高110米，鼓面直径60米，不知是否为明中都功臣庙原物。

据刘鹏福指认，城西中学新砌石围墙东35.5米，亦即老墙埂东23.5米位置，有一条南北向埂，北起城西中学操场北边“大跃进”时挖的干渠，南至公路即明云霁街，不知是否为功臣庙外墙。如果是，西侧和北边当亦有相对称的埂址。

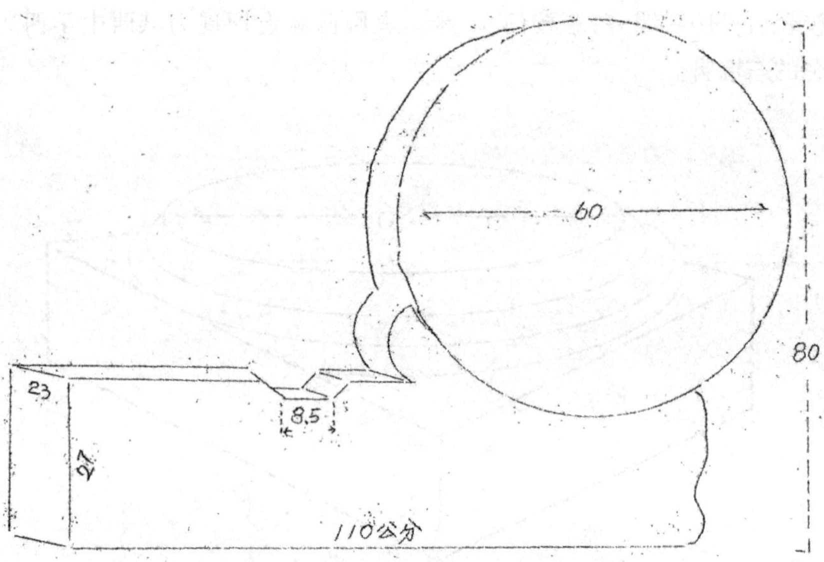

开国功臣庙遗址上的石鼓图(王剑英手绘)

(三)中都历代帝王庙遗址

《太祖洪武实录》载:洪武六年十一月癸丑,“命建历代帝王庙于中立府皇城西”,但是《寰宇通志》《大明一统志》《中都志》《凤阳新书》都没有记载。我曾多次寻找,未能找到遗址。按中都建筑,凡是《实录》上载“命建”的,一般都是很快就建成的,因此按常例当是建了的。但仅载于“皇城西”,《中都志·凤阳府治图》里,皇城西庙两处,涂山门内东北有“三宫庙”,马鞍山前东侧有“从阳庙”,名称不符,地理位置也不当。按:

中都城隍庙	洪武五年建于大明门东感应坊。
中都功臣庙	洪武六年十月立于皇城西英灵坊。
中都历代帝王庙	洪武六年十一月建于皇城西。
中都国子学	洪武八年三月置于鼓楼西明伦坊。

实测位置,中都城隍庙在大明门东,中都功臣庙在大明门西,中都国子学在鼓楼西,三处均在鼓楼至钟楼之间的东西横街云霁街(今为凤阳至淮南公路)之北的一条线上。《实录》同样记载中都功臣庙位于“皇城西”,因此中都历代帝王庙的位置当在钟楼东云霁街北侧,过去找了几回都尚未找到。

1981 年 3 月 31 日,我到城西公社作了明中都遗址的报告以后,与滁县地区文化局刘思祥同志就近去找明中都历代帝王庙的位置。经社员指认,与上述判断无误,隐约尚能辨出为一陂地,地面琉璃、碎砖甚多,而邻近别处地里则无此种遗址痕迹。据云,这里原有一大庵,有女尼数百人。

八、明中都百万仓、观星台、会同馆、国子学遗址

(一)百万仓遗址

《中都志》载:"洪武五年立百万仓。"《实录》载,洪武六年七月庚申,"户部奏计今年秋粮,临濠收贮九十二万石"。当时正在大规模营建中都,积贮充裕如此,可知规模之大。称"百万仓",正是名副其实。

《中都志》又说:洪武十一年,改名为广储仓,共分五仓。"广储一仓、二仓、三仓、五仓,俱在(凤阳)府治西北二里","广储四仓,在(临淮)旧城涂山门(西门)内"。到万历末、天启初,《凤阳新书》载:"今惟二仓仍旧,三、五仓已有去一,不知何者改为府仓。"万历四十一年,凤阳知县万嗣达增补《中都志》插图,在《凤阳县治图》中,在北左甲第门(老北门)内凤阳县治(今山后街)东北,有"广储仓"两处,"本府仓"一处。一文一图,描述一致。现均已为平地,尚未找到具体位置。广储四仓在临淮城内。

(二)观星台遗址

明中都观星台,在明中都城东朝阳门内独山顶上,洪武五年建。《凤阳新书》作"观象台",说洪武初设钦天监观象台于此。刘昺《东湖赋》说上面有"浑天仪"。万历末、天启初,璇玑、玉衡、铜盘等天文仪器尚存。康熙时基址尚存。乾隆《凤阳县志》说台有3层。

观星台遗址在独山顶上,1974年

1972年起,我多次向老年人打听,1981年3月,又访问了独山小队西庄第五生产队80

岁的乔振同、独山小队 61 岁的石常福等,都说不曾看见或听说过有台基,想来早已不存。在独山小队王献福家看到两个 1968 年从独山顶上搬滚下来的大石础,圆面直径 55 厘米,雕琢较好,呈灰褐色,有可能是明初原物。

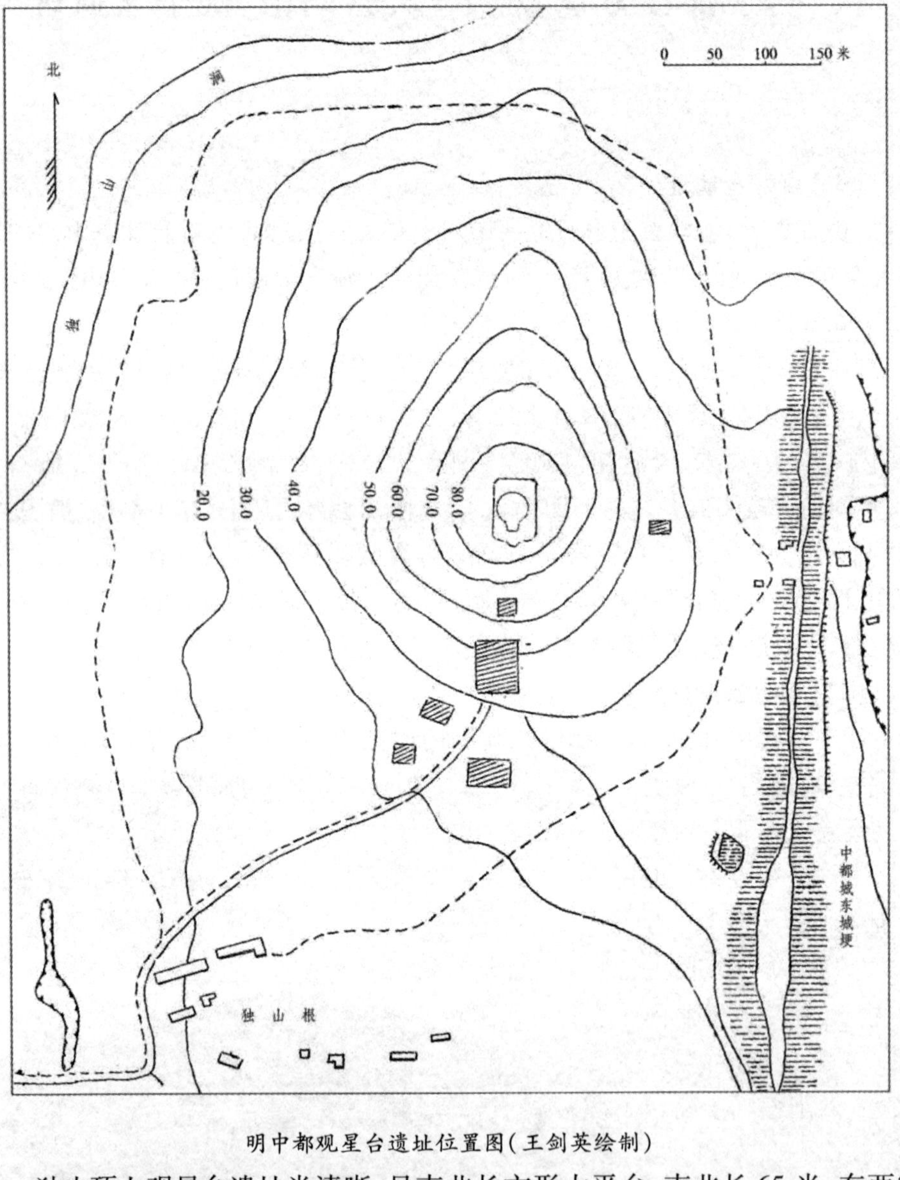

明中都观星台遗址位置图(王剑英绘制)

独山顶上观星台遗址尚清晰,呈南北长方形大平台,南北长 65 米,东西宽 45.5 米,四周有 50 ~ 80 厘米高的圩埂,宽 1 ~ 2 米。它南部向前突出一块,伸长 7.5 米,最南端有半圆形平台,很像筑亭基址。观星台主体为大平台中心的圆形山顶,顶高出平台约 10 米,海拔为 93.789 米。顶尖为直径约 5 米的圆平面,可能是最高一层台。其余已成斜坡，看不到台阶式的层次了。山顶的正南方有砍削成的平台，再往南，又堆出一块突出在前方的下一层平台，是否是当初形状，不清楚。山顶尖留有圆面直径 27 厘米和 35 厘米的石础两块，规格不同而且小，当是后代的基筑遗物。

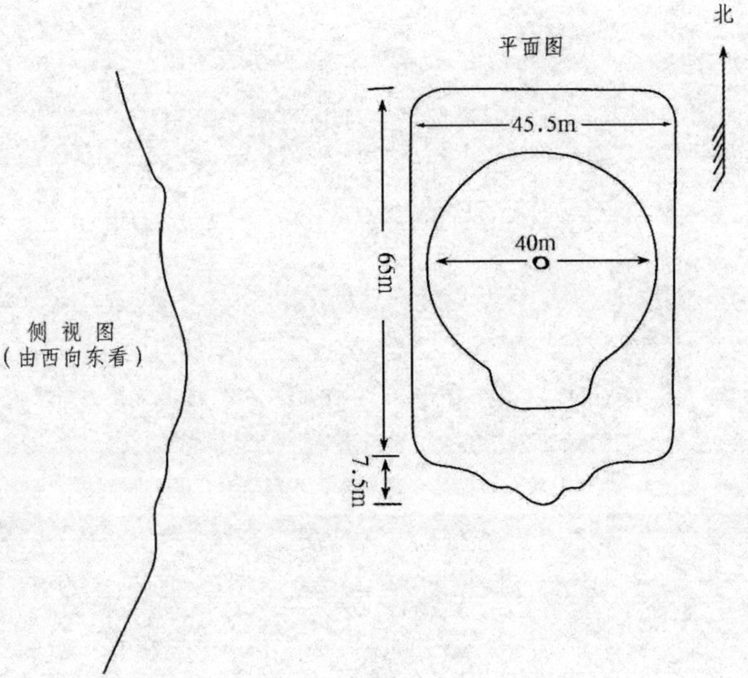

明中都观星台遗址平面图、侧视图（王剑英绘制）

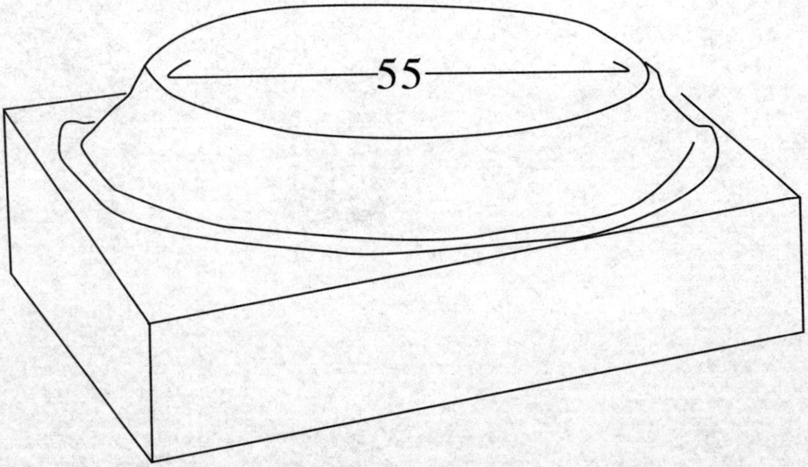

观星台石础图（王剑英绘制）

独山顶上的观星台遗址呈长方形平台,2004 年

独山顶上观星台遗址石础,2004 年

(三)会同馆遗址

会同馆是接待番夷使客的宾馆。洪武初,建中都会同馆于临濠新城(中都城)仁爱坊。罢建中都以后,凤阳府治于洪武八年十月丙申自临淮旧城移至新城内会同馆旧址。

据《凤阳新书》记载,凤阳府治“周围砖城,各衙门俱在内”,并叙述了建置。崇祯八年,农民军攻占凤阳,“衙舍焚毁,知府张以谦重建”。到乾隆时,“府置周回砖城尚完固”。乾隆三十二年,毁于火,重建。咸丰八年,又毁,同治十三年重建。辛亥革命以后,改为凤阳中学。

凤阳府治经过多次焚毁和重建,明初会同馆原建筑的遗迹就很难辨认。现凤阳中学正门内有些建筑的基础,可以明显看出原为木构古建筑,但也不能确认为明初建筑的原位。院内地面及地下尚存有不少石础。东北部有花园遗址。周围的砖城,其实是高大砖墙,基本尚在,因此还能作为一个明初的建筑项目比较完整地保存了下来。

(四)中都国子学遗址

《明太祖实录》载,洪武八年三月癸未,“置中都国子学”。中都国子学在鼓楼西云霁街北明伦坊。十五年三月丙辰,改名为中都国子监。二十六年十月己丑,革中都国子监,师生并入京师(南京)国子监。二十七年,遂改为凤阳府学。清乾隆二十年,建凤阳府城,府学被一分为二,文庙在西城外,“体制不协”,次年,移建凤阳府学于东城之内,旧址遂废。

丘濬《凤阳府重修儒学记》说:“当其创置之初,具古天子辟雍之制;今虽降为诸侯泮宫,然其面势规模,既广且大。”倪岳《凤阳府学乡贡题名碑记》也说:“规制之盛,实冠天下。”《凤阳新书》记载了凤阳府学的建筑情况。崇祯四年毁于火,六年重建,已非明初建筑。

现不仅明初中都国子学的建筑已无存,明末重建的凤阳府学建筑也都不存了,但明中都国子学的遗址尚在。1974 年冬,请凤阳建设局同志协助,对明中都国子学遗址进行了测绘。南墙为明鼓楼西云霁街,东墙在原凤阳府城西门集凤门内,现为一街,西墙在原凤阳府城外,现亦为一小街,东西共宽 210 米。乾隆二十年建的凤阳府城和集凤门,已于 1954 年拆除,仅存光绪三年挑浚的城濠穿越中都国子学遗址。北墙位置不明。明中都国子学原存大碑 4 座,“文化大革命”时砸了,销了石灰,现仅存碑座大龟 2 个,南北并列,东向。石龟长 280 厘米,宽 138 厘米,在桥北城濠西侧。两龟相距 11.5 米,南面一只离街中心 16 米。这些石碑立于何时,尚不清楚。1975 年初,我在皇城(即县城)西北城角外,北城外水库与西护城河接连处的一座小桥底下,偶然发现了弘治十年倪岳的《凤阳府学乡贡题名碑记》，字面向下，搁在那里当桥板了。这是一块在《中都志》《凤阳新书》等府志、县志上都全文记载的有名碑刻，应及早收回、保存、陈列。此外，凤阳县党校宿舍门口，有一块乾隆二十一年项樟的《新建凤阳府学记》，同样也是一块有名的碑刻，因字面向上，大部分字迹已被踏光，但仍应收回、保存、陈列。

在凤阳府城西门城濠东侧，桥北 96 米处，有一口原在国子学内的大井，因此当地称它为“学井”，白玉石雕的八角井圈，出水量大，群众说，老红学的学井，半个凤阳城(府城)吃它的水。

1973 年 9 月，我访问当时已 81 岁的马佩之老大爷，他说，国子学对面，城濠西边的一条南北街，现为买卖牛的交易场所，原是老红学的大门。

九、明中都鼓楼、钟楼遗址

(一)鼓楼

明中都鼓楼,建于洪武八年,位于皇城前云霁街东,与中都钟楼东西相对。《凤阳新书》说相距五里,今实测为六华里整,因明里180丈为一里,今华里150丈为一里,两者均符合实际。《凤阳新书》记载了中都鼓楼的建筑:“筑台,下开三券,上有楼九间,层檐三覆,栋宇百尺……制度宏大,规模壮丽。”崇祯八年,明末农民军攻占凤阳,鼓楼焚毁。崇祯十二年重建。康熙《凤阳府志·凤阳府图》里画了鼓楼。乾隆二十年,以鼓楼为中心修筑凤阳府城,三十五年重修鼓楼,乾隆《凤阳县志》的凤阳县图里画了鼓楼,并有一幅《谯楼归市》图,较为形象地描绘了鼓楼的构造。把它和现存的北京鼓楼相比较,楼的构造几乎完全相同,所不同的是北京鼓楼下面仅有2米高的土台,而中都鼓楼下面是高耸的城楼台基,因此更显得“巍乎翼然,琼绝尘埃”,“数十里外望之如峙霄汉”。

鼓楼台基,1974年

咸丰三年,鼓楼遭火焚毁,然“台址犹存”,“台下阙门额嵌‘万世根本’四大字”。现鼓楼台基尚保存完好,台基上的石础仍在原位未动。

中都鼓楼台基东西向,东西长34.59米,南北宽71.7米,高13.6米,南侧为上楼斜道。台基下正中开三券,中券宽5.07米,高5.3米,南、北两券宽4.05米,高4.6米。三券东西两边的外侧全都是10厘米宽的一圈白玉石。三券间相隔各1.3米。正券上方为砖砌卍字形花饰,外包叶边;南、北两券上方为三联方胜。这些砖砌花饰,全都是磨砖对缝的一色清水大城砖。整个鼓楼台基里外都不抹灰。正券卍字花饰的顶上,嵌有宽2.6米,高65厘米的白玉石门额,上刻“万世根本”四大字,外包大城砖一圈。三券上方的花饰、门额、题字,东西两边完全相同。

鼓楼上城斜道在台基南侧,宽2.5米,由西端缩进4米处开始斜向上,至台基的一半高度,转回向西上台基。上城斜道加筑于鼓楼台基一侧,与台基本身并不砌为整体。

鼓楼台基四周微向内倾,底大面小。台基顶东西长16.55米,南北宽25.95米。大石础存21个,除西面有一个稍有移动外,其余均在原位。从东面石础有两层平面,西面均为一层平面的不同来看,当以向东的一面为正面。从石础的排列位置看,楼为9间,与《凤阳新书》记载相符。以石础中心计算,楼东西长9

1980年代初期的鼓楼台基航拍图(台基上的白点,为鼓楼石础)

米,南北宽22.5米。西后廊宽1.4米,东前廊宽1.2米,南、北廊宽1.3米。中间7间相距尺寸不等,自北向南分别为2.2米、2.6米、3.8米、3.3米、2.9米、2.9米、2.2米,两侧不对称,中心线微向北偏。北侧中偏东有砖砌墙基,东西长2.4米,南北宽1.4米,并有小石础,当是登楼的楼梯部位。

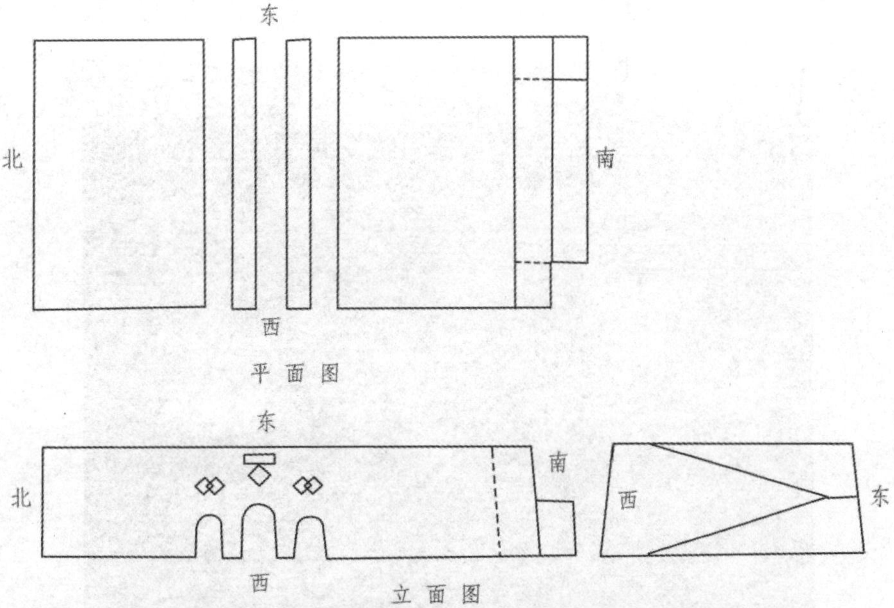

明中都鼓楼台基平面图、立面图(王剑英绘制)

鼓楼台基南侧的马道,1974 年

鼓楼东北台基及石础,1974 年

鼓楼东南台基及石础,1974 年

鼓楼南部台基及石础,1974 年

鼓楼台基上的石础,1974 年

鼓楼台基保存完好,是600年前明中都建筑保留至今的最为完整的建筑物。

(二)钟楼遗址

《凤阳新书》记载:"钟楼在云霁街西,与鼓楼对峙,相距五里。洪武八年建。下有台,开三券;上有楼,重檐三覆;中悬铜钟,以警朝夕。"这里说的五里是明里,合华里六里整,丈量无误。

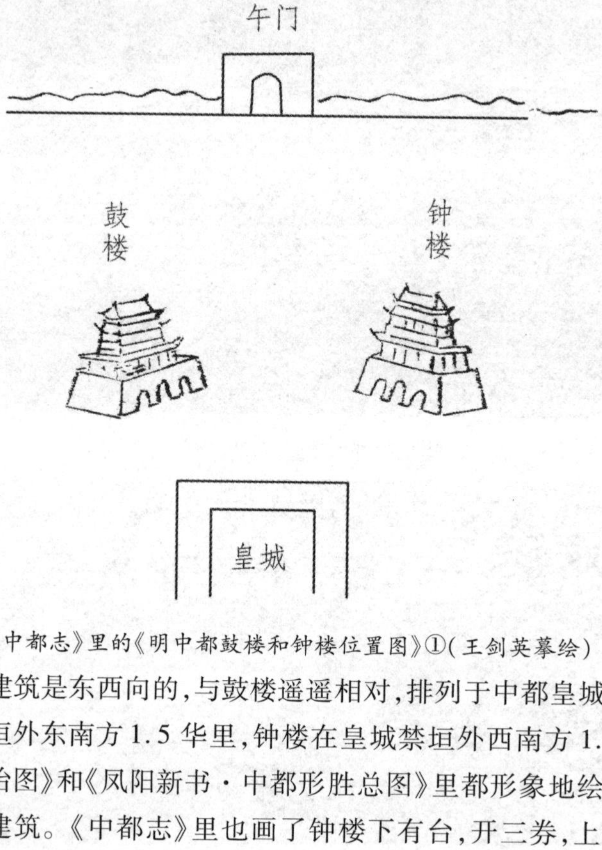

《中都志》里的《明中都鼓楼和钟楼位置图》①(王剑英摹绘)

中都钟楼建筑是东西向的,与鼓楼遥遥相对,排列于中都皇城前东西两方。鼓楼在皇城禁垣外东南方1.5华里,钟楼在皇城禁垣外西南方1.5华里。《中都志·凤阳府治图》和《凤阳新书·中都形胜总图》里都形象地绘了中都鼓楼、钟楼的位置和建筑。《中都志》里也画了钟楼下有台,开三券,上有楼,重檐三覆,与《凤阳新书》的文字记载完全一致,也就是说钟楼和鼓楼的建筑是完全相同的。

康熙《凤阳府志》说"钟楼……今楼已圮,其(台)址犹存",府志的图上,钟楼台基尚屹立于明中都城中,并注记"钟楼旧址"。到乾隆《凤阳县志》图中,钟楼仅存一土台,已无洞券,很可能是乾隆二十年新建府城时,把钟楼旧址列为皇城内外"废砖及台基"并把它拆了。1961年1:5000的地图上,测绘有高出附近地面3米

①图中"午门"应为"洪武门"

多的大废墟。1973 年至 1974 年,我多次前往调查,遗址仍在,公路两侧已渐扒平。1975 年平了遗址,扒了台基脚大城砖,拔了台基底下打的密集的木桩。

凤(阳)淮(南)公路穿越钟楼遗址①,1974 年

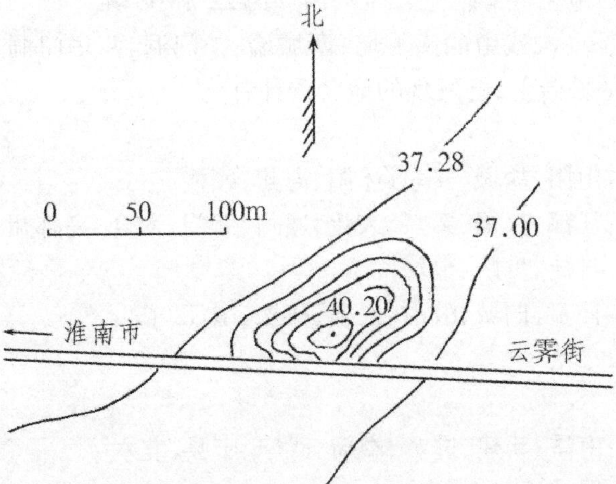

明中都钟楼遗址北部地形平面图(王剑英绘制)

①图右高地为钟楼遗址,1975 年春被挖平,遗迹已不清楚。

十、明中都城砖

(一)明中都城砖的分类和种数

营建明中都所用的砖,具体由哪些单位负责烧造,无史料记载。到目前为止,已发现:

一,地方烧造的砖:有南京(江苏、安徽)、江西省、湖广省的22府68县以及不知地名的都、府砖和均工夫砖。

二,军队负责烧造的砖:有驻本地的留守卫、凤阳卫、怀远卫、长淮卫的砖以及少量由应天卫、扬州卫等运到的墨书砖;有百户、总旗、小旗军人名砖115种;有军人名的金、木、水、火、土五行砖86种。

三,字号砖:如仁、义、礼、智、信;温、良、恭、俭、让;春、夏、秋、冬;一、二、三、四、五、六、七、八、九、十等135种。

四,标明系罪犯所烧造的少量刑狱砖。

(二)地方烧的砖及其有关考证

1.已发现的地名砖有南京、江西、湖广的22府68县

目前在中都皇城残留的南城墙、西城墙、午门洞、西华门洞、鼓楼台基及散布在凤阳各处的城砖上,已发现的地名砖计有:

南京

[淮安府]:山阳、盐城、安东、沭阳、海州、赣榆

[扬州府]:江都、仪征、泰兴、兴化、通州、海门、六合、高邮州

[镇江府]:丹徒、丹阳、金坛

[安庆府]:怀宁、桐城、潜山、太湖、宿松、望江

[宁国府]:宣城

江西省

[南昌府]:南昌、新建、进贤、奉新、武宁、宁县、北六

[九江府]:瑞昌

[饶州府]:乐平

[广信府]:铅山、永丰

[建昌府]:南城、南丰、广昌

[抚州府]:临川、崇仁、金溪

凤阳明中都已发现地名砖分布示意图

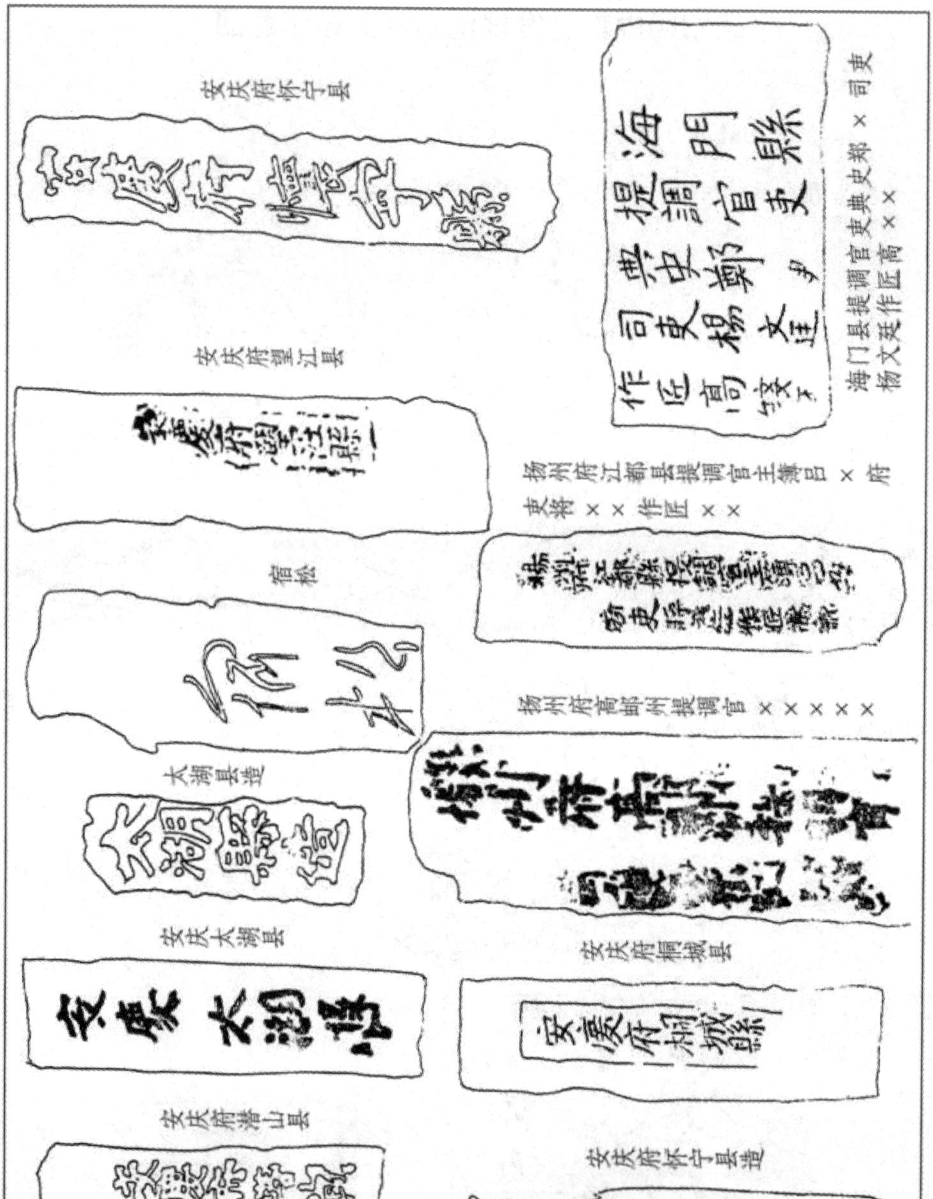
地名砖
安庆府怀宁县
安庆府望江县
宿松
太湖县造
安庆太湖县
安庆府潜山县
安庆府怀宁县造
安庆府桐城县
扬州府高邮州提调官 ×××××
扬州府江都县提调官主簿吕 × 府
吏蒋 ×× 作匠 ××
海门县提调官吏典史郑 × 司吏
杨文延作匠高 ××

地名砖拓片描摹(一)

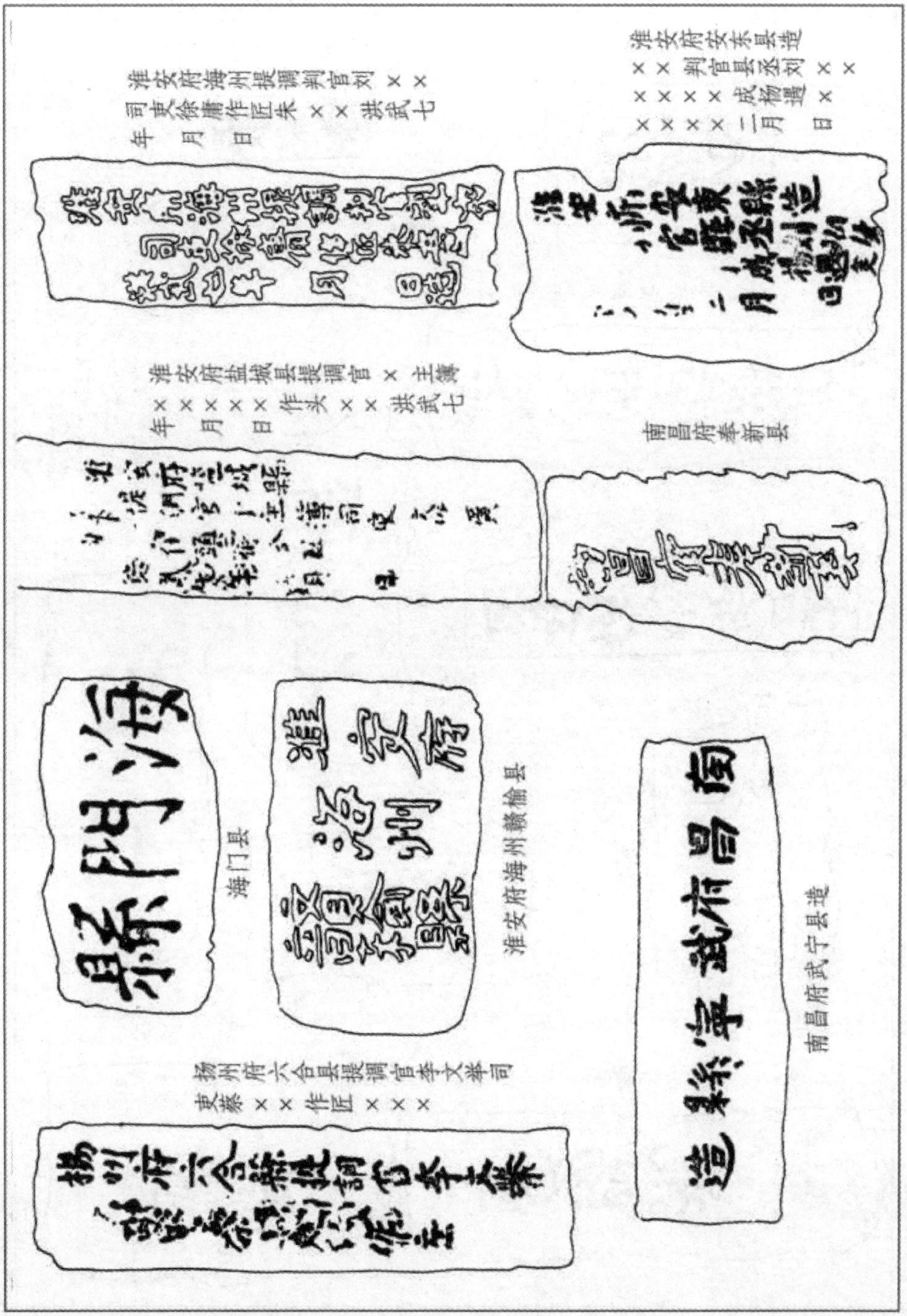
淮安府海州提调判官刘××
司吏徐庸作匠朱××洪武七
年 月 日
淮安府安东县造
××判官县丞刘××
××××成物遇×
××××二月 日
淮安府盐城县提调官×主簿
××××作头××洪武七
年 月 日
南昌府奉新县
海门县
淮安府海州赣榆县
南昌府武宁县造
扬州府六合县提调官李文举司
吏蔡××作匠×××

地名砖拓片描摹(二)

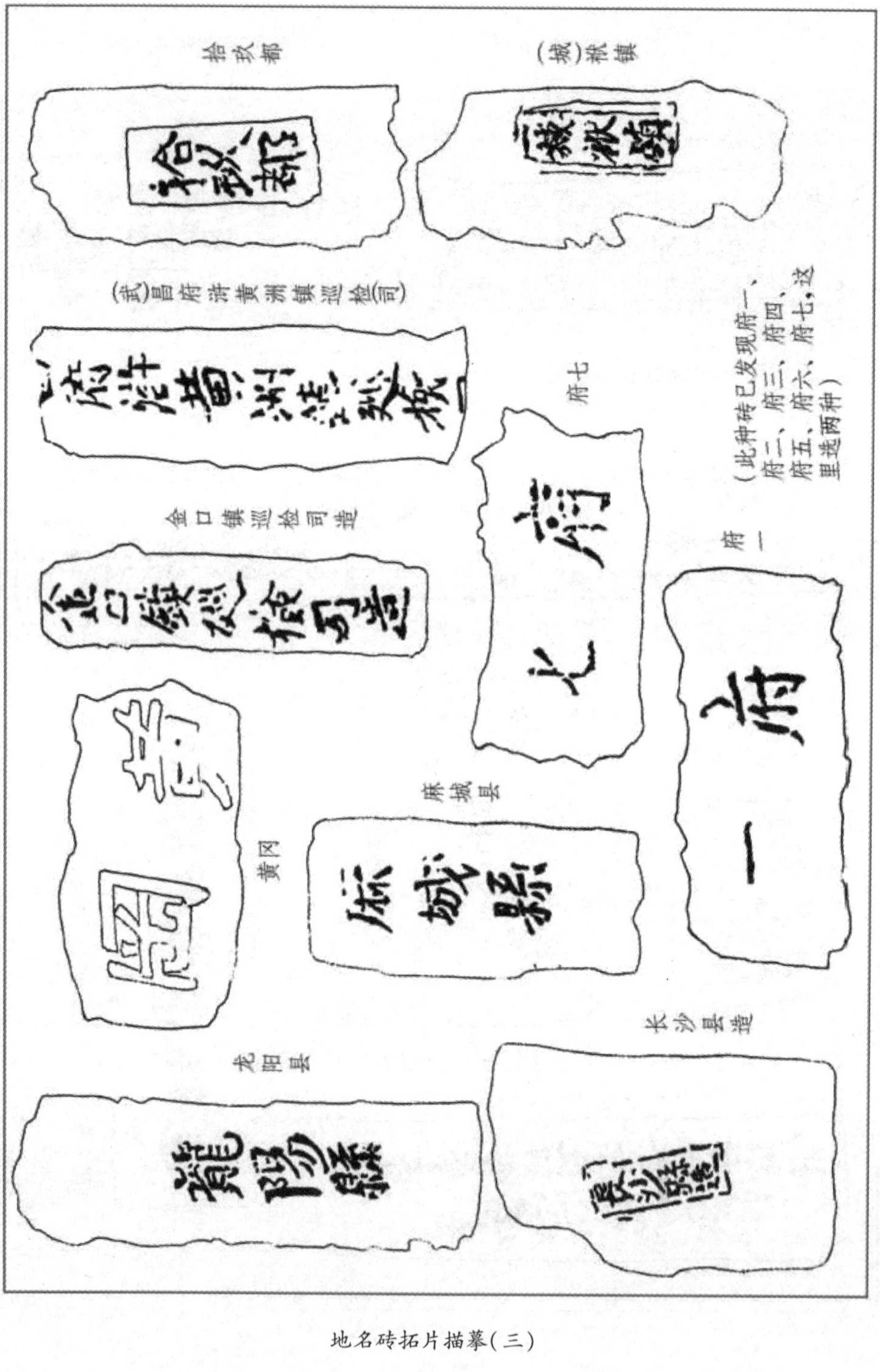
拾玖都
(武)昌府浒黄洲镇巡检(司)
府七
(此种砖已发现府一、府二、府三、府四、府五、府六、府七,这里选两种)
金口镇巡检司造
府一
麻城县
黄冈
长沙县造
龙阳县

地名砖拓片描摹(三)

[吉安府]:庐陵、泰和、吉水、永丰、安福、万安、永新、永宁

[临江府]:清江、新淦、新喻

[袁州府]:宜春、萍乡

[赣州府]:赣、信丰、会昌、安远、瑞金、龙南

湖广省

[武昌府]:金口镇巡检司、浒黄洲镇巡检司

[汉阳府]:汉阳、汉川

[黄州府]:麻城、黄冈

[岳州府]:巴陵、(?)

[长沙府]:长沙、浏阳、湘乡

[常德府]:龙阳

[衡阳府]:常宁

2. 有关征砖地区的几点分析

以上仅是两次考察得到的结果,很不全面。当然还有很多府、县的砖尚没有被发现,可见当时修建中都城,征砖的地区是很广的。

一,在已发现的大量城砖中,没有标明为临濠府、中立府、凤阳府及其所属州县烧造的城砖,可能是因为洪武初修建中都城需要大量劳役,因此没有承担烧砖任务。

二,与南京城地名砖相比,两地都有的有:扬州府、镇江府、安庆府、南昌府、建昌府、抚州府、汉阳府、黄州府等。而南京有应天府、常州府、太平府、池州府、宁国府(凤阳仅有宣城一县)、瑞州府、九江府(凤阳仅有瑞昌一县)、南康府、饶州府(凤阳仅有乐平一县)、武昌府等府的砖,在凤阳几乎都没有发现;凤阳有淮安府、吉安府、临江府、袁州府、赣州府的砖,在南京也没有发现,因为当时南京也要筑城,在分担烧砖的任务上,可能有所分工。

三,江南苏、松、嘉、湖、杭的砖,中都和南京都没有发现,可能是因为苏松地区钱粮特重,并把上述五郡“豪民”已迁徙到凤阳,所以不征他们的砖了。《明史·俞通源传》作“徙江南‘豪民’十四万田凤阳”等等。

四,发现有南京地区淮安府、扬州府、镇江府、安庆府的大量城砖,说明在南京地区还是有征砖任务的。

江西、湖广东部地区各府基本都有征砖任务。极个别府没有找到的还待今后进一步去找到。

3. 中都城砖是记录明初州县建置的原始资料和实物证明

从城砖上的州县名称来看,证实了明初与以后建置的一些不同。

如“南昌府宁县”砖。《明史》卷43《地理志》“南昌府·宁州”条:“宁州,洪武初,改县为宁县,省州入焉。弘治十六年,升县为州。”宁县砖证明了《明史·地理志》该条所载是正确的,砖上名称是洪武初期的名称,当时宁州称为宁县,属于南昌府,后来才升为州的。再如“扬州府六合县”砖。《明史》卷40《地理志》“南京·应天府”条:“六合,洪武三年直隶扬州府,二十二年二月来属。”据此,六合县只有洪武三年到二十二年的19年间,属于扬州府,所以当时也征了六合县的砖。并标明隶属扬州府,证明了《明史》记载是与历史事实相符的。

此类砖对考察明朝初期州县建置沿革是很有价值的原始资料和实物证明。

字砖“巴岳”,有可能是岳州府巴陵县的简写,这是发现的唯一一块地名简写砖。城砖书写一般都是某某府某某县,或仅有某某府或某某县。

4. 仅写几都、某巡检司、某镇、几府的砖

地方砖一般都以府或县作单位,但还有少数写某某都、某某巡检司、某某镇的砖,如:

一,都:十六部(都)、廿都上、卅都、拾玖都、六十三都立等。

二,巡检司:金口镇巡检司、浒黄洲镇巡检司。

三,镇:城袱镇。

此外,还有一些地名砖尚未查出是哪里烧的,如府城县等。《明史·地理志》南京、江西、湖广等地未载。

有一些尚不清楚何属的砖,如府一、府二、府三、府四、府五、府六、府七、府九等。

5. 均工夫砖

均工夫砖。南京城有“袁州府萍乡县……人户许受,洪武十年”砖,是百亩以上的大户所烧。当时除了地方官府和百亩以上大户人家烧造的以外,也有普通老百姓烧造的。明朝正役中,均徭是按财产签派的徭役,地凡一顷者,出丁夫一人,每10年服役两次,地不足一顷者,与其他人土地合并计算应役,叫“均工夫”。

凤阳中都城有“临江府新淦县洪武四年均工夫造”砖,“洪武四年均工夫造”砖,“临江府新□县十一和(都?)均工烧造”砖,说明修建中都城不论百亩以上的大户还是只有少量土地的农民,一律都要承担烧砖的徭役。

6. 城砖上提调官、司吏、作匠的题名及与南京城砖的异同

地方负责烧砖的官吏叫“提调官”,由州判、县丞、主簿、判官充任,下有司吏、监造人、作头、作匠,具体人名一并列下。这些砖可能是官府统一经办,再分系人户或均工夫所造。

南京所属淮安府、扬州府、镇江府烧造的城砖一侧都有“某某府某某县提调官判官(县丞、主簿、司吏等)某某作头(作匠)某某”。江西、湖广各府县的砖则只写某某府某某县,或只写某府或某县,不书官吏匠人名,但估计各地负责烧砖情况大致相同,只是记载有详略。

南京城砖上模印的字与中都城砖上模印的字有同有异。

一,中都城砖只有南京所属淮安府、扬州府、镇江府记录提调官等姓名,江西、湖广不记录,南京城砖则江西、湖广亦记录。

二,中都城砖只记录州县的提调官、司吏,南京城砖则往往府、州、县并记,如:扬州府、高、邮州兴化县、扬州府泰州石泉县、黄州府蕲州蕲水县等,则府、州、县三套提调官、司吏姓名并列;扬州府泰兴县、吉安府万安县、长沙府湘阴县等则两套提调官、司吏姓名并列。

三,南京城砖有仅列总甲、甲首、小甲并窑匠、造砖人夫姓名的砖,中都没有见到过这样的砖。也没有见过“总甲”“甲首”“小甲”这样的名称。

7. 地名砖所占比重不算很大

地名砖在整个城砖中所占的比例不算很大,仅在中都午门洞内、鼓楼门洞内发现比较集中的地名砖,城墙残垣上则为数极少。发现的数量最多、分布最广的字砖是五行砖和军队烧造的砖。

(三)军队、卫所烧的砖

军队、卫所烧的砖大致分为下列几种:

1. 卫所砖

一,确实写明所属卫所的砖,如“留守司中右所百户周□、总旗刘□小旗王□□军人□□”砖、“留守司中右所百户王坻所洪武十年”砖等。在中都留守司管辖下的八卫一所(皇陵卫、凤阳卫、凤阳中卫、凤阳右卫、留守中卫、留守左卫、怀远卫、长淮卫、洪塘湖屯田千户所)中,凤阳卫、凤阳中卫、留守中卫、怀远卫、长淮卫的砖已经找到,书写格式基本相同。计有:

[凤阳卫]:凤阳卫左所 、凤阳卫右所、凤阳卫后所。

[凤阳中卫]:凤阳卫中右所。

[留守中卫]:留守司中右所、留守司中后所。

[怀远卫]:怀中所、怀左所、怀前所、怀后所。

[长淮卫]:长淮卫后所。

凤阳右卫、留守左卫大概也有砖,只是由于普查时注意不够,目前还未找到。皇陵卫烧的砖也尚未找到,大概另有别的任务。

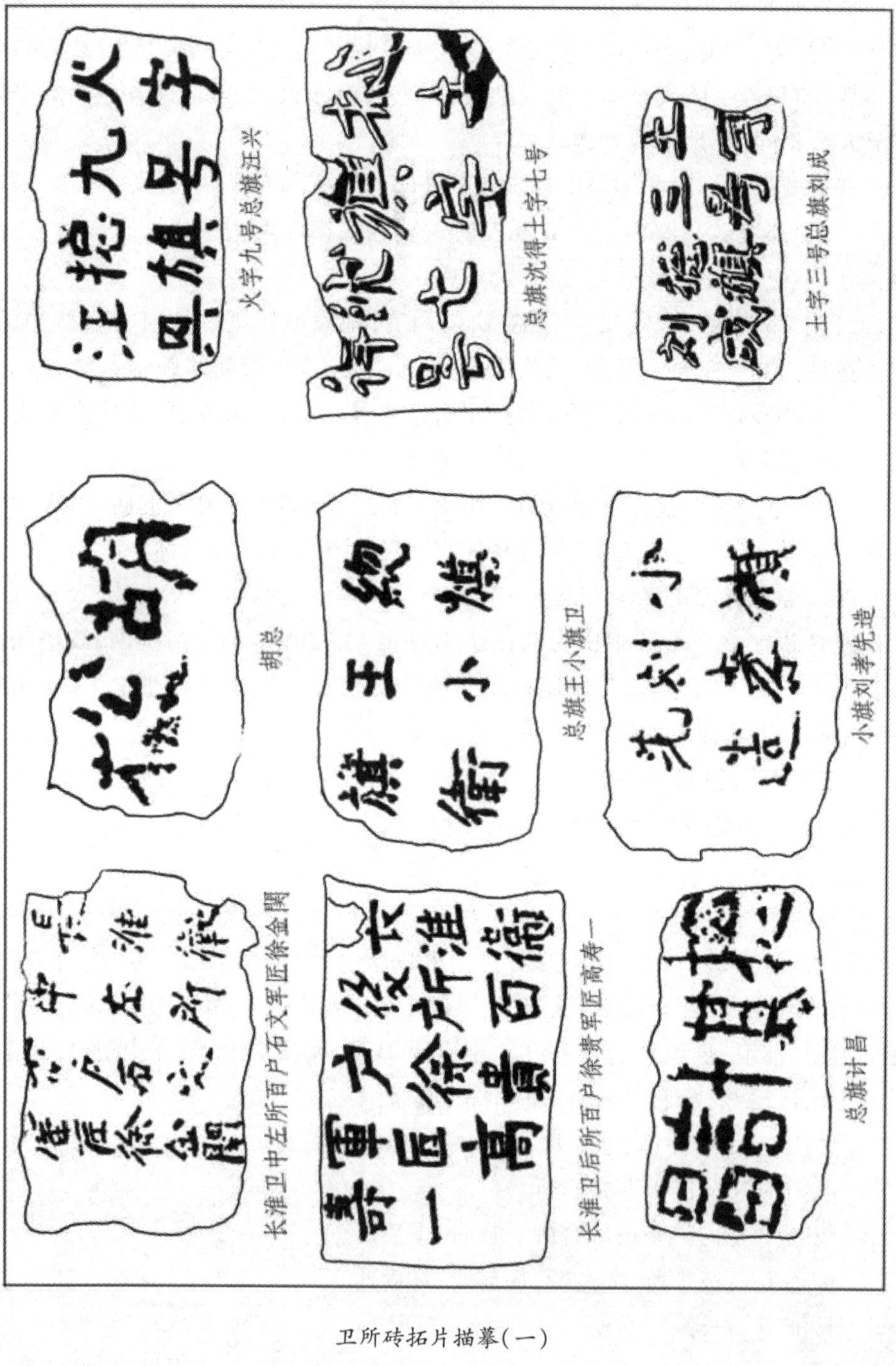
火字九号总旗汪兴
总旗沈得土字七号
土字三号总旗刘成
胡总
总旗王小旗卫
小旗刘孝先造
长淮卫中左所百户石文军匠徐金閧
长淮卫后所百户徐贵军匠高寿一
总旗计昌

卫所砖拓片描摹(一)

卫所砖
留守中左所百户王戴总旗×祥小旗小雇军人郭二造
留守司后所百户陈用
留守右所百户曹×总旗胡海小旗×成军人××
怀中百户方造
凤阳卫后所百户孟德总旗×德小旗×顺军曹×
留守司中右所百户王××洪武十年
怀前潘百户造
凤阳卫左所百户张俊总旗张甫成小旗×来×军×造
留守司中右所百户×××洪武十年

卫所砖拓片描摹(二)

二，在以上卫所砖中，较完整的是怀远卫各所。还发现“长淮卫中左所百户陈信总旗张春小旗张一军匠□”砖和“长淮卫中左所百户石文军匠徐金□”砖，根据卫所砖书写规律，可以肯定当时还存在“长淮中卫”，只是尚未看到当时史料的记载。据《明史》记载，只有长淮卫，没有长淮中卫。但这是后来的定制，因此当时是否曾经设置过“长淮中卫”，还需要进一步研究。

三，发现有留守司砖上印有“洪武十年”字：“留守司中右所百户王垷所洪武十年，”“留守司□□右所□□户杨资总旗宋步小旗□□军人□□洪武十年□”，“□留守司中后所百户□所洪武十年。”说明在洪武十年的时候，已经有留守司机构。《中都志·军卫》：“中都留守司，故行大都督府也，洪武十二年，天策卫指挥佥事万得创建，洪武十四年驸马都尉正留守黄琛开设，辖八卫一千户所。”《寰宇通志》凤阳府：“中都留守司……在府治西南，本凤阳行大都督府旧基，洪武十二年改建留守司于此。……”

据上述史料记载，留守司应是洪武十二年创建或改建，因此从城砖实物和文献记载的出入来看，有下面几种可能：

一，中都留守司在洪武十年以前已存在，并于洪武十二年迁至故行大都督府址。原中都留守司在何处，无文献记载。

二，行大都督府可能是中都留守司的前身，洪武十二年在原址改建为中都留守司，这种可能性比较小。

2. 总旗、小旗姓名砖

这类砖有三种：

一，已发现俱名总旗小旗的砖有：“总旗贾小旗王”，“总旗王小旗卫”，“总旗杨德□旗□□军人王成”，“总旗周保□旗全长军人吴□□□”，“总旗周保小旗倪兴文军人祁贤”，“□旗□□百户□□总旗张捕成小旗□伯□军□□戈”，“总旗董□小旗小军人”。

二，单名总旗的砖有：杨兴先、史保得、史保寿、邢秬、朱、孟、王得、赤、张保、孔、姬闵、黄虎、时、余熟古、彦文包、叶成、陈福、侯甲、周伏、唐友亚、许、杨、施小翁、施小弟、林寿、董成、胡、赵良、周木、赵顺、郭贡、张申、计昌、末李、周胜、店赵、邯EI、宋本、盛旺、荣茂、汇門、赵良兴、叶茂、朱进、府兵兕、王成、孙忠。

三，单名小旗的砖有：赵才陵、邓二、李成、谢黄、王保成（戌）、闻、王成、吕赵顺、郭贡、丁、李就古、陶、李、杨、刘孝先、马、杨详、王□、孟大丁（孟犬下）、胡、顾羊、王成下、卫、博、乔贵下、王保成。

《明史》卷40《兵志》二·卫所：“太祖……覈其所部兵五千人为指挥，千人为千户，百人为百户，五十人为总旗，十人为小旗。”

以上三种砖说明当时军人烧砖,具体负责到小旗一级。

上列姓名中王成、赵顺、郭贡等名字在总旗、小旗都有出现,有两种可能性:一是重名重姓;二是在烧砖过程中,从小旗提升为总旗。

3. 五行砖

金、木、水、火、土五行字号加总旗姓名的砖,已发现的有:

(1)金字号总旗名16人

金一:王玉

金二:王真、李玉

金三:谢共、杨德

金六:逝宗、鲍日、胡

金七:李

金八:彦

金九:范梓

金十:史

金十二:申石王

(2)木字号总旗名3人

禾二:刘木

木六:梁□木

木十:陈桓

(3)水字号总旗名14人

水二:陈兴

水三:史

水五:韩谷、作彐

水六:陶廷、田耻、周旺

水七:刘公

水九:脱火赤

水十:陈福、洪文志、甘濂

水□:韦号杨、刘盛

(4)火字号总旗名22人

灭一:番成、李成、赵寿

火二:姚□、朱辛

火三:悉成、史

火四:李必先、曹清

火五:童、余昳沼青

火六:张英、张成

火七:姜玉、俞兴、娄山

火九:王兴、李□

火十:李远(达)、□德、潘德山

(5)土字号总旗名28人

土一:万□适、胡岳

土二:伊面、郭□

土三:刘成、谢荣

土四:郭羲、郭□、沈(仇)成

土五:祁祥、张法兴、张兴、林三

土六:张志、范主

土七:薛贵、沈得

土八:李寿、徐定、字寿

土九:陈远

土十:张

土十一;杨春、□运

土口:张青、王保、张成、胡

(6)字号不详总旗5人

谢□,徐帖木、栾历干、迪□、郁坐

这种砖有两种可能性:①是军队烧的砖。因为有总旗、小旗姓名。②也有可能是交由军队管理的移民或罪犯所烧的砖,把移民、罪犯按军队组织编制起来,由军队督率提调。

《太祖洪武实录》卷100:洪武八年八月己亥,载《敕太师韩国公李善长、永嘉侯朱亮祖、南安侯俞通源抚谕诸屯,劝督农事》(并载《高皇帝御制文集》卷6、《凤阳新书》卷5、康熙《凤阳府志》卷36):“前者移江南民十有四万诣凤阳,使各农田而实地以壮京畿。恐斯民之众,下人不能驭,特留卿等督责其事而提调之……卿等开国老臣,特示以利害,惟卿督责之是便。”

军队所烧的砖有卫、所等字样,总旗、小旗砖则没有,但至少可以肯定,即使不是军队所烧,也是由军队督造或管辖下烧造的,不可能是地方、人户、均工夫所烧。

还有大量不书姓名、所属的五行字号砖,估计也类似于五行字号加总旗、小旗名的砖,大概也属军队管辖。

五行砖:木字三号,1981 年

五行砖:土字一号,1981 年

金、木、水、火、土五行砖编号自一至十二,写法也不完全一样,即使是同一字号,也有不同的写法:横写、直写,大字、小字,正写、反写,规范写、不规范写。各种都有,如“号字火”“火字号”等。已发现金字 1—12 号,木字 1—11 号,水字 1—10 号,火字 1—7 号、9—10 号,土字 1—11 号。

五行砖分布最广,数量最多,不但残留的城墙、门洞上有很多,凤阳县城镇几乎家家户户墙上都有,举目皆是。但是五行砖上金、木、水、火、土和编号代表什么,还没有搞清楚。

还发现“九水号脱火赤”“□字五号总旗徐贴木”。从名字的叫法来看,很像蒙古系少数民族的名字。说明了明初政权的强大和巩固,不单是汉族,少数民族也被吸收到军队中,充实统治阶级的力量。

(四)字号砖

字号砖在中都城砖中的数量也不少,在残留的鼓楼午门、西华门和城墙上,都可以随意找到字号砖。已发现的字号砖除金、木、水、火、土及其编号砖、总旗名砖外,有 106 种之多。字体、写法不同,内容相同的字号砖,从已发现砖的情况来看,大有 20 多种。已发现的字号砖有:一、二、三、四、五、六、七、八、九、十、十一、甲、甲三、甲九、乙一、丁一、丁二、戊一、己一、己二、庚一、庚二、辛一、癸二;仁、仁一、仁二、仁三、义、义三、礼、礼支、智、智一、信;温、良、恭、俭、俭二、让;天、天四、地、地四、玄二、玄四、玄五、玄七、黄、宙;春一、夏二、秋三、冬四;乐、人十二、工、元、公、福、成、伧、给、诙、数、数字、胜一、胜二、射、射三、亩、明二、军四、山叁、山号水叁、中、中一、中三、正、日、和一、和二、商一、遇、遇二、遇四、显、全、合、金、早、治、部五号、焦、大吉、王夙、天来、日七、亙等等。

这些字号砖中,除有些单字外,多数也按一、二、三、四……顺序排列、编号。同五行砖一样,最多只排到一个地支,即十二号,如“玄七”“人十二”等。但更多的只排到一、二、三、四,如“胜二”“明二”“夏二”“中三”“山叁”“射三”“遇四”“天四”“地四”等。

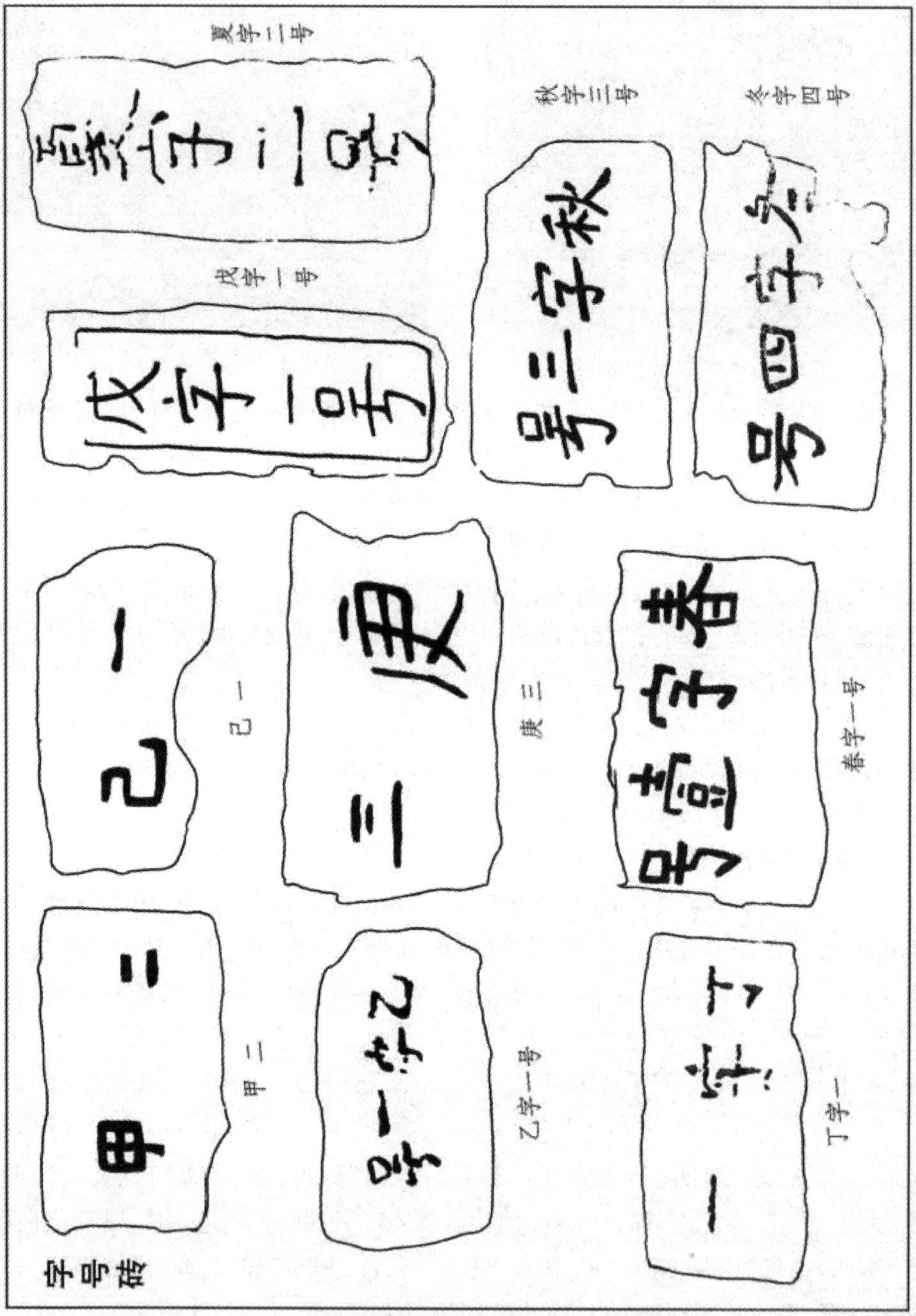

字号砖拓片描摹(一)

字号砖拓片描摹(二)

字号砖拓片描摹(三)

对于这类字号砖，目前尚不清楚是何人所烧。地方砖均有州县名，军队砖有卫所名，似可除外；但字号砖所代表的单位究竟是服徭役的民夫还是移民，还是罪犯，尚难断定。或者，是否可以认为它代表的不是类似军队编制那样的组织，而是临时的、散乱的有多少算多少，有几排到几的组织，或者可以认为是记录砖窑名称和出窑次数的符号。

还有一部分符号砖，如“阝五号”，“”，“”，“”，“|○|”等，类似于图章，大概与字号砖是同一类型的人所烧造。

（五）纪年砖

纪年砖有4种：

1. 军队、卫所砖上附有烧造的纪年

“留守司中右所百户王垠所洪武十年”

“□留守司中后所百户□所洪武十年”

“留守司□□右所□□户杨资总旗宋步小旗□□军人□□洪武十年□”

2. 地名砖上附有烧造的纪年

“淮安府盐城县提调官卜主簿司吏徐广作头孙八三洪武七年月日”

“淮安府安东县造提调官县丞刘□作头丁成杨造洪武七年二月日”

“淮安府海州提调判官刘□□作头朱德山洪武七年月日”

“淮安府海州提调判官刘子安司吏徐庸作匠朱立山洪武七年月日造”

“丹阳县提调官主簿李伯延司吏郑良匠人何盛洪武七年月日造”

3. 均工夫砖上附有烧造的纪年

“洪武四年均工夫造”

“临江府新淦县洪武四年均工夫造”

4. 纪年砖

“洪武三年造”

“洪武七年造”

有纪年的砖在军队卫所砖、地名砖、均工夫砖上都出现过，有的砖写纪年，有的砖不写，因此可以说书写纪年是可有可无的，但从纪年砖上的年代正好与文献资料上记载的修建中都城年代相符合这一点来看，它从实物上证明了文献资料的正确。

（六）刑狱砖

曾发现过极个别的刑狱砖，“城狱造”。说明当时罪犯到凤阳来也有烧砖任务。

（七）其他类型的砖

1. 运来的墨书城砖

在午门内金水桥下发现两块墨笔书写的砖："应天卫后所百户□□□总旗陈信小旗□贵，运到城砖一千块整□洪武六年九月七日"，"扬州卫右所百户刘青石小旗王均用胡名运到砖一千块整"。

"运到城砖"有几种可能：①在外地烧好了砖，运到凤阳来。因为从砖上字看来，应天卫、扬州卫距离中都城不太远，而且数量不多，只有"一千块整"。②在凤阳烧好的砖，运到交收地点。因为城砖很重，每块50斤，运送不方便，而到凤阳来烧造，取水用土方便，距离又近。所以不能排除这种可能性。

这两块砖用墨笔书写，可能是在砖运到之后才写的。

是否除了应天卫、扬州卫外，别的卫所、别的地区也有运来的砖，不清楚。但从这两块"运到城砖一千块整"的记录来看，总数目决不仅止这些。

2. 刻划书写的砖

已发现的有字砖，绝大多数是模印的字，印好之后再烧造的。其中有少量砖上的字是用竹签刻画书写的，书写流利，没有模印的痕迹，显然是出模后的手书。这种砖多出现于地名砖上，如"南昌府南昌县"的竹签写砖就有相当一批。估计是印模不敷应用，来不及模印而补书的砖。

3. 雕花砖

发现几块雕花砖，在城砖长侧面雕有优美的菊花等花纹，深度约为1.3厘米。

（八）无字砖

无字砖在中都城砖中的比例最大，在凤阳现存城砖中占半数以上。残留下来的皇城西墙外侧，有段长达几米的墙砖无字。为什么同时建筑，有的砖有字，有的砖无字，尚不清楚。从有字砖与无字砖数量的比例来看，可能多数砖是无字的，有字砖只是由某单位负责烧造的标记，所以数量不多。

（九）字砖的规格、字体

1. 字砖规格

标准城砖长40厘米，宽20厘米，高11厘米，误差在半厘米左右，重约50斤。也有个别较薄和特大的砖，特大砖厚至13～14厘米。有字面一般都在侧面。地名一般印于长侧，少数印于两侧，个别有印在大面上的，如"袁州府萍乡县造""赣州府瑞"。军队、字号印于短侧，如"总旗计昌""金字号"等。

2. 字砖的书写格式、方法

一，有横写、直写，一般从右到左、从上到下，例如：

（横写）号拾字土 （横写，自右至左）

（直写）金字十一号 捻旗刘仲思 （直写，自上至下，自右至左）

也有从左到右的。例如：

土字三号　智字号

说明在明朝时候就已有从左到右的写法了。

二、有正写，有反写，有正反都写的。例如：

夏字二号（正写）天宇四号（反写）

号一十字木（反正都有）

反写字大概是因为刻砖模时刻反了。

三，有凸字，有凹字，深度或高度一般在 2 毫米左右。

四，异体字

字砖上的字多数写法规范，也有少数异体字，如壹字写为“壱”字；贰字写为“贰”“弍”“樲”“贰”字；叁字写为“叁”字；总旗的总字都印成“揔”“捻”“緫”，而不写“緫”字；旗字有时也写成“其”字。另外，还有一些如“县”“內”“坐”“由”等字，也是不规范的，这些写法不见于史书，不见于辞典，因此不知是否是当时流行的写法，还是有意避讳。这些异体字为我国文字的发展提供了资料，可供文字改革参考。

（十）城砖数量

一，明朝自洪武二年九月修建中都城到洪武八年罢建中都，修建了大量建筑物，用砖不可胜数：皇城墙长六里，高□米，宽□米；中都城九门、十八水关、北左甲第门两侧砖墙，独山半截东城墙；宫殿；桥；鼓楼、钟楼等台基；皇陵城，还有其他大量的坛庙、官府、营房、公侯宅第……这些大规模建筑，一时还难以估计确切的用砖数量，但总数在百万。

二，现今除了仍然保留的鼓楼台址、皇城南城墙西段、西城墙、午门洞、西华门洞的砖外，凤阳县及附近农村除这一两年新建房外，几乎家家户户都用清一色的大城砖盖房、砌墙，甚至盖厕所、畜舍、铺路也用城砖。照当地话讲“我们凤阳人吃老祖宗 600 年了”。此外，“文化大革命”时期，凤阳县仅出卖给上海的城砖就有 100 多万块。1974 年夏，城西公社盖大楼，扒内五龙桥的砖，结果桥没扒完，一幢两层大楼就盖好了。可见当时中都用砖量之大。原安徽省第四监狱（今凤阳县党校）的大群建筑，也是扒了几座桥盖起来的。

（十一）烧砖地点

修建中都，征调各地的劳役烧造大量城砖。南京、江西、湖广许多州县和中都留守司所属各卫，多数都有烧砖任务。究竟城砖是在凤阳本地烧的，还是有外地烧好运来的，要进一步调查、研究。但下列两点可以肯定：①卫所的砖肯定是在凤阳当地烧的，因为留守中卫、凤阳中卫、怀远卫、长淮卫等都在当地，不会跑到外地烧了运来。②移民、罪犯的砖，当然也是在凤阳当地烧的。

皇城东七里处独山大队小铁路基附近、独山涧旁，挖出大量砖窑，比比皆是，甚至曾挖出过整窑的城砖。据当地老人讲，西庄周围方圆七八里地分布几百个砖窑。1981 年 3 月，我们两次到现场挖掘，挖出金字号砖及窑围。但没有找到烧地名砖的窑。当地老人讲，此地有运粮河，从淮河运粮食，可以供应民夫，当地又有水，井很多，荒地很多，烧砖很方便。这样大面积的一片砖窑，似乎可以证明中都城砖大部分是在此地烧的。

另外，在独山东窑湾、城西公社南窑湾、老人桥南也发现大批砖窑。

各地方到凤阳烧砖的可能性很大：每块砖重 50 斤，路途遥远。从江西、湖广到凤阳几千里地，运输艰难，但是也不排除外地运砖来的可能性。这些问题，有待今后进一步发掘砖窑遗址才能证实。

（十二）明初建筑物上地名砖、卫所砖、字号砖的排列情况

现在尚保存洪武时期所建建筑原状的地方，只有午门、西华门、西城墙及南城墙西段一部分和鼓楼台基。从这些遗址上保留的城砖来看，字砖排列还是带有一定规律性的。

1. 皇城

午门 5 个门洞：字砖几乎都是地名砖，且集中为南昌府、吉安府、安庆府、赣州府各县，其中杂有少量九江府、建昌府、□□□巡检司及个别字号砖；遇字四号、玄字二号、中；“临江府新□县十一和（都）均工烧造”；个别符号砖：⊗、亘、|O|等。

南墙两段外侧（东至西）：扬州府泰兴县、丹阳县、洪武七年造、镇江府丹阳、金坛县、仪征县、江都县、丹阳县、南昌府南昌县、安庆府太湖县、安庆府怀宁县、吉安府安福县、南昌府、赣州府、南昌府新□县、抚州府临川县、单安县、白水县（？）、吉安府永宁县、宣城县。

东南角楼：袁州府宜春县。

西华门里墙：新建县、广信府、进贤县、新建县、桐城县、赣州府。

至此为止，基本上都是地名砖，有个别字号砖，没有军队、卫所烧的砖，说明上述建筑是由地方供应砖的。

西华门南洞南侧：南昌府□□县、□陵府县、赣州府、吉安府、三仁、仁一、一仁。

西华门南洞北侧：总旗荣茂、总旗董□小旗小军人、恭字号。

西华门中洞："仁一"一片、"亖金号"一片，还有仁二、金字号、壱号、三号、第四号、安庆府。

从西华门洞内字砖分布来看，地名砖只看到一块，多数为军队砖和字号砖。从残存明中都城皇城城砖来看，估计地方主要负责的是南墙和午门洞，自西华门始，以军队砖为主。

西墙外侧（自南向北至西墙中部偏北为止）：火字号、总旗□□、木字四号、赣州府赣县造、金字一号、总旗□□；西华门洞向北约30米处，木字四号一片；总旗府兵旵、总旗王成；西华门洞向北约40米处，"木字七号"一片；总旗施小弟、总旗荣茂、义字号、总旗孙忠；"木字八号"一片；总旗朱进；西华门洞向北约50米处，"木字十号"一片，"总旗末李"一片；总旗荣茂；"火字一号总旗番成"一片约10米长一段；"火字十二号总旗盛仝"一片；火字一号总旗赵□、火字十二号总旗□□、木字十一号、夏字二号、十一号、仁字号、三号、工；"胜二"一片；一；"和二"一片、"和一"一片；中一、射三、三、一中、玄字二号、耒字号、四号、玄字一号，仁字号、玄字二号、金、和二、凵乀、壹、贰号、六号、五、贰号、数一号、胜二、吉水县二十、□字四号T、信字号、中三、火字号、四号、弟四号、秋字三号、四号、火字号、中三、火字号、和二、四号、秋字三号，中、中三、五、火字号、金、和一、和二、十、射三；"贰号"一片；"中三"一大片；贰号、"贰木号"一片；玄字二号、射、胜二、金字号、金三号、中三、胜三、十、早字号、水字二号、土字号、中三、贰号、南昌府□□□、抚州府临川县造、吉安府庐陵县、□□□□县。约10米墙无字砖。安庆府桐城县、□□□□昌县、合、遇字二号。一片有字砖已不清晰。约五六米无字砖。吉安府□县造、南昌府、射三号、显字号、中三、玄字号、(天)、十、贰木号、吉安府宁县、全、壱号、建昌府南中县。

从这段城墙来看，地名砖、军队砖、字号砖都有，显得较为杂乱无章，但仍可依稀看出排列次序：火字号、木字四号、木字七号、木字八号、木字十号、总旗末李、火字□号总旗番成、火字十二号总旗盛仝、仁字号、和二、和一、胜二、中三、贰号、贰木号、四号、五、信字号等。互相交错在一起，一片一片地排列，而且很集中，中部吉安府、南昌府、安庆府等又集中了一片地名砖，10米左右无字砖后又是字号砖，夹带地名砖：建昌府南中县、吉安府等。在整个墙中，"中三"等字号砖拉线很长，这类砖在其他明初残留下来的建筑上是不多的。说明"中三"等砖只供应皇城西墙。另外一些字号砖如"贰号""胜二"等在其他建筑物上则较多地出现。

西墙自北向南约 30 米一段:凤阳卫有一段,非常集中,紧接着是长淮卫一段,也非常集中,夹杂一两块字号砖。因此,该段城墙由凤阳卫各所和长淮卫各所分别提供城砖。

总的说来,从现存皇城来看,地名砖、卫所砖、总旗姓名砖、字号砖都占相当的比例。因此,修皇城的砖,不是仅由军队或地方所烧。

2. 鼓楼

鼓楼南墙西段(自下而上):

金一、土一、木一、辛一

木四

土六、乙字一号

土八

水二

土三

鼓楼南墙西南角有一片东西长约 5 米、高 30 层的砖,都是“土字九号”。

整个鼓楼外墙基本都是五行砖,在鼓楼门洞内有一些地名砖,如“扬州府六合县”“扬州府江都县”等。

以上情况都说明了当时修建城墙及其他建筑时,是各有分工的,按地段由不同的单位提供城砖。

明皇城建于洪武五、六年,主要是地方烧砖和军队烧砖;鼓楼筑于洪武八年,那时已移来江南豪民 14 万,全国的大批罪犯被发至凤阳来“输作终身”或“限年输作”。劳动成员的组成发生了变化,在城砖上也有了相应的反映。

由于明中都建筑大都已被拆毁,城砖已被移作他用,离开了原位,因此对许多字号砖就很难予以科学的分析与说明。

(十三)中都城砖是珍贵的文物,值得研究

城砖有字在历史上是不多见的。明朝修建中都城时,为了讲究质量,以高标准要求,为使各烧砖单位负起责任,便于检查,因此把地名军队卫所烧砖官员、人匠、军匠的名字写在砖上。中都和南京城砖上留下的这些字迹,是一份珍贵的文化遗产,它为研究明中都的建筑历史和明初的地理沿革、军队设置、官吏名称、徭役制度、刑罚制度、文字演变等方面提供了很多有研究价值的文物。

过去几千年来,祖国无数的伟大建筑,都是广大群众创造的,但究竟是谁创造的?能说出姓名来的寥寥无几,都是无名英雄。而中都和南京的城砖却为我们留下了一大批确确实实的真实姓名。

十一、明皇陵遗址

(一)皇陵的历史

皇陵在明中都城西南10里太平乡，今凤阳西南8公里皇陵农场。

皇陵是明太祖朱元璋父母的葬地。元顺帝至正四年(1344年)六月，朱元璋的父亲朱世珍、长兄朱兴隆、母亲陈氏相继因疾疫去世。朱家是一户无立锥之地的贫苦农民，“殡无棺椁，被体恶裳”，浮掩三尺，草草地下葬在刘继祖给他的一块地上。丙午年二月，即宋龙凤(韩林儿)十二年，元顺帝至正二十六年(1366年)，吴王朱元璋遣将取濠州(今临淮)。《中都志》说：“丙午年春，命故臣汪文(汪氏老母之子)、刘英(刘继祖之子)随大军回濠州，修饰金井、园陵，招集亲邻赵文等二十家看守。”四月，朱元璋回濠州省墓谒陵。《寰宇通志》说，皇陵是“岁丙午春诏修”的。在洪武二年二月乙亥诏立的旧皇陵碑碑文里说，他早年为父母“治葬之时，厄于贫穷，衣衾棺椁，不能具备”，“今富有天下……欲启坟改葬，虑泄山川灵气，使体魄不安，益增悲悼，姑积土厚封，势若冈阜，树以名木，列以石人、石兽，以备山陵之制”。洪武二年二月丁丑，荐号“英陵”，五月甲午朔，更名“皇陵”。因此，皇陵陵墓未曾改葬，石人、石兽、皇陵碑等到洪武二年都已竖立。

洪武二年九月，“诏以临濠为中都”，“命有司建置城池宫阙如京师之制”。八年四月，“诏罢中都役作”。同年十月乙未，“筑凤阳皇陵城”。据《中都志》记载，皇陵有内外三道城，“内皇城一座，周七十五丈五尺。……砖城一座，周六里一百二十八步。……外土城一座，周二十八里”。明里以180丈为一里，折合华里，砖城为七里多，土城周三十三里九十丈。

洪武十一年四月，“命江阴侯吴良督工新建皇堂”，“重建皇陵碑”。十二年闰五月丁巳，“皇陵祭殿成，命称曰‘皇堂’”。《凤阳新书》说：“洪武十一年四月，命江阴侯吴良督建殿宇、城垣，植冢木，立华表，树石人、石兽，勒石建亭。”对皇陵又进行了一次大的营建。

皇陵建成以后，明太祖朱元璋、明成祖朱棣都曾多次亲来祭祀。大学士胡广《陪驾祀皇陵》诗云：

圣主春巡日，皇陵晓祀时，
千官陪玉辇，万骑拥龙旗。

场面是极为盛大的。朱元璋一再命太子、诸王来凤阳祀皇陵，明成祖也命皇太子来凤阳谒陵。明政府规定，凡官员以公事路过凤阳的，都要前来谒陵。而凤阳正当直达北京与南京的驿道和淮河交会之处，因此一年四季不断接待大小过境官员的谒陵，竟成了有明一代凤阳的一项极为繁重的负担。

洪武七年六月戊午，立皇陵祠祭署，专典祀事。置陵户3342户，分为64社，供祭、直宿、洒扫。宣德年间，添设守备太监，奉侍皇陵。皇陵卫旧在垣内，洪武十七年修陵垣，迁出于垣外东北重建，今为卫前街。

皇陵在明朝一代，不断兴工修缮，一直保持着宏丽的规模。崇祯八年（1635年）正月丙寅，农民军攻陷凤阳，"焚皇陵享殿"，但"明楼钟簴存焉"，并未"尽遭焚毁"。康熙《凤阳府志》中蔡方炳的《旧陵行》诗具体叙述了官府严重破坏皇陵的情况。诗里说：

三十年前曾过此，苍苍墓木连云起。
……
今日重来过蒿里，凄凉一片成遗墟。
涕泗问居民，谁令成屯否？
居民释来陈始末，连岁年饥不得活。
有司无策救奇荒，许搬木石供粗粝。
上则翻殿瓦，下则移门闼。
柱梁一旦摧，台沼无留礚。
吁，嗟乎！救灾奇策古所无，有司有司真良谟！

于是"规模陋汉唐"（周盘《谒皇陵敬颂》句），壮哉兹陵从古无"（唐顺之《皇陵行》诗句）的明皇陵古建筑群才真正"荡然一空"。乾隆《凤阳县志》说："今惟二碑及石人、马仅存而已。"县志卷首《明陵风雨》及项樟《旧陵》诗：

旧陵南郭外，一径短垣中。
荒碑歌蔓草，石马卧幽宫。

都描写了明皇陵破坏后满目荒凉的情景。

解放后,建为皇陵农场。1976 年,列为安徽省重点文物保护单位。

(二)有关皇陵情况的调查访问

为了了解皇陵过去的情况,从 1973 年起,我先后访问过几十人。现将比较具体和有代表性的材料,择要摘录如下。

马锡才　皇陵农场(1973 年访):

“皇陵土城内原无住家,全都是荒地。砖城已无,但城门土台均在。城呈四方形,坟在正中。皇陵砖城(北门)外地里,原来全都是平铺的大石板,犁不了地。东北方地里,挖了不少砖砌的墙基,有大量灰烬。”(按:这里原是皇陵的神厨、斋宫、混堂等建筑。)

梅正祥　二十里营大队党支部书记(1973 年 12 月 9 日访,时年 50 岁):

“皇陵土城址不高,有几间房宽,有的地段有砖瓦,至今老乡还去挖砖盖房。我父亲今年 74 岁,他 10 岁时放牛,皇陵内全是荒地茂草,没有一块耕地,也没有一户人家,人少了都不敢进来。现在皇陵内的住家,大都是后来寿县一带迁来的。”

郑荫庐(1973 年 6 月 10 日访,时年 71 岁):

“50 多年前,皇陵砖城内全是荒地,一棵树也没有,无人居住。砖城及城门基址还很完整。土城已废,已无门。光绪二十几年,才有几家迁到陵域里来。殿宇房屋全没了,但凭遗址,对建筑情况当时还能想象得出来。祭殿仅剩墙基,有大石础、大石条。陵墓光剩土堆,长了茂草。碑亭已无,皇陵碑、望柱、石人、石马 60 多件尚完整,坏的不到 10 件。”

李昌英　女(1981 年 3 月 17 日访,时年 90 岁):

“我今年 90 岁。20 岁时,从凤台逃荒来到皇陵。那时候,皇陵全都是荒地,草长膝盖高,没有树,到处都是砖石堆,有的山样高,石础、石栏都有,还有黄的、绿的、红的、紫的各色琉璃瓦,石人、石马很整齐。我们是头一家来到皇陵的,原来没有人居住,害怕得很。我们向公家买了块地开荒,3 元钱 1 亩,3 年不要租。地开不动,只有雨后才能挖一点,刨出的大树根烧起来很香,可以当大香烧。后来陆续又来了不少人家。有的因为地开不动,又跑了。地开熟了,公家又来收回去,每亩 8 元。我生了 5 个孩子,有 3 个孩子是饿死在这里的,老头子也死在这里。”

郑以杲　皇陵小学校长(1973 年 6 月 3 日访,时年 46 岁):

“抗日战争以前的情况是这样的。从县城(中都皇城)南门,经午门桥(当为凤阳桥),有一条大道直达皇陵。近皇陵一段,两旁有树。

土城有10里见方，城址有大量瓦砾，但无砖。砖城只有城根，乱砖堆，看不见城基。4个城门还有样子。

皇陵砖城内满是一个半人才能合抱的大柏树。日本侵略军来后，乱砍大树。到抗战胜利，树全都没了。

石人、石马完好。两边是花园，整个西边是一个100多亩地的大花园。

过桥，两边有一对井，上建凉亭。

西边皇陵碑有碑亭，拓碑卖给游人。东边已无碑亭。

享殿有前后两殿，有门。外有垣墙，剩1米左右高，断断续续。殿宽9间，础石直径2米，与故宫大殿相似。祭殿底下是一圈1米高的雕龙白玉石，尚完好。殿前有石桌。原有石香炉、石烛台，老人见过，我虽生在皇陵，但未见到。

殿后有树。坟堆离祭殿约200米，未见宝城、棂星门、石碑坊。

垣墙内到处都是乱砖瓦砾堆。原有很多带龙纹的琉璃瓦，游人来无不捡些带走。

抗战前有五六个人看陵，陈列朱洪武事迹，还从龙兴寺借来朱洪武画像和铜像陈列，都是五岳朝天，龙袍，中年，面相一致。

解放后，各生产队把皇陵城基、断垣、屋基、乱砖堆中的砖石陆续挖取完了。城址、遗址因种庄稼，也耙平了不少。

石人、石马是'文化大革命'初期砸坏的。"

（按：郑老师对皇陵的描述，与其他人对证，都否定了他对抗战前皇陵还有树、有花园、有碑亭的叙述。恐已混杂不少传闻。因叙述比较全面完整，故立此存照。）

（三）有关皇陵建筑的资料

柳瑛《中都志》卷4《陵寝》、袁文新《凤阳新书》卷4《宗祀篇·皇陵》都有详细记载，《凤阳新书》尤为详备，可看本书或我写的《明中都城考·历史篇》。《中都志》和《凤阳新书》还记载有关修陵的事迹和奏章。

万历四十一年，凤阳知县万嗣达为《中都志》增补的《皇陵总图》，是一幅保存到现在的极为珍贵的皇陵图。《皇陵总图》与《中都志》《凤阳新书》的记载，图文互相符合，使我们能了解到当时皇陵建筑的面貌。由于为了印满书页，该图把原为正方的土城和长方的砖城、皇城，都拉扁成了扁方，变了形。布局也没有按真实比例绘，因此只是一幅示意图，而不是一幅平面图。1973年，我在南京图书馆和南京大学图书馆看的《中都志》，都没有这幅图，一直到1975年，我看了北京图书馆的藏本，才发现万历年间还补刻了这样一幅《皇陵总图》。

1973年6月15日，我在凤阳县档案馆看到一张《凤阳明皇陵平面图》，上面未写测绘单位和年月。平面图只测绘了石兽、石人到陵墓的一段。从石人、石兽、华表排列整齐,没有倒裂、缺失,享殿遗址上整齐地排列着石础的情形来看,可以断定是“文化大革命”以前测量绘制的图。图上已无碑亭,仅存残存石础。东面无字碑已向东倒,裂为4段。

县档案馆还保存了几张皇陵石人、石兽、皇陵碑和陵墓的照片。陵墓上已植树,当为建皇陵农场后所摄。

此外,我没有再看到过别的有关皇陵遗址的调查报告和完整的测量图。

(四)对皇陵遗址的调查和测量

1973年6月3日,我对明皇陵土城的部分遗址和砖城进行了草测,9月7日绘制了草图,9月16日又进行了复测校核。对皇陵内的石人、石马、皇陵碑、祭殿、陵墓等,也先后进行了测量。记录如下:

1. 皇陵土城

皇陵土城东门外明初水井,2004年

凤阳至大庙公路在卫前街西南穿入皇陵。皇陵土城北墙在公路里程碑6公里南350米处,自修凤阳至淮南公路后,凤阳至大庙公路里程起点自凤阳汽车站西南移至旧凤阳府城西门外叉道口,缩短了里程,现5公里里程碑在皇陵土城北135米处。此处土城埂极为明显,高出地面两三米,宽六七米。向西500多米为皇陵正门,即土城北门。正门斜向东北,正对中都城正南门洪武门。向东经卫前街南至土墙东北拐,约1.4公里。土城东北角内原有大水关,大水关之北为皇堂桥。均已不存,当地群众都不太清楚此处有大水关和皇堂桥。因此,多次寻访,均未找到遗址的具体位置。需待考古探测确定位置。土城埂自东北拐折而南下,经岗集西至焦庄为土城东门。自北门至东门一段土城,为皇陵土城所经过的最低地段,除两门附近外,都在海拔35米以下,因此城埂也最高。现沿海拔35米线开凿了灌溉渠,原自皇陵北部流入淮河的水就断绝了。土城自东门南下,经杨庄东至土城东南拐,现为南北向小路。折而西,经张庄南,至土城南门。凤阳至大庙公路在土城南门处穿越土城出皇陵陵域。土城南门及附近城埂已全无痕迹。土城过小梁庄,至许家岗北650米处向西南拐。折而往北,经刘塘西岸、刘塘上,至土城西门。“皇陵西墙子”,现称西墙大队,在西门外西南1公里。又经汪家东、西北洼西、孙庄东至土城西北拐。十里井(郢)公社在西北拐西偏北500米,十里井大队(亦称墙拐子)在西北拐西北400米。自许家岗至十里井的大道,基本上都是沿着土城西城埂走的。自西北拐转向东,经十里井南、吴庵子北、二十营子南,至土城北门。二十营子南150米土城埂北,於皇寺即皇觉寺旧址,1973年测量时尚在。“皇墙北墙子”,现为北墙大队,在北门内400米处。

1973年我草测皇陵土城,测得土城呈正方形,周长14.4公里,折合明里正好二十四里,与文献记载“土城一座,周二十八里”数字不符,相差达四明里,即2.4公里之巨。我核对了万分之一的地形图,图上有一东西向笔直的道路,即皇陵土城北墙遗址。图上测量,土城北墙距砖城北墙1.2公里,距砖城中心点1.7公里,如南墙与北墙相对称,则东西墙均南北长3.4公里。皇陵东南尚存南北向笔直的道路,当是土城东墙遗址,距砖城中心线1.9公里;皇陵西边相对距离处亦有南北向大道,当是土城西墙位置。如草测与地形图基本属实,是否有可能为文献记载的错误,即《中都志》误记或误刊二十四里为二十八里,《凤阳新书》又沿袭未改呢?究竟皇陵东、南、西三面的土城以及城门在哪里,有待于考古探测来最后核定。我这里仅仅提出疑问,并把草测的记录留供对比参考。

又《中都志》的《皇陵总图》中,土城四门都在正中,而《凤阳新书》的《中都形胜总图》中,土城北门偏向东北,东西分别注记皇陵卫与祠祭署,南门又偏向西,不清楚两图为什么不同。是否有可能《凤阳新书》画的不是北门,而是经常出入的东角门。这些,也有待于考古探测来核定。

2. 皇陵砖城

皇陵砖城及明楼(即城门)均已拆除无存,仅存遗址。

北明楼(北城门)两侧城埂遗址尚在,城门则已成为平地。北城墙东段高出地面3米左右,植树成林带,为皇陵砖城遗址保存最好的一段。北墙西段城埂比较平缓。北墙东西总长750米。

东城埂现为高出两侧地面的不相连续的宽阔土路,南北长1.1公里。东明楼(东城门)遗址偏北,距东北拐 310 米,距东南拐 690 米,正对皇陵碑,稍微偏南,当与"皇城"金门前成一东西直线。东明楼基址已被扒挖,成为一片灰渣碎砖地,1981 年 3 月 17 日丈量,南北宽 35 米,东西长 25.5 米。据居住旁边的皇陵十一队张国义说,城门基址尚未扒尽,底下还有半人深。

西城墙北段及西明楼(西城门),1972 年冬开挖水沟后,已看不到痕迹。南段则仍有高出两侧地面的宽阔的城埂遗址。西南城拐有宽 20 米的砖屑遗址。

南城墙东西两端均为水沟,东头水沟南为小李庄。南明楼(南城门)遗址尚在,两侧城埂遗址成为田间荒路,能从地表上辨认。

皇陵西明楼以北的砖城遗址,2004 年

文献记载皇陵砖城"周六里一百一十八步"。明里每里 180 丈,折合为 7.6 华里,即 3.8 公里。草测砖城东西长 750 米,南北宽 1100 米,周长 3.7 公里,当是测量错误。

3. 华表并石人、石兽

皇陵华表及石人、石兽在砖城北城门内,自北向南,东西对列。次序为:

独角兽	2 对
石狮	8 对(4 对雄狮、4 对母狮)
华表	2 对
石马与控马者	6 对(1 马 2 人为一组,实为 2 组对)
石虎	4 对
石羊	4 对
石人	6 对(文臣 2 对、勋臣 2 对、内臣 2 对)

共计32对。但《凤阳新书》记载为“三十六对”,而所载位置相同,即在北城门内两旁,直抵金门外御桥北止。不知为何数字与实际陈列不符,短缺了4对。

20世纪50年代皇陵石刻全景

皇陵石人、石兽排列比较密集,每对相隔(以中心计)9.2米,南北总长253米。北端离北城门中心约20米,南端直至金门外御桥遗址前。东西两排之间的相对距离8米,也比较紧狭。

皇陵石人、石兽用的石料呈黑色,有红筋,质地极为坚硬,600多年前雕刻的石人、石兽,经过几百年的日晒雨淋,至今衣着花色、扣带等极为纤细的部分,仍然如新刻一样,极为清晰。

华表呈八角形柱,下有座,上有顶,通高□米,周围浅刻□花纹。

华表及石人、石兽在“文化大革命”前完好,“破四旧”中遭到严重破坏。1973年9月,我调查时作了记录:

20世纪60年代初的皇陵石刻

顺序	名称	西侧	东侧
1	独角兽	四腿断	倒。四腿断
2	独角兽	四腿断	一腿断,两腿损
3	石狮(雄)	完好	二腿断
4	石狮(雄)	完好	完好。座缺一角
5	石狮(雄)	完好	断一腿
6	石狮(雄)	倒。断两腿、前座	倒。断两腿、前座
7	石狮(母)	倒。断两腿、前座	残两腿
8	石狮(母)	完好	倒。断两腿、前座
9	石狮(母)	倒。缺两腿、前座	倒。缺两腿、前座
10	石狮(母)	倒。缺两腿、前座	倒。缺两腿、前座
11	华表	倒。断为两节,缺头	倒。断为三节
12	华表	倒。断为两节,无花纹	倒。断为两节,缺头,座缺一角
13	石马及控马俑	俑缺头,手执缰头,前座有裂损	俑仅存底脚
14		马完好	马缺头、腿、尾、座套,仅存中段
15		牵马俑缺头	牵马俑缺头、脚,仅存身段,身上已凿炸药孔
16	石马及控马俑	执鞭俑缺鞭顶	执鞭俑缺鞭顶
17		马完好	马完好
18		俑缺头	俑完好
19	石虎	缺失不存	完好
20	石虎	完好	完好
21	石虎	缺失不存	完好
22	石虎	完好	完好
23	石羊	头部残嘴、角	倒。完好
24	石羊	完好	完好
25	石羊	完好	倒。完好
26	石羊	完好	完好
27	文臣	头部有缺损	缺头
28	文臣	完好	完好
29	勋臣	完好	完好
30	勋臣	缺头	缺头
31	内臣	缺头	缺头
32	内臣	帽顶少残	缺头

从以上的记录中，统计列表如下：

	华表	石人	石兽	共计	占总数百分比
完　好	—	5	21	26 件	40.6%
有残缺	—	4	2	6 件	9%
严重残缺	4	11(9 件缺头)	15	30 件	47%
缺　失	—	—	2	2 件	3%
其中倒地	4	1	9	14 件	22%

1975 年 11 月，拖拉机又撞倒石人 1 个。

1976 年皇陵被列为省级重点文物保护单位以后，安徽省文物局已拨款修复石人、石兽，现所有倒地的石人、石兽均已竖起，并加了底座。断缺部分，现仅用石柱顶着，尚未修复。

4. 皇陵碑及无字碑

皇陵碑及无字碑在金水河御桥北金门前两侧，东西相峙，相距（中心点）48 米。

西侧为皇陵碑。碑完好，东向。

碑额　宽 217 厘米，高 182 厘米，厚 70 厘米。中下部篆刻“大明皇陵之碑”，宽 71 厘米，高 61 厘米。顶部及四周雕为蟠龙，下边为云朵。

碑身　《皇陵碑》碑文刻石宽 189 厘米，高 420 厘米，厚 63 厘米。碑文 26 行，行 56 字，字径 6 厘米。楷书，共 1101 字。大明、皇陵、皇堂、父皇、皇考、皇妣抬一格，皇天抬两格。碑文有句断，并有声调符号，如：守丧、兄为我哭、侣影相将、相商、趋降、将平湖湘、乐浪、述难等等。碑文中还有很多异体字，如：明（昌运）、親、辛、涼、就、歸、傍等等。由于常年日晒雨淋，碑顶自左上方向至右下方已有带状的石质粉化，个别字迹或笔画已缺失。

碑座　宽 195 厘米，高 135 厘米，厚 70 厘米，与龟趺相连。石龟高约 2 米、宽 2 米、长 4 米不到。

皇陵碑总高度为 7.37 米。

碑亭已不存，仅存石础 11 块，其中 3 块已移位，缺 5 块。碑亭遗址 4 米见方，高出四周地面 1 米左右。

东侧为无字碑，向东倒塌，裂为四段。碑亭不存。

两碑北边内侧各有一井，井亭已不存。

清末至20世纪50年代的皇陵碑

皇陵碑,1981年

皇陵碑碑额正面,1981年

皇陵碑龟趺及石础,1981年

5. 正殿遗址

正殿即祭殿、享殿,《皇陵碑》称为"皇堂",遗址尚在。

据县档案馆保存的测绘蓝图,正殿中心位置在砖城正门内395米,离石碑中心线96米。万历《中都志》中的《皇陵总图》上有正殿左右的东庑、西庑,四周长七十五丈五尺(275米)的"皇城",金门5间和左右角门,后红门3座和左右角门,御桥3座及左右桥两座等,在测绘图上均无。因测绘图只测绘尚存的建筑遗址，并未探测绘制地表上已看不见的建筑遗址，画出全貌。

正殿遗址东西宽43米，南北深17米，上绘石础3排，每排6个，后排西侧缺2个，共16个，颇为整齐。按测绘图，正殿似为5间，但文献记载正殿为9间，因此：石础排列仅为示意，并非如实绘制；清理瓦砾后，对残存石础重新进行了排列。

1973年，我调查皇陵遗址时，在正殿遗址旁看到1.6米和1.3米见方的石础各一块。说是农民来炸石础盖房，农场领导不让全炸了，才留下这大小两块作为遗物保存。现这两块石础中心还都留着当时凿的炸药孔。又有殿台石栏拐角处的石柱一块。1975年10月，与国家文物局调查组到皇陵时，看到蟠龙石栏杆柱一个，照了相。其他石构件都被农场及周围农村抬走作了房基墙脚。

皇陵因游人不绝，因此地面上也很难看到较被完好的琉璃残件了。

皇陵白玉石立柱，1974年

皇陵琉璃瓦当，1974年

皇陵白玉石柱头(一)，1974年

皇陵白玉石柱头(二)，1974年

6. 陵墓

皇陵陵墓中心点在正殿中心点南240米，距砖城正门(北门)635米，距后门南门465米，与东、西、南三面城墙的距离大略相等。因此，陵墓位置并不在砖城中心，略偏后部。

20世纪50年代的皇陵陵丘

陵墓现为一椭圆形土丘，东西宽50米，南北长35米，顶高不到16米。解放后，皇陵农场在陵墓上植的柏树已经成林。陵墓四周一块长方形地上原植的树，“文革”中被伐去，后又补植。

陵墓周围还修了一些土路，栽植了树木。

(五)对皇陵原来建筑方向的推测

现皇陵坐南向北，正门又斜向东北，这种布局设计极为特殊，违反一般向阳朝南的常规。很显然，这是为了与在它东北方向的明中都城相配合。但是，皇陵修建在前，中都营建在后，难道皇陵一开始就是这样修建而不是朝南向阳的吗?

查阅文献资料，皇陵诏修于丙午年(1366年)。洪武二年(1369年)二月诏立皇陵碑。这时尚未决定营建中都，而皇陵已“列以石人、石兽，以备山陵之制”，这是在皇陵碑碑文里明确叙述的。因此，可以作出这样的判断，这时的皇陵建筑必定是向南的。

明中都是洪武二年九月诏建的。八年四月诏罢中都役作以后，同年十月乙未“筑凤阳皇陵城”，十一年四月，又“命江阴侯吴良督工新建皇堂(正殿)”，“重建皇陵碑”。《凤阳新书》说:“洪武十一年四月，命江阴侯吴良督建殿宇、城垣，植冢木，立华表，树石人、石兽，勒石建亭。”因此，从洪武八年到十一年，凤阳皇陵进行了一次大规模的改建工程，于是皇陵就改成了现在这样向北的了。

我曾经就此与中国社会科学院考古研究所徐萍芳同志商讨过。徐萍芳同志说，陵墓的方向是不能改变的，原来尸体是怎么放，就怎么建，不能改。皇陵原来向南，后来改为向北，有没有根据，没有根据，就不能说。

但是，我认为一般说这样，对朱元璋父母的陵——皇陵来说，可以具体分析：

一，朱元璋父母死的时候，是连一块葬身之地都没有的贫农。17 天里连续死了父亲、大哥和母亲 3 人，他和二哥两个青年，要了一块地，把父母兄长草草埋葬，是否顾得方位定向，可以存疑。但一般情况下都是向南的，特意向北安葬这样做的可能性很小，甚至是不可设想的。

二，如果原来就向北，后来何必要新建皇堂、重建皇陵碑，特别是石人、石兽等早已竖立，何必到洪武十一年，再要吴良来立华表，竖石人、石兽呢？

因此，我认为不能排除皇陵原来向南，到中都建成以后，就决定改变皇陵的方向，从洪武八年筑砖城开始，到十一年新建正殿等工程，完成了方向的改变。

1981 年 3 月，我到凤阳进行明中都遗址调查的时候，带着这个问题，希望能得到证实。但是，从地表上看，还没有得到证明。这就进一步需要在陵墓的南部直线上，作一些地层探测，看看有无建筑过祭殿、碑亭和竖立华表、石人、石兽的痕迹，如夯土层、砖、石、琉璃等等。我还特地到皇陵土城南门外东南方 1 公里姜薛家东边去调查了汪氏老母家坟地的情况，也都是向南的。

（六）对保护和修复皇陵的一些设想

皇陵是明朝最早修建的一座陵墓，体制与后来的孝陵、长陵不同。皇陵原是一组巨大的建筑群，现建筑虽俱已不存，仅存陵墓、殿址、皇陵碑和华表、石人、石兽，但因在朱元璋的故乡凤阳，因此远近闻名，游人不绝。1976 年已被列为安徽省重点文物保护单位，并开始了移出公路和修复石人、石兽的工作。

对皇陵究竟怎么进行保护和修复，我有一些考虑和设想：

一，对“皇陵”这个概念应该怎样理解，包括多大范围。我认为，“皇陵”应该指整个陵域，即包括皇陵的砖城、土城及其所有的建筑，还应该包括它东北的皇陵祠祭署，而并不仅仅是指现今尚存的陵墓、殿址、皇陵碑、华表、石人、石兽这一小区域。作为文物保护单位，不仅要保护尚存地面的一些文物，而且还要保护地下的遗址和遗物。皇陵是一个整体，建筑虽已毁坏不存，但遗址尚在地下，需要发掘清理。现陵域上居民和覆盖物不多，又有详细的文献（包括文字和图）记载，发掘清理并不是很难。应该根据不同情况，划出特别保护区和一般保护区。

二，皇陵土城、砖城、城门、水关、斋宫、神厨、混堂、官厅、直房等等，均应探测确切位置，予以保护。土城、砖城遗址宜改为道路或林带。

三，从土城正门，经红桥五座（今石兽北 300 多米公路过河处）、棂星门、砖城北门、石兽、华表、石人、金水桥五座、皇陵碑、无字碑、金门、正殿、左右庑、皇城、后红门至陵墓,应列为重点保护区。

四,在适当时候对皇陵进行全面的探测、测量、考古发掘。绘制确实的遗址平面图、制作沙盘模型,以显示皇陵的体制和巨大规模,并根据条件逐步修复,进行遗址陈列。

五,挨近石人、石兽的树木应迁离。周围不应砌筑围墙,以及进行其他破坏皇陵原来面目的建筑。如有必要,可在稍远处设置铁栏,漆成绿色,不影响视线、瞻观。

六,皇陵碑是朱元璋自述个人经历、元末农民战争、明朝建立的重要历史文物,因常年日晒雨淋,碑石已有粉化,应按《皇陵总图》原碑亭图样,重建碑亭。无字碑亦应扶起接好。

七,皇陵如欲修建房屋围墙,应照原样恢复正殿四周的“皇城”,先建东西庑为管理处、陈列室等用。总之,不要另外设计,破坏皇陵原来的面貌。

八,应制定长远的皇陵修复规划,划出较大的区域栽植松柏和美化环境,逐步恢复近似于皇陵原来的面目环境。陵域范围内一切建筑、交通、水利、生产等设施,都要与规划相一致。皇陵离蚌埠很近,交通方便,把它逐步修复成为一处具有代表性的名胜古迹和旅游场所,条件是十分优越的。

无字碑旁的龙泉井,2004年

九,最近,有同志听说泗州祖陵有地下宫殿,因此想在皇陵也探测一下有无地下宫殿。旧《皇陵碑》说:“欲启坟改葬,虑泄山川灵气,使体魄不安,益增悲悼,故积土厚封,势若冈阜”;重建的《皇陵碑》说:“欲厚陵之微葬,卜者乃曰:不可,而地且臧,于是祀事之礼已定”;《太祖洪武实录》卷16丙午四月丁卯:“时有言改葬恐泄山川灵气,乃不复启葬,但增土以培其封”;《明史·礼志·山陵》也说:“太祖至濠,尝议改葬,不果,因增土以培其封。”所有的文献记载,都明确地说皇陵是原封未动,积土厚封,未尝改葬。至于泗州祖陵,因葬三祖帝后冠服,修筑地宫是完全可能和必要的。所以,皇陵打探眼试探证实一下未尝改葬是可以的,而地宫我认为是必不会有的。

皇陵没有地宫,不一定就没有其他墓室。《明史·诸王传·宗室十五王》:“太祖起兵时,诸王皆前卒,独文正在。”朱文正是朱元璋大哥朱兴隆(追封南昌王)的次子。国初为大都督,有功,后“以罪谪死”,未封王,当亦不附皇陵。他的母亲,即朱元璋的大嫂“南昌王妃王氏,后薨,衬葬皇陵,不配食”。南昌王妃薨于开国以后,虽以子罪不得配食,但仍以王妃礼葬,必有墓室。是与大哥合葬,还是单独葬,没有文献记载,父母不改葬,独为大嫂而改葬大哥就说不过去;大嫂死后,不与大哥合葬,也说不过去,因此难以判断。但如改葬大哥,同样破土,泄山川之灵气。又南昌王妃墓究竟附葬皇陵何处,也无文献记载。《大明会典》卷90载,朱元璋兄嫂、侄儿的坟均“附凤阳皇陵”,究竟附在哪里,也无文献记载。葬父母时只讨到了一小块地,也就不大有可能再另处埋葬。因此,在皇陵作些探测是可以的,恐怕收获不大。

(七)十王四妃坟遗址

十王四妃坟是朱元璋伯伯朱五一、伯母刘氏、4个堂兄弟、3个堂嫂和5个侄儿的坟地。他们原来是散葬在各处的。洪武元年追封。因伯父一家已绝嗣,于洪武初起离旧茔,攒葬一处,建茔域,这就是十王四妃坟的来历。

十王四妃坟在中都城西北粉团洲淮水南岸白塔湾,离凤阳府治25里。从增补《中都志》的《凤阳府治图》和《凤阳新书》的《中都形胜总图》看,白塔坟在长淮卫东边。

据《凤阳新书》记载,十王四妃坟也是一处具有相当规模的坟墓,砖垣一座,周二百二丈四尺,折合675米,正殿5间,东西庑各5间,前后红门各3座,棂星门3座,华表、石人、石兽10对,还有许多相配的建筑,置陵户300户,分编10社,守值洒扫,供办祭品。

十王四妃坟“前对中都城,后枕淮水,地势平衍,四围松柏榆柳繁茂阴翳”。因临近淮河,殿庑门垣一再被淮水淹没。等到水退,泥沙淤塞,殿垣为平。成化二十三年,督工重起殿庑,加垒墙垣。到乾隆时,唯墓冢及周围土墙尚存,石人、石兽一个也不存了。

十王四妃坟的西南,有驸马黄琛墓,即朱元璋侄女庆阳公主的丈夫,建文帝时庆阳公主改封为庆成公主,因此亦称庆成公主坟。

1974年,我特地到长淮卫去寻访十王四妃坟和庆成公主坟,并向当地一些熟悉掌故的人打听。因坟已淹没,年代久远,未能找到遗址。

由于十王四妃坟是改葬的,地下会有墓室。石人、石兽当系淮水浸泡,地基松软而倒塌,与殿台遗址当仍淤于原处。

十二、皇觉寺、龙兴寺

(一)皇觉寺遗址

1. 於皇寺的历史

皇觉寺原名於皇寺,《龙兴寺碑》《皇陵碑》均作"於皇",旧皇陵碑则作"皇觉寺",是一所宋朝时候就有的古寺院。据朱元璋亲撰的《龙兴寺碑》说:"於皇旧寺……前无刊石之可稽,故失始创之由。但知昔宋时先为金所废,后亦为元所废……后金亡宋终,元定天下……于瓦砾中建茅宇而度弟子,以成其寺。"元至正四年(1344 年)九月,朱元璋 17 岁的时候,出家于於皇寺。十一月,以岁歉,寺院封仓,朱元璋离寺游食四方,三年后,归於皇寺,"托身于寺四年"。十二年(1352 年),寺"为乱兵焚"。

朱元璋做皇帝以后,因"旧寺之基,去皇陵甚近,焚修不便",于是在新建的中都皇城东盛家山南重建,离於皇旧址 15 里,赐名大龙兴寺。"皇觉寺"的名称有可能也是后来改称的。

2. 於皇寺(皇觉寺)遗址

於皇旧寺焚毁已 600 多年,原以为必无遗址可寻了。1973 年 12 月 9 日,我按《凤阳新书》卷首《中都形胜总图》上注记的"於皇里""二十家营"的方位,前去考察寻访,出乎我的意料,非但找到了於皇旧基,而且连遗址都尚在。

"老於皇庙"遗址在皇陵北墙外,属二十营公社(驻十里井)二十营大队(驻小李庄)二十营子村。在二十营子村南,四围高低不平的耕地中,有一块长方形的平整地,比附近耕地略高,极为明显。这块平整高地南北长八九十米,东西宽七八十米。平地正中偏北有一块南北呈长方形的高台地,当是主要殿宇的遗址。今仍称於皇旧址东西的生产队为"庙东队""庙西队"。

高台地东南方有一口大井,深约六丈,井口内径 95 厘米,上覆盖用一整块大石凿成的井栏圈,直径 120 厘米,内径 65 厘米,高 80 厘米。当地群众说,掏井时人下井底,持长扁担绕一圈,四边都碰不到边;16 岁以下孩子,一律不准到井边;打水的绳要挑一担,只有青壮年才打得了水。从废址和大井,也可以看出於皇寺的规模。

《肇域志(南畿)稿》、乾隆《凤阳县志》、光绪《凤阳府志》记皇觉寺方位、距离有误,嘉庆重修《大清一统志》又误以龙兴寺即皇觉寺,并误记方位,考证见拙著《明中都城考》(历史篇)中"明中都城的设计、布局和建筑"一章中对《龙兴寺碑》碑文的注释。

3.二十家营即朱元璋的老家孤村庄

朱元璋在旧皇陵碑碑文里叙述他家的经历说,他祖上世居句容朱家巷,祖父于宋末元初带着他父亲等渡淮垦荒,到了泗州。他父亲一生流离颠沛。朱元璋的大哥生于津律镇,二哥生于灵璧,三哥生于虹县(今泗县),朱元璋生于钟离之东乡(明光集,今嘉山)。朱元璋10岁的时候,复迁到钟离西乡,大哥侍亲,二哥、三哥因家贫都出赘做了人家女婿,最后才落脚到钟离县太平乡的孤村庄。《凤阳新书·二母传》作"孤庄村",《明故松山汪公墓志铭》作"荒庄村"。

朱元璋做皇帝以后,修父母坟地为皇陵,命皇觉寺左右的汪文、刘英、赵文达等20家守视,命为"亲邻",他们的祖先汪氏老母、刘继祖等均配享皇陵,他们自己均世袭皇陵祠祭署官职,因此立称"祠祭署户二十家","无贫富,皆赐朱户",号"茅屋柴扉,上犹施朱",作为最高的特殊待遇。

从上面的材料,可以推断"二十家营"即为朱元璋的老家"孤村庄",因命旧乡邻20家为"亲邻",故改称为"二十家营"。

4.孤村庄和皇觉寺遗址可考虑予以整理开放

朱元璋的老家二十家营(即孤村庄)和皇觉寺(即於皇寺),离皇陵极近,为赴皇陵公路必经之路。只要沿皇陵土城北墙,利用北墙埂遗址,修筑一里多的公路,车辆即可直达,可以考虑作为一处文物保护点予以整理,作为游览皇陵的一个游览点开放。

朱元璋居住过的孤庄村(今称"二十郢"),2004年

(二)龙兴寺

龙兴寺,洪武十六年九月“撤中都宫室名材”建佛殿、法堂、僧舍等共381间,赐名大龙兴寺。明太祖朱元璋亲撰《龙兴寺碑》叙述了寺的历史和修建经过,以及他本人的经历和对“求佛积福”的看法。《中都志》说:“大龙兴寺……规模宏壮”;《凤阳新书》说:“大龙兴寺……殿宇楼阁,规制宏丽。”明朝人曾写了不少诗来描述龙兴寺的景物。正统五年(1440年)寺毁于火,天顺三年(1459年)“撤皇城内中书省等衙门房五百余间依式重建”。到正德五年(1510年)复毁于火,万历初建大殿,万历三十七年(1609年)修治。崇祯八年(1635年),明末农民军攻占凤阳,龙兴寺被焚。康熙十二年重修,至五十四年(1715年)重修,始“丛林规模由此一振”,乾隆《凤阳县志》有《龙兴晚钟》图,可以大略看到规模。咸丰三年(1853年),太平军北伐过境,寺遭兵焚,“尚余山门一层,碑亭一座,铜佛一尊(高3.40米),孤零于外”。此后虽屡加修缮,规模已非昔比。

龙兴寺僧房内的朱元璋画像,20世纪50年代

龙兴寺位于今凤阳县北盛家山(九华山)南,山门在今凤阳汽车站北墙北200米,现庙门在山门北400米。山门西侧的安徽农学院,东侧的农业机械学校,北边的“第一山”和九华山南麓,原都是龙兴寺的范围,现龙兴寺仅剩原正殿前后南北长不到百米,东西宽50米不到的小院及其附属地区,建筑已非殿宇,仅存旧址而已。山门上仍有“龙兴古刹”石雕匾额,原寺门上济颠题的“龙兴寺”已移置院中亭上,因改为现行自左向右排列,未按古代顺序,题名反在字的中间,不成格局。

龙兴寺山门,20世纪50年代

龙兴寺天王殿,20 世纪 50 年代

龙兴寺大雄宝殿,20 世纪 50 年代

寺门前尚留白石柱础几块,仍在原地尚未移位,能见到的石础,东西最远相距 38 米,当是大殿。白石础 128 厘米见方,柱心圆直径 93 厘米。

大铜镬 4 个,每个高 142 厘米,分上下两段。上段高 72 厘米,下段深 70 厘米。上口内直径 143 厘米,中层上段内直径 125 厘米,下段四边内收 6.5 厘米一圈,内口直径为 112 厘米。底圆直径在水中,未测量。外口圆直径 164 厘米,口边宽 10 厘米,厚 4.5 厘米。上下两段之间外侧有 8 个厚 14 厘米,宽 19 厘米的出脚,连下层内收共出 20 厘米,看来是用作架起铜镬之用。镬上没有文字,但府县志均载为龙兴寺古物。用途不明,不像炊具,有可能是消防水缸,平日储水,半埋地下,冬令严寒时,底部可加温防冻结冰。

龙兴寺碑。徐乃昌《安徽通志金石古物考稿》记载,《御制龙兴寺碑》“拓本高一丈,广五尺二寸,二十行,行四十八字,字径二寸,正书”。乾隆《凤阳县志》说龙兴寺碑为“万历三十九年马协建”,则旧碑已在之前焚毁,至是重建。重建的龙兴寺碑在“文化大革命”时被砸毁。

龙兴寺石刻,1981 年

龙兴寺六角亭及四只大铜镬,1974 年

朱元璋御书“第一山”碑。原在山门内,康熙时重修龙兴寺时移至山顶,上有亭称“御书亭”。解放时,亭已不存,“第一山”碑仍在,“文化大革命”时被砸毁,现仅存碑亭遗址。到 1981 年时,旧碑亭附近因开山挖取凤阳山白玉石,都成了石塘。

现寺中尚有旧碑数块,以万历年间的一块最早。

龙兴寺原有铜佛一尊,高 3.40 米,也在“文化大革命”时被砸毁。

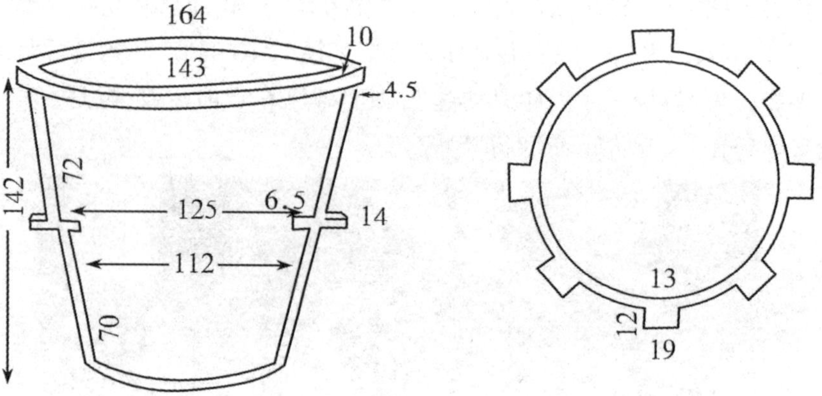

大龙兴寺铜镬结构示意图(王剑英绘制)

今安徽农学院门口,即凤阳汽车站对面,原有排列在山门外的碑刻甚多,都已在"文化大革命"中被砸毁。

现龙兴寺西南100米农学院厨房东侧,西140米农学院食堂西北,东南120米农业机械学校后部,均有原龙兴寺的大井。大井由大城砖砌筑,上口内径220厘米。现农学院食堂西北的一口大井,安装了水泵,盖了房,抽水到水塔,供整个农学院用水;农机校的一口大井,也安了水泵,抽水供全校应用。农学院厨房东边的一口大井,已废弃不用。此外,还填掉了一些废弃不用的井。从现存三口大井的尺寸、布局和出水量来看,也在某种程度上反映了当初龙兴寺宏大的体制和规模。

原明太祖御书的龙兴寺"第一山"碑,20世纪50年代

现农学院内,特别是北部东半边,还散存着不少龙兴寺的石础、石台、石狮、石刻等遗物,已有不少被填作房基墙脚。农机校院内,龙兴寺的遗址、遗物大都已被毁坏。

因此,龙兴寺作为文物保护单位,不能仅限于现在尚属龙兴寺的一小块地方,应当包括原龙兴寺寺院的整个范围,保护原有的遗址遗物。在农学院内和农机校院内的原龙兴寺大井等,应被列为参观龙兴寺的项目。第一山顶原"第一山"碑,有条件时可以复制,禁止在附近地区挖取山石。对龙兴寺应当作一个长远的规划,适当地扩大它的范围,逐步地美化环境,进行必要的修复和改建,把它改造成为一个可供游览的胜地。龙兴寺前面是公路和汽车站,背后是山,地理位置十分优越,久负盛名,适当作些修复,重刻一下龙兴寺碑等等,把它作为陈列朱元璋历史和凤阳历史的场所,是很值得的。

龙兴寺天王殿右前侧的一块石碑(今已不存),1955 年

龙兴寺钟亭,1955 年

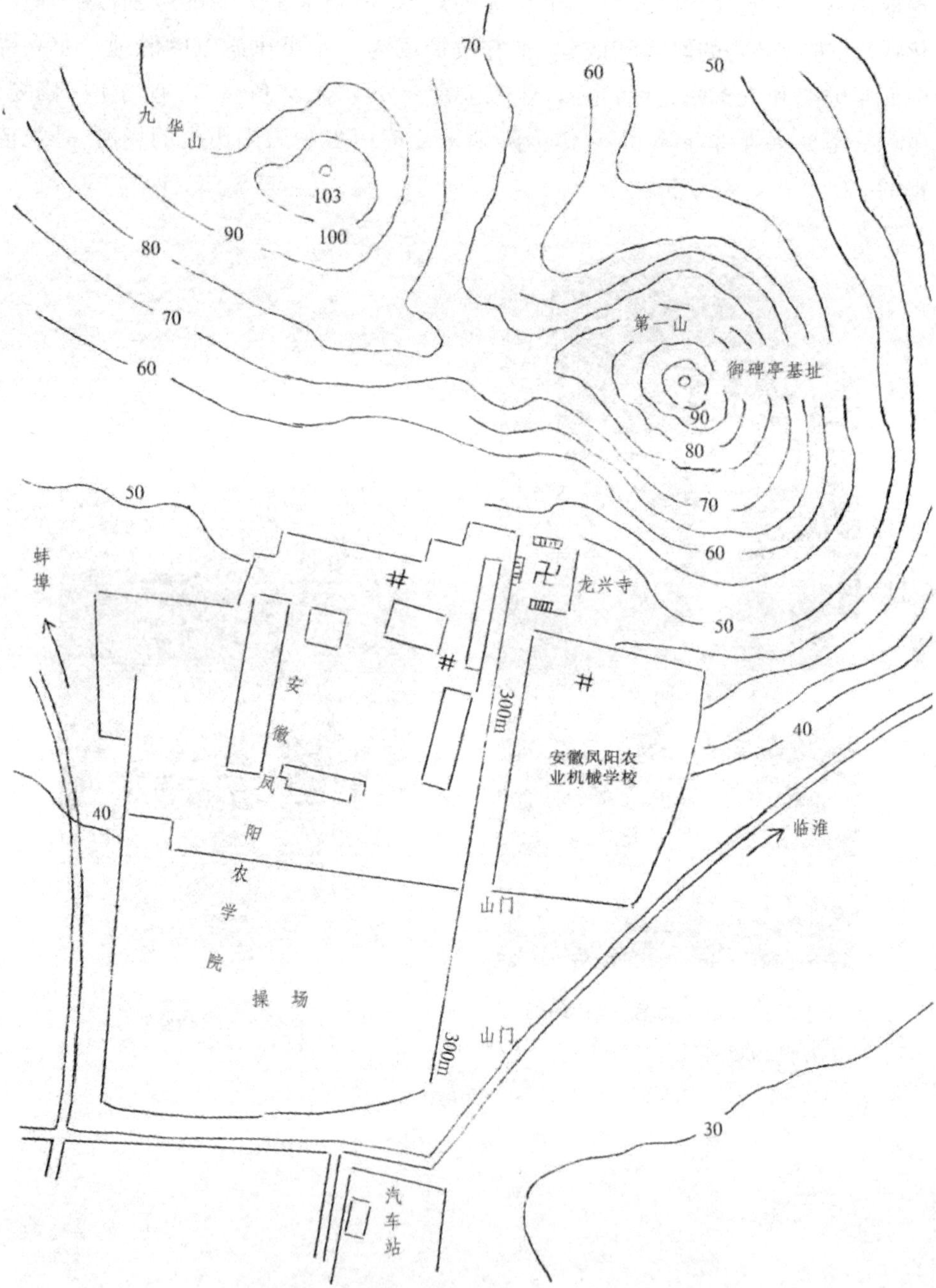

大龙兴寺遗址地形图(王剑英绘制)

参考书目

1.(汉)司马迁撰:《史记》一百三十卷,中华书局1959年标点本。

2.(明)宋濂等修:《元史》二百十卷,中华书局1976年标点本。

3.(清)张廷玉等修:《明史》三百三十二卷,中华书局1974年标点本。

4.(晋)杜预集释:《春秋左传集解》三十卷,上海人民出版社1977年标点本。

5.(宋)司马光等编:《资治通鉴》二百九十四卷,元胡三省音注,中华书局1956年标点本。

6.(清)毕沅编:《续资治通鉴》二百二十卷,中华书局1957年标点本。

7.(明)谈迁著:《国榷》一百零四卷,卷首四卷,中华书局1958年校点本。

8.(清)夏燮编:《明通鉴》九十卷,卷首一卷,附编六卷,同治十二年宜黄官廨活字本。

9.胡广等修:《明太祖高皇帝实录》二百五十七卷,"中央研究院历史语言研究所"校印本。

10.杨士奇等修:《明太宗文皇帝实录》一百三十卷,北京图书馆藏红格抄本,分作二百七十四卷,"中央研究院历史语言研究所"校印本。

11.(明)李贤等修:《明英宗睿皇帝实录》三百六十一卷,内正统一百八十六卷,天顺八十八卷,附代宗景泰八十七卷,"中央研究院历史语言研究所"校印本。

12.(明)徐阶等修:《明世宗肃皇帝实录》五百六十六卷,"中央研究院历史语言研究所"校印本。

13.(明)徐溥等修,李东阳等重校:《大明会典》一百八十卷,正德四年司礼监刻本。

14.(明)申时行等重修:《大明会典》二百二十八卷,万历十五年内府刻本。

15.(明)黄光昇纂:《昭代典则》二十八卷,万历刊本。

16.（明）徐学聚纂:《国朝典汇》二百卷,北京图书馆藏天启刊本。

17.（清）龙文彬纂:《明会要》八十卷,中华书局1956年标点本。

18. 明太祖撰:《高皇帝御制文集》二十卷,北京图书馆藏明刊本。

19. 明太祖自叙:《世德碑》,载入明徐祯卿《翦胜野闻》,涵芬楼影印明万历刻《纪录汇编》本。

20.（明）解缙撰:《天潢玉牒》一卷,涵芬楼影印明万历刻《纪录汇编》本。

21. 明太祖撰:《纪梦》一卷,涵芬楼影印明万历刻《纪录汇编》本;又载《高皇帝御制文集》卷十四。

22. 明太祖撰:《大明皇陵之碑》,北京图书馆藏拓片,滁县地区文化局新拓片,凤阳县文物管理所收购旧拓片;又载《高皇帝御制文集》卷十四。

23. 明太祖撰:《御制大诰三编》一卷,北京图书馆藏明初刊本。

24.（明）夏原吉撰:《一统肇基录》一卷,《广百川学海》甲集本。

25. 黄金撰:《皇明开国功臣录》三十一卷,续一卷,北京图书馆藏弘治正德间刻本。

26. 潘柽章撰,吴炎订:《国史考异》六卷,《功顺堂丛书》本。

27. 王世贞撰:《弇山堂别集》一百卷,广雅书局本。

28. 钱谦益撰:《鸡鸣山功臣庙考》上、下,载宣统二年邃汉斋校印《牧斋全集·初学集》卷二十二。

29.（明）季戴笠、吴殳同辑:《怀陵流寇始终录》十八卷,附录二卷,《玄览堂丛书续集》影印述古堂钞本。

30.（清）吴伟业撰:《绥寇纪略》十二卷,附补遗三卷,昭旷阁刊本。

31.（明）彭孙贻撰:《平寇志》十二卷,北平图书馆排印本。

32.（明）计六奇撰:《明季北略》二十四卷,北京琉璃厂半松居士排印本。

33.（明）张岱撰:《石匮书后集》六十三卷,中华书局1959年《晚明史料丛书》标点本。

34.（明）程敏政选编:《皇明文衡》九十八卷,目录二卷,《四部丛刊》影印明嘉靖卢焕刊本。

35.（明）陈子龙等选辑:《明经世文编》五百零四卷,补遗四卷,卷首有序、凡例、姓氏爵里、总目,云间平露堂刊本。

36.（元）陶宗仪撰:《南村辍耕录》三十卷,中华书局1959年《元明史料笔记丛刊》标点本。

37.（明）宋濂撰：《宋学士集》七十五卷，《四部丛刊》缩印二次印本。

38.（明）郎瑛撰：《七修类稿》五十一卷，续稿七卷，乾隆四十年耕烟草堂重刊本。

39.（清）王逋撰：《蚓菴琐语》一卷，《古今说部丛书》四集本。

40.（清）赵翼撰：《陔余丛考》四十二卷，乾隆八年湛贻堂刊本。

41.（清）顾公燮撰：《丹午笔记》，江苏古籍出版社 1985 年《江苏地方文献丛书》本。

42.（清）甘熙撰：《白下琐言》八卷，续二卷，民国十五年江宁甘氏重刊本。

43.（清）袁启旭纂：《燕九竹枝词》，北京出版社 1962 年《清代北京竹枝词》十三种本。

44.（清）李声振撰：《百戏竹枝词》，北京出版社 1962 年《清代北京竹枝词》十三种本。

45.（北魏）郦道元撰：《水经注》四十卷，《四部丛刊初编》影印武英殿聚珍版本。

46.（清）杨守敬编绘：《水经注图》八册，光绪三十一年观海堂刊本。

47.（唐）李泰修，萧德言等纂：《括地志》原著五百五十卷，序略五卷，佚，清孙星衍辑佚为八卷，《岱南阁丛书》本。

48.（唐）李吉甫修：《元和郡县图志》四十卷，图佚，广州局本。

49.（明）陈循等修：《寰宇通志》一百一十九卷，卷首一卷，《玄览堂丛书续集》影印景泰七年未颁原刊本。

50.（明）李贤等修：《大明一统志》九十卷，天顺五年内府大字刊本。

51.（明）曹学佺修：《大明一统名胜志》一百零八卷，北京图书馆藏崇祯三年刊本。

52.（明）顾炎武修：《肇域志（南畿）稿》十卷，北京图书馆藏清抄本。

53.（明）顾炎武编著：《天下郡国利病书》一百二十卷，《广雅丛书》本。

54.（清）穆彰阿等重修：《嘉庆重修大清一统志》五百六十卷，目录二卷，索引十册，《四部丛刊续编》影印清史馆藏进呈写本。

55.（清）陶澍等修，李振庸等纂：《安徽通志》二百六十卷，卷首六卷，道光十年刊本。

56.（民国）徐乃昌撰：《安徽通志金石古物考稿》，影印本。

57.（明）杜泽编绘：《洪武京城图志》一卷，江苏国学图书馆 1928 年影印弘治重刊本。

58.(明)陈沂编绘:《金陵古今图考》一卷,江苏国学图书馆1928年影印正德刊本。

59.(明)柳瑛修:《中都志》十卷,南京图书馆藏弘治元年原刊本残存卷五至十计六卷;南京大学图书馆藏隆庆三年重刻本;北京图书馆藏万历四十一年增补本。

60.(明)张云翔修:《凤阳县志》六卷,北京图书馆藏万历六年刊本残存卷四至六计三卷。

61.(明)袁文新修:《凤阳新书》八卷,中国科学院南京地理研究所藏天启元年原刊本;北京图书馆藏重印本。

62.(清)魏宗衡修:《临淮县志》八卷,南京图书馆藏康熙十一年原刊本;北京图书馆藏重印本。

63.(清)耿继志修:《凤阳府志》四十卷,北京图书馆藏康熙二十四年原刊本,缺卷十三,十四,存三十八卷,其中卷二十九至三十四计六卷系抄配;中国科学院图书馆藏重印本。

64.(清)孙维龙、于万培修:《凤阳县志》十六卷,浙江图书馆藏乾隆四十年原刊本;重印本;光绪二年重刊本。

65.(清)谢永泰修:《凤阳县续志》十六卷,光绪十三年增刻,分门附于光绪二年《凤阳县志》重刊本后。

66.(清)冯煦修:《光绪凤阳府志》二十一卷,光绪三十四年聚珍版。

67.(明)曾惟诚修:《帝乡纪略》十一卷,北京图书馆藏明万历刻本。

68.(清)孙承泽撰:《春明梦余录》七十卷,古香斋袖珍本。

69.(清)孙承泽撰:《天府广记》四十四卷,北京出版社1962年标点本。

70.(清)于敏中等奉敕编纂:《日下旧闻考》一百六十卷,乾隆殿刊本。

71.(清)吴长元辑:《宸垣识略》十六卷,北京出版社1964年标点本。

72.赵洛、史树青撰:《天安门》,北京出版社1958年版。

73.《明故松山汪公墓志铭》,1974年凤阳大庙公社出土。

后 记

1969 年，王剑英先生在凤阳“五七”干校劳动，经过 6 年对明中都的躬亲考察和缜密研究，于 1975 年写就《明中都城考》（历史篇），首次揭开这座明代第一都城的神秘面纱。此书连同 1982 年撰写的《明中都遗址考察报告》先后报至国家文物部门。可以毫不夸张地说，就是这两本书，把被历史遗忘了 600 年的明中都送进了全国第二批重点文物保护单位的行列。

早在 1981 年，《明中都城考》（历史篇）就被列入中华书局的出版计划，由于这是一部学术专著，发行量小，所以一直拖至 1992 年才正式出版，并改名《明中都》。而《明中都遗址考察报告》一直未刊。

与此同时，王先生还撰写了《〈大明皇陵之碑〉考释》等一批学术文章，均因出版经费问题而未能出版，直至 1996 年 10 月 24 日王先生不幸病逝。此后，曾下放到凤阳、与王剑英有着深厚情感的李克强同志多次与凤阳方面联系，协调出版王先生著作一事。2005 年，陈怀仁、夏玉润与王先生的夫人陈毓秀老师，女儿王燕、王红取得了联系，将王剑英先生一生的学术成果编纂成书，由中国青年出版社出版，名为《明中都研究》。

《明中都研究》是一部指导凤阳明中都遗址保护工作最重要、最权威的学术著作。随着明中都遗址的影响力不断扩大，热爱明中都、想要了解和研究明中都的人越来越多，常有单位或个人通过各种渠道找我们寻问此书。而此书早已没了库存，通过网上书店等途径也很难购得此书。

自 2013 年起，当年主持此书出版工作的陈怀仁同志多次呼吁重新出版，终于获得凤阳县委、县政府和县委宣传部的支持，并下拨专项出版资金，交由凤阳县文化和旅游局、朱元璋研究会具体负责这项工作。我们与陈毓秀老师、王红老师等研究后，针对《明中都研究》编选体例出现的问题，决定重新编选出版，同时本书的署名只保留王先生一人，《明中都研究》一书中主编的姓名不再录入。

这次出版《明中都城考》，得到了黄山书社的大力支持；中共凤阳县委书记徐广友为本书增写序言;王红老师多次来凤阳商讨本书的再版事宜,并校对了书稿;夏玉润老师为此书的出版倾尽全力,对本书进行了认真细致的编选、校核和修改。在此,我们一并表示由衷的感谢!

卢德永
2020 年 12 月 31 日